WALTER HARTINGER

RELIGION UND BRAUCH

Die Deutsche Bibliothek – CIP-Einheitsaufnahme

Hartinger, Walter:
Religion und Brauch / Walter Hartinger. –
Darmstadt: Wiss. Buchges., 1992
ISBN 3-534-10900-7

Bestellnummer 10900-7

© 1992 by Wissenschaftliche Buchgesellschaft, Darmstadt
Gedruckt auf säurefreiem und alterungsbeständigem Offsetpapier
Satz: Setzerei Gutowski, Weiterstadt
Druck und Einband: Wissenschaftliche Buchgesellschaft, Darmstadt
Printed in Germany
Schrift: Linotype Times, 9.5/11

ISBN 3-534-10900-7

WALTER HARTINGER

RELIGION UND BRAUCH

WISSENSCHAFTLICHE BUCHGESELLSCHAFT

DARMSTADT

INHALT

VORWORT

Die Anregung von seiten der Wissenschaftlichen Buchgesellschaft, den Zusammenhängen zwischen Religion und Brauchtum nachzugehen, stellte mich zunächst vor ein Gliederungs-Problem. Der Unmasse von Darstellungen nach dem Muster „Bräuche von Neujahr bis Silvester" oder „Brauchtum im Kirchenjahr" eine neue Variante oder vielmehr eine neue Kompilation hinzuzufügen, hielt ich weder für interessant noch für sinnvoll. Ich habe mich darum nach einer notwendig erscheinenden analytischen Entflechtung der komplexen Themenstellung darum bemüht, besonders ergiebige Berührungspunkte zwischen den beiden Bereichen herauszugreifen und an ihnen Wesentliches sichtbar zu machen. Dabei konnte es notwendigerweise weder um Vollständigkeit noch um möglichst große Fülle von Beispielen gehen. Für Bedürfnisse in dieser Richtung kann verwiesen werden auf das zehnbändige ›Handwörterbuch des deutschen Aberglaubens‹ (im Text zitiert als HDA), Berlin und Leipzig 1927–1942, welches trotz zeitbedingter Interpretationen nach wie vor unersetzbar in der Materialdarbietung ist. Mir ging es mehr darum, den wichtigsten Einfallsschneisen nachzugehen, auf denen religiöse Elemente im alltäglichen und festtäglichen Leben der Laien wirksam geworden sind. Um Beispiele habe ich mich bemüht. Nicht nur sie, sondern Aufbau und Diktion der Arbeit sollten diese lesbar werden lassen nicht nur für die engeren Fachkollegen, sondern generell für Studierende und Interessierte aus dem Umkreis von Volkskunde, Kulturgeschichte, Religions- und Kirchengeschichte sowie evangelischer und katholischer Theologie. Das Wissen um das seit wenigen Jahren verstärkt gezeigte Interesse der Seelsorger an allen Formen der sog. Volksfrömmigkeit mag bei den Herausgebern als Motiv gewirkt haben. Die Schwerpunktbildung dieser Arbeit auf Katholischem und Süddeutschem spiegelt die Forschung wider.

Bei der Arbeit habe ich Hilfen erfahren, für die ich sehr dankbar bin. Die Damen und Herren Christina Merz, Gabriele Schleicher, Ulrich Seider und Bernhard Sitzberger sowie meine Frau Ursula Hartinger haben Wichtiges zur fristgerechten Fertigstellung geleistet.

Im August 1991   Walter Hartinger

EINLEITUNG

Nicht nur in vornehmen Gesellschaften wird es heute mehr und mehr üblich, keine besondere Reaktion zu zeigen, wenn jemand plötzlich niest. Man verhält sich aber auch korrekt, wenn man dieses 'Ereignis' mit dem Wunsch „Gesundheit!" quittiert. Und in Bayern kann man es durchaus erleben, daß bei dem nämlichen Anlaß jemand den lieben Gott ins Spiel bringt mit einem lauten „Helf Dir Gott!". Kaum jemand vermöchte wohl anzugeben, warum er so und nicht anders reagiert: durch Ignorieren, durch einen allgemeinen Segenswunsch oder durch ein kurzes Stoßgebet. Allenfalls wird er sich vielleicht darauf berufen, daß dies von ihm erwartet werde, daß es so 'Brauch' sei. Ein ganz Kundiger könnte gar eine schlüssige Erklärung parat haben: Das komme alles aus Pestzeiten. Die mit der Lungenpest Infizierten seien nicht selten nach einem lauten Niesen tot zusammengebrochen: es habe höchstens noch zu einem kurzen frommen Wunsch für die Reise ins Jenseits gereicht.

Das Beispiel ist symptomatisch für unser Thema. Es zeigt uns Akteure mit einem habitualisierten Verhalten: Sie entwickeln spontan, ohne lange nachzudenken, bestimmte Reaktionen auf ein singuläres Ereignis in einer sozialen Situation, die *so* möglicher Peinlichkeiten entkleidet wird. Gültig sind dabei offensichtlich Aktionsweisen mit unterschiedlicher Nähe zu Religiösem. Wenn wir annehmen, daß die funktionelle Reihe: Stoßgebet – Segenswunsch – bewußtes Ignorieren jeweils jüngeren Zuständen einer historischen Entwicklungsreihe entspricht, die aber gleichwohl zeitgleich existieren können, dann hat auch dies erhellenden Charakter für unser Thema: Religiöses kann auch dann im Hintergrund stehen, wenn dies der aktuelle Anlaß nicht erfordert und die Akteure selber davon keine Kenntnis haben.

Symptomatisch könnte an unserem Beispiel auch sein, daß die Präsentation einer religiösen Formel in der Öffentlichkeit nicht mehr so ganz selbstverständlich ist. Denn das postulierte „Helf Dir Gott!" eines süddeutsch-katholischen Gesprächspartners und das darin enthaltene Bekenntnis zum Glauben an einen persönlichen Gott und an dessen hilfreiches Eingreifen in die Nöte dieser Welt beginnt vielfach als peinlich empfunden zu werden und dem unverdächtigeren „Gesundheit!" oder vornehmem Schweigen Platz zu machen. Man wird den Vorgang nicht überinterpretieren, wenn man ihn als einen Teil des umfassenden Säkularisierungsprozesses sieht, der seit dem späten 17. Jahrhundert die westliche Welt verändert. Vor diesem Hintergrund gewinnt die folgende Abhandlung ihr Profil. Sie will aufmerksam machen auf religiöse Einschlüsse im Verhaltensrepertoire der Menschen von heute. Dies ist nur *ein* Anliegen und zudem nicht das vordringlichste. Es soll nun keineswegs angesetzt werden zu einer umfassenden Spurensuche nach religiösen Überbleibseln, keineswegs Reliktforschung betrieben werden, wie sie in der Volkskunde allzulange üblich gewesen ist. Vor allem bin ich mir bewußt, daß durch die Entdeckung von früheren (vergessenen) religiösen Implantaten eines Brauches wenig gewonnen ist für die Erklärung von dessen gegenwärtiger Funktion. In unserem Fall: daß bei vielen Völkern der Gegenwart und Vergangenheit Niesen über den physischen Vorgang hinausweist, ein freudiges Ereignis oder auch Unheil ankündigt; daß es einem Mann im alten Rom das beste schien, gleich den ganzen Tag im Bett zu verbringen, wenn er schon beim Schuheschnüren in der Frühe niesen mußte; daß die rabbinischen Schriften zum Alten Testament sich mit dem Niesen auseinandersetzen und vermelden, Gott habe erst auf Bitten des Stammvaters Jakob den plötzlichen Tod von den Menschen genommen, wenn einem Niesenden ein Segenswunsch zugerufen worden sei –; all dies erklärt unser gegenwärtiges Verhalten nicht, unsere Scheu vor lauten, schlecht beherrschbaren Körpergeräuschen, vor Schleim und Rotz und umherschwirrenden Bazillen. Wohl aber vermag der Rekurs auf vergangene Schichten unserer kulturellen Äußerungen etwas sichtbar zu machen von der Tiefenstruktur unseres Alltags, der mancherlei fossile Reste in sich trägt, deren wir uns üblicherweise nicht bewußt sind.

Zum anderen geht es um eine prinzipiellere Frage, darum nämlich, wie Religion als umfassendes Deutungssystem von den Bauprinzipien dieser Welt und dem Sinn und Zweck und der rechten Weise des menschlichen Handelns in ihr funktioniert; wie sie im Alltag und Festtag realisiert wird; wie Abstraktes also konkrete soziale Gestalt gewinnt. „Religion" wird dabei verwendet in einem sehr weiten Begriffsverständnis; von „Religion" und „Religiosität" wird auch gesprochen, wenn nur ganz allgemein die Beziehung zu einem „Jenseitigen", „Numinosen" gemeint ist. Unberücksichtigt bleiben dabei die im engeren Sinne kultischen Vorgänge, die Spendung der Sakramente etwa, oder auch die Verrichtungen der hauptamtlich für Lehrverkündigung und Kulturausübung zuständigen Personen, der Priester, Mönche und

Nonnen. Es geht im folgenden vornehmlich um das Verhalten der Laien, darum, welche Teile eines umfassenden religiösen Angebotes sie aufgegriffen und soweit internalisiert haben, daß sie strukturbildend für das gemeinschaftliche Handeln geworden sind. Das Augenmerk gilt sowohl den Formen wie auch den Inhalten religiös motivierter Bräuche, der (religiösen) Sinngebung, aber auch der Sinnentleerung.

Bezugspunkt ist in der Regel die Praxis der Gegenwart; dies freilich nicht in ganz engem Sinn, auch das erinnerte Verhalten der letzten oder vorletzten Generation soll noch aufgegriffen werden. Es wäre reizvoll und für das analytische Eindringen in kulturelle Formprozesse auch gewinnbringend, bei jeder einzelnen Erscheinung Aussagen über die geographische Streubreite, die historischen Veränderungen von Form, Trägerschaft und Funktion sowie über die soziale Relevanz machen zu können. Dies ist leider nicht möglich. Die vorliegende volkskundliche Literatur zu „Sitte und Brauch", „Glauben und Aberglauben", „Religion und Volk" etc. ist zwar Legion und in Gänze nicht mehr rezipierbar, doch sie ist gleichzeitig in hohem Grade kompilatorisch und pauschal. Fragen der Stratigraphie, Rezeption und Performanz religiöser Bräuche lassen sich häufig nicht beantworten. Darum muß unsere Fragestellung auch eher abzielen auf prinzipielle Zusammenhänge zwischen Religion und Brauchtum, auf mögliche Formen sozialer Lebensgestaltung durch Anregungen der Theologie und des offiziellen Kultes. Es versteht sich darum von selber, daß es um erschöpfende Vollständigkeit nicht gehen kann, sondern nur um eine Erfassung der exemplarischen Linien.

Noch in einer anderen Hinsicht ist diese Arbeit dem aktuellen Forschungsstand verpflichtet: Weitaus die meisten Werke befassen sich mit Katholischem. Religiöses Brauchtum katholischer Laien wird darum im Vordergrund stehen; es ist dem Autor auch von seiner Biographie und eigenen kulturgeschichtlichen Forschungen her stärker vertraut. Wo dies möglich ist, soll natürlich der Blick auch in evangelische Territorien gehen. In räumlicher Hinsicht stehen die deutschsprachigen Länder Mitteleuropas voran; die romanischen und skandinavischen Landschaften bleiben ebenso an der Peripherie wie die Regionen der Ostkirche.

1. DIE BEZUGSGRÖSSEN: RELIGION UND BRAUCHTUM

1.1 Religion

1.1.1 Christentum

„Es ist weder Wotan noch Thor oder Freia, sondern der lebendige Gott der Bibel, der in jener Schicht, die sich über die Lage des Primitiven breitet, dem Bilde der deutschen bäuerlichen Seele sein Licht und seine Farben leiht. Der typische deutsche Bauer ist Mensch im Ursinne alles Menschlichen, er ist in einem Bereich seiner Seele Primitiver, er ist mit ganzer Seele Ackerbauer – und er will mit ganzer Seele Christ genannt werden ... Die Frömmigkeit des deutschen Bauern lebt aus der Bibel des Alten und Neuen Testaments, und deshalb nennt er sich einen Christen, will er Christ sein."[1] Es bedurfte staatsbürgerlicher Courage und wissenschaftlicher Selbständigkeit, diese Sätze 1935 zu schreiben, wie Georg KOCH dies tat. Kulturpolitisch erwünscht und wissenschaftsgeschichtlich eingebürgert war damals eine andere Sicht der Dinge, wenn es um die Erhellung der Hintergründe der Denk- und Handlungsgewohnheiten der deutschen Bevölkerung ging: Allenthalben wollte man Reste von germanischer Religion und Mythologie entdecken. Damit also müssen wir uns auseinandersetzen; und schließlich deutet Georg KOCH noch eine dritte Möglichkeit religiöser Sinngebung an – das „Primitive", „im Ursinne Menschliche", das „Elementare" –, wir würden heute vielleicht von „Naturreligion" sprechen.

Zur Verdeutlichung der eigenen Position möchte ich vorausschicken, daß ich die Ansicht von Georg KOCH teile, wenn es um die Analyse möglicher religiöser Sinngebung im Verhaltenscode der Menschen in Mitteleuropa geht. Bei Lehre und Kult der christlichen Konfessionen ist zunächst einmal anzusetzen; nach dem Gesetz der Wahrscheinlichkeit ist von hier eher auszugehen als von allen denkbaren anderen Alternativen. Das Christentum hat nicht nur seit nahezu eineinhalbtausend Jahren seine ausschließliche Stellung als öffentliche Religionsgemeinschaft behauptet, sondern vor allem auch ein allgegenwärtiges Netz der Lehrverkündigung, Schulung, Überwachung und Strafe ausgebildet, so daß sich diesem auf Dauer niemand entziehen konnte. Die Bedeutung der „Zentraldirigierung" für die Ausbildung der Volkskultur ist im Fach gerade in den letzten Jahren wieder stärker ins Bewußtsein gerückt.[2] Von vornherein muß die Weiterexistenz *organisierter* vorchristlicher Kulte bis ins Spätmittelalter oder gar in die frühe Neuzeit, wie sie im Umkreis der jüngsten Hexen-Forschung behauptet worden ist, stark in Zweifel gezogen werden.[3] Das jahrhundertelange Zusammenwirken der beiden großen Institutionen Staat und Kirche bis zu deren allmählicher Entflechtung im 19. Jahrhundert hat die Verchristlichung des Alltags sichergestellt, nicht selten auch mit Hilfe von massiver physischer Gewalt.

Beispiele für die religiöse Durchdringung des mitteleuropäischen Abendlandes durch christliche Leitbilder wird die folgende Darstellung in Fülle bringen. Im Vorgriff sei darauf verwiesen, daß es vor allem zwei Anschauungen gewesen sind, die als strukturbildend im Brauchtum der Laien sichtbar werden: der *Dämonenglaube* und die Praxis der *Benediktionen*. In beiden Bereichen war die christliche Kirche nicht unbedingt originell, sondern religiösen Grundüberzeugungen und Praktiken der antik-mittelmeerischen Religionen, besonders des Judentums, verpflichtet.[4] Sie hat den Glauben an die Realpräsenz des Bösen in der Welt und die Überzeugung, daß es möglich sei, dagegen mit Hilfe von bestimmten rituellen Handlungen und/oder geweihten Objekten vorzugehen, so nachhaltig im Denken der abendländischen Menschheit verankert, daß er dort weiterwirkt trotz aller unverkennbaren Anzeichen einer zunehmenden Entkirchlichung und Säkularisierung in der modernen Welt.[5]

Der *Domänenglaube* ist zweifellos eine christliche Grundanschauung, und für die katholische Konfession wurde er in der allerjüngsten Zeit durch Äußerungen prominenter Vertreter der kirchlichen Hierarchie als verbindliches Lehrgut deklariert. Doch zeigt sich gerade an diesem Beispiel auch wieder, wie fließend Zuordnungen werden können, wenn man den Phänomenen unbedingt auf den (Ur-)Grund gehen will.

Es wurde schon betont, daß die Anschauungen christlicher Kirchenväter in diesem Punkt unmittelbar abhängig waren von den Überzeugungen vorchristlicher antiker Religionen, welche alle dem Menschen drohenden Gefährdungen wie Krankheit, Tod, Krieg, Mißwuchs, Unwetter und alle denkbaren Arten von Katastrophen dem Wirken böser Dämonen zuschrieben. Durch bannende (defixive), vertreibende (exorzistische) und abhaltende (apotropäische) Rituale suchte man sich dagegen zu schützen. Sollte man also den heute noch virulenten Dä-

monen- und Teufelsglauben und die ihm verpflichteten magischen
Praktiken gar nicht als christlich, sondern als jüdisch, griechisch, ägyptisch, chaldäisch oder wie auch immer deklarieren? Oder sollte man
noch weiter ausgreifen? Im Gefolge einer religionsgeschichtlichen
Hypothese kann der Dämonenglauben nämlich abgeleitet werden aus
der zu allen Zeiten möglichen Begegnung mit der entfesselten Natur
und mit bedrückenden Traumerlebnissen – eine Quelle, aus der er also
ohne Zusammenhänge mit irgendwelchen entwickelten Religions-
lehren dauernd neu emporsteigen kann. Haben wir demnach nicht ein
christliches, sondern ein allgemein-menschliches Phänomen vor uns?
    Ich denke, daß wir nicht so verfahren sollten. Die christliche Kirche
hat die entsprechenden Lehren eingeschmolzen in ihren eigenen
Glaubensschatz; sie hat Konsequenzen daraus gezogen für *ihre* Art
der Interpretation von Mensch, Welt und Übernatur, und sie hat ein
ihr eigenes System von Kulthandlungen darauf gegründet, ein spe-
zielles Sprechen von diesen Zusammenhängen geschaffen und eine
Bilderwelt entwickelt, die nicht nur über die Tympana romanischer
und gotischer Kathedralen dauerhaft und eindrucksvoll zu den Gläubigen sprach. In den Zeiten der Allgegenwart der christlichen Religion muß darum der Glaube an die Wirkmächtigkeit der Dämonen
und die Verfahren, die in Übereinstimmung oder Analogie zu kirchlichen Kulthandlungen geübt wurden, als *christlich* bezeichnet werden,
mag auch eine Koinzidenz herrschen mit traumatischen Natur- und
Traumerlebnissen.

1.1.2 Die Welt der Sekten

Den Vorrang des Christentums als Orientierungsmacht zu betonen
heißt aber nicht gleichzeitig, die Möglichkeit religiöser Einflüsse
außerhalb der Orthodoxie zu leugnen. So darf nahezu durch alle Jahrhunderte hindurch die Existenz von sektiererischen Gruppen angenommen werden, welche ihren Anhängern eine von der offiziellen
Kirche abweichende Form der Bibelauslegung und des kultischen Lebens anboten und damit gewiß auch Neugierde bei außerhalb der jeweiligen Gruppierung Stehenden fanden. Kaum hatte die Rom-gerich-
tete Christenheit den *Arianismus* der germanischen Stämme der Völkerwanderungszeit überwunden und seit Karl dem Großen die Missio-
nierung der letzten Völkerschaften durchgesetzt, begann sich seit dem
11. Jahrhundert eine Reformbewegung bemerkbar zu machen, die
sich ganz intensiv auf die Bibel bezog, durch Wanderprediger im

Lande verbreitet wurde und später unter dem Namen der „*Katharer*",
„Waldenser", „Bogomilen" etc. bekämpft, aber nie ganz ausgerottet
wurde. Sie wich nicht nur in marginalen Fragen, sondern in so entscheidenden wie der Gottheit Christi oder der Herleitung der Macht
des Teufels, der Begründung von Staat und Kirche etc. von der Mehrheit ab.

Zeitweilig muß ihr Einfluß auf das religiöse Leben des Laienvolkes
sehr groß gewesen sein. Jedenfalls klagt der Passauer Anonymus des
13. Jahrhunderts, daß es gegenwärtig zahlreiche Christen gebe, welche
– angeregt durch die im Lande lebenden Ketzer – „Heiligenverehrung, Heiligenlegenden, Fürbittgebete, Fasten und Almosengeben,
Kirchweihen, Segnungen und das Weihen von Kerzen, Asche,
Palmen, Öl, Feuer, Wachs, Osterlämmern, Wöchnerinnen, Pilgern,
Salz und Wasser verlachten, Wallfahrten und Prozessionen ablehnten,
ebenso Altarweihen, Kirchengesang und kirchliches Begräbnis".[6]
Sogar die Sakramente selber verfallen nicht selten diesen Mißach-
tungen. Damit standen aber nicht nur zentrale kirchliche Verrichtungen, sondern auch die wesentlichen Formen der Laienfrömmigkeit
zur Debatte. Der Einfluß dieser Bewegungen und des Kampfes gegen
sie auf den spätmittelalterlichen und neuzeitlichen Hexenglauben und
die Hexenverfolgung ist mittlerweile von der Forschung überzeugend
herausgearbeitet worden.[7] Und es spricht alles dafür, daß sie die landläufigen Vorstellungen über die konkrete Präsenz des Bösen, des Teufels und seiner Helfer, in dieser Welt nachhaltig geprägt haben, damit aber auch das in diesem Umfeld entstandene volksfromme
Brauchtum.

Die vielfachen Querverbindungen solcher sektiererischer Gruppen
auf die Volkskultur ringsum, wie sie für Böhmen und Mähren,[8] Nord-
italien[9] und Südfrankreich[10] nachgewiesen wurden, dürfen wir auch
für Mitteleuropa übertragen. Jedenfalls kann Silke GÖTTSCH für die
frühe Neuzeit in Schleswig-Holstein innige soziale und kommunikative Kontakte zwischen den kleinen privilegierten und nichtpri-
vilegierten Gruppen der *Wiedertäufer* im Lande und der üblichen
Bevölkerung beobachten und damit auch Wege der gegenseitigen
Beeinflussung.[11]

Die Faszination einer fremden Glaubensgemeinschaft wird uns vor
allem greifbar, seit Deutschland in katholische und *reformierte Territorien* gespalten ist. Trotz aller offiziellen Polemik gibt es immer auch interessierte partielle Anteilnahme an den fremden Kulten und Bräuchen. Besonders die ausdrucksstarken Formen der katholischen
Frömmigkeit wie Wallfahrten, Segnungen, Weihwasser und andere ge-

weihten Dinge (Bildchen, Brote, Kräuter etc.) werden gar nicht so
selten auch von Protestanten in Anspruch genommen.[12] Umgekehrtes
wurde von der Forschung bisher nicht beobachtet, doch darf es bei der
hartnäckigen Existenz des Kryptoprotestantismus in manchen Territorien[13] und bei der innigen Verschränkung in anderen angenommen
werden.

Völlig unübersichtlich werden die Verhältnisse schließlich in unserer Gegenwart mit ihren synkretistischen Vorgängen. Bildungssy-
stem und Medienwelt präsentieren Kenntnisse von religiösen Erscheinungen auf der ganzen Welt und erlauben singuläre und kollektive
Übernahmen.[14] Allenthalben etablieren sich Gruppierungen, die
Elemente asiatischer Religionen oder anderer vor- und außerchristlicher Kulte aufgreifen und sie mit vertrauten kulturellen Traditionen
amalgamieren. *New Age, Esoterik, Siebten-Tags-Adventisten, Munsche
Vereinigungskirche, Hare-Krischna-Bewegung, Scientology Church,
okkultistische, spirituelle, dämonologische, keltische und germanische
Bewegungen* – dies sind nur Stichworte, welche die Vielfalt lediglich
andeuten sollen.[15] Von der neuen Sachlichkeit, die sich in den dreißiger Jahren in Mitteleuropa zu etablieren schien,[16] ist kaum mehr
etwas übrig geblieben. Irrationalismen wie Horoskope, Handlesen,
Gesundbeten,[17] das Wiederaufleben der religiös begründeten Hildegard-Medizin und vieles andere haben in unserer Zeit ganz offensichtlich eine Chance. Was hier an neuen brauchtümlich-religiösen Formen
wie die „schwarzen" und anderen Messen der *Wicca-Leute* (diese offensichtlich angelehnt an das Zeremoniell der katholischen Kirche
und das der Freimaurer)[18] oder die nächtlichen Feiern der „neuen"
Hexen bei keltischen und germanischen Kultsteinen in der Nacht zum
1. Mai, zur Sonnenwende etc. ausgebildet wurde,[19] bleibt in der Regel
vor dem Auge der Öffentlichkeit verborgen und wird nicht wahrge-
nommen, stellt aber gleichwohl ein Element unseres Themas dar.

Anderes dagegen kann schon fast unter die Jahreslaufbräuche gerechnet werden; so wenn Organisationen der Frauenbewegung den
traditionellen Hexentermin, die Nacht zum 1. Mai, und das aus christlichen Glaubensvorstellungen her vertraute äußere Bild der Hexe
zum Anlaß nehmen, um auf sexistisch motivierte Formen der Ausbeu-
tung in unserer Gesellschaft aufmerksam zu machen.[20] Der Vorwurf
an die christlichen Kirchen, die Ungleichstellung der Geschlechter in
der Vergangenheit begründet zu haben, verbindet sich mit religiösen
Leitbildern des Volksglaubens, Terminen der sog. Freinächte[21] und
aktuellen politischen Forderungen zu einem neuen Agieren in Gemeinschaft.

Die volkskundliche und religionsgeschichtliche Forschung hat die
Existenz von marginalen religiösen Gruppen am Rande der christlichen Gesellschaft wohl registriert, bisher aber noch keine größeren
Arbeiten über die Vorgänge der gegenseitigen Beeinflussung vorgelegt (wenn man absieht von der Literatur zum Hexenglauben und
frühchristlichen Auseinandersetzungen). Es kann darum das Ausmaß
der Einwirkungen auf den Volksbrauch nicht abgeschätzt oder im
Einzelfall nachgewiesen werden.

1.1.3 Das Judentum

Auch in bezug auf das Judentum ist beim gegenwärtigen Stand der
Forschung eher auf der Hypothese zu insistieren, daß es gegenseitige
Beeinflussungen gegeben haben muß, statt daß zahlreiche Beweise
hierfür angeführt werden könnten. Ich spreche dabei nicht von den
Zusammenhängen zwischen frühchristlicher Religiosität und jüdi-
schem Kult und Glauben, die von den Theologen in akribischen
Studien untersucht worden sind, sondern von den Jahrhunderten
feind-nachbarschaftlichen Zusammenlebens zwischen jüdischen und
christlichen Gemeinden und Familien; es ist nicht vorstellbar, daß
dabei nicht Kenntnisse und gelegentliche Übernahmen in den Volksbrauch zu verzeichnen gewesen sein sollten. Vorläufig bleibt freilich
im wesentlichen ein Forschungsdesiderat zu beklagen.[22]
Die wenigen volkskundlichen Studien, die in den letzten Jahren vorgelegt wurden, lassen jedenfalls erkennen, daß über die längsten Zeit-
abschnitte hinweg nicht Pogrom-Stimmung, gegenseitiger Kampf und
Ausgrenzung die Regel gewesen sind, sondern ein im wesentlichen
verträgliches miteinander-Auskommen, welches genügend Möglichkeiten bot, auch die religiösen Besonderheiten zur Kenntnis zu
nehmen.[23] Noch zu Beginn des 19. Jahrhunderts lebte etwa 90% der
jüdischen Bevölkerung in den deutschen Territorien auf dem Land,
d.h. meist in kleinen Gruppen auf den Dörfern und in Kleinstädten.
Christen taten Dienst in jüdischen Haushalten, jüdische und christliche Kinder wuchsen miteinander auf, man besuchte einander an den
jeweiligen hohen Festtagen, und im geschäftlichen Bereich gab es
ohnehin beständige Kontakte.
Vielfach bezeugt ist es, daß die Juden befreundeten christlichen Familien an ihrem Pessach-Fest ungesäuerte Brote schenkten, die *Maz-
zoth*, während sich diese wiederum mit bunten Ostereiern erkenntlich
zeigten. Sowohl die jüdischen wie die christlichen Hausfrauen hoben

davon ein Stücklein irgendwo verborgen im Hause auf, um so Glück und Segen für das folgende Jahr zu fördern.[24] Und es verwundert darum auch nicht, wenn besonders gern „Juden-Mazzen" für christlichen Feuerzauber herangezogen wurde.[25] Oder man holte gleich einen Juden aus der Nachbarschaft zur magischen Bekämpfung eines Schadfeuers, galten sie doch insgesamt als außerordentlich magiekundig. Die „Judenbuche" von Annette VON DROSTE-HÜLSHOFF belegt diesen weit verbreiteten Glauben.

Der *Magen Davids* (der Sechsstern) spielte nahezu in allen deutschen Landschaften eine gewichtige Rolle bei der Feuerbannung, ob in einen Holzteller geschnitten oder gebrannt oder auf ein Stück Papier geschrieben.[26] Und wenn in den letzten Jahren beim Abbruch eines niederbayerischen Bauernhauses in der Gegend von Regensburg an markanten Punkten des Firstbaumes verpflockte Zettel gefunden wurden, auf denen eben dieser Magen Davids zusammen mit verschiedenen Bezeichnungen für Jahwe und anderen hebräischen Zeichen und Wörtern eingeschrieben war, dann finden wir uns aller Wahrscheinlichkeit nach ebenfalls im Umfeld dieser besonderen christlich-jüdischen Kontakte.[27]

Es ist in der Literatur geläufig, daß die Juden während des Mittelalters eine wichtige Rolle bei der Vermittlung von antikem, orientalischem und islamischem Wissen – auch solchem okkulter Art – gespielt haben. Namentlich die *spanischen Juden* haben viele der in arabischen Werken tradierten antiken Schriften in europäische Sprachen übersetzt und damit deren Verbreitung im Abendland gefördert.[28] Dabei wurde nicht nur das antike Geistesgut an die christlichen Völker weitergereicht, sondern es flossen u. a. auch die Anweisungen der ›Kabbala‹ und deren Symbole und Zeichen ein in die praktische Beschwörungskunst des hohen und späten Mittelalters; diese wird dann von dem jungen Buchdruck aufgegriffen und bis in die Zauberbücher des 18./19. Jahrhunderts hinein als synkretistisches jüdisch-antik-islamisch-christliches Geheimwissen popularisiert.[29] Diese Zusammenhänge zwischen religiösen Überzeugungen und Riten des Judentums mit religiös motiviertem abendländischen Brauchtum dürften also für gewiß gelten.

Auf weniger sicherem Boden dagegen stehen wir, wenn wir die Forderung nach *Nacktheit* beim Vollzug bestimmter segensspendender Praktiken erklären sollen, die in vielen deutschen Landschaften noch bis zum Beginn unseres Jahrhunderts üblich gewesen sind. So wenn eine unbekleidete Frau mit aufgelösten Haaren beim Gebetläuten vor Sonnenaufgang am Tag vor Bartholomäi den Krautacker dreimal umkreisen und dabei bestimmte Sprüche oder Gebete sagen mußte, um diesen Acker von der Raupenplage freizuhalten.[30] Nun kann man mit gutem Grund auf die weit verbreitete und gut belegte rituelle Nacktheit bei antiken Religionen hinweisen.[31] Doch sollten wir ernsthaft deren Fernwirkung bis ins 20. Jahrhundert für möglich halten? Liegt es da nicht näher, an die Reinigungsvorschriften der europäischen Juden als Verbindungsglied zu denken, von denen ihre christlichen Nachbarn im Unterschied zu den antiken Religionen beständig Kenntnisse oder zumindest ein Halbwissen hatten? Otto BÖCHER jedenfalls hält solche Zusammenhänge für möglich.[32]

Auf mehr als plausible Vermutungen kommen wir auch nicht, wenn wir das Entstehungsfeld von Konfirmation und Erstkommunion untersuchen. Von diesen Feiern wird noch ausführlicher die Rede sein. Es handelt sich um relativ junge Erscheinungen. Wesentlich älter jedenfalls ist die Aufnahme des *Bar Mitzwah*, des dreizehnjährigen Judenknaben, in die Reihe der vollwertigen Mitglieder der Synagogengemeinde. Die Vorbereitungszeit durch den Rabbi, die exzeptionelle Stellung während des Gottesdienstes und die anschließende familiäre Feier mit festlichem Essen und Geschenke der Freunde und Verwandten zeigen so viele direkte Parallelen zu den entsprechenden christlichen Ereignissen, daß gegenseitige Abhängigkeit wahrscheinlich erscheint. Auch möchte man meinen, daß die augenfällige Errichtung der *Laubhütten* zur Pfingstzeit nicht ohne Einfluß auf das entsprechende (christliche) Brauchtum um diese Jahreszeit geblieben ist; ebenso die ungewöhnliche Konsequenz der Verwendung oder des Verbots von *Lichtern* im häuslichen Bereich zu bestimmten Zeiten, die uns in manchen Orten oder Landschaften wiederum entgegentritt.

Die weitgehend noch ausstehende Forschung über mittelbare und unmittelbare Einflüsse des jüdischen Kultes auf religiös inspirierte Bräuche der deutschen Bevölkerung in Mittelalter und Neuzeit kann durch die vorliegende Darstellung nicht geleistet werden. Doch erscheint mir gewiß, daß es solche Einflüsse gegeben hat; dafür waren die Kontakte zu eng und zu dauerhaft. Beispielsweise ließe sich daran denken, daß der auffallende Formalismus, der vielen mitteleuropäischen Bräuchen anhaftet, ein Gegenstück im jüdischen Kult und im religiösen Alltagsleben der Juden hatte, das sich immer einer größeren Öffentlichkeit mitteilte. Ob sich dieser Prozeß im Zuge der bürgerlichen Gleichstellung der Juden im 19. Jahrhundert und ihrer rapiden Assimilation an die christliche Umgebung verstärkte oder eher verminderte wegen der gleichzeitigen Liberalisierung und der zunehmenden Distanz zu den traditionellen Frömmigkeitsformen, muß offenbleiben.

1.1.4 Die Zigeuner

Seit Beginn des 15. Jahrhunderts vermittelt neben den Juden noch die Gruppe der Zigeuner der einheimischen mitteleuropäischen Bevölkerung den Kontakt zu nichtchristlichen Glaubensinhalten. Ursprünglich aus *Indien* stammend hat sich dieses Volk zunächst einmal einige hundert Jahre im nahen Orient, in Ägypten und auf dem Balkan aufgehalten, bevor es dann um 1410 nach Westen ausweicht und in den Chroniken der deutschen Städte erscheint; zunächst unter dem Namen der „tateren"/Tataren, bald aber schon unter der Sammelbezeichnung Zyngainer/Zygeiner.[33] Sie setzten von sich selber mancherlei märchenhafte Geschichten in Umlauf; erzählten von ihrer Herkunft aus Ägypten, wo sie der Hl. Familie auf deren Flucht keinen Unterhalt gewährt hätten, oder von einem Abfall vom christlichen Glauben zum Islam und ihrer Rückkehr zum Christentum. Darum seien sie vertrieben und von einem Papst zum Herumziehen verurteilt worden.

Trotz Annahme einiger christlicher Elemente – die berühmte Zigeunerwallfahrt zur Hl. Sara in Les-Saintes-Maries-de-la-Mer darf da keinen falschen Eindruck erwecken – bleiben bei ihnen bis in unser Jahrhundert herein zahlreiche nichtchristliche Vorstellungen und Praktiken lebendig.[34] Deswegen, vor allem aber wegen ihrer unsteten Lebensweise, der Unmöglichkeit ihrer sachgerechten fiskalischen, religiösen und polizeilichen Überwachung durch die sich zusehends konsolidierenden Territorien des spätmittelalterlichen und frühneuzeitlichen Staates, waren die Zigeuner beständig Verfolgungen ausgesetzt. In Reichspolizeiordnungen des 16. Jahrhunderts wurden sie verdächtigt, „daß sie Erfahrer, Verräther und Ausspäher seynd und der Christen Land dem Türcken und andern der Christenheit Feinden verkundschafften".[35] An vielen Landesgrenzen wurden eigene „Zigeuner-Schrecktafeln" aufgestellt, die ihnen das Betreten des betreffenden Territoriums untersagten, ihnen Ausstäupung und Brandmarkung und im Wiederholungsfall „ohne allen Proceß ufgehangen zu werden" androhten.[36] Zahlreich sind die Belege dafür, daß dies keine leeren Worte gewesen sind.

Trotz dieser eindeutigen Parteinahme durch die Obrigkeiten konnten die europäischen Zigeuner bis in unsere Zeit überleben. Dies hängt nicht nur mit der zeitweiligen Ineffizienz des Überwachungsapparates zusammen, sondern auch damit, daß es den Zigeunern gelang, in vielfältige Beziehungen zur einheimischen seßhaften Bevölkerung zu kommen, so daß sie auf dem Wege der Gegenseitigkeit auch Hilfen erfuhren, die ihnen das Überleben sicherten.[37] Dies beruhte u. a. auch auf ihre Kompetenz in nichtchristlichem Geheimwissen; so nach bayerischen Landesordnungen des 16. und 17. Jahrhunderts: „Wo auch einige Unterthan oder Inwohner unseres Chur- und Fürstenthumbs bey denselben Zygeinern *Wahrsagens* oder anderer Sachen halber Rath oder Hülff suchen oder sonst mit jhnen einige Gemeinschafft haben oder ihnen Unterschlaiff im wenigsten geben würden, die sollten gestrafft werden wie von Zauberey, Wahrsagern und Teuffelsbeschwerern hieunden versehen."[38]

Wie versessen teilweise die christliche Bevölkerung auf die Dienstleistungen der Zigeuner war, zeigt sich an einem Vorfall des Jahres 1739. Damals wurden in Regensburg „etliche Zigeiners-Pursch offentlich ausgehauth und geprandtmarcht",[39] anschließend per Schub außer Landes geführt. Trotz der Bewachung finden bereits beim ersten Nachtquartier in Nittenau nicht weniger als 14 ledige Mädchen und Frauen Gelegenheit, sich der Inhaftierten „des zur grösten Belaydigung Gottes geraichent, an sich selbsten aber höchst verbottenen Wahrsagens zu bedienen". Sie werden entdeckt und müssen sich vom Schulmeister jeweils einen „Ruettenschilling" (30 Hiebe mit der Rute) aufmessen lassen.[40] Es war also offensichtlich der brennende Wunsch, einen Blick in die Zukunft zu tun, besonders Auskunft über Tatsache und Art der eigenen Verheiratung zu erhalten, welche hier die unverheirateten Frauen das Risiko einer eigenen schmerzhaften und schimpflichen Bestrafung eingehen ließ.

Ansonsten hat man den Zigeunern wie den Juden ein geheimes Wissen über die Bekämpfung von *Schadfeuern* zugetraut. Sie sollten es fertigbringen, in den zugewiesenen Scheunen und Städeln unmittelbar neben Haufen von Stroh und Heu große Feuer zum Kochen und zum Wärmen zu entzünden, ohne daß die Gefahr einer Katastrophe bestand.[41] Als Dank für die Gastfreundschaft ließen sie gelegentlich auch Wurzeln, Kugeln oder Segen zurück, mit denen man sich selber im gegebenen Falle helfen konnte.

Sie beherrschten angeblich auch noch manche andere Kunst wie *unsichtbar machen, Flöhe und rote Läuse anzaubern, Geister bannen oder jemanden fest gegen Gewehr- und Kanonenkugeln machen.* Die konkreten Umstände solchen Zauberbrauchs erfassen wir in einem Malefizakt aus Kallmünz (Oberpfalz) vom Jahr 1568. Dort mußte sich ein Schäfer vor Gericht verantworten wegen des Verdachtes, durch allerlei Manipulationen anderen Menschen Krankheiten zuzuziehen. Bei der Leibesvisitation fand man ein Stückchen Wachs, in welches zwei Pfennige eingeknetet waren, welches er unter der Achsel („Ychsen") trug. „Item das Wachs und die zwen dn, so er under dem rechten Ychsen gehabt, haben ime Zigeiner umb 6 fl geben und gelernet, wo ers bey sich trag, daß ine niemands verwundten könne. Es hab ihme aber nit not gethon."[42] Man ließ es sich offensichtlich im einzelnen Fall schon etwas kosten, um in den Besitz der zigeunerischen Zaubermittel zu kommen. Auch das *sechste und siebte Buch Mosis*, beliebte Zauberbücher der Neuzeit, soll man jederzeit über sie haben beziehen können.[43] Dies gilt auch für die *Tarot-Karten*, welche gar durch Zigeuner aus dem Orient ins Abendland vermittelt worden sein sollen.[44]

Natürlich darf man auch umgekehrt betonen, daß die Zigeuner auf weite Strecken hin Glaubensvorstellungen und Kulte der christlichen Konfessionen übernommen haben. Vor allem „die katholische Kirche nahm sie ohne Umstände unter ihren weiten Mantel, sofern sie nur darunter schlüpfen wollten".[45] Das Tragen von geweihten Medaillen, das Abbrennen von Kerzen vor Bildern, das Wallfahren, die Feier der Erstkommunion u. a. sind von ihnen inbrünstig aufgenommen worden; doch bildeten die Zigeuner seit ihrem ersten Erscheinen in Mitteleuropa immer auch die Exponenten einer nichtchristlichen Religion und Lebensführung und haben in dieser Beziehung das Interesse der Christen gefunden. Diese wurden von ihnen versorgt mit nichtchristlichen Objekten, welche sich eigneten für Heilzwecke und mancherlei magische Praktiken.

So sehen wir durch all die Jahrhunderte der dominierenden Geltung des Christentums als Orientierungsmacht immer auch gelebte Alternativen am Werk, welche einen Rekurs auf anderes als christlich-theologisches Heilswissen ermöglichten. Juden, Sektenmitglieder und Zigeuner demonstrierten der christlichen Mehrheit, daß man nicht nur aufgrund eines Bibelverständnisses, wie es die christlichen Theologen entfalteten, einen sinnvollen Weg durch das Leben und seine Gefährdungen fand. Besonders in Anbetracht der täglich erfahrbaren Gefährdungen durch Krankheit, Mißwuchs, Unwetter und Bosheit der Mitmenschen mußte die Versuchung nahe liegen, nicht nur die Hilfsmittel der eigenen Kirche einzusetzen. Denn daß die fremden Praktiken wirkungsvoll sein konnten, dies wurde oft nicht einmal von den offiziellen Vertretern der kirchlichen Hierarchie bestritten,[46] wenn auch diese teilweise die Macht des Teufels als Ursache unterstellten. Besonders in bezug auf die Zigeuner ist vielfach überliefert, daß man nicht wagte, ihnen etwas abzuschlagen, weil man sich vor ihren Verwünschungen fürchtete.[47]

1.1.5 Antike Religionen

Wenn innerhalb der Volkskunde die Diskussion auf den Einfluß nichtchristlicher Religionen und Kulte auf den deutschen Volksbrauch gekommen ist, dann hat man meistens nicht die bisher behandelten Bereiche ins Visier genommen, sondern Germanentum und Antike. Vor allem Alfons DOPSCH hat zu Beginn unseres Jahrhunderts die Hypothese vertreten, daß auf breiter Front eine Kontinuität zwischen Antike und deutschem Mittelalter besteht.[48] In dieser umfassenden Weise konnte die Anschauung nicht vor der wissenschaftlichen Kritik standhalten; vor allem im geistigen Leben von Wissenschaft, Literatur und Kunst werden wir mit radikalen Einbrüchen rechnen müssen, doch im alltäglichen Leben können einzelne Elemente eine Chance gehabt haben, weitergepflegt zu werden; und die Ausnahmestellung der Kirche als Traditionswahrerin wird allenthalben hervorgehoben.[49] Dies aber sind genau die Bereiche, welche für unsere Thematik von Bedeutung sind. Dürfen wir also mit einer breiten Kontinuitätsstraße rechnen?

Wenn man Klarheit darüber gewinnen will, in welchem Ausmaß religiöse Elemente der Antike Steuerungsfunktionen innerhalb des mittelalterlichen und neuzeitlichen Volksbrauches behalten haben, dann wird man m.E. unterscheiden müssen zwischen den Feldern, auf denen eine totale oder weitgehende Anverwandlung von Antikem in Christliches erfolgt ist, und jenen, bei denen dies nicht gelang. „Als das Christentum aus der Enge einer jüdischen Sekte in die Weite des hellenistisch-römischen Raumes hinaustrat, war es genötigt, sich mit dessen Geisteskultur auseinanderzusetzen. Überdies kamen viele frühen christlichen Denker aus dem Heidentum und brachten eine philosophische Vorbildung mit, die sie nach ihrer Bekehrung mit ihrem neuen Glauben in Übereinstimmung zu bringen suchten. So entstand die christliche Hochreligion als ein synkretistisches Gebilde, dessen Begrifflichkeit weitgehend aus platonisch-neuplatonischen und stoischen Traditionen hergeleitet war."[50]

Mein Plädoyer geht dahin, all diese Bereiche, in denen eine solche *Assimilation* erfolgt ist, als christlich zu bezeichnen. Sie boten sich dem gläubigen (und ungläubigen) Laien nach ihrer Integration in das christliche System nicht mehr dar als antik, heidnisch, ägyptisch, babylonisch, jüdisch oder wie auch immer. Dementsprechend hatte er – wenn er nicht zur kleinen Gruppe der Gelehrten gehörte – keine andere Wahl, als sie als christlich zu erleben. Es ist sicherlich richtig, daß die sieben-Tage-Woche zurückgeht auf babylonische Anschauungen, in denen ausgegangen wird von einer Verschränkung des Planetenlaufes (gedacht war an die fünf ohne Hilfsmittel beobachtbaren Planeten plus Sonne und Mond) mit der Abfolge der Mondphasen.[51] Der einfache Christ aber erlebte diese Zeitspanne als gegründet auf den biblischen Schöpfungsbericht und eingebettet in arbeitsrechtliche Vorschriften seiner Kirche, die ihm für den Sonntag Arbeitsruhe und Gottesdienstbesuch abverlangte. Hier von einem babylonischen Einfluß auf den deutschen Volksbrauch zu sprechen, erschiene mir abwegig.

Ähnliches läßt sich sagen zu wesentlichen Teilen des christlichen *Jahreskalenders*. Es besteht kein Zweifel, daß das Fest der Geburt Christi gezielt auf den Termin einer Feier des sol invictus gelegt worden ist; doch deswegen lebte in der Folge dann nicht mehr vorderasiatischer Sonnenkult weiter.[52] Und gewiß kannten die alten Ägypter, Syrer, Juden etc. die Vorstellung von heiligen Quellen, Wässern und Flüssen. Für die deutsche Bevölkerung des Mittelalters und der Neuzeit wurde die Haltung zu diesem Element jedoch bestimmt durch die christliche Wertschätzung für Tauf- und Weihwasser.[53] Und es mögen in vielen antiken Religionen eine Anzahl von Fasttagen vorgeschrieben gewesen sein für Priester, Zauberer, Trauernde, Initianten etc.[54]; allein wirksam geblieben ist das christliche Fastengebot zu bestimmten Zeiten des Festkalenders. Wenn in einzelnen Volksbräuchen der Akteur eine Handlung „ungegessen" (nüchtern) durchführen mußte, dann entnahm er die Begründung hierfür eben nicht aus griechischen Mysterien, sondern allenfalls aus der Beobachtung jüdischer Gebräuche oder aus den Vorschriften seiner Kirche.

Freilich ist die Absorption von antiken Religionen und Kulten nicht durchgängig und vor allem nicht gleichmäßig erfolgt. Die Wertschätzung vor dem Geist der antiken Schriftsteller, Philosophen und anderen Gelehrten hat dazu geführt, daß deren Schriften nahezu alle Jahrhunderte der Existenz eines christlichen Europa sorgsam gehütet, immer wieder abgeschrieben und übersetzt und zum Gegenstand eigener Überlegungen gemacht worden sind. Auf diese Weise konnte antiker Geist auf christliches Denken und Handeln Einfluß nehmen, ohne daß dazu eine unmittelbare Traditionskette notwendig gewesen wäre. Das Fach Volkskunde hat gerade in den letzten Jahren die eminente Bedeutung der schriftlichen Überlieferung entdeckt und ist etwas skeptischer geworden gegenüber den Leistungen einer nur mündlichen Tradition, der man früher nahezu alles zugetraut hatte.[55]

Für den einfachen Menschen mußte es u. U. schon von Bedeutung sein, ob er überhaupt Kenntnis erhielt von den *heidnischen Göttern* und deren Wirkung. In dieser Hinsicht wurde es wichtig, daß manche christlichen Theologen diese Götter nicht einfach als Dämonen behandelten, sondern daß man in ihnen bedeutende Menschen und Erfinder zu erkennen glaubte, die von Zeitgenossen und Nachfahren glorifiziert und damit vergöttlicht worden seien. Dieser sog. *Euhemerismus* hat es erlaubt, mehr oder weniger unbefangen die Namen der antiken Götter und deren Mythologie weiter zu gebrauchen, sie einzusetzen in der bildenden Kunst, in der schöngeistigen Literatur, in der allegorischen Rede und auch in der volkstümlichen Predigt.[56] Während des Mittelalters wurde es zu einer ausgesprochenen Mode, für die verschiedenen Stämme oder Regentenfamilien Genealogien zu begründen, die nicht selten bei antiken Göttern ansetzten.[57] Und schließlich fanden die weltlichen Großen am absolutistischen Hof des französischen Königs und anderswo sogar Gefallen daran, sich selber mit Göttern zu identifizieren, das Leben und Treiben auf dem Olymp nachzuspielen und es in das Herrscher-Zeremoniell einzubeziehen.[58] Muß es da verwundern, wenn der Name der Diana oder Herodias in den Inquisitionsakten gelegentlich als Synonym für die Oberhexe auftaucht?[59] Oder wenn antike Götterfiguren in emblematischen Beziehungen auf den Schützenscheiben des Hofes von Sachsen-Coburg noch um die Mitte des 17. Jahrhunderts erscheinen und offensichtlich richtig „gelesen" werden?[60]

Die Zwitterstellung zwischen Dämonisierung (und Ablehnung) oder spielerisch allegorischer Ausdeutung (und Weiterführung) ist noch für manches andere Feld des antiken Geistes bezeichnend. So war einst die Vorstellung weit verbreitet, daß jedem Anfang oder Beginn der weitere Verlauf einer Sache oder Handlung und deren Ende eingeprägt sei. Gleichzeitig stand jeder Zeitabschnitt unter dem Einfluß von *Gestirns-Konstellationen*. Man tat also gut daran, sorgsam darauf zu achten, zu welchem Zeitpunkt man eine wichtige Angelegenheit auf die Bahn brachte: wann man eine Reise antrat, ein Geschäft abschloß, Hochzeit feierte, ein Haus zu bauen begann.[61] Die Resignation vor einem Tag, der mit einem plötzlichen Niesen begann, gehörte in dieses Umfeld.[62] Diese Form der *Tagwählerei* – Bevorzugung günstiger und Vermeidung ungünstiger Termine für bestimmte

Unternehmungen – wurde von Autoritäten wie Augustinus und Ambrosius unter die Superstitiones/den Aberglauben gerechnet. Gleichzeitig vermochten aber auch sie wie spätere Kirchenväter es nicht auszuschließen, daß es Gott gefalle, den Menschen Hinweise auf den künftigen Verlauf der Dinge zu geben, etwa durch das auffallende Verhalten bestimmter Tiere (Vögel etwa) oder durch Offenbarungen im Traum; für letzteres hielt ja auch die Bibel eine Reihe von Beispielen parat. Namentlich die Gestirne und deren Verlauf waren nach christlicher Anschauung zweifelsfrei eine Schöpfungstat Gottes, und Gelehrte wie Origines, Laktanz und Augustinus hielten es für möglich, daß sie ein Zeichen sein könnten für Gottes Pläne mit den Menschen. Freilich, eine Macht über die Welt von sich aus hätten sie gewiß nicht, ihr Einfluß habe seine Grenzen am freien Willen des einzelnen Christen.[63] Doch noch 1348 bei dem ersten verheerenden Ausbruch der Pest in Europa konnte die von dem „allerchristlichsten" französischen König mit einem Gutachten beauftragte medizinische Fakultät der Pariser Universität diese größte aller bisher erlebten Seuchen ableiten aus einer besonders ungünstigen Konstellation der Gestirne; eine Erklärung, welche in der Folge bedenkenlos in vielen Pesttraktaten weitergereicht wurde.[64]

War es angesichts dieser höchst offiziellen Ansichten, die wohl gelegentlich einen entscheidenden theologischen Widerspruch erfuhren, aber bis weit in die Neuzeit hinein Gegenstand der gelehrten Spekulationen blieben, verwunderlich, daß die einfache Bevölkerung manchmal ohne exakte Differenzierung mit einem Einfluß der Sterne und der Bedeutung bestimmter Termine für die eigenen Handlungen rechnete?

Die *astrologischen Kenntnisse* und Spekulationen waren nicht einfach ein Stück Naturkunde oder (falscher) Naturwissenschaft, weder bei ihren Erfindern, den Babyloniern, noch bei den christlichen Gelehrten des Mittelalters und der Neuzeit. Vielmehr sahen noch „alle deutschen Astrologiekundigen des 16. Jahrhunderts, von Philipp Melanchthon, der in Wittenberg Vorlesungen über Astrologie hielt, über Regiomontan, Kopernikus, Tycho Brahe, Galileo Galilei bis zu Johann Kepler den letzten Sinn der Astrologie in der Erziehung des Menschen zur Gotteserkenntnis und Bewunderung von Gottes Werk. Tycho Brahe meinte sogar, es sei sündhaft anzunehmen, Gott habe die Sterne nur so, ohne Bedeutung geschaffen".[65]

Es war allgemeine Überzeugung, daß die Gestirne das Wetter beeinflussen würden. Darum entwickelte man schon in der Antike bestimmte *Lostage*, an denen das künftige Wetter offenbar würde und die Zeit günstig sei, bestimmte vom Wetter abhängige Tätigkeiten zu verrichten, etwa mit der Aussaat zu beginnen. Dieser Teil des antiken Wissens wurde vor allem von den Arabern weitergepflegt und besonders durch jüdische Übersetzer in Spanien seit dem 13. Jahrhundert dem christlichen Europa mitgeteilt. Es floß ein in die weit verbreiteten sog. ›Bauernpraktiken‹, die erstmals 1508 gedruckt wurden und mindestens von da an zum landläufigen Bildungsgut gehörten, vor allem da sie auch in die Kalender übernommen wurden.[66] Da konnte dann jedermann nachlesen, wann man am besten Zwiebeln steckte, den Mist aufs Feld fuhr, Bäume fällte, Hafer säte oder zur Ader ließ.

Man könnte nun diesen gesamten Glaubenskomplex, der sich in zahlreichen jahreszeitlichen, medizinischen und anderen Bräuchen verfestigte, einbinden in das christliche Weltbild. Die angedeuteten Bemühungen von Origines, Augustinus, Thomas von Aquin, Tycho Brahe u. a. weisen ja in diese Richtung. Doch ist im Zusammenhang mit dem Planeten- und Sternenglauben die Verchristlichung nie eine vollständige gewesen. Die Bemühtheit der Argumentation blieb vielen Theologen einsichtig und hat sie zu entschiedenem Widerspruch veranlaßt.[67] Außerdem hat sich in der popularisierten Form der Astrologie die Interpretation sehr leicht von der Zeichenhaftigkeit des Gestirnverlaufs hin zu einer echten Wirkmächtigkeit verschoben, die von den christlichen Theologen aber immer als Aberglauben und sündhaft deklariert werden mußte. In der landläufigen Bezeichnung „ägyptische Tage" für bestimmte Lostermine blieb zudem auch das Wissen des Volkes über die nichtchristliche Herkunft derlei Vorstellungen lebendig. Wenn Nikolaus von Dinkelsbühl, Wiener Theologieprofessor um die Mitte des 15. Jahrhunderts, sich über einschlägige Praktiken seiner Zeitgenossen mokiert, so liefert er einen deutlichen Beleg dafür, daß bestimmte Kalenderbräuche nicht im christlichen Sinne weitergepflegt wurden, sondern im antiken: "pey newem mond tün manche ir pewtel auff und zeigent im ir gelt oder sy ruren oder schutelnt den pewtel und glaubent, daß sy mit solchem pet und sollicher irrung von jm erwerben sold und gluck durch das gancz moneyt."[68]

Was hier etwas ausführlicher dargestellt wurde am Sternenglauben, hat Analogien zum Bereich der Heilbräuche mit Amuletten, Talismanen, Charakteren etc.[69] Vorläufig soll es genügen, angedeutet zu haben, daß mit einem Weiterwirken religiös motivierten Wissens der Antike in die christliche Zeit hinein gerechnet werden muß, ohne daß es dabei in jedem Fall zu einer völligen Absorption durch die herrschende Religion gekommen wäre. Als entscheidend sehe ich an, daß dieses Wissen schon in der Antike eingemündet war in die *Schriftlich-*

keit und damit konserviert wurde. Es konnte dadurch immer wieder Wirksamkeit und Leben entzünden, auch wenn es einmal über Generationen hinweg nicht im vitalen Kult oder im Volksbrauch präsent gewesen ist. Die deutschen Mönche des 10./11. Jahrhunderts, erfüllt vom Geist der religiösen Reformideen von Gorze und Cluny, hatten zwar plötzlich Skrupel, sich weiterhin mit den „gottlosen", „heidnischen" Schriften eines Aristoteles oder Platon zu beschäftigen, doch vernichtet haben sie deren Werke in ihren Bibliotheken deswegen nicht. Vielmehr blieben sie hier liegen, bis ein neuer Geist sie einige Jahrhunderte später wiederum zum Leben erweckte.

1.1.6 Die germanische Mythologie

Wenn die Schlußüberlegung des letzten Abschnittes richtig ist, müssen wir von vornherein mit etwas gebremsten Erwartungen an diesen Aspekt unseres Themas herangehen. Denn die Geisteswelt der Germanen vor ihrer Christianisierung war im wesentlichen eine solche der nicht-Schriftlichkeit. Und diejenige Instanz, die als erste imstande gewesen wäre, Kenntnisse über heidnisch-germanisches Geistesleben festzuhalten – die Kirche –, war daran nicht interessiert. So muß die ›Germania‹ des Tacitus vielfach den Kronzeugen abgeben; aber sie ist das Werk eines Römers, eines landesunkundigen zudem, und außerdem noch geschaffen als kulturpolitischer Spiegel für die eigenen Landsleute und nicht als ethnographisches Handbuch. Vielleicht stünden wir ein wenig besser da bei der bloßen Objektkenntnis, wenn nicht Kaiser Ludwig der Fromme die von seinem Vater (Karl dem Großen) gesammelten „heidnischen" Lieder und Gesänge hätte vernichten lassen. So aber entzündet sich der Streit der Gelehrten häufig schon an der Frage der Faktizität bestimmter Annahmen.

Es war im wesentlichen Jacob GRIMM, der sich zu Beginn des letzten Jahrhunderts anheischig machte, den Mangel an direkten Quellenkenntnissen über die Religion der Germanen wettzumachen. Daß diese über ein entwickeltes religiöses System verfügt haben müssen, glaubte er schon aus analogen Beobachtungen zwingend folgern zu können. „Ein Volk, zur Zeit wo seine Sprache, sein Recht gesund dastehen und unversiegten Zusammenhang mit einem höheren Altertum ankündigen, kann nicht ohne Religion gewesen sein, und wir werden zum voraus ihr dieselben Tugenden und Mängel beilegen dürfen, welche jene auszeichnen."[70] Der Schlüssel zu dieser vergangenen Welt – dies ist Jacob GRIMMS Hypothese – liegt im *Erzählgut und im Brauchtum* seiner eigenen Zeit.

„Außer den Märchen und Sagen ... kommen Sitten und Gebräuche in Betracht, die, aus dem Altertum hervorgegangen und fortgeführt, unabsehliche Aufschlüsse darüber erteilen können. Es läßt sich zeigen, wie das Feuerreiben, die Osterfeuer, Heilbrunnen, Regenwasserumgänge, heilig gehaltene Tiere, der Kampf zwischen Sommer und Winter, das Todaustragen und eine Fülle des Aberglaubens, zumal bei dem Angang und der Heilung der Krankheiten, fest mit heidnischen Anlässen zusammenhängt. Schwerttanz und Riesentanz, Berchtenlauf, Pfingstspiel, Osterspiel, die Einführung des Sommers oder des Maien, das Veilchensuchen und der Schwalbenempfang sind in lauter heidnischen Anschauungen begründet, und auch der Brauch des Kiltganges wie der Wächterlieder führt sich auf uralte Festlichkeiten zurück."[71] Wenn GRIMM hier von „Altertum" und „Heidnischem" spricht, so meint er nichts anderes als „germanische Mythologie".

Mit diesem Werk wurde der deutschen Volkskunde und Kulturgeschichte ein Erklärungssystem an die Hand gegeben, das in der Folgezeit nahezu kanonische Geltung erlangte. Sicher, man hat später Modifikationen vorgenommen; Wilhelm MANNHARDT[72] wollte weniger die hohe Mythologie des germanischen Götterhimmels fortwirken sehen, sondern die „niedere Mythologie", den volkstümlichen Glauben an die ungeschiedene Einheit alles Vegetabilischen, der sich widerspiegele in der realen Existenz einer Pflanzenseele oder eines Pflanzendämons; diesen Pflanzendämon wollte MANNHARDT erspüren u. a. in allen Bräuchen, bei welchen Bäume, Sträucher oder Zweige zum Einsatz kommen: im Christ-, Mai- und Firstbaum, im Stock von Knecht Rupprecht oder Nikolaus, in der Rute der „pfeffernden" Kinder nach Weihnachten, im Laubkleid des „Pfingstls" usw.; oder Waldemar LIUNGMAN stellte gegenüber den konkretisierten Dämonen und Göttern mehr die Idee einer neutral wirkenden heiligen Kraft in den Vordergrund.[73]

Doch wurde damit nicht die grundsätzliche Hypothese von Jacob GRIMM in Frage gestellt, daß nämlich im gegenwärtigen deutschen Volksbrauch „uralt heidnisches" (germanisches, keltisches, neolithisches – die Referenzzeit konnte partiell oder grundsätzlich variieren) Glaubensgut fortlebe. Nicht selten wird dabei eine totale Subsumtion vollzogen: Alles Brauchtum *ist* religiös, nämlich Ausfluß vorchristlicher Kulte. Es sollte für die Prägekraft dieser Forschungsmeinung von durchschlagender Bedeutung werden, daß auf dem Höhepunkt von deren Geltung das entscheidende Nachschlagewerk des Faches auf

den Markt kam, das bis zur Gegenwart noch nicht abgelöst worden
ist: Handwörterbuch des deutschen Aberglaubens (HDA), 10 Bände,
Berlin 1927–1942.

Daß man aus dieser Quelle und aus einschlägigen älteren Darstellungen begierig schöpfte, als während der Zeit des Dritten Reiches
alles Germanische hoch im Kurse stand, ist leicht zu verstehen. [74] Weniger begreiflich ist es, daß mit verbissener Hartnäckigkeit vor allem
die popularwissenschaftliche Literatur an dieser Sicht der Dinge festhält, obwohl sich eine Reihe von Fachvertretern mittlerweile um
deren Revision bemüht haben. Fast willkürlich kann man neueste
Werke zur Brauch-Thematik herausgreifen und wird auf das 'Germanen-Syndrom' stoßen.

Ich gebe eine Kostprobe aus einem Buch von 1986: „Im Brauchtum,
das vom Jahreslauf bestimmt ist, hat der Gedanke von der Erneuerung der Elemente eine besondere Bedeutung … Gerade Lebensbaum und Lebensrute haben in vielfältigen Erscheinungsformen das
Brauchtum unseres Heimatraumes nachhaltig geprägt … Mit der
‚Bercht‘ begegnet uns eine vorchristliche Naturgöttin, deren ursprünglicher Name sich uns nicht überliefert hat. Nach dem germanischen Volksglauben wohnte sie in den Wolken. Mit Regen und Sonnenschein ließ sie die Früchte der Erde wachsen und gedeihen. Von
den Frauen, besonders von den Spinnerinnen, wurde sie als mütterlicher Beistand sehr verehrt … Mit der Rute sollte ursprünglich die lebensspendende Kraft der Natur auf die Menschen übertragen werden.
Doch im Lauf der Zeit wurde sie als Symbol der Züchtigung und
Strafe sinnfremd gedeutet und verwendet."[75] Solche Götter, deren
Namen wir nicht kennen, deren Aussehen, Handlungen und Zuständigkeiten aber aus intimer Perspektive beschrieben werden, spazieren
allenthalben durch die Literatur.[76]

Es sind bevorzugt einige Phänomene des gegenwärtigen Volksbrauches, die in der Art einer automatischen Mechanik auf germanische
Religion oder Kult bezogen werden: Überall wo es *laut zugeht*, geschossen, geknallt und gelärmt wird, werden Dämonen vertrieben;
blühende Zweige, grünende Bäumchen u. ä. verweisen auf Lebenskraft und Segenswunsch; *Ausgießen von Wasser* = Regenzauber; *sich
maskieren* bedeutet in die Gestalt von Dämonen schlüpfen, diese
darstellen, ohne von ihnen erkannt zu werden.

Es ist immer verhängnisvoll, in der Wissenschaft Denkverbote auszusprechen. So kann es denn in diesem Zusammenhang auch gar nicht
darum gehen, grundsätzlich in Zweifel zu ziehen, daß formale Elemente oder auch grundsätzliche Überzeugungen germanischer Reli-

giosität weitergewirkt haben.[77] Doch darf ein Zusammenhang nicht reflexartig als erstellt gelten, wenn bestimmte äußere Formähnlichkeiten beobachtet werden. Und schließlich gilt es, das Phänomen des wissenschaftlichen Rücklaufes zu bedenken; zweihundert Jahre Verbreitung einer bestimmten Forschungsmeinung sind oft auch an den Akteuren eines Brauches nicht spurlos vorübergegangen. Davon wird später noch ausführlicher die Rede sein.

Zunächst einmal gilt es, darauf zu verweisen, daß gegen die zu bereitwillige Unterstellung einer inneren Verbindungslinie zwischen heidnischem (germanisch-keltischem) Kult und dem Brauchtum späterer Jahrhunderte gravierende methodische Bedenken angemeldet worden sind. So arbeitete die ältere Forschung in einem erheblichen Ausmaß mit dem *Analogieverfahren*: Im Erscheinungsbild ähnliche Phänomene werden zu einer Einheit zusammengezogen und zur gegenseitigen Erklärung verwendet, obwohl sie ganz unterschiedlichen Zeiten, Räumen und funktionalen Zusammenhängen entstammen. Demgegenüber verlangt Hans Moser eine exakte Kulturgeschichtsschreibung, bei welcher zunächst einmal sämtliche Belegstellen nach ihrer räumlichen und zeitlichen Streuung gesichtet und dann erst analysiert werden.[78] Nur so erschließt sich die dominierende Sinnschicht, nur so lassen sich Wandlungen der Funktion erkennen. Und gerade auf diese – die Funktion – als das Kernstück jedes Brauches kommt es an. Hermann Bausinger hat die verschiedenen Strukturteile sozialen Handelns sichtbar gemacht und an Beispielen aufgezeigt, wie sich die Zielrichtung der gesamten Erscheinung verändert, wenn sich eines ihrer Teile verändert.[79] Wer mehr als Trivialität erschließen will, der darf die Maskierung eines Perchtenläufers, der Teufelsfigur in einem christlichen Osterspiel und eines Bankräubers nicht in den gleichen Topf werfen.

In jüngster Zeit hat vor allem Dieter Harmening auf ein gravierendes Defizit der älteren Forschung aufmerksam gemacht, nämlich auf die *mangelnde Quellenkritik*. „Die mythologischen Arbeiten Jacob Grimms begründeten die kulturgeschichtlich-volkskundliche Auffassung, in den Aberglaubensrügen des Mittelalters Hinweise auf Fakten der germanischen Religionsgeschichte sehen zu dürfen. Diese nahezu axiomatische Prämisse setzte von mündlichen Traditionen unterhaltene Prozesse der Kontinuität aus germanischer Zeit voraus, die, erst vom katechetischen Interesse des Mittelalters geleitet, schriftlich fixiert worden seien."[80] Dabei erweisen sich diese jedoch als Schriften von hochgradig topischem Charakter; es ging den Autoren keineswegs darum, von ihnen empirisch festgestellte Verstöße gegen christlichen Geist und kirchliche Vorschriften auszubreiten, sondern weit mehr darum, systematisch christliches Verhalten gegen unchristliches abzugrenzen. Sie nahmen darum keinen Anstoß, weidlich voneinander abzuschreiben oder auch wörtlich viele Jahrhunderte zurückliegende Schriften miteinzubauen.

So konnte es leicht geschehen, daß Formulierungen des Cäsarius von Arles in österreichischen oder bayerischen *Bußbüchern* des 16. Jahrhunderts auftauchen; in Wirklichkeit jedoch hat jener die Zeit seines Lebens (470–542) in Südfrankreich verbracht, wo er auch als Erzbischof von Arles gestorben ist. Und wenn er abergläubische Praktiken beobachtet und gerügt hat, dann gewiß nicht solche der germanischen Heiden/Christen seiner Zeit (von den Bajuwaren des 16. Jahrhunderts ganz zu schweigen), sondern solche seiner romanischen Zeitgenossen, allenfalls solche der Kelten in der Nachbarschaft. Die Aberglaubensforschung jedoch hat vielfach für bare Münze genommen, was sie in den Werken des Pirmin von Hornbach (†753), des Regino von Prüm (* um 840–915) oder Burchard von Worms (965–1025) vorfand und hat die dort beschriebenen Bräuche und Glaubensvorstellungen in Anspruch genommen für die Lebenswirklichkeit der entsprechenden deutschen Regionen (Hornbach in der Pfalz, Prüm in der Eifel und Worms am Rhein) bzw. Zeiten – und dies waren die Jahrhunderte der endgültigen Etablierung des Christentums oder der Eliminierung von heidnischen Gewohnheiten! Die Generalisierung zum Brauchtum *der* Germanen lag auf der Hand.

In Wirklichkeit haben diese „Gewährspersonen" fleißig ältere Codices ausgeschrieben; neben dem genannten Cäsarius von Arles standen u. a. die homiletischen Schriften des Martin von Bracare (* um 515–580) und seines spanischen Landsmannes Isidor von Sevilla (* um 560–663) hoch im Kurs. Man kann darum nur Josef STABER beipflichten: „Mit Recht hat man festgestellt, daß die volkskundlich wichtigen Aberglaubensberichte in jahrhundertelanger literarischer Überlieferung weitergeschleppt wurden, so daß es ein verhängnisvoller Irrtum wäre, aus dem Bericht eines Autors Rückschlüsse auf die unter seinen Zeitgenossen herrschenden Anschauungen zu ziehen."[81] Nach dem gegenwärtigen Stand der Forschung hat es den Anschein, als würde vieles, was bislang für religiöses/superstitiöses Brauchtum der deutschen Territorien in Mittelalter und früher Neuzeit gilt, eher dem antik-mediterranen Bereich zugeordnet werden müssen, und zwar für die Zeit der Spätantike.

Generellere Zweifel am langfristigen Überleben der religiös-germanischen Welt werden auch genährt durch die jüngsten Erkenntnisse der *Sagenforschung*. Es galt bislang für ausgemacht, daß die Sagen ihren wesentlichen Charakter (etwa gegenüber den Märchen) dadurch gewinnen, daß sie historische Realität festhalten, teilweise wollte man sie gar hochstilisieren zum Geschichtsgedächtnis des einfachen Mannes.[82] Auch Jacob GRIMM hat seine These von der möglichen Rekonstruktion der germanischen Götterwelt im wesentlichen gegründet auf die historische Treue der mündlichen Überlieferung. Nachdem die Volkskunde aber allmählich über den Stand der immer wieder erneuten Kompilation von Sagensammlungen hinauswächst, deren naive Gleichsetzung mit historischer Wirklichkeit bezweifelt und an konkreten einzelnen Beispielen das Entstehungsfeld von mündlichen Traditionen untersucht,[83] bestätigt sich mehr und mehr der Verdacht, daß wir es auch hier in der Regel mit Fiktionen zu tun haben, die geboren wurden aus spezifischen Interessenslagen.[84] Darum wird nun immer lauter der „Abschied von so mancher liebgewordenen Vorstellung über den Wahrheitsgehalt von Sagen"[85] angemahnt, ein Abschied, der auch den „Mythos" von der „germanischen Mythologie" einbeziehen muß.

So kumulieren sich von verschiedenen Seiten her Zweifel an der einstigen Gleichung: deutsches Brauchtum = germanische Mythologie. Wenn man in Südtirol einem (faulen) Bauern zum Spott einen Kreis in seine Wiese hineinmäht, dann muß das nicht unbedingt auf den Rest eines alten Sonnenkultes verweisen.[86] Genausowenig müssen das Gansessen an St. Martin und der Begleiter des hl. Nikolaus auf den germanischen Gott Wotan bezogen werden.[87] Und die Verehrung von drei heiligen Frauen (Einbeth-Vilbeth-Warbeth oder Katharina-Barbara-Margaretha) wird man nicht unbedingt mit dem germanischen „Kultus der weiblichen Nornen" in Verbindung bringen müssen.[88] Und es dürfte auch zu weit hergeholt sein, wenn man die Hinterlegung von hohlen Wachsfigürchen an katholischen Wallfahrtsorten als einen letzten Rest einstiger Menschenopfer erklärt.[89]

Es wurden mittlerweile auch andere umfassende Erklärungsversuche angeboten, die jedoch alle das nach wie vor dominierende „Germanen-Modell" noch nicht aus dem Feld zu schlagen vermochten. Arnold von GENNEP hat mit Hinweis auf reiches kulturhistorisches Material wahrscheinlich gemacht, daß in vielen Bräuchen eine *symbolische Geste der Aufnahme* in einen neuen Lebensverbund *oder der Trennung* von einem alten enthalten sein könnte.[90] Wenn der Bräutigam nach der Rückkehr von der Trauung die Braut über die Schwelle trägt, dann vielleicht nicht deshalb, um sie vor den Dämonen zu sichern, die angeblich unter der Türschwelle lauern, sondern um diesen

Moment des Aufgenommenwerdens in eine neue Liebes- und Leidensgemeinschaft besonders augenfällig zu machen.[91]

Schwedische Volkskundler haben darauf hingewiesen, daß es bei den vielen Bräuchen zu Beginn und Abschluß der Ernte nicht immer und unbedingt um zauberische Handlungen zur Sicherung von Fruchtbarkeit und Ertrag oder um Manipulationen zur Besänftigung von Vegetationsdämonen gehen muß, sondern daß sich pure *Freude am Spiel* ausdrücken könne, Ausgelassenheit beim Abschluß von anstrengenden Arbeiten oder auch immer wieder in neuem Gewand auftretende Versuche der unverheirateten Jugend, miteinander in Kontakt zu kommen.[92]

In Kärnten hat sich, solange der Anbau von Flachs eine wesentliche Rolle in der Landwirtschaft spielte (bis in die Zeit des Ersten Weltkrieges hinein), ein reiches Brauchtum um die Arbeit des Flachsbrechens, das von den Mägden mehrerer Höfe reihum gemeinsam vollzogen wurde, ausgebildet: Die Burschen haben die in der Nacht heimkommenden Mädchen erschreckt, mit Peitschen geknallt, Tierstimmen nachgeahmt und mancherlei Schabernack verübt. Umgekehrt haben die Mädchen und Frauen den Männern übel mitgespielt, deren sie bei ihrer Arbeit habhaft werden konnten; sie haben ihnen die Hosen heruntergezogen und diese mit Flachsspreu vollgestopft, wenn sie nicht mit einem Lösegeld zufrieden waren. Der Abschluß der Arbeit wurde mit einem gemeinsamen Fest gefeiert, bei welchem auch eine Brechelbraut gewählt wurde sowie ein Brechelritter, der Geld auf den Tisch zu streuen und damit einen Teil der Kosten zu übernehmen hatte.

Im Sinne der „Mythologen-Schule" hat man alle diese Elemente aus germanischen – näherhin langobardischen – Kulten und Glaubensvorstellungen abgeleitet: Der nächtliche Unfug der Burschen mit Peitschenknallen etc. ist Verscheuchung des erzürnten Flachsdämons, der den Mägden schaden möchte, weil sie allen Flachs ausgerupft haben. Und im Hänseln der Männer vollzieht sich natürlich ein phallischer Kult, durch den künftige Fruchtbarkeit sichergestellt werden muß. Der beeindruckte Leser wundert sich dann auch schon nicht mehr, wenn ihm im Geld-(= Gold)streuenden Brechelritter der Sonnengott höchstpersönlich entgegentritt.[93]

Wieviel unverkrampfter würde hier ein Rekurs auf das von schwedischen Volkskundlern ins Spiel gebrachte psychologische Erklärungssystem wirken! Das virulente (vor allem sexuelle) Interesse der verschiedenen Geschlechter aneinander greift die im betreffenden wirtschaftlichen und kulturellen Milieu liegenden Möglichkeiten der

Kontaktnahme auf und befriedigt sie auf spielerische Weise. Innerhalb des gegebenen kulturellen Gesamtsystems kommen dabei auch
religiöse Phänomene in den Blick, aber es sind nicht diejenigen der
Langobarden vor eineinhalbtausend Jahren, sondern diejenigen der
katholischen Kirche der Gegenwart, deren Formen der Eheschließung travestiert werden.

Auf die letzte Erscheinung werden wir bei kommenden Brauch-
beobachtungen immer wieder stoßen: *die spielerische Umkehr christlicher Kultgebräuche.* Dies verweist auf einen hohen Grad von Internalisierung des gesamten kirchlichen Zeremoniells. Und ich möchte
vorgreifend andeuten, daß sogar für einen Kernbereich germanischer
Deduktion – den der fastnächtlichen Maskengestalten – inzwischen
eine Erklärung aus dem Geist und der Weltinterpretation der abendländischen Kirche vorgelegt worden ist.[94]

Der gesamte Trend der volkskundlichen Forschung – im Gegensatz
zur popularwissenschaftlichen Rezeption – geht also dahin, den Anteil explizit religiös-germanischer Elemente im Volksbrauch vor allem
der Neuzeit oder gar der Gegenwart zu minimieren. Groß sind nach
wie vor unsere Wissenslücken auf diesem Feld, was die Verhältnisse
vor der Völkerwanderungszeit angeht. Eine *zentrale Instanz* zur Entscheidung von religiösen oder kultischen Streitfragen gab es sicherlich
unter den germanischen Völkern nicht; damit dürfte aber von vornherein eine gewisse Schwäche gegenüber eindringenden fremden
Kulten und Religionen grundgelegt gewesen sein, vor allem wenn
diese vorgetragen wurden von einem entwickelteren kulturellen System oder im Zusammenhang mit militärischer oder politischer Hege-
monie.[95]

Es scheint, daß verschiedene Stämme bereits während der eigentlichen Wanderungsphase in hohem Ausmaß christliches Gedankengut
aufgriffen.[96] Und als sie und die noch nicht christianisierten Stämme
dann konfrontiert wurden mit dem imperialen fränkischen Königtum,
das eindeutig für die Romkirche Partei ergriff und auch nicht davor zu-
rückscheute, alle Hebel der weltlichen Macht für die Glaubenseinheit
einzusetzen, da dürften kaum nachhaltige Aktivitäten zugunsten der
alten Kulte entwickelt worden sein. Dafür sorgten schon eine umfassende Pfarrorganisation und eine Fülle von Klöstern.

Und als dann schließlich seit dem 13. Jahrhundert eine ungeheure
Städtegründungswelle durch die deutschen Lande ging, da standen
sehr bald mit den *Bettelorden* genügend Seelsorger zur Betreuung der
städtischen Bevölkerungs-„Massen" bereit.[97] Angesichts einer solchen Bündelung des christlichen Einflusses fällt es schwer, in nennens-

wertem Maße ein Überleben von heidnisch-germanischen Kultformen und religiösen Überzeugungen für wahrscheinlich zu halten,
zumal diese auch nicht konserviert wurden in theologischen, philoso-
phischen oder literarischen Schriften oder in sakralen Bauten und
Kunstwerken, so daß sie fortlaufend Gegenstand der geistigen Auseinandersetzung hätten sein können oder auch nach Phasen des Ver-
gessens zu einem neuen Leben hätten erstehen können.

1.1.7 „Naturreligiöses"

Die Rede war bisher von religiösen Elementen, welche von einer
spezifischen Bedeutung für eine singuläre Kultur gewesen sind (jüdisch, germanisch; römischer Cäsarenkult, griechische Mysterien
etc.); es wurden die Chancen für deren kontinuierliches Weiterleben
oder für ihre Revitalisierung erörtert. Daneben gilt es aber auch zu bedenken, daß es neben den Erscheinungsformen von Hochreligionen
Elemente des religiösen Verhaltens geben kann, die einer ununterbro-
chenen Tradierung oder einer bewußten Neubelebung nicht bedürfen,
weil sie gleichsam zum dauernden Gefühlshaushalt des Menschen
gehören.
    Es gab Zeiten in der Entwicklung der deutschen Volkskunde, wo
man bewußt die Nähe zur Völkerpsychologie gesucht und in der Erkenntnis von solchen „Elementargedanken" das eigentliche Ziel des
Faches gesehen hat.[98] Es kommt mir nicht darauf an, eine Prinzipien-
Diskussion über die Tiefenschichten volkstümlichen Denkens, Füh-
lens und Handelns oder gar über deren Mischungsverhältnis zu
führen. Wenn man aber Klarheit darüber gewinnen will, aus welchen
Bereichen die Sinngebung für habitualisiertes Verhalten in Gegenwart
und (Halb-)Vergangenheit erfolgt ist, wird man auch an diesen Bereich denken müssen. In der Fachsprache spricht man von „Polyge-
nese" oder „Konvergenz", Erscheinungen, die vor allem in der
Märchen- und in der Volksglaubensforschung das Interesse erregen.[99]
    Man hat beobachtet, daß es bis in die letzten Jahrzehnte vor allem
in Frankreich (seltener in Norddeutschland und Skandinavien) häufig
vorkam, daß Frauen mit einem bislang unerfüllten Kinderwunsch
heimlich des Nachts zu Menhiren und Dolmen kamen, diese an-
rührten, den Körper an ihnen rieben oder an ihnen hinabrutschten,
offensichtlich mit der Hoffnung, daraus Hilfe für ihre Konzeptions-
fähigkeit zu erzielen.[100] Hier zu vermuten, daß es sich um Reste eines
phallischen Fruchtbarkeitskultes aus dem Spätneolithikum handelt,

verbietet sich schon deshalb, weil die wissenschaftliche Forschung bisher keine gesicherten Erkenntnisse über die ursprüngliche Bedeutung dieser megalithischen Einzelsteinsetzungen erarbeiten konnte.[101] Doch darf angenommen werden, daß die Assoziation Menhir = eregierter Phallus für einen phantasiebegabten Menschen *jederzeit* möglich ist. Freilich ist damit nicht geklärt, wieso das Reiben, Rutschen, Berühren hilfreich für die Fertilität sein sollte. Die Erklärung könnte in einem der angedeuteten Elementargedanken liegen, nämlich in dem Vertrauen auf kontagiöse Magie: Das Berühren eines kraftgeladenen Gegenstandes überträgt dessen Wirkung auf den betreffenden Menschen.

Nach diesem Prinzip verlaufen viele Heilbräuche auf der ganzen Welt; und damit könnte man diesen Sachverhalt auf sich beruhen lassen. Doch muß man im vorliegenden Fall nicht einmal unbedingt auf die (sicherlich naheliegende) Idee der Kraftübertragung durch Anrühren als eine ubiquitäre, jederzeit mögliche Erscheinung hinweisen. Denn der christliche Kult demonstrierte den nämlichen Gedanken auf vielfältige Weise (Einlegen und Berühren der Märtyrergebeine in die Altartische, Auflegen der Hände bei Segnungen, Mitteilung des Altarsakramentes ...).

Normalerweise wird die herrschende Religion versuchen, Hilfsmittel für alle Gefährdungen des irdischen Lebens anzubieten. Wo sie deren Wirkung dem Gläubigen nicht plausibel genug machen kann oder wo sie nichts anzubieten hat, muß der Wunsch nach Selbsthilfe oder zusätzlicher Fremdhilfe entstehen. Dies ist m. E. der entscheidende Punkt, wo für den gläubigen Christen das Interesse zur Indienstnahme außerchristlicher Praktiken aufbrechen kann, für jüdische, zigeunerische, antik- oder germanisch-heidnische – soweit sie ihm bekannt und greifbar sind – oder eben auch für allgemeine, unspezifische.

Letztlich lassen sich diese, nicht aus spezifischen Religionen abgeleiteten Versuche zur Selbsthilfe oder Zukunftsschau mehr oder weniger subsumieren unter dem Begriff der „*Magie*". Damit ist eine grundsätzliche Opposition zumindest zu einem korrekten christlichen Verhalten umschrieben, das ich mit Lenz KRISS-RETTENBECK als „*Anheimstellung*" bezeichnen möchte.[102] Anheimstellung ist die vertrauensvolle Unterordnung unter den Willen Gottes, dessen Pläne mit dem Menschen man akzeptiert, auch wenn sie den momentanen Wünschen und Einsichten nicht entsprechen. Dagegen versucht derjenige, der sich magischer Elemente bedient, ein selbstmächtiges Eingreifen in den Schöpfungsplan, wenn auch auf einem sehr beschränkten, kleinen Feld, zur Erzielung von Vorteilen für die eigene Person oder zur Schädigung von anderen.[103] Er tut dies in der Hoffnung auf die zwanghafte Wirkung bestimmter Objekte, die er benützt, oder von Handlungen, die er durchführt, oder von Worten, die er spricht. In der Regel ist das „Wissen" über solche Wirkungen vermittelt, d. h. aus einem religiösen oder pseudoreligiösen System abgeleitet.

Es kann zu solchen Praktiken aber auch ohne konkrete Vorbilder immer wieder neu kommen, vor allem wenn aufgrund des ambivalenten Erlebnisses der Naturgewalten diese beseelt gedacht werden. „Das Numinose begegnet dem Menschen im Feuer und im Wasser, in der Luft und in der Erde, und zwar heilbringend im Feuer des Herdes und des Lichtes, im Wasser des Regens, des Trankes und der Schifffahrtswege, im kühlenden Windhauch und im fruchtbaren Ackerland, aber auch furcht- und grauenerregend im Feuer der Brandkatastrophe, im Wasser des Unwetters und der Überschwemmung, im Brausen des Sturmes und in den unfruchtbaren, öden und unheimlichen Stätten der Erde. So ist es kein Wunder, daß zwar im allgemeinen nicht den Elementen selbst, wohl aber den in ihnen lokalisierten überirdischen Mächten Verehrung zuteil wird."[104]

In Tirol kannte man in der Christnacht den Brauch, ein bißchen Mehl in die Luft zu streuen, etwas Speise in der Erde zu vergraben, in einen Brunnen und in das Herdfeuer zu werfen. Handelt es sich um „Elementefüttern",[105] bei welchem den als lebendig, mit einer eigenen Wesenheit gedachten vier Elementen ein Opfer gebracht wird? Oder ist es eine bloße symbolische Gebärde, getragen von dem Wissen um die Einheit der Schöpfung und die Verantwortung des Menschen in ihr? Und zusätzlich überwölbt von dem Heil des menschgewordenen Gottes in dieser Nacht? Oder hat sich hier – noch auf dem Boden des einstigen Imperium Romanum – ein Rest des Wissens antiker naturwissenschaftlicher Spekulationen gehalten? Wir werden wie hier mangels besserer Quellen und Erhebungsmethoden oft die Fragen nur stellen, aber nicht beantworten können. Grundsätzlich scheint es denkbar, daß in manchem Einzelfall im Sinne einer naturreligiösen Empfindung gehandelt wird.

Jedenfalls sollte man nicht davon ausgehen, daß *Animalisierung* der Natur und magisches Handeln einer vergangenen Kulturstufe angehören und durch die Etablierung einer Hochreligion oder durch den allgemeinen Prozeß der Verwissenschaftlichung aus der Welt geschafft würden. Ein Kenner wie Leander PETZOLD ist im Gegenteil davon überzeugt, daß es sich um ein menschheitsgeschichtliches Phänomen handelt, das in der Gegenwart eher noch an Bedeutung zunimmt, und zwar unabhängig vom Bildungsgrad. „Dieses Vakuum an Sicherheit und Geborgenheit kann nur auf dem Wege der psychischen Anpassung, d. h. in diesem Fall durch das Mittel der Projektion, ausgefüllt werden. Die psychische Projektion als Abwehrmechanismus besteht in einer Umbewertung der Wirklichkeit unter dem Druck unbefriedigter Bedürfnisse. Magische Verhaltensweisen ermöglichen nun dem Individuum, Ängste und psychische Spannungen auf ein erträgliches Maß zu reduzieren."[106]

Von hier läßt sich eine Brücke schlagen zu den modernen Sekten, von denen schon die Rede war und die zu einem erheblichen Teil nichts anderes darstellen als Regressionen in eine naturreligiöse Geisteshaltung. Die latente Bereitschaft zu einer solchen Bewußtseinslage ist ein idealer Nährboden für okkulte Gruppen, für Horoskopglauben, Handlesen, Spruchheilen etc.

Als 1859 in Göttingen eine Giftmischerin öffentlich enthauptet wurde, stürzte sich die Menge auf das Blut, um dieses in Taschentüchern aufzusaugen und als Hilfsmittel für mancherlei physische Defekte mit nach Hause zu nehmen.[107] Sie tat dies gewiß ohne einen gelebten Zusammenhang mit vorchristlichen oder außereuropäischen kultischen Menschenopfern, sondern überwältigt von dem elementaren Vitalstoff „Blut". Wir können nicht sicher sein, daß derlei nicht auch heute und morgen passiert.

1.1.8 Ergebnisse

Bei einem systematischen Rundblick über die Möglichkeiten religiöser Orientierung in Mitteleuropa während der Jahrhunderte von Mittelalter und Neuzeit werden eine Reihe von Alternativen sichtbar. Die stärkste Kraft ist zweifellos zu jedem Zeitpunkt das *Christentum*, vorgetragen auch von der staatlichen Gewalt und den gesellschaftlichen Eliten und kultiviert von einem professionellen Priesterstand, der über lange Zeit hinweg der Hauptträger der geistigen Entwicklung insgesamt gewesen ist. Der Überzeugungskraft dieser Religion, die bereits durch intensivste Diskussion in der Phase der Spätantike zu einem in sich geschlossenen System ausgebaut worden war, das eine Antwort zu allen entscheidenden Fragen des Zusammenhangs der Welt, des menschlichen Seins und der ethischen Normen anbot, waren alle älteren religiösen Systeme unterlegen. Dies gilt auch, wenn man von den Möglichkeiten der Indoktrination und Repression absieht.

Antike Kulte, sowohl die „Staatsreligion" der Cäsarenverehrung

wie auch griechische und vorderasiatische Kulte, welche vor allem von
den Soldaten im ganzen Imperium bekanntgemacht wurden und die
nachweislich auch auf dem römisch besetzten Gebiet des späteren
Deutschen Reiches Fuß fassen konnten, hatten keine Chance, in der
unmittelbaren Konfrontation mit dem Christentum zu überleben.
Dies gilt auch für die religiösen Gepflogenheiten der germanischen
Stämme, von denen wir jedoch relativ wenige Kenntnisse haben. Mit
Ausnahme des Cäsarenkultes fehlte es den nicht-christlichen Alternativen an einer zentralen Instanz und an der Entfaltung zu einem geschlossenen System; darum waren sie bereits vor dem Auftreten der
Religion des Jesus von Nazareth in hohem Maße durch die Neigung zu
synkretistischen Übernahmen aus anderen Kulten geprägt.

Die Chance zu einer späteren Wirksamkeit, u. U. erst nach einer
Zwischenperiode der Stagnation, war um so größer, je stärker das betreffende System durch Schriftzeugnisse und/oder unvergängliche
Kultbauten und -bildnisse überdauern konnte. Dies war für das heidnische Germanentum kaum, für die antiken Religionen vielfach gegeben. Darum haben nur die letzteren in ungleich stärkerem Maße
Bemühungen der christlichen Theologen nach Abgrenzung *und* Anverwandlung ausgelöst. Über lange Zeit hinweg gab es intensive Bemühungen um allegorische Indienstnahme der heidnisch-antiken Götterwelt und ihrer Lehren (Euhemerismus). Dieser Trend wurde nicht
durchgängig geteilt, die Gefahr des Weiterschleppens eines unchristli-
chen Geistes hat man ebenfalls gesehen. Mehrere Wellen einer Rezeption der Antike sind aufeinander gefolgt (bis ins 11. Jahrhundert durch
Tradierung der Schriften in den deutschen Klöstern; seit dem 13. Jahrhundert durch Übersetzungen aus dem Arabischen, vor allem in Spanien; und seit dem 15. Jahrhundert durch das Einströmen griechischer
Gelehrter in das westliche Abendland nach der türkischen Eroberung
von Konstantinopel). Antike Religion und Geistigkeit sind also unun-
terbrochen auch einem weitgehend verchristlichten Mitteleuropa vor
Augen gestanden; daß sie im Einzelfall den hilfesuchenden Menschen
zu Überlegungen und Handlungen veranlaßten, die sich eigentlich
nicht mit dem Geist ihrer Kirche vertrugen, ist mehr als wahrscheinlich.

Die ausschließliche Geltung der Rom-geleiteten Orthodoxie wurde
aber auch verhindert durch Sonderbewegungen, die innerhalb der
Kirche selber bei der kontroversen Diskussion wichtiger Glaubens-
fragen entstanden sind. Meist hat man den entsprechenden Gruppen
das Stigma des *Sektiertums* aufgedrückt, sie verfolgt und ausgerottet
(z. B. Katharer, Geißlerbrüder, Wiedertäufer). Dies ist nicht immer

vollständig „gelungen". Die Kenntnis oder Vermutung eines anderen Heilsweges konnte der Mehrheitsbevölkerung Anlaß zu einem Verhalten geben, das von den sanktionierten Formen abwich. Diese Möglichkeit als mehr oder minder legitimes Verfahren eröffnete sich vor allem, als im 16. Jahrhundert durch die *Reformation* die Kirchenspaltung oft in den kleinsten Territorien und sogar in einzelnen Gemeinwesen zur erlebten Alltagswirklichkeit wurde.

Mit den Sekten und der Opposition von Reformierten/Lutheranern/Katholiken verlagerte sich die Auseinandersetzung vom Papier der Schreibstube hin zu konkret manifestem, handgreiflichem Verhalten, das beobachtet werden konnte. Diesem kommt sicher eine größere Überzeugungskraft zu als dem bloßen theoretischen Wissen. Darum ist auch der Begegnung mit den *Juden* und *Zigeunern* trotz deren relativ geringen Anteile an der Gesamtbevölkerung eine gewisse Bedeutung für den religiös inspirierten Volksbrauch zuzumessen.

Für den einzelnen Menschen und auch für lokale und soziale Gruppen bestanden also dauernd Orientierungs-Alternativen, wenn man versuchte, durch Ritualisierung des Handelns im weitesten Sinne Heil für sich zu erwerben. Dabei hatte das Andersartige, nicht Vertraute immer die Sogwirkung der besonderen Faszination auf seiner Seite. Diese Tatsache verschafft in der Gegenwart bei dem allgemein feststellbaren rapiden Verfall der traditionellen religiösen Sinnhorizonte neuen Bewegungen eine Entfaltungsmöglichkeit, die aber zum Teil nichts anderes darstellen als eine Regression auf allgemeine, nichtspezifische Stufen der Religiosität. Sie können auch betrachtet werden als Aspekt einer umfassenden Exotisierung der Gegenwartskultur.[108]

Die *Wege der Weitergabe* von religiösem Gedankengut als Grundlage des eigenen Handelns können unterschiedlicher Art sein. Die Tradierung von Mund zu Mund wurde einst vor allem für die Fortdauer der germanischen Mythologie als außerordentlich wirksam angesehen. Hier hat die moderne Volkskunde allenthalben Skepsis angemeldet. Wirksam war sicherlich die konkrete Beobachtung während der alltäglichen Kommunikation, wie sie sich besonders mit den Juden (eingeschränkt mit Zigeunern sowie alten und neuen Sekten) anbot. Als bedeutungsvoll erscheint mir auch ein Phänomen, das man als Rückkoppelung oder wissenschaftlichen Rücklauf bezeichnen könnte: Die Akteure einer Handlung übernehmen allmählich oder spontan die Interpretation, die ihnen von den Gelehrten angeboten wird.

Die Erscheinung ist schon alt. Die Verfasser von katechetischen Büchern, Sündenspiegeln, Beichtanleitungen etc. haben bereits in der Spätantike meist alles, was sie unter „Superstitio"/Aberglauben meinten zusammenfassen zu müssen, als Idolatrie/Götzendienst eingestuft. Damit wurde pauschal eine Wertung des Alten Testamentes übernommen,[109] die *so* dem empirischen Befund höchst unangemessen war. Unbeschadet dessen wurde diese Klassifikation auch weitergeschleppt in den entsprechenden katechetischen Schriften des hohen und späten Mittelalters, sie fand auch Eingang in die konfessionelle Polemik des 16. Jahrhunderts in der Rede vom „papistischen Götzendienst", und sie findet sich auch bei der sog. Mythologen-Schule.[110]

Es wurde schon betont, daß die Faktizität dieser Einstellung schwer zu ermitteln ist. Unstrittig dagegen ist es, daß durch die *literarische Weitergabe* der verschiedenen Arten von Verfehlungen gegen christliche Gebote die Kenntnisse von solchen Verfehlungsmöglichkeiten tradiert worden sind. Vielleicht ist das eine oder andere Beichtkind erst auf die Idee gekommen, bestimmte Tage als günstig für den Antritt einer Reise zu wählen, als es im Beichtstuhl immer wieder danach ausgeforscht wurde oder es in der Predigt gesagt bekam, dies sei eine schwere Sünde. Namentlich mit der Eindeutschung der Beichtbücher, Sündenspiegel etc. im späten Mittelalter und mit deren Eingang in den Buchdruck muß das Wissen um nichtchristliche Formen der Heilssuche popularisiert worden sein.

Es dürfte nicht von ungefähr kommen, daß dies genau die Zeit ist, in der der *Hexenwahn* zu einer europaweiten Erscheinung wird und erstmals epidemische Verfolgungswellen auslöst; erreicht doch nun das Wissen um bestimmte zauberische Praktiken schnell weite Kreise und findet teilweise Nachahmung.[111] Es handelt sich zwar nicht um „abergläubisches" germanisches Gedankengut – wie man fälschlicherweise lange Zeit vermutet hat –, sondern um antik-mediterranes, das in diesen Schriften ausgebreitet wurde, doch wird uns hier wieder die Bedeutung des Buchdrucks demonstriert, der in der Lage war, Wissen zu verbreiten und zu konservieren. Gleichzeitig lebt so die in den Sündenspiegeln vorherrschende Meinung von der Wirksamkeit der magischen Handlungen wieder auf, obwohl doch die christlichen Theologen schon vor Jahrhunderten erklärt hatten, es handle sich um Trugbilder Satans, mit denen er die Menschen über sein eigenes Unvermögen hinwegtäusche.[112]

Rücklauf-Phänomene können auch in der jüngeren Vergangenheit beobachtet werden. Die von der Volkskunde seit zweihundert Jahren verbreitete Hypothese, daß die meisten Volksbräuche aus der germanischen Epoche stammten und im wesentlichen der Fruchtbarkeit von Mensch, Tier und Flur dienen sollten, wurde mittlerweile von vielen Brauchtumsträgern internalisiert.[113] Und die beständig perpetuierte Behauptung, daß die Masken etwas zu tun hätten mit kultischen Verkleidungen und Ritualen führt offenbar dazu, daß in den traditionellen alpenländischen Maskenregionen diese zunehmend eine Schlagseite ins Dämonische erhalten, daß die häßlichen, schaurigen, geheimnisvollen Verkleidungen alles andere in den Schatten stellen.[114]

Aufs ganze gesehen wurde die abendländische Christenheit beständig mit alternativen religiösen Ideen konfrontiert. Obwohl die (katholische) Kirche bis in das zweite Vatikanische Konzil hinein den Anspruch auf Ausschließlichkeit der eigenen Erlösungsleistung erhob, konnten die verbotenen oder verdächtigten Kulte eine gewissen Anziehungskraft auf die Gläubigen ausüben. Offensichtlich ist das elementare Bedürfnis nach Gesundheit, Wohlstand und Zukunftssicherung durch die Gnadengüter der Kirche allein nicht zufriedengestellt worden. Unbedenklich griff man dabei immer wieder zu einer *Kumulierung unterschiedlichster Sicherungsmaßnahmen*, unabhängig von ihrer Genese und gedanklichen Begründung.

Symptomatisch für dieses hervorstechende Kennzeichen des religiös motivierten mitteleuropäischen Volksbrauches ist die Aussage des bedeutenden französischen Philosophen Michel-Eyquem de MONTAIGNE (1533–1592): In einer Notsituation sei er durchaus in der Lage, dem hl. Michael, seinem Namenspatron, eine Kerze zu opfern, gleichzeitig aber auch dem Drachen, den jener ersticht.[115] Und wenn heute jemand bei einer Krankheit nach Altötting oder Kevelaer wallfahrtet und dort ein Wachsopfer niederlegt, gleichzeitig aber den Facharzt konsultiert, dann praktiziert er ein ähnliches System der Mehrfachsicherung. Dieses Prinzip kann in einzelnen Fällen so sehr hypertrophisiert werden, daß es wie eine Karikatur seiner selbst wirkt und alle Bemühungen scheitern müssen, die einzelnen Elemente einer bestimmten geistigen oder religiösen Heimat zuzuordnen. Eduard F. KNUCHEL beschreibt ein Verfahren zur Sicherung eines Saatfeldes vor Vögeln: „Man gehe morgens ganz früh auf den Acker, ziehe sich nackt aus, gehe dreimal ohne rückwärts zu sehen und ohne zu sprechen um das Getreide, bete drei Vaterunser, dann ziehe man sich wieder an, mache etwas Schwefeldampf, nehme eine Kornähre in den Mund und gehe ohne zu sprechen nach Hause."[116]

Angesichts solch komplexer Erscheinungen wird man wohl nicht selten mit Hermann BAUSINGER resignierend feststellen müssen: „Der

Mensch in seiner Hilflosigkeit sucht sich nach allen Seiten zu schützen. Gewiß läßt sich eine solche Verdoppelung dogmatisch scheiden, lassen sich die Etikette Glaube und Aberglaube anbringen; aber diese Trennung wird dem tatsächlichen Ineinander nicht gerecht. Dieses Ineinander scheint nicht nur in dem Mangel an klaren theologischen Begriffen begründet zu sein, vielmehr ist es ein seelisches Faktum, das aller sondernden theologischen Begrifflichkeit Widerstand leistet."[117] In vielen anderen Fällen jedoch wird man in der bislang entwickelten Weise einen systematischen Versuch der Entflechtung der verschiedenen Sphären des Religiösen – vielleicht mit Erfolg – starten können. Das Verfahren erscheint mir dann um so aussichtsvoller, wenn auch der zweite Globalbereich „Brauch" neben der „Religion" analytisch aufgegliedert wird.

1.2 Brauchtum

1.2.1 Begriffliches

Über den hohen Stellenwert der Brauchtumsforschung innerhalb des Faches ist sich die (besonders ältere) Volkskunde einig. „Das Brauchtum ... ist und war ein Zentralthema volkskundlicher Bemühungen seit Bestehen des Faches."[118] Glegentlich wird auch noch unser zweiter Referenzbegriff hinzugenommen: „Das Kernstück der volkskundlichen Wissenschaft ist die Kunde vom Glauben und Brauch des Volkes."[119] Die Bemühungen um ein klares Wortverständnis setzen in aller Regel an bei dem Begriffspaar *Sitte und Brauch* oder „Sitten und Bräuche".

In diesem Punkt hat sich die jüngere Forschung jedoch auf einen differenzierten Sprachgebrauch geeinigt. Meist mit Bezug auf Ferdinand TÖNNIES[120] wird eine Scheidung vorgenommen nach dem Modell 'äußere Schale – verpflichtender Kern'. „Bräuche werden ausgeübt, vollzogen; sie können unterlassen werden, ohne daß die Volksordnung im wesentlichen gestört wird. Brauch liegt in der Sphäre des kultischen oder festlichen Handelns, ist ein erhöhendes Tun und Handeln, eine Ausdrucksform. Sitte aber wird beachtet, befolgt, kann verletzt werden; man kann gegen die Sitte verstoßen ... Sitte ist soziales Gebot ... Was Sitte und Brauch verbindet, ist, daß Sitte zur Ausübung des Brauches verpflichtet. Sitte ist in diesem Sinne die Voraussetzung des Brauches, das, was ihn fordert."[121]

In der Regel wird noch Wert darauf gelegt, daß der Aspekt des *Ge-*

meinschaftsbezuges hinzugenommen wird. „Der einzelne Mensch hat ‚Gewohnheiten‘ – nämlich die von ihm persönlich im Leben und Benehmen befolgten Regeln –, aber er hat keine Bräuche. Diese finden wir vielmehr nur in irgendeiner, wenn auch noch so kleinen Gesamtheit, in bestimmten, durch Natur oder Übereinkunft abgesonderten, aus den gleichen Gründen oder zu denselben Zwecken eng verbundenen Gruppen.“[122] Und schließlich wird betont, daß die äußere Form der Bräuche in der *Tradition* verankert ist[123]; das Festhalten an einer bestimmten überkommenen Form kann so sehr internalisiert werden, daß die Phänomene auch gezeigt werden, wenn der verpflichtende Kern – die Sitte – gleichsam schon entschwunden ist.

Berühmt wurde das von Paul SARTORI bekanntgemachte Beispiel einer protestantischen Gemeinde auf einer dänischen Insel: Die bei der Messe vom Opfergang am Altar zurückkehrenden Männer pflegten sich vor einer bestimmten Stelle der weißen Wand zu verneigen, bis man dann bei einer Kirchenrenovierung feststellte, daß hier vor 400 Jahren ein Marienbild übertüncht worden war.[124] Das Phänomen 'Brauch ohne Glaube/Sitte' als Ausnahmeerscheinung hat schon eigene volkskundliche Abhandlungen hervorgerufen.[125] Eine umfassende Definition könnte somit sein: *„Brauchtum ist gemeinschaftliches Handeln, durch Tradition bewahrt, von der Sitte gefordert, in Formen geprägt, mit Formen gesteigert, ein Inneres sinnbildlich ausdrückend, funktionell an Zeit oder Situation gebunden.“*[126]

Wir können diese umfassende Definition an einem Beispiel überprüfen: Wenn Vereine sich anschicken, eine *Fahnenweihe* zu begehen oder ein Jubiläum zu feiern, so erbitten sie seit längerer Zeit dazu einen benachbarten Verein zum „Paten“. Es hat sich seit kurzem eingebürgert, daß diese Bitte im Rahmen eines gewissen Zeremoniells vorgetragen wird: Der Vorstand des feiernden Vereins sucht den präsumtiven Patenverein mit einer kleinen Abordnung in Vereinskleidung auf, welche ein Faß Bier mitführt (meist auf einem Schubkarren) und bringt seine Bitte in gereimter Rede vor, wobei er jedoch auf einem Scheit Holz zu knien hat. Auf die Annahme der Bitte (das Ganze ist natürlich längst vorher abgesprochen) erfolgt die gemeinsame Konsumtion des Bieres.[127]

Wir erkennen deutlich die von DÜNNINGER idealtypisch erwähnten einzelnen Elemente:
- *„Gemeinschaftliches Handeln“* – dies ergibt sich bei vereinsmäßigem Zusammenschluß fast zwangsweise;
- *„Tradition“* – sie ist im vorliegenden Fall nicht 'uralt', doch ist die beschriebene Handlungsabfolge auch nicht singulär, sondern

schon seit einiger Zeit üblich – wie man aus der Zeitungsbericht-
erstattung entnehmen kann, die ihrerseits wieder ein wichtiges
Medium der Verbreitung ist – ständig im Wachsen begriffen;

- *„von der Sitte gefordert"* – als Sitte wird man hier wohl die Erwar-
  tungshaltung bezeichnen müssen, die sich im Umgang der Vereine
  untereinander ausgebildet hat und die genau 'weiß', was sich gehört, was an Aufmerksamkeit etwa erwartet werden darf, wenn
  man für einen Nachbarverein die Patenrolle übernimmt;

- *„in Formen geprägt, mit Formen gesteigert"* – die einzelnen Handlungsschritte markieren deutlich Unalltäglichkeit, die noch durch
  die festlichen Attitüden der Kleidung, der gebundenen Rede, des
  geschmückten Gefährtes etc. unterstrichen wird;

- *„ein Inneres sinnbildlich ausdrückend"* – äußere Zeichen für die
  Sinnrichtung der gesamten Handlung 'Bitte um eine Gefälligkeit'
  gibt es hier gleich mehrere: die verbal vorgetragene Bitte, das in
  petto gehaltene Geschenk und schließlich die augenfällige Unter-
  werfungsgeste des Kniens, das noch verstärkt wird dadurch, daß es
  auf einem Holzscheit geschieht; gleichzeitig wird dadurch der
  mögliche Ernst der Geste auch wieder zurückgenommen, denn
  das Knien auf einem Holzscheit ist eine traditionelle Kinderstrafe
  und wird nun ins Spielerische gewendet, wenn es einem gestan-
  denen Mannsbild abverlangt wird;

- *„funktionell an Zeit oder Situation gebunden"* – die Handlungs-
  kette wird nur beim 'Patenbitten' in Anspruch genommen, allenfalls in analogen Situationen, etwa wenn eine Frau gebeten wird,
  im gleichen Umfeld die Rolle einer 'Fahnenmutter' zu übernehmen.

Gleichzeitig läßt sich hier demonstrieren, welche Affinitäten zu unserem Thema 'Religion und Brauch' sichtbar werden. Es handelt sich
gewiß nicht um einen Brauch, der aus einer irgendwie gearteten Religion oder aus religiösem Bewußtsein herausgewachsen ist oder insgesamt menschliche Begegnung mit dem Numinosen widerspiegelt;
trotzdem werden Elemente aufgegriffen, die uns aus dem kirchlichen
Alltag wohlvertraut sind: Man erwählt sich einen 'Paten' wie bei Taufe
oder Firmung und fordert die im Gottesdienst (und nur dort) übliche
Unterwerfungshaltung des Kniens. Die entscheidende Funktion
dieses Brauches besteht sicherlich darin, gute soziale Beziehungen
zwischen verschiedenen Gruppen herzustellen. Dazu gehört etwa,
daß man eine Bitte angemessen vorträgt, nicht überheblich oder als
Selbstverständlichkeit. Und es zeigt sich nun, daß auch innerhalb solcher Sinn- und Wirkungshorizonte religiöse oder kultisch-zeremo-

nielle Elemente durchaus erwünscht und sinnvoll verwendbar sein können.

1.2.2 Brauch-Biographie

Das Hervorwachsen des Brauches aus dem Kult oder der Religion wird in der Literatur grundsätzlich nicht bezweifelt. Das Bindeglied ist die Sitte, die Vollzugsforderung, die man allgemein als einen Wesensbestandteil hinter dem Brauch wirksam sieht. Sitte aber hat etwas zu tun mit Sittlichkeit, und damit kommt fast zwingend Religion ins Spiel. „Man darf nicht darauf rechnen, alle Sitten bis zu ihrem letzten Ursprunge zurückverfolgen zu können. Wo es aber möglich erscheint, da wird man in den meisten Fällen als Quelle der eigentlichen Sitte als solcher die Religion erkennen."[128] Oder: „Weil die Sitte in ihrem Ursprung dem Kult verwandt ist, so werden wir bei fast allen Bräuchen als Grundlage einen Glauben finden ... Freilich ist dieser Zusammenhang zwischen Brauch und Glauben im Laufe der Zeit verlorengegangen."[129] Und: „So ist denn auch der Zusammenhang zwischen Sitte und Religion in der ganzen Kulturentwicklung von unermeßlicher Bedeutung."[130]

Wenn man diese Äußerungen so verstehen dürfte, daß Religion – mit Ausnahme von weitgehend säkularisierten Epochen – immer einen hohen Stellenwert bei der Definition von 'rechten' Sozial- und Umweltbeziehungen innehat, dann wird man gegen die Hypothese von der innigen Verschränkung zwischen Religiösem und Brauchtümlichem nichts einwenden. Paul GEIGER meint dies, wenn er darauf hinweist, daß die christliche Kirche mehr als tausend Jahre Zeit hatte, um dem Brauch ihren Stempel aufzudrücken.[131]

In der Regel wird mit der *ursprünglichen* Gleichsetzung von Religion/Kult und Brauch jedoch auch unterstellt, daß sie, wenn nicht die einzig mögliche, so doch die eigentlich sinnvolle Beziehung zwischen den beiden Bereichen sei. Dementsprechend wird dann die Brauchentwicklung fast zwangweise zu einer *Verfallserscheinung*. „Ein großes Trümmerfeld ist es, was wir überblicken, wenn wir uns heute nach dem Bestande altererbter Sitten und Bräuche im Volke umtun; und wenn wir den Versuch machen, in ihren Sinn und ihre Geschichte einzudringen, so können wir überall nur einen beständigen Verfall feststellen."[132] Sogar Josef DÜNNINGER, der in seinen Arbeiten ansonsten immer einen wachen Blick für die Geschichtlichkeit der kulturellen Erscheinungen bewahrt hat, kann sich von dieser Sicht nicht

ganz freimachen, wenngleich er an die Stelle des religiösen Sinnzu-
sammenhangs den der Gemeinschaftsstiftung setzt: „Von *echtem*
Brauchtum wird man nur dort sprechen können, wo es noch völlig ins
Lebensganze eingebettet ist, wo es noch die *echte* Funktion einer ge-
meinschaftsbildenden Kraft, einer Gemeinschaft ausdrückenden
Symbolik aufweist. Nur wo der Brauch noch von der Sitte gefordert
wird, hat er ein *legitimes* Dasein"[133] (Hervorhebungen durch den
Autor).

Gegen eine solche Sicht der Dinge möchte ich Bedenken anmelden.
Diese betreffen bereits die Grundannahme von der weitgehenden
Deckungsgleichheit zwischen Brauch und Kult/Religion in irgendwelchen weit zurückliegenden Zeiten. Der Nachweis hierfür wurde bislang nirgendwo geführt. Es spricht m. E. alles dagegen anzunehmen,
daß es irgendwelche Epochen der Menschheitsgeschichte gegeben
haben sollte, bei denen das religiöse Denken das ausschließliche gewesen ist, alles individuelle und gemeinschaftliche Handeln gleichsam
zum Gottesdienst hätte werden müssen. Ich gehe vielmehr von einer
Identität des Menschen mit sich selbst insoferne aus, als ich unter-
stelle, daß die in den historischen Epochen beobachtbaren elementaren Bedürfnisse und Fähigkeiten auch in frühere Phasen hinein
verlängert werden dürfen; jedenfalls in die Zeit der Existenz von
germanischen Stämmen vor der Schriftlichkeit, die in der Regel gemeint ist, wenn von der Gleichsinnigkeit von Religion und Brauch
die Rede ist. Das würde bedeuten, daß es neben der Religion auch
andere Motive zur Habitualisierung von Sozialverhalten gegeben
haben muß: *den Vorteil bei gemeinschaftlich verrichteter Arbeit, die
Etablierung von Rechtsbeziehungen zur Berechenbarkeit fremden
Verhaltens, Freude an Spiel und Unterhaltung, die Fähigkeit zum
Symboldenken und -handeln, die Herstellung sichtbarer sozialer
Sonderbeziehungen etc.* Demnach wäre Religion (die Beziehung
zum Numinosen) nur *eine* von mehreren denkbaren Motivationen
für Brauch gewesen, wenn auch eine sehr wichtige.

Damit bekommt aber die Brauch-Geschichte und -Veränderung
einen anderen Wert. Ich vermag darin nicht automatisch *Verfall* und
Degeneration zu erkennen, wenn etwa die religiöse Komponente zu-
rücktritt. Sinngebungen sind viele möglich; der analytische Wissen-
schaftler hat sie eigentlich alle zu akzeptieren. Denn nicht er und sein
Normengefüge sind die Bezugspunkte für Wertzuweisungen, sondern
die Lebensumstände der handelnden Menschen selbst. Es darf immer
unterstellt werden, daß für die Träger eines bestimmten Verhaltens ein
Sinn wirksam ist, auch wenn man ihn nicht zu erkennen vermag. Den

völlig sinnleeren Brauch/die völlig inhaltsleere Konvention gibt es m. E. nicht. Schon gar nicht geht es an, zur Erzielung einer „eigentlichen" wissenschaftlichen Erklärung über die Sinngebungen der Brauchtumsträger hinwegzusehen, wie es einst Paul SARTORI gefordert hat.[134] Für uns wären solche Selbsterklärungen oft von höchstem Interesse, doch können wir u. U. nicht auf sie zurückgreifen, weil man bei der Dokumentation einst gemeint hat, auf sie verzichten zu können.

Auf die Bedeutung von außerreligiösen Sinngebungen im mitteleuropäischen Brauchtum ausdrücklich hinzuweisen, ist für mich deshalb besonders wichtig, weil ich im Rahmen der gestellten Aufgabe so gut wie ausschließlich das Augenmerk auf das religiöse Moment richten muß. Doch soll damit nicht dessen unumschränkte Geltung unterstellt werden. Die Rückweisung der These von einem gleichsam naturhaften Zerfall des Brauches ergibt sich damit zwingend. Für den weiteren Gang der Untersuchung muß aber zunächst einmal betont werden, daß das Faktum der *Veränderung* von höchster Bedeutung ist, nicht nur für die Erkenntnis des Stellenwertes von Brauchtum innerhalb von Sozialgruppen, sondern auch für die Querverbindungen zum religiösen Leben.

„Die Vorstellung, daß sich ein Brauch in einem Ort über lange Zeiträume, gar über Jahrhunderte hinweg unbeeinflußt und unverändert erhalten haben könnte, ist gänzlich irreal. Dafür haben schon die geistlichen und weltlichen Obrigkeiten gesorgt, die in hartnäckigem Eifer Bräuche und Feste reglementiert oder ganz verboten haben.[135] Mit der Möglichkeit zentraldirigistischer Maßnahmen ist nur *eine* Möglichkeit der Brauchveränderung genannt. Viele andere haben sich ohne großes Aufheben durch die allgemeinen Wandlungsprozesse vollzogen, etwa durch neue Entwicklungen im Wirtschaftsprozeß (Ersatz der Zugtiere durch Maschinen, Wegfall der Viehweide durch ganzjährige Stallfütterung und damit Verschwinden des Berufsstandes der Hirten und später dann der Dienstboten) oder durch geistige Prozesse (Zunahme der Schulbildung und damit der aktiven Lesefähigkeit, Ausweitung des Horizontes durch neue Medien seit Erfindung des Buchdruckes, Verschiebung des Stellenwertes geistiger Leitbilder in der Gesellschaft, z. B. der Religionen etc.).

Fast keine Erscheinung ist über eine größere Strecke hinweg mit sich selbst identisch, kongruent. Daraus folgt, daß mit der *gleichzeitigen Existenz unterschiedlicher Sinnschichten* gerechnet werden muß; das nämliche gilt für die diachrone Betrachtung oder für die sozialbezogene. Das Erscheinen des Christkindes am Heiligen Abend war für uns Kinder vor 45 Jahren noch eine erlebte Wirklichkeit, auf die wir mit Bereitstellung von Wasser und Heu für den dabei notwendigen Esel reagierten. Für unsere Eltern war es natürlich Fiktion mit dem Hintergedanken einer pädagogischen Wirkung. Heute dürfte die reale Erlebnismöglichkeit, die aber ihrerseits die Voraussetzung für die genannte brauchtümliche Aktion darstellte, nirgendwo mehr gegeben sein. „Jeder Brauch ist etwas geschichtlich Gewordenes, daher dem Entwicklungsgesetz unterworfen. Wir können deshalb vom Leben eines Brauches, von seiner Biologie sprechen."[136]

Diese dienende Stellung des jeweiligen Brauches gilt es ebenso im Auge zu behalten wie die Tatsache, daß er keinen monolithischen Block darstellt, sondern sich aus einer Reihe von *Einzelelementen* zusammensetzt. Es ist darum auch nicht möglich, Bräuche nach ihrem *ursprünglichen* Sinne zu klassifizieren; und zwar nicht nur deshalb, weil es meist nicht möglich ist, diesen eindeutig auszumachen, sondern weil mit einer beständigen Verschiebung der einzelnen Faktoren und damit auch der zugrundeliegenden Funktionen zu rechnen ist. *Bräuche werden den Lebensnotwendigkeiten ihrer jeweiligen Träger angepaßt; dies ist vermutlich das einzige durchgängige Entwicklungsgesetz, das wir formulieren können.* Dadurch wird sichergestellt, daß Bräuche einen „Sinn" behalten. Ja, man kann geradezu versucht sein, das Paradox zu konstatieren, daß ein Brauch um so lebendiger ist, je stärker er sich wandelt, d. h. also sein unverwechselbares Gesicht verliert.[137]

So wie jeder einzelne Brauch seine mehr oder minder große Bedeutung im Verhaltens-Haushalt einer Gruppe hat,[138] so auch die Gesamtheit der Bräuche generell. Sie gilt als unverzichtbar im Umgang der Menschen miteinander, ja geradezu als ein Kennzeichen des Erscheinens des Menschen in der Welt. Im Unterschied zu den Tieren, auch den höher organisierten, gilt der Mensch als weitgehend entspezialisiert in bezug auf seine Instinkte. Er braucht darum in hohem Ausmaß feste Institutionen, habitualisiertes Verhalten = Bräuche, um Sicherheit zu gewinnen. „Es ist nie zu vergessen, daß die Habitualisierung des Verhaltens selbst produktiv ist, da sie die Entlastungschance für höhere, kombinationsreichere Motivationen herstellt und diese damit geradezu ermöglicht ... Die allen Institutionen wesenseigene Entlastungsfunktion von der subjektiven Motivation und von dauernden Improvisationen fallweise zu vertretender Entschlüsse ist eine der großartigsten Kultureigenschaften."[139] Diese hohe Einschätzung u. a. des Brauchtums durch Arnold GEHLEN wird auch von anderen Philosophen und Soziologen geteilt.[140]

Sie leuchtet spontan ein, wenn man auf den sozialen Bereich sieht. Die oft kolportierte Scherzfrage des Trauergastes bei einer Beerdigung: „Weint man bei Euch vom Haus weg oder erst am Friedhof?" verdeutlicht den möglichen Verlust an Sicherheit, wenn jemand nicht weiß, was „Brauch" ist am fremden Ort. Durch „falsches" Verhalten kann er beleidigen oder sich lächerlich machen; beides liegt nicht in seinem Interesse. Es fragt sich, ob die Auffassung von der Notwendigkeit der Ausbildung eines habitualisierten Verhaltens auch auf dem engeren Feld des religiösen Lebens gültig ist. Martin SCHARFE betrachtet im Anschluß an C. G. JUNG religiöse Riten als „einen menschlichen Versuch, Gotteserfahrung auf eine verträgliche und angemessene Weise zugänglich zu machen".[141] Dies wird man vielfach nicht nur für den kirchlichen Kult im engeren Sinn, sondern auch für manche religiöse Bräuche in Anspruch nehmen dürfen. Theologische Erkenntnisse und ethische Normen lassen sich u. U. leichter verdeutlichen, wenn sie in ein allgemeines Verhaltensrepertoire eingeschmolzen sind. Dort kann man auch der *sozialen Kontrolle* sicher sein, ohne daß etwa Amtsträger der Kirche in strafender Funktion auftreten müßten.

Im österreichischen Ybbstal war um die Jahrhundertwende das „Heiligen-Geist-Fangen" üblich; die Gläubigen stiegen am Pfingstmorgen auf einen Berg, um dort den Heiligen Geist um seine Gnadengaben anzurufen.[142] Damit wurde sicherlich diese im Denken der Bevölkerung wenig verankerte dritte göttliche Person massiv ins Bewußtsein gebracht, weshalb die Geistlichen offenbar bereit waren, den Brauch zu tolerieren (vielleicht sogar zu Lasten eines Kirchenbesuchs). Und dort, wo es wie im gesamten süddeutsch-österreichischen Raum üblich war, ein Hinterglasbildchen mit der Darstellung der Armen Seelen zu erwerben, es neben den Weihbrunnkessel bei der Stubentüre zu hängen und jeweils am Morgen und Abend oder bei jedem Verlassen des Zimmers etwas vom Weihwasser aufs Bildchen zu spritzen,[143] da brauchte der Gedanke an die Gebetshilfe für die Verstorbenen durch die Geistlichkeit nicht besonders ins Gedächtnis gerufen zu werden. Begleitende Sagen über die Bedeutung dieser Hilfe oder die schlimmen Folgen der Unterlassung übten einen zusätzlichen Zwang aus.

Noch offenkundiger tritt uns das Element der sozialen Kontrolle entgegen im oberbayerischen *Haberfeldtreiben*: Zumindest in der Frühphase des 17./18. Jahrhunderts gilt die von den (in der Hauptsache) unverheirateten Burschen veranstaltete Katzenmusik der Bloßstellung von außerehelichen sexuellen Beziehungen von Mädchen und Frauen.[144] Durch die tätige Teilnahme an diesem Rügebrauch haben die jungen Männer zweifellos auch gelernt (über die geistlichen Ermahnungen in Unterricht und Predigt hinaus), die kirchliche Norm der Eingrenzung von sexuellen Aktivitäten auf die wiederum kirchlich geformte Institution der Ehe zu akzeptieren. *Internalisierung von theologischem Wissen und von frommem Handeln sind die Pluspunkte religiöser Bräuche.* Gedankenlosigkeit und Verkrustungen von theologisch überholten Positionen sowie Fehldeutungen können das Negativkonto eröffnen. Der kirchliche und volksfromme Umgang mit Bildern belegt dieses Dilemma nahezu durch alle Jahrhunderte der Kirchengeschichte hindurch.[145] Die Steigerung der Einbildungskraft und die Intensivierung der religiösen Erlebnisfähigkeit sind ebenso mögliche Begleiterscheinungen wie die grobe Materialisierung geistiger Prozesse. Nachdem es im religiösen Leben des Einzelchristen wesenhaft wohl darauf ankommt, beständig tiefer in die Glaubensgeheimnisse einzudringen, also geradezu täglich neu die alten Leitbilder in Frage zu stellen und zu einem umfassenderen Verständnis vorzudringen, dürfte das gedankenlose Festhalten an alten Traditionen eher hinderlich sein. Es ist darum wohl zu begreifen, daß die offiziellen Vertreter der Kirche nicht durchgängig Wohlwollen in Richtung des religiösen Volksbrauches verströmt haben.

1.2.3 Brauch-Elemente

Bedeutsam für die kirchliche Stellungnahme mußte es in jedem Falle sein, in welcher Intensität ein religiöses Grundanliegen Bestandteil eines Brauches war und ist. Jeder Brauchkomplex läßt sich nämlich analytisch aufgliedern in bestimmte Strukturbestandteile:
1. die Träger/Akteure;
2. die phänomenologischen Elemente;
3. die Funktion.[146]
Jede dieser Ebenen ist für das Wesen eines Brauches von durchschlagender Bedeutung, eine Veränderung hat immer Wirkungen auf den gesamten Verbund. Grundsätzlich läßt sich denken, daß Religiöses auf jeder der genannten drei Ebenen ins Spiel kommen kann.
Dies gilt zunächst einmal für den Faktor *„Trägerschaft"*. Der einfachste Fall liegt vor, wenn Geistliche selber die Ausführenden einer bestimmten Handlung sind. Da wir die eigentlichen kultischen Vollzüge ausklammern, müssen wir nach anderen Beispielen Ausschau halten. Noch relativ nah in Greifweite der geistlichen Verrichtungen

bleibt man bei der Fülle von Segnungen und Weihungen aus Anlaß der Grundsteinlegung oder Fertigstellung von privaten und öffentlichen Gebäuden und der Indienstnahme von Gerätschaften. Was wird da nicht alles über die Person des Priesters und das von ihm ausgesprochene Weihegebet in das Umfeld des Sakralen gezogen: Feuerwehrhäuser und Löschfahrzeuge, Rotkreuz- und Maltheser-Hilfswerk-Einsatzautos, Röntgen-Apparate und Operations-Säle, staatliche und kommunale Ämter und Einfamilienhäuser und vieles andere mehr. Seit einiger Zeit wird es auch üblich, daß man den Priester zum Sonnwendfeuer bittet; er soll das Feuer segnen.[147]

Sehen wir in den angeführten Fällen die *Geistlichkeit* handeln aufgrund von fremder Initiative, so geht in anderen Situationen die Aktion von ihnen selber aus: Zu Beginn unseres Jahrhunderts begannen die Pariser Bischöfe, die Künstler der Metropole am Aschermittwoch zu einem Empfang bei einer „Fastenspeise" einzuladen; dies machte Schule und wurde nach dem Zweiten Weltkrieg auch in der Bundesrepublik nachgeahmt. Seitdem wird auch hier gezielt ein Gegenakzent gesetzt zu Fischessen und Starkbieranstich.[148] Gerade hier wird deutlich, wie schon durch den Akteur die Sache selber in ihrem Inhalt verändert wird. Denn funktional liegt das gemeinsame Essen der Bischöfe mit den Künstlern an dem markanten Termin des Aschermittwochs auf durchaus vergleichbarer Ebene wie das gemeinsame Fischessen (auch dies eine Fastenspeise am nämlichen Tag), zu dem viele Vereine ihre Mitglieder laden. Letzteres gerät durch die Art der Akteure aber eher in die Nähe der Umkehrung des Fastengedankens wie der Starkbieranstich, obwohl auch das Brauen eines Bieres mit höherer Stammwürze etwas mit der beginnenden Fastenzeit zu tun hat; man sah sich in den mittelalterlichen Klöstern dazu legitimiert, weil Flüssiges das Fastengebot nicht brechen konnte.[149]

Nicht nur wenn Priester als Akteure innerhalb von brauchtümlichen Handlungen hervortreten, so verdient dies ein besonderes Interesse im Zusammenhang mit unserer Fragestellung, sondern auch wenn dies Personengruppen tun, die mit der kirchlichen Organisation in Verbindung stehen, etwa *kirchliche Vereine*. So wie die Feier eines 25- oder 50jährigen Priesterjubiläums anders verläuft als eine entsprechende Jubelfeier der Zugehörigkeit zu einer bestimmten Firma, so verlaufen etwa Fahnenweihen von Kolpingsverein, Marianischer Männerkongregation und Mütterverein anders als die von Freiwilliger Feuerwehr, Schützen- und Kriegerverein. Dort wo die katholische Landjugend die Organisation der Sonnwendfeuer in die Hand genommen hat – wie vielfach nach 1945 –,[150] dort verändern sich das

Zeremoniell und damit auch die Funktion gegenüber den vorausgehenden Jahrzehnten, als dies eine Angelegenheit vor allem der Hitlerjugend gewesen ist[151]; oder noch weiter zurück, als informelle Jugendverbände die Feuer entzündet haben.[152]

Ähnliches gilt für das Sternsingen: Es hat ein anderes Gesicht, wenn es von Ministranten durchgeführt wird oder von alten Männern oder von Schulkindern oder von armen Leuten. Gerade dieser Brauch ist ein Musterbeispiel für Funktionsverschiebungen innerhalb der verschiedenen Strukturebenen und wird uns darum später noch ausführlicher beschäftigen. Er zeigt uns aber auch, daß wir neben der Schicht der offiziellen oder halboffiziellen Amtsträger innerhalb der Kirche an eine Gruppe denken müssen, die über sehr lange Zeiten hinweg ebenfalls eine quasi sakrale Interpretation für sich in Anspruch nehmen konnte, nämlich die *Armen*.[153]

Der mittelalterlichen Christenheit galt Armut durchweg als eine bewußt gelebte Möglichkeit der Heilsfindung. Und die Armenunterstützung war nicht (oder zumindest nicht nur) eine lästige Pflichtübung, sondern ebenfalls ein Werk mit Heilsqualitäten. Für die reichere Bevölkerung entwickelte sich aus dieser Gesinnung heraus fast so etwas wie ein „Stiftungs-Brauch" zugunsten von Klöstern und Hausarmen.[154] Reformation, Kalvinismus und eine neue Einstellung zum Wert der Arbeit haben diesen Geist nicht völlig beseitigen können. Eine kirchlich geprägte Bevölkerung konnte im Armen Christus begegnen, wie es im Evangelium steht und von der Kanzel herab immer wieder gefordert wurde. Bettelbrauch – besser: von Bettlern getragener Brauch – konnte Religiöses ins Spiel bringen. In der Vergangenheit konnte dies auch gelten für den Pilger, der ein Leben christlicher Wanderschaft führte, oder auch für den Schüler, der über die Verpflichtung zum Singen bei den Gottesdiensten, zum Totengeleit und anderes sehr viel stärker in das kirchliche Leben eingebunden war, als uns das in der Regel bewußt ist.

Ähnlich erhellend wie der Blick auf die Trägerschicht zur Erschließung einer möglichen religiösen Tiefenstruktur vermag auch die Untersuchung der *formalen Phänomene* eines Brauches zu sein. Zunächst kann der Eindruck einer verwirrenden Fülle herrschen. „Bei genauerer Prüfung und Ordnung zeichnet sich in der Vielfalt der Erscheinungen eine beschränkte Zahl von Grundfiguren und Grundhaltungen ab, aus denen sich erst in bunten Variationen die Mannigfaltigkeit aufbaut."[155] Wir haben vor uns eine „Art Alphabet, dessen Buchstaben in immer neuer Zusammensetzung immer wieder neuen Sinn ergeben".[156] Mögliche Ordnungskriterien für die größere Anzahl der Einzelphänomene können sein: *Zeit – Raum – Zahl – kosmische Beziehung – Gebärde*. Bei ihrer nun folgenden Skizzierung kommt es mir wiederum nur darauf an, Querverbindungen zum Religiösen sichtbar zu machen. Vollständigkeit wird nicht angestrebt. Für viele Formen wiederkehrenden sozialen Verhaltens ist es wichtig, zu welchem *Zeitpunkt* es geschieht. Nun ist Zeit eine Kategorie, mit welcher der Mensch in elementarer Weise konfrontiert wird unabhängig von einer religiösen Sinngebung. Der Wechsel von Tag und Nacht und die Abfolge der Jahreszeiten bestimmen die physischen Lebensfunktionen. Es ist nun eine Eigenart fast aller Religionen, daß sie den Jahreszyklus auch kultisch akzentuieren durch die regelmäßige Feier von Erinnerungsfesten.

Die christliche Kirche folgt hier dem Beispiel der jüdischen, wobei sich allerdings eine beachtliche Verschiebung der Akzente ergibt, etwa am *Osterfest*. Dieses war innerhalb des Judentums zunächst einmal das Neujahrsfest, festgelegt durch den Beginn des agrarischen Wirtschaftsjahres mit dem Lammen der Mutterschafe, mit der Ernte der Gerste und dem Backen von ungesäuerten Broten. Doch bereits innerhalb der jüdischen Epoche war dieser Sinn völlig heilsgeschichtlich überlagert worden durch die Feier des wunderbaren Auszugs aus Ägypten.[157] Die Christen machten dieses Fest zur Feier der Auferstehung des Herrn. Und in dieser ausschließlichen Sinngebung präsentierte sich das Osterfest dem mittelalterlichen und neuzeitlichen Europa. Für die weiteren Hochfeste zur Erinnerung an entscheidende Heilstatsachen ist es nicht anders (Weihnachten, Erscheinung des Herrn, Pfingsten). Andere Ideenfeste kamen hinzu: Dreifaltigkeit, Christkönig, Fronleichnam. Seit dem 3. Jahrhundert verbreitete sich in den christlichen Gemeinden zusätzlich der Brauch, die Gedächtnistage für Märtyrer, später dann auch für andere Heilige, durch einen gemeinsamen Gottesdienst zu begehen.[158] Nimmt man hinzu, daß auch die 7-Tage-Woche durch das Christentum präsentiert wurde, mit dem *Sonntag* als einem Tag ohne körperliche Arbeit, an welchem man gemeinsam die Erneuerung des Abendmahles beging, dann wird ersichtlich, daß sich die Menschen in Mittelalter und Neuzeit in einer ganz und gar heilsgeschichtlich durchwirkten Zeit erleben mußten.

An und für sich würde das gemeinschaftliche Erlebnis der Woche als einer in religiösen Sinneinheiten gegliederten Zeitspanne unsere Brauch-Definition voll erfüllen. Natürlich gilt das nur bei einer aktiven Mitfeier der entsprechenden Gottesdienste. Da dies jedoch in der Gegenwart ersichtlich nicht mehr der Fall ist (die Prozentzahlen der regelmäßigen Gottesdienstbesucher schwanken zwar je nach Kon-

fession, bewegen sich aber durchweg auf Rängen unter 10%),
schwindet auch der religiöse Gehalt aus der ritualisierten Gliederung
der Zeit. Eine äußerliche Veränderung macht dies noch zusätzlich
deutlich. 1976 hat der Deutsche Normenausschuß den Vorschlag der
ISO (Internationale Organisation für Standardisierung, eine Unteror-
ganisation der Vereinten Nationen) angenommen, den Sonntag als
den letzten Tag der Woche zu bezeichnen; so erscheint er nun in unseren Kalendern. Er wird damit im Bewußtsein der Bevölkerung zusammengezogen mit dem Samstag zum sog. „Wochenende" und erhält die Funktion der Regeneration der physischen Kräfte, bevor
dann mit dem Montag eine neue Woche beginnt. [159] Der so umfunktio-
nierte erste Tag der kirchlichen Woche hat durch seine Veränderung offensichtlich nicht gewonnen: 1984 charakterisierten ihn 39% der
Bundesbürger als „langweilig"; die Zahlen sind steigend. [160]

Damit haben wir das Element „Zeit" und deren mögliche religiöse
Füllung an einem Punkt der Gegenwartsentwicklung gefaßt. Für die
längsten Strecken unserer Geschichte dürfen wir jedoch unterstellen,
daß die Menschen das Jahr im wesentlichen in seinem christlichen Gewand erlebten. Die große Masse des regelmäßig wiederkehrenden
Brauchtums war und ist den *Heiligenfesten* und den kirchlichen Hoch-
festen zugeordnet, wie jeder Blick in die Unzahl der lokalen oder regionalen Brauchtumsbeschreibungen [161] dartut: Pferdeumritte erfolgen
besonders zu Georgi, Leonhardi und Stefani; das Klausentreiben,
-gehen, -jagen in Oberstdorf, Küßnacht im Oberwallis und anderswo
ist am Nikolausfest oder dessen Vorabend; das Lichterschwemmen in
Fürstenfeldbruck erfolgt am Tag der hl. Lucia (13.12.), anderorts an
Lichtmeß (2.2.); die Perchten laufen um bevorzugt in der Zeit um
Dreikönig; den Umgang mit der Pestkerze in St. Benedikten vollzieht
man am Herz-Jesu-Sonntag. [162]

Die Zuordnung solcher brauchtümlicher Vollzüge zu christlichen
Festtagen kann nicht ohne Rückwirkung auf ihren „Geist" bleiben.
Dies gilt etwa für Maskengestalten; eine mit einem Fratzengesicht un-
kenntlich gemachte Person verändert ihre Funktion je nachdem, ob
sie zum Jahreswechsel, an Dreikönig, zu Fastnacht, am Nikolaustag
oder gar in der Fronleichnamsprozession in Erscheinung tritt.

Durch die heilsgeschichtliche Formung des Jahres im Sinne des
Christentums ist natürlich die Empfindung für naturbezogene Ab-
läufe und Wendepunkte nicht automatisch außer Kraft gesetzt
worden. Die Bedeutung der *Sonnenwenden* etwa wurde die gesamte
Zeit hindurch im Bewußtsein gehalten; und daß das elementare Erleben des neu erwachenden Naturjahres im Frühling das Fühlen und

Denken einer agrarischen und städtischen Bevölkerung erfaßt haben muß, ist über jeden Zweifel erhaben.[163] Doch hatte die christliche Kirche solch markante Punkte bewußt durch eigene Erinnerungsfeiern besetzt. Sicherlich war der 25. 12. zunächst ein antik-heidnisches Fest für den unbesiegbaren Sonnengott. Doch mit der Interpretation von Christus als der Sonne der Welt, der an diesem Tag mit seiner Geburt in das Dunkel der Erde eintrat, war die ältere Sinngebung weitgehend paralysiert. Mögen Lichterbräuche zu dieser Jahreszeit immer wieder auch gefördert worden sein durch das Wissen um den kürzesten Tag, sie fanden sich doch wieder im Umfeld des beständig perpetuierten christlichen Interpretaments. Desgleichen machte es den christlichen Kirchenvätern keine Schwierigkeiten, die Benennung des wöchentlichen Abendmahlstages mit dem Namen „Sonne" zu akzeptieren; hatten sie doch längst festgelegt, wer die Sonne dieser Welt ist.[164]

Nicht anders stand es um den Zeitpunkt der sommerlichen Sonnenwende. Auf ihn hatte die Kirche schon in der Antike die Feier des hl. Johannes des Täufers gelegt; und dieser hatte Anteil an der christlichen Licht- und Sonnensymbolik, da er nach der herrschenden Lehre als der entscheidende Vorläufer Christi galt, zudem gemäß einer Isaias-Stelle als das „Licht der Heiden" apostrophiert wurde. Und um das Maß voll zu machen – der Legende gemäß waren seine Gebeine nach seiner Enthauptung bei Sebaste verbrannt worden.[165] Die elementare Empfindung für das unaufhaltsame Vorwärtsdrängen des Sonnenjahres und dessen Peripetien und das Bedürfnis, diese Einschnitte durch sichtbare Zeichen und Gebärden zu markieren, wurden durch die kirchliche Feier des Johannes-Festes nicht aus der Welt geschafft, doch hatten sie einen schweren Stand gegen die Omnipräsenz der kirchlichen Sinngebung.

Alle *Frühlingsbräuche* standen in einem ähnlichen Umfeld. Ostern und Pfingsten überstrahlten als festliche Höhepunkte den gesamten Zeitraum. Es ist kaum vorstellbar, daß das Erlebnis der Erneuerung der Natur, wie sie im Ergrünen und Erblühen der Pflanzen im Frühjahr augenfällig wird, unbeeinflußt bleiben konnte von der jährlich neu mit großem Aufwand erfolgenden Feier der Auferstehung des Herren. Gerade diese Jahreszeit hat sich durch die obligatorische Verpflichtung zum Fasten und durch optisch auch sehr eindrucksvolle kirchliche Feste wie Palmsonntag, Karfreitag, Ostern, Christi Himmelfahrt und Pfingsten so nachhaltig dem Volksleben mitgeteilt, daß jede Form des öffentlichen Brauchtums in den Sog dieser besonders „heiligen" Zeit geraten mußte.

Die Bedeutung des Elementes „Zeit" innerhalb des Brauchvollzuges wurde vorstehend demonstriert im wesentlichen an der Durchdringung des Jahreslaufes mit heilsgeschichtlichen Feiern des Christentums. Ich hätte auch wählen können den Zeitpunkt des *Jahreswechsels*, der in den antiken Kulten und Mysterien einen offensichtlich sehr viel größeren Stellenwert besessen hat als innerhalb des Christentums. Über die im Eingangskapitel geschilderten Wege blieb davon manches wirksam, vor allem in den *Orakelbräuchen* und in der *Tagewählerei*.

Dieser Zusammenhang konnte Einfluß nehmen auf eine ganze Reihe von Terminen; denn für den Jahreswechsel gibt es keinen Anhaltspunkt im Ablauf des Naturjahres. So waren bis weit ins 17. Jahrhundert hinein unterschiedliche Wendepunkte gebräuchlich: Weihnachten, 1. Januar, Mariä Verkündigung, Ostern usw. Und als schließlich die päpstliche Kanzlei 1691 vom Weihnachtstermin auf den 1. Januar wechselte und mit ihm die Zählung eines neuen Jahres begann, da trug dies nicht viel bei zur Herstellung einer abendländischen Einheit, denn da gab es noch immer das unbewältigte Problem der Kalender-Reform. Die meisten protestantischen Territorien hingen noch über einige Generationen dem Julianischen Kalender an und hinkten um 10 oder mehr Tage hinter dem „katholischen" Gregorianischen Kalender her. Die Besonderheiten des ostkirchlichen und des jüdischen Kalenders kamen noch hinzu.[166] Auf das Brauchtum ist dieser Tatbestand insofern bedeutungsvoll geworden, als sich einzelne Elemente leicht verschieben konnten; ein innerhalb des Jahreswechsels plausibles Phänomen konnte wandern auf den Hl. Abend oder zu Dreikönig oder gar zum Luzientag oder auf Ostern.

Von nicht geringer Bedeutung für das Brauchtum ist auch die Abfolge von *Tag und Nacht*. Manche Brauchhandlungen erfordern den Vollzug in der Nacht, wieder andere den vor Tagesanbruch. Daß gerade manche Bräuche, die im Sinne der Ausübenden das Licht des Tages zu scheuen hatten, weil sie offenkundig gegen den Geist des Glaubens oder die Vorschriften der Kirche verstießen, in die Nacht verlegt wurden, etwa in die „Geisterstunde", dürfte seinerseits wieder mit einem religiösen Verständnis der Zeit zu tun haben. Interpretierten doch auch die christlichen Kirchenväter die Nacht nicht selten als die Zeit der Wirksamkeit der Dämonen und führten damit die antike Dämonenlehre weiter.[167]

Umgekehrt war die im engeren Sinne *liturgische Zeit* der Ansatzpunkt für einzelne Bräuche. So konnte man die Erfolgschancen für viele magische Heil- oder Losbräuche steigern, wenn man sie durchführte in der Zeit, da ein Priester das Evangelium während der Hei-

ligen Messe las. Während der Christnacht eignete sich diese kurze
Zeitspanne besonders für einen Blick in die Zukunft; dagegen konnte
man während des Verlesens der Passion am Palmsonntag durch bestimmte Manipulationen einen Schatz heben. Und wenn man in manchen Landschaften das Vieh zum erstenmal am Sonntag Oculi
(4. Sonntag vor Ostern) auf die Weide trieb, so deswegen, weil das
Evangelium dieses Tages die Austreibung des Teufels durch Christus
behandelte (Luk. 11, 14–28) und darum der Teufel und seine Helfer an
diesem Tage dem Vieh keinen Schaden zufügen könnten. Und die sam-
ländischen Fischer unterließen schon gleich die Ausfahrt zum Fischfang bis zum 5. Sonntag nach Trinitatis, an dem endlich das Evangelium vom reichen Fischfang gelesen wurde.[168]

Die Zeit ist also ein Faktor, der bei der Brauch-Analyse immer bedacht werden sollte; er kann u. U. (versteckte) religiöse Implikationen
sichtbar machen. Dies gilt auch für den *Raum*. Man weiß zu differen-
zieren zwischen heiligem und profanem Raum, und besonders in der
rechtlichen Einschätzung ist der Raum eine bedeutsame Komponente.[169] Wichtig ist oft die Orientierung im Raum; nicht nur Kirchen
und Gräber wurden und werden häufig nach dem Osten ausgerichtet,
sondern auch manche Brauchhandlungen müssen in diese Himmels-
richtung (oder gerade in eine andere) vollzogen werden. Der symbolische Zusammenschluß des gesamten Raumes über die vier Himmels-
richtungen bei spiritistischen Sitzungen und okkulten Handlungen ist
ebenso geläufig wie beim Ausstecken von Kreuzchen aus geweihten
Weidenzweigen vom Palmsonntag auf einem Feld.

Die sakrale oder quasisakrale Stellung vom Herrgottswinkel im
oberdeutschen Haus und von Herd und Kesselhaken im niederdeut-
schen Haus ist in der volkskundlichen Forschung oft registriert
worden.[170] Handlungen, die dort geschehen, haben ein größeres Gewicht. Orte mit einem numinosen Sondercharakter sind der Kreuzweg
und der Friedhof; magische Handlungen, bei denen der Teufel zitiert
oder gerade ferngehalten werden soll, haben nicht selten hier statt-
zufinden. Andererseits ist der Kreuzweg auch wieder derjenige Ort,
wo besonders gerne Totenbretter abgelegt oder aufgestellt werden.[171]

Es fällt auf, daß sich die im hohen und späten Mittelalter in ungeheuerer Fülle entstandenen Gnadenstätten gerne an besonderen Punkten in der Landschaft angesiedelt hatten, bei Wasserquellen, auf Ber-
geshöhen, im Wald, bei einer Höhle. Es bestand offenbar eine Bereitschaft, an diesen Orten die Erfahrung von göttlicher Hilfe für leichter
möglich zu erachten. Hierin eine unmittelbare Fortführung germanischer oder keltischer Kulte zu sehen, wie es die ältere Forschung

durchweg tat,[172] erscheint angesichts der großen Zeitspanne unwahrscheinlich.[173] Eher überzeugt es, hierin eine Erscheinung zu sehen, die viele Kulturen und Religionen umgreift und aufruht auf der menschlichen Fähigkeit zum spezifischen Raumerlebnis. „Nicht zuletzt beruht das Aufsuchen der dämonischen Orte für Zauber, Askese und Gottesdienst auf der Ambivalenz des heiligen Ortes: Wüste, Berg, Höhle, Grab und Wasserstelle sind nicht nur Stätten der Dämonen, sondern auch der Theophanie."[174] Die so erlebte Heiligkeit des Raumes kann sich dessen Erde mitteilen, wenn etwa für einen Heilbrauch die Verwendung von Staub der Gnadenstätte oder des Friedhofes verlangt wird.[175] Diese Erlebnisebene ist wohl auch im Spiel, wenn in den Bräuchen der Heimatvertriebenen Erde aus der alten Heimat Verwendung findet, etwa in den Sarg mitgegeben wird.[176]

Besonders deutlich sichtbar wird die eminente Bedeutung, die die (scheinbar) nämliche Sache durch eine Veränderung des Raumes erfährt, wenn man auf das *geistliche Spielbrauchtum* blickt. Die Herleitung aus der christlichen Liturgie – und nicht aus dem germanischen Kult[177] – ist heute längst gesichert.[178] Solange die szenischen Darstellungen im Kirchenraum dargeboten wurden, nahmen sie in den Einzelzügen und im gesamten Tenor Rücksicht auf die Heiligkeit dieses Raumes. Als sie jedoch vor die Kirche traten, auf den Kirchplatz, den Markt- oder Stadtplatz oder insgesamt in die Straßen des Ortes, da entfalteten sich nahezu schlagartig neue Szenen wie der Wettlauf zwischen Johannes und Petrus zum Grab Christi oder das Feilschen der Frauen mit den Kaufleuten beim Besorgen der Salben zur Einbalsamierung.[179] Die burlesken Möglichkeiten dieser Handlungsteile wurden nicht selten in jeder nur denkbaren Drastik ausgelebt. Dadurch hat sich der Geist dieser Spiele gewandelt, in den Augen späterer Kritiker so sehr, daß sie erhebliche Mühe aufwandten, diese zu verbieten und aus der Welt zu schaffen.[180] *Der Ort einer brauchtümlichen Handlung kann also verändernd auf deren Form und Funktion einwirken und umgekehrt Aufschluß geben über Motivationen der Akteure.*

Aufschließenden Charakter über die Einordnung mancher Bräuche können auch die für sie bedeutsamen *Zahlen* haben. Bis in unser Jahrhundert hinein war es sowohl in katholischen wie in evangelischen Gebieten üblich, daß die Wöchnerin bei ihrem ersten Gang in die Kirche vom Geistlichen empfangen und „vor-" oder „ausgesegnet" wurde; in einigen Landschaften brachte sie dabei *zwei* Kuchen oder Brote mit, deren eines dem Kirchenpatron (letztlich dem Pfarrer oder Mesner) zustand, während das andere mit nach Hause genommen wurde, um in der Familie und/oder unter den gebärfähigen Frauen der Nachbarschaft verteilt zu werden.[181]

Kaum überschaubar sind die brauchtümlichen Handlungen, die *dreimal* vollzogen werden sollten: das Umkreisen von Altar oder Gnadenkirche im Wallfahrtsbrauch; das Bekreuzen des Brotes vor dem ersten Anschnitt; das Anschreiben von drei Kreuzen auf den Türen zu Dreikönig oder zum 1. Mai; das Schnalzen mit der Peitsche vor Antritt einer Reise; das Küssen bei Abschied oder Ankunft; das Niedersetzen des Sarges beim Abtransport der Leiche aus dem Hause. Wenn in der Oberpfalz ein Mädchen wissen wollte, ob ihm ein bestimmter junger Mann gewogen sei, so versuchte es am Christtag hinter ihm herzugehen, wobei es dreimal sprach:

> Bist du mir von Gott geschaffen,
> So greif nach deinem Hut oder Kappen.
> Bist du mir nicht von Gott beschert,
> So greif Du zu der Erde.[182]

Man klopft dreimal auf Holz und/oder spricht dazu dreimal „toi, toi, toi", wenn man gerade gesagt hat, es gehe einem gut; man flucht in „drei Teufels Namen" etc.

Weniger häufig spielen höhere Zahlen eine Rolle, so die *neun*. Aus neunerlei Holz war der Schemel zu fertigen, mit dessen Hilfe besonders Wagemutige während der Wandlung in der Christnacht die Hexen der Pfarrei zu erkennen suchten.[183] Neunerlei bestimmte Pflanzen hatten unter dem Kräuterbüschel zu sein, den man an Mariä Himmelfahrt weihen ließ, oder entsprechend viele Sorten unter dem Gründonnerstagssalat.[184] Allbekannt ist der heillose Respekt, den viele Menschen noch in der Gegenwart vor der *Dreizehn* haben. Man achtet darauf, daß man nicht gerade dreizehn Gäste einlädt, scheut sich vor dem entsprechenden Hotelzimmer ober überspringt diese Zahl glatt bei der Stockwerksnumerierung. Es war kein Zufall, wenn auf einem sog. Salomons-Siegel des 17. Jahrhunderts *zweiunddreißig* Zeichen unterschiedlicher Art hintereinander gereiht waren und auf der Rückseite *fünfundsiebzig* Namen Christi und *hundert* Beinamen Mariens hingeschrieben wurden.[185] Die gleiche Bewandtnis hat es, wenn ein deutscher Wurmsegen des 12. Jahrhunderts ausgerechnet *siebenundsiebzig* Wurm-Namen kennt.[186]

Welche kumulierende Wirkung numinoser Ort, numinose Zeit und Zahl, sowie besondere Gebärde eingehen können, zeigt sich an einem Zauberbrauch zum Erwerb eines Zitierspiegels. Mit dessen Hilfe

konnte man nach einem weit verbreiteten Glauben Menschen herbeizitieren (ihr Gesicht im Spiegel zum Erscheinen zwingen), die einem
Übles angetan, besonders etwas gestohlen hatten: „Am *Walpurgis-
abend* wird der Citierspiegel in *drei* Teufels Namen auf einem Kreuzwege eingehackt, nachdem man rücklings schreitend bis zu dem geeigneten Punkt gelangt ist. Der Spiegel, den man eines *Sonntags*
während der *Messe* und ohne von dem geforderten Preis das Geringste
abzuhandeln kaufen muß, bleibt an dieser Stelle bis zum nächsten
Hexenabend, wo er mit denselben Formalitäten wieder ausgehackt
wird. Dann hat man ein u. U. unschätzbares Geräth"[187] (Hervorhebungen durch den Verf.).

Dieses auführlicher gebrachte Beispiel zeigt wie die anderen auch,
daß es meist Situationen sind, in denen man einen Zauber ausüben,
Glück erlangen oder einen Blick in die Zukunft tun möchte, wenn
Handlungen, Gebärden oder Zeichen einer gewissen Anzahl vorgeschrieben sind. Wir bewegen uns also in einem latent sakralen Umfeld; und von dort kommen auch die besonderen Sinnzuweisungen.
So haben schon die christlichen Kirchenväter der antiken Zeit, beispielhaft für das Mittelalter besonders AUGUSTINUS (354–430), die
seit den Tagen der *Babylonier* umlaufenden Zahlenspekulationen und
-symboliken zusammengefaßt und mit einer christlichen Sinngebung
zu erfüllen gesucht. Dazu hatten sie um so mehr Anlaß, als auch die
alttestamentlichen Schriften und besonders die Apokalypse des Johannes eine Reihe von bedeutungsschweren Zahlen kannten. Dieses
Wissen wurde dann in späteren Schriften und durch die Predigten der
Geistlichen bereitgestellt für brauchtümliche Handlungen der Laien,
welche nach der Definition J. DÜNNINGERS „mit Formen gesteigert"
werden sollten.[188]

Fast ähnlich bedeutsam wird in diesem Zusammenhang der jüdisch-
christliche Kontakt durch die Jahrhunderte hindurch. Denn innerhalb
der jüdischen Gemeinden hatte sich im hohen Mittelalter die „*Kabbala*" ausgebildet, eine mystische Geheimlehre, welche vor allem
die geheimnisvollen Zusammenhänge zwischen dem Mikrokosmos
Mensch und dem umgebenden Makrokosmos ergründen wollte. Aufgrund der Entstehung in Südfrankreich und Spanien war sie nicht nur
durch den Islam beeinflußt worden, in welchem verstärkt antikes Gedankengut bewahrt worden war. Hier holten sich christliche Gelehrte
Anregungen, von Albertus MAGNUS (* um 1200–1280) bis zu Agrippa
VON NETTESHEIM (1486–1535) und PARACELSUS (1493–1541) und deren
zahlreichen Abschreibern.

Wenn ich nur die in den Beispielen erwähnten Zahlen aufgreife, so gilt die Zweizahl als Ausdruck von Polarität (Gott–Mensch, Mann–Frau, Gut–Böse); diesem Muster folgt also die Wöchnerin, die ein geweihtes Brot (einen Kuchen) dem Kirchenpatron vermacht, das andere für sich und die übrigen Frauen mitnimmt. Bei der Dreizahl ist für den Christen eigentlich immer die Dreifaltigkeit im Spiel; fast alle dreifach wiederholten Handlungen geschehen im Namen des Vaters, des Sohnes und des Hl. Geistes. Damit hängt eng zusammen die Neunzahl, welche drei potenziert. Daß die Dreizehn einen so schlechten Ruf erlangen konnte, kommt daher, daß sie die heilige Zwölfzahl als eine Zahl der Vollkommenheit überschreitet (12 Stämme Israels, 12 Apostel, 12 Monate des Jahres mit den 12 Tierkreiszeichen, 12 Stunden des Tages und der Nacht, 12 Tore des himmlischen Jerusalem). Zweiunddreißig bezieht sich auf die Lebensjahre Christi, und die Zahlen um 70, 100 oder darüber kreisen meist um Wesenheiten Gottes.

Das Moment der Zahl im Brauchtum verweist also nicht selten auf einen religiösen Zusammenhang; dies ist für eine Zeit kaum verwunderlich, in der sich die Menschen in einer von Gott geschaffenen Ordnung leben fühlten und ihnen der göttliche Ordnungsgedanke über die bedeutungsvolle Gliederung von Raum und Zeit erfahrbar gemacht wurde.

Wir dürfen außerdem unterstellen, daß der Wille zur symbolhaften Durchgliederung etwas Grundsätzliches zu tun hat mit der menschlichen Fähigkeit, Ordnung zu schaffen in der Welt ringsum. Es dürfte damit zusammenhängen – mit einer nicht-sakralen Zahlen-Ordnung also –, wenn wir auch heute noch solche durch besondere Zahlen ausgezeichnete Punkte des individuellen und kollektiven Lebens zum Anlaß für Bräuche nehmen: Die brauchtümlichen Feiern von „runden" Geburtstagen und von Betriebszugehörigkeiten fallen darunter, aber auch die Jubiläen von Vereinen, Firmen, Städten und Dörfern. In dieses Umfeld rechne ich auch die brauchtümliche Ausgestaltung von *Anfang und Schluß einer Handlung* (Grundsteinlegung, Richtfest, Schulanfang, Arbeitsbeginn und -ende, Almauf- und -abtrieb ...); ihre Sondergewichtung ergibt sich so selbstverständlich aus dem psychischen Erleben, daß wir die Akzentuierung sowohl im rechtlichen wie im religiösen und auch im sozialen Bereich finden. Arnold von GENNEP dürfte hier mit dem Begriff der Übergangsriten den Kern der Sache schon vor Jahrzehnten getroffen haben.[189]

Einen eigenen Formkomplex bilden die *kosmischen Wesenheiten*, mit denen sich der Mensch in Wechselwirkung erlebt: Mitmensch – Tier – Pflanze – Elemente. Es wurde schon wiederholt darauf hingewiesen, daß eine Reihe antiker, mittelalterlicher, jüdischer und christlicher Spekulationen den geheimen Querverbindungen auf die Spur kommen wollte. Die Sphäre des Amulettwesens und -brauches lebt in einem erheblichen Ausmaß davon.[190] Gleichzeitig ist dies aber auch der Bereich, in den m. E. mehr als notwendig hineingeheimnißt worden ist. Handelt es sich doch hier um die elementaren Lebensbeziehungen, zu denen jeder Mensch auch ganz spontan, ohne große gedankliche Traditionen, ähnliche Formen aufbauen kann.

So hat man beobachtet, daß viele Bräuche dazu tendieren, verschieden-geschlechtliche *Paare* zu bilden: Beim Abschluß der Flachsbrech-Saison in Kärnten wirkten ein Brechelritter und seine Braut.[191] In den Münchner Schäffler-Tanz ist ein komisches Paar einbezogen, der Hansl und die Gretl in der Butten[192]; in Bad Ischl wird das Faschingsgeschehen zu einem erheblichen Teil bestimmt durch das Auftreten des Bader-Jagerl mit seiner Gertraud, zwei Maskengestalten, die als lokale Varianten des allgegenwärtigen Faschings-Prinzenpaares angesehen werden können[193]; das Einholen des Maibuschens, das Aufstellen des Maibaumes kann oft nicht verzichten auf einen eigenen Maigrafen mit seiner -gräfin, wenn nicht gar an diesem Termin die Mädchen versteigert oder verlost werden, wodurch man mancherorts die Tanzpaare des folgenden Jahres festgelegt hat[194]; beim großen jährlichen Pferdeumritt in Kötzting am Pfingstmontag ziehen Pfingstritter und Pfingstbraut mit, der fromme Umritt endigt in dem festlichen Treiben der Pfingsthochzeit[195]; solange noch Handarbeit bei Aussaat, Ernte und Dreschen gefragt war, gruppierten sich die Anfangs- und Abschlußbräuche nicht selten um ein besonders hervorgehobenes Paar[196]; nahezu alle der einstigen Umzugsbräuche der Schäfer, Hirten, Pferdejungen etc., bei denen Gaben gesammelt und anschließend bei Musik und Tanz verzehrt wurden, endigten in irgendeiner Form der Paarbildung[197]; und wenn aus irgendeinem Grund das andere Geschlecht bei den Lustbarkeiten ausgeschlossen war, dann behalf man sich schon auch einmal mit einer Verkleidung, um Braut und Bräutigam vorstellen zu können.[198]

Noch Josef Dünninger wollte hier im Sog der älteren volkskundlichen Forschung im wesentlichen eine „mythische Grunderfahrung", die „gespielte Mythe des Vegetationspaares", eine „Verschränkung von Kultischem und Rechtlichem" sehen.[199] Nun wird man für gewiß annehmen dürfen, daß die Personen und die Bedeutung von Adam und Eva über die kirchliche Lehre und die christliche Kunst fest in der Vorstellungswelt der einfachen Bevölkerung verankert waren; doch deutet nichts darauf hin, daß bei den genannten Bräuchen eine Referenz zu dieser Vorstellungswelt gesucht wurde. Adam und Eva waren als Präfigurationen fest ins geistliche Schauspiel eingebaut, doch bei den (im wesentlichen) von Unverheirateten getragenen Jahres- und Arbeitsbräuchen lag es sehr viel näher, sich auf die reale Situation der Ehe zu beziehen, auf die elementare Kontaktsuche der beiden Geschlechter, die zur Ehe drängten, zur wirklichen oder auch zur vorweggenommenen fiktiven. Nicht die kosmische Urordnung, sondern die gesellschaftliche Realordnung bildet sich für mich in dieser Art des Brauchtums ab.

Religiöses kommt dabei wohl ins Spiel, aber sehr vordergründiges, nichts was mit einem geheimen Wissen um Uranfänge zu tun hätte: Mittelpunkt des Brauch-Rituals ist nicht selten der formelle Eheschluß des Paares, also die *Travestie einer kirchlichen Handlung.* Man braucht dazu einen Prediger oder Pastor, den Mesner und u. U. auch Trauzeugen, Brautführer und -jungfern.[200] Das ganze Verfahren konnte auch eingesetzt werden innerhalb eines Rügebrauches wie bei der berühmten Esels-Hochzeit von Hütten in der Eifel 1954.[201] Wegen *dieser* Zusammenhänge mit Religiösem, einer unterstellten Verspottung von heiligen Handlungen durch Faschingshochzeiten u. a., hat sich die kirchliche und weltliche Obrigkeit nicht selten zum Einschreiten veranlaßt gesehen. Die weit hergeholte Idee, hier könnten sich Elemente von Urmythen oder vorchristlichen Kulten erhalten haben, wurde erst in der modernen wissenschaftlichen Spekulation geboren.

In analoger Weise hat man auch die in vielen Bräuchen enthaltenen Beziehungen zwischen *Mensch und Tier* oder *Mensch und Pflanze* mit dem Schleier des Urtümlichen eingehüllt. Man wollte Überreste erkennen aus einer menschheitsgeschichtlichen Phase, da es dem Menschen angeblich noch nicht möglich gewesen ist, seine eigenen Lebensformen von denen von Tier und Pflanze gedanklich zu trennen.[202] Darum also würde man den Tod des Herren auch allen Tieren im Stall, besonders aber den Bienen, ansagen müssen; darum die Mitteilung menschlicher Speisen, besonders auch geweihter an die Tiere zu Weihnachten, Ostern oder anderen herausragenden Terminen; darum auch die Verwendung der Pflanze im Weihnachts-, Mai- und Richtbaum, beim Adventskranz oder der Blütenkrone des Maigrafen usw.

Auch hier liegen m. E. weniger umfassende Deutungen oft näher; daß sich zwischen den Haustieren und den Menschen im täglichen Umgang, in der notwendigen Fürsorge und im gegenseitigen Angewiesensein vielfältige emotionale Beziehungen aufbauen, liegt auf der Hand. Sie reichen aus, um Erscheinungen wie Todansagen und Mittei-

lung von geweihten Speisen hinlänglich zu erklären. Und daß man
sich mit einem grünenden Baum ein Objekt der Zierde ins Haus, Dorf
oder aufs Dach holt, hat mehr Wahrscheinlichkeit für sich als die
These, daß man dabei noch Resten eines einstigen Fruchtbarkeitskultes frönt, von dem man zudem kaum etwas weiß. Hier sollte man
also eher über Ästhetik als über Kult sinnieren.

Wenn man unbedingt auf Religiöses rekurrieren muß, so tut man
gut daran, sich zu erinnern, daß es auch der christlichen Kirche ein Anliegen war, die Idee vom heilsgeschichtlichen Zusammenhang der gesamten Schöpfung an die Gläubigen zu vermitteln. „Seit apostolischer
Zeit ist in der Kirche die Vorstellung wirksam, daß die ganze Schöpfung – die Natur- und die Geisterwelt – eine Einheit ist, in der nichts
getrennt und unbeeinflußt voneinander existiert ... Trotz der verbor-
genen Heilung der Welt durch Christus verblieb ein Ausgeliefertsein
an die Herrschaft des Teufels und eine Gefährdung durch die Gebrochenheit der Natur. Dieses Bild von der Welt, vom Wirken Gottes wie
des Teufels, ist zum Prinzip jeglicher Weltschau des in das christliche
Traditionskontinuum Hineingeborenen geworden."[203] Namentlich
die Vorstellung, daß sowohl Tiere wie die gesamte belebte und unbe-
lebte Natur ebenso wie der Mensch abhängig seien von den durch die
Kirche verwalteten Gnadengaben Gottes, wurde durch eine kaum
mehr zu überblickende Fülle von Segnungen, Exorzismen und Weihungen aufrechterhalten.[204]

Zu verweisen bleibt noch auf den Bereich der *Handlungsformen
und Gebärden*, die vielen Bräuchen ihr besonderes Gepräge geben:
Umschreiten, Hemmen, Berühren, Tanz, Wettkampf, Spiel, Heische,
Mahl und Lärm etwa. Hinzutreten können noch bestimmte *Requisiten*: Masken, Bilder, Geräte, Farben und Geschriebenes.[205] Bereits
die bloße Nennung dieser Möglichkeiten evoziert Querverbindungen
zu religiös-kultischen Vorgängen. In der volkskundlichen Literatur
freilich sind mehr oder weniger *alle* in diesen Zusammenhang gebracht worden. Dabei wird teilweise übersehen, daß manche dieser
Formen so offen sind, daß sie ganz unterschiedlichen Sinn aufnehmen
können. Die Kultgemeinde will sicherlich die gesamte Flur dem
Schutz Gottes unterstellen, wenn sie diese bei den liturgischen und
nichtliturgischen Prozessionen *umkreist*, so wie der einzelne die Intensität seiner Bitte oder Anheimstellung unterstreicht, wenn er Gnadenkirche oder -bild umwandelt, auf den Knien um sie herumrutscht.
Aber muß man zwingend diese Intention auch unterstellen, wenn das
frisch getaufte Kind um den Tisch in der Stube oder um den Herd mit
dem zentralen Kesselhaken herumgetragen wird, wenn die einheira-

tende Frau nach der Trauung das Herdfeuer, den Tisch, den Düngerhaufen oder den Brunnen umschreitet?[206] Liegt hier nicht der rechtliche Aspekt auf der Hand, die Inbesitznahme des neuen Ortes durch eine symbolhafte Gebärde?

Und wieder anders stellt sich das nämliche Phänomen dar, wenn die Zimmerleute und ihre Helfer kurz vor Fertigstellung des Dachstuhls mit dem Firstbaum von Haus zu Haus ziehen – auf diese Weise also auch das Dorf umkreisen bzw. durch einen Rundgang zusammenschließen – und dabei Gaben für das anstehende Richtfest einsammeln.[207] Geht es hierbei nicht primär (neben dem erwünschten Aspekt des Gabensammelns) darum, in symbolischer Weise das gesamte Dorf an dem wichtigen Ereignis der (Teil-)Fertigstellung eines neuen Anwesens zu beteiligen? Die Umwandlung betrachte ich als eine typisch *sinnoffene Gebärde*, die sich darum anbot bei vielerlei Anlässen, rechtlichen, sozialen, repräsentativen, spielerischen und eben auch religiösen. Zu allen Zeiten war die Realisierung aus den genannten diffusen Gründen möglich.

Noch dubioser mutet es an, wenn „bis in die Gegenwart ... dem kultischen Charakter des *Wettkampfes* ... Priorität"[208] zugemessen wird, so als würden immer noch Reste von mythischen Kampfspielen vollzogen. Mit dem Nachweis des umfassenden Spiel-Charakters aller menschlichen Kultur hat Jan HUIZINGA ganz neue Horizonte eröffnet.[209] Und wenn man konkret der Entwicklung bestimmter Wettkämpfe wie dem Kufenstechen und Ringreiten nachgeht, dann landet man vielleicht auf den Exerzierplätzen der römischen Legionäre, nicht aber in griechischen oder ägyptischen Tempeln.[210] Desgleichen haftet nicht jedem *gemeinsamen Mahl* der Charakter und Geist eines Kultmahles an, auch wenn die christliche Kirche bis zur Gegenwart die Abendmahlsfeier als kultische Speisegemeinschaft zelebriert. Das gemeinsame Essen und Trinken stellt völlig unabhängig davon eine so selbstverständliche Form der Zusammengehörigkeit dar, daß sie praktiziert werden muß, ganz gleich ob der Anlaß des Zusammenkommens das Begräbnis eines Verstorbenen, der Abschluß einer Arbeit oder die Feier eines Jubiläums ist. Auch für völlig profane Klassentreffen in der Gegenwart fällt den Organisatoren meist nichts Besseres ein.

„*Lärm* gilt in der Anschauung des Volkes als Abwehrmittel gegen geisterhafte Wesen und spielt daher im Jahres- und Familienbrauchtum eine besondere Rolle."[211] So apodiktisch formuliert es der Bearbeiter des Handwörterbuchs des deutschen Aberglaubens 1933, und so wiederholen es die Berichterstatter unserer Tage, wenn sie auf

den Polterabend, das Neujahrschießen, den Aufzug der Perchten-
läufer, das Peitschenknallen an Martini, das Aperschnalzen im Ge-
birge oder auf das Schießen bei der Fronleichnamsprozession zu reden
kommen. Als Beleg gilt gemeinhin der weit verbreitete Glaube an die
heilsame Wirkung, welche der Klang der Kirchenglocken bei einem
aufziehenden Gewitter auszuüben vermöchte.[212] Nun kann man
gewiß davon ausgehen, daß dieser Glaube, gegründet auf die besondere kirchliche Weihe der Glocken, auf kirchliche Wettergebete und
auf die kirchliche Interpretation von Unwettern als Werken der Dämonen in mancherlei Bräuchen imitiert worden ist, bei denen es ebenfalls darum ging, Unheil möglichst weit entfernt zu halten; etwa dann,
wenn zu bestimmten heiligen Zeiten kräftig an die Obstbäume, auf
das Eisen der Pflugschar oder sonst an einen Gegenstand mit guter
Resonanz geschlagen wurde, um im Umkreis des Schalles den Fuchs
oder den Habicht zu vertreiben oder das Verlaufen der Hühner zu
verhindern.

Nicht bedacht wird jedoch bei dieser einlinigen Form der Interpretation, daß Lärmen zunächst grundsätzlich einmal bedeutet, auf etwas
aufmerksam zu machen. Diese Funktion erfüllen die Kirchenglocken
zunächst einmal, wenn sie zum Gottesdienst rufen oder den Zeitpunkt
der Wandlung während der Messe verkünden. Die Gewehrsalven bei
der Fronleichnamsprozession haben gewiß mehr mit dem Salut-
schießen beim Eintreffen von Staatsbesuchen und der Geburt von
Thronfolgern zu tun als umgekehrt dieses mit Dämonenabwehr. Dagegen überwiegt der negative Aspekt des Aufmerksammachens bei
den über ganz Europa hinweg bekannten Katzenmusiken und Chari-
varis inklusive des berühmten oberbayerischen Haberfeldtreibens.[213]

Es erübrigt sich, auf sämtliche formale Elemente und Requisiten,
die in einem Großteil unserer Bräuche separiert werden können, einzugehen. Grundsätzlich genügt es nicht, wie man dies sehr lange getan
hat, lediglich die über Zeiten und Räume hinweg gestreuten Phänomene zusammenzustellen und ihnen dann jenen Sinn zu unterstellen,
der sich möglichst früh oder gleichsam als mittlere Linie abzeichnet.
Vielmehr muß in jedem Einzelfall der gesamte Komplex an Einzelbe-
standteilen als Wirkeinheit betrachtet werden. *Man wird immer dann
am ehesten auf kirchlichen Einfluß schließen dürfen, wenn das betreffende Element vorwiegend innerhalb liturgischer Gepflogenheiten verwendet wird und es keine oder wenige Entsprechungen im Alltagshandeln hat*; so etwa bei bedeutungsvollen Zahlen in der Vergangenheit.
In vielen anderen Fällen dagegen wird man auf allgemeine Phänomene des menschlichen Ausdrucksvermögens stoßen, die ganz unter-

schiedlichen Bereichen wie Religion, Recht, Repräsentation, Spiel und Unterhaltung grundgelegt werden können. Damit ergibt sich zwangsläufig, daß wir eine einfache Deckungsgleichheit „Brauch ist gleich Religion in anderem Gewande" werden nicht finden können. Und schon gar nicht werden wir bestätigen können, daß „der deutsche Aberglaube das nachgedunkelte Bild des deutschen Heidentums"[214] ist. Diese Vorüberlegung mag auch hilfreich sein, wenn wir nun einen Einblick in die Stellungnahme von offiziellen Kirchenvertretern zu den Gebräuchen einer frommen-unfrommen Laienschar gewinnen wollen.

1.2.4 Stellung der Kirche zum Brauch

Daß sich das Christentum nach seinem Hinaustreten über die Grenzen des jüdischen Territoriums auseinandersetzen mußte nicht nur mit den religiösen Traditionen und Vorstellungen des Judentums selbst, sondern vor allem mit dem römischen Cäsarenkult und den maßgeblichen Religionen und Kulten der Antike, das ist hinlänglich bekannt und kann im Rahmen dieser Darstellung nicht ausgebreitet werden. Breite Verbindungslinien der vorchristlichen Ära münden so auf dem Gebiet des Festwesens, des Totenkultes, des Dämonenglaubens und auf vielen anderen Feldern ein in die Welt des mittelalterlichen und neuzeitlichen Abendlandes. Hierbei geschah die Aus- und Fortbildung des „typisch" christlichen Gepräges der Religion nicht nur durch Theologen, Philosophen und andere Gelehrte, sondern auch durch die tätige Anteilnahme des „ungebildeten" Laienvolkes.

Als dann schließlich die Welt der Germanen in den Sog der Romkirche geriet, da war man nach wie vor bedacht, einheimische Traditionen möglichst zu schonen und sie durch Anverwandlung mit christlichem Geist zu durchdringen. Wiederholt erhielt der hl. Bonifatius Empfehlungen der Kurie in dieser Richtung bei entsprechenden Anfragen.[215] Auch später erfolgte die Weiterbildung von Liturgie und Kirchenbrauch gelegentlich noch durch spezielle Gepflogenheiten der Teilkirchen.[216] Doch aufs Ganze war die entscheidende Ausrichtung des Christentums bereits in den vorausgehenden Jahrhunderten in der Auseinandersetzung mit den antiken Traditionen erfolgt. Und wir haben gesehen, daß viele der in den Bußbüchern, Beichtspiegeln und katechetischen Schriften greifbar werdenden außerchristlichen Gepflogenheiten nicht – wie man in der deutschen Volkskunde meist annahm – auf germanisches, sondern auf antik-mediterranes Erbe zielen.[217]

In der gegenwärtigen Überlegung jedoch interessiert weniger die Art der Behandlung von Außerchristlichem als vielmehr die offizielle Stellung zum kirchennahen, von den Seelsorgern u. U. geförderten oder zumindest tolerierten Brauchtum des Laienvolkes. Und hier sehen wir erstmals klarer in der *Reformationszeit*, als sich zwei grundverschiedene Möglichkeiten des Verhaltens auf diesem Feld abzuzeichnen beginnen. Ein gewichtiger Punkt der Auseinandersetzung war dabei die dem Kirchenvolk so liebgewordene Heiligenverehrung mit dem daran hängenden Fest- und Patronatswesen, dem Wallfahrts- und Bilderkult und den darauf bezogenen vielfältigen Bräuchen. Gegen diese waren nicht nur Radikalreformer wie John WYCLIF (* um 1330–1384) oder Jan HUS (1370–1415), sondern auch gemäßigte innerkirchliche Autoritäten wie Nikolaus VON CLEMANGES (* um 1360–1437), Pierre D'AILLY (1352–1422) und Nikolaus VON KUES (1401–1464) aufgetreten.[218]

Hier schließt die grundsätzliche Brauchkritik von Martin LUTHER (1483–1546) an, wobei sich im Verlauf seines Lebens eine zunehmende Verschärfung abzeichnet. Am Ende lehnt er die altkirchliche Frömmigkeit ziemlich pauschal ab; 1538: „Zuletzt ist noch der Geuckelsack des Bapsts dahinden [= übrig] von nerrischen und kindischen Artikeln, als von Kirchweihe ... darnach von Lichtweihen, Palmen, Fladenweihen, Würtz, Hafern etc. ... welches doch eitel Spott und Betrug ist ... wir wollen damit unverworren sein."[219] Zwar hat Luther nichts gegen das Brauchtum insgesamt – die Umzüge der Müllergesellen oder die studentischen Fastnachtsspiele konnte er durchaus tolerieren –, doch innerhalb der Kirche wollte er von allen Formen der Versinnlichung religiöser Gehalte nichts wissen; die beiden Ausnahmen, die er gelten ließ, waren das Abendmahl und die Taufe.

„Luther schafft die kirchlichen Bräuche ab, die nicht durch Gottes Wort gesetzt sind ... Damit gestaltet er die Lebensführung in den evangelischen Landesteilen grundlegend um. Die Staaten reifen zur Brotfrucht ohne den Flursegen. Erkranktes Vieh gesundet oder verendet ohne Exorzismen. Haus und Hof stehen nicht mehr unter dem Schutz eines Heiligen, zu dessen Andachtsstätten die Familie wallfahrtet und Votivgaben bringt. Man unterläßt, Blitzschlag und Wetterschaden mit geweihten Büscheln zu bannen oder die Heilkraft der Speisen vor dem Genuß zu erhöhen, indem der Segen des Priesters darüber gesprochen wird. Das feiertagreiche Jahr wird nüchterner, festärmer. Aber Luther zerstört nur auf der einen Seite. Gegen die zahlreichen gottesdienstlichen Handlungen setzt er die freudige Arbeit als Werk für die Gemeinschaft."[220]

Nicht weniger entschieden gingen die anderen Reformatoren gegen bisherige Formen der Frömmigkeit oder des brauchtümlichen Verhaltens insgesamt vor. Der musikalisch sehr begabte ZWINGLI (1484–1531) hat die Orgel als „des Tüfels Sackhphyffen" aus der Kirche verbannt.[221] Noch rigoroser trat Johannes CALVIN (1509–1564) gegen kirchliche und weltliche Bräuche auf, die nicht seinen hohen sittlichen Normen entsprachen. „Daß ein derart auf Heiligung des öffentlichen Lebens versessenes Regiment Würfel und Kartenspiel nicht zuließ, verstand sich von selbst. Aber auch das Theater zu spielen war bei Strafe untersagt. Würfeln, Kartenspiel und Tanzen wurden unter Verbot gestellt. Die Wirtshäuser wurden zeitweilig überhaupt abgeschafft und durch Erbauungslokale ersetzt, in denen der Wirt für fromme Gespräche zu sorgen hatte und, wer fluchte, zur Strafe den Fußboden küssen mußte."[222]

Insgesamt wurde durch die Reformatoren ein denkbar schlechtes Klima geschaffen für den Weiterbestand von frommen Bräuchen oder für deren Neuetablierung. Die unterschiedliche Akzentuierung auf diesem Feld blieb ein auch im allgemeinen Bewußtsein verankertes Unterscheidungskriterium für das künftige Leben der Konfessionen, das häufig stärker haftet als das Wissen um Unterschiedlichkeiten der theologischen Lehre. Für die Wissenschaftsgeschichte sollte es folgenreich sein, daß in der konfessionellen Polemik das volksfromme Brauchtum der alten Kirche in Analogie zum Vorgehen der Beichtbücher, Sündenregister etc. nun ebenfalls das Etikett „heidnisch" aufgedrückt erhielt.

Sebastian FRANCK faßt die neue Sicht in seinem Weltbuch von 1534 für künftige Gelehrtengenerationen bereits gültig zusammen, wenn er auf die „breüch der Francken" zu reden kommt: „Sye haben vil seltzame breüch, die ich darumb erzölen will, daß diß, so von auslendern gesagt wirt, dester ee geglaubt werd und daß wir nit verwenen, die Juden, Türcken, Heyden etc. seyen allein narren, weil wir wollen so törecht breüch vor der thür in unsern landen haben und dannoch wöllen Christen sein ... Summa es ist schier nichts, das die Römischen Christen handlen, darinn sye nit ein aberglauben haben, und ob es gleich gute wort seind, so hat doch der teüfel allweg sein keder daran, daß es nit reyn ist."[223] Wenn man dann voller Neugierde weiterliest, was denn an verstecktem Heidentum bei den Katholiken beobachtet werden kann, dann stößt man auf so unverdächtige Dinge wie das Hochziehen einer Figur an Christi Himmelfahrt oder das Herab-

werfen von Oblaten an Pfingsten. Doch dies hat der Tradierung des
Klischees vom heidnischen religiösen Brauchtum nicht geschadet.
Für die reformierten Territorien war allerdings damit das letzte Wort
zum Thema 'frommes Brauchtum' noch nicht gesprochen, auch nicht
was die Ausgestaltung der liturgischen Handlungen betraf. Bereits die
nächste Generation ist weniger dogmatisch streng. Die *Taufe* etwa,
eine der wenigen sinnbildhaften Handlungen, die sich halten konnte,
wurde zunächst auf denkbar unfeierliche Art begangen, meist in der
Familie und vollzogen von der Hebamme. Dies wurde schon am Ende
des 16. Jahrhunderts verboten, die Taufe wurde wieder in die Kirche ge-
holt, oft sogar in den Wochengottesdienst und damit nicht nur in ihrer
Erlebnisqualität, sondern auch in ihrer formalen Ausgestaltung aufgewertet. Noch stärker läßt sich dieser Vorgang an der Etablierung einer
eigenen *Konfirmations-Feier* beobachten, die wir später ausführlicher
darstellen wollen. Wegen der Wiedereinführung der *Orgel* in die
Kirche entbrennt ein Kampf, der bis ins 19. Jahrhundert hin und her
wogt, aber generell zugunsten der Orgel entschieden wird.[224]
    Innerhalb der *alten Kirche*, bei welcher die Forschung mittlerweile
Wert darauf legt, zwischen den Kräften einer katholischen Reform
und der eigentlichen (militanten) Gegenreformation zu unterscheiden, kam es zwar aufgrund der reformatorischen Herausforde-
rung auch zu einer ganzen Reihe von Eingriffen in die bisherigen
Formen der Volksfrömmigkeit, so etwa zu einer Beschneidung des
Festkalenders, doch aufs Ganze zu einer kontinuierlichen Weiterbildung der vertrauten sinnenfrohen Praxis.[225] Hierbei hatten einen entscheidenden Anteil einzelne Ordensgemeinschaften wie die Jesuiten,
Kapuziner und Karmeliter; sie intensivierten nicht nur die vom Spätmittelalter vertrauten Wallfahrten, die Fronleichnamsprozession, das
geistliche Schauspiel, das Bruderschaftswesen, das Rosenkranzgebet,
sondern generell die Heiligen- und Marienverehrung und förderten
auch manche privaten Andachtsformen wie diejenige zu den „geheimen Leiden" Christi.[226] Ebenso aktiv wie die Kirche waren häufig
die Vertreter der staatlichen Macht. Aufgrund dieses Gleichklanges
und der generellen Bereitschaft der alten Kirche, den Heils- und Hei-
ligungsbedürfnissen des Laienvolkes durch ein reich entfaltetes Sortiment von Sonderandachten, Weihungen, Exorzismen und segensbrin-
genden Gegenständen entgegenzukommen, scheint es zunächst keine
grundlegenden Differenzen zwischen der kirchlich geförderten Frömmigkeit und mancherlei privatem „Wildwuchs" gegeben zu haben.
    Hier sieht R. WEISS aufgrund von interkonfessionellen Beobach-
tungen in der Schweiz einen grundlegenden Unterschied zu den refor-

mierten Gebieten. Dort konnten die Laien bei ihren privaten Versuchen einer zusätzlichen Heiligung ihres Lebens, der Lösung konkreter Probleme und der Eröffnung einer sicheren Zukunft nicht mit dem Wohlwollen der Amtskirche rechnen.[227] Dies hat sie jedoch nicht abgehalten, solche Maßnahmen zu ergreifen; nur taten sie es durchweg mit einem schlechten Gewissen, etwa wenn sie an katholischen Wallfahrten teilnahmen oder an Allerseelenfeiern und wenn sie die Sakramentalien der anderen Konfession nutzten. Darüber hinaus habe die rigorose Haltung der evangelischen Kirche zu einer Art Verkrustung von altartigen Glaubensformen und Bräuchen geführt, weil dort keine Chance bestand, sie entlang des theologischen Verständnisses von kirchlichen Vordenkern oder Initiativpersonen weiterzubilden oder sie der Orthodoxie anzuverwandeln. Belege für diese These sieht R. Weiss in der stärkeren Neigung protestantischer Gegenden zu *Tagwählerei, Zahlenglauben*, zur Benützung von *Zauberbüchern* und zum Tragen von *Monatssteinen*.[228] Dagegen habe der katholische Christ sehr viel eher im guten Glauben handeln können, sich auf den rechten Pfaden seiner Kirche zu bewegen. Die reformierte Kirche Zürichs aber halte ihren Mitgliedern noch in der Gegenwart in einer modernen Kirchenkunde ganz im Geiste Zwinglis den Satz entgegen: „Weil Gott, dem Heiligen Gott, allein Ehre gebührt, kennen wir weder heilige Zeichen noch heilige Orte oder Zeiten."[229] Ein Satz, der eigentlich das Todesurteil gegen jede Art volkstümlicher Religiosität sei und dementsprechend nur unterlaufen werden könne.

Doch auch innerhalb der katholischen Kirche gab es nicht durchweg rosige Zeiten für die Volksfrömmigkeit. Während des *18. Jahrhunderts* kam es zeitweise zu einer massiven offiziellen Kritik an zentralen Erscheinungen: Wallfahrten, Heiligenverehrung, Passions- und andere geistliche Spiele sollten abgeschafft oder zumindest erheblich reduziert werden zugunsten von Predigt, Gemeindegottesdienst und religiöser Unterweisung. Vielfach ist nur die zweite Phase dieses Kampfes ins Bewußtsein getreten, als sich bestimmte aufgeklärte Staatsmänner wie Kaiser Joseph II. von Österreich[230] oder Ministerpräsident Maximilian von Montgelas in Bayern[231] in die Auseinandersetzungen einschalteten.[232] In Wirklichkeit gingen die restriktiven Maßnahmen zu einem erheblichen Teil von geistlichen Oberbehörden aus, die die weltlichen Instanzen teilweise über Jahrzehnte hinweg drängen mußten, bis sie dann den staatlichen Machtapparat zur Unterdrückung volksfrommer Bräuche bereitstellten.[233] Durchgängiges Ziel ist die Umpolung der Volksfrömmigkeit von den emotionalen, sensitiven Formen des körperlichen Mitvollzugs hin zu einer spirituellen Aneignung von theologischem Wissen, wie es sich vor allem in den Christenlehren verkörperte. Die katechetischen Ziele waren nicht sehr verschieden von den Leitvorstellungen der Reformatoren des 16. Jahrhunderts.

In dieser massiven Form der Gegnerschaft blieben die kirchlich-staatliche *Aufklärung* und der Kampf gegen religiöses Brauchtum eine Episode, allerdings eine Episode mit teilweise dauerhaften Folgen – man denke nur an den endgültigen Niedergang des geistlichen Schauspiels.[234] Dies wird auch damit zusammenhängen, daß die Aufklärung abgeschlossen wurde mit der großen Säkularisation; damit verschwanden zahlreiche Klöster als „Hort des Aberglaubens", wie man damals sagte.[235] Und die Liberalisierung von Staat und Gesellschaft hat letztlich langfristige Erosionsvorgänge ausgelöst im Gesamtkomplex „Volksfrömmigkeit". Dies konnte auch nicht völlig aufgefangen werden durch eine *innerkirchliche Restauration im 19. Jahrhundert*, die vor allem geprägt war durch Johann Michael SAILER und die der Laienfrömmigkeit sehr viel freundlicher gesonnen war.[236] Man muß darin nicht unbedingt Indoktrination und Manipulation sehen,[237] wird aber doch betonen müssen, daß von seiten der offiziellen Kirche ein gewisses Wohlwollen für traditionelle Formen der Frömmigkeit entwickelt worden ist.

Dies gilt zum Teil sogar für die evangelische Kirche. Jedenfalls verfügt der großherzoglich sächsische Kirchenrat in Weimar 1903 die Aufzeichnung der kirchlichen Sitten und Bräuche: „Je schmerzlicher die Verarmung unseres Volkslebens an heimatlicher Sitte zu beklagen ist, um so mehr erscheint es als unabweisbare Pflicht aller, die unser Volk liebhaben, und zumal derer, die zu seiner geistigen Pflege berufen sind, hier helfend einzutreten und, weil Sitte nicht gemacht werden kann, aus dem vergessenen Gut vergangener Zeiten wieder hervorzuholen, was verdient, der Vergangenheit entrissen zu werden, und von dem manches wertvolle Stück geeignet erscheinen wird, in Sitte und Brauch der Gegenwart wieder aufgenommen zu werden."[238] Im Umkreis solch positiver Hinwendung zur „Religiösen Volkskunde", ein Begriff, den der Pfarrer Paul DREWS 1901 prägte, entstand eine eigene Zeitschrift ›Die Dorfkirche. Illustrierte Monatsschrift zur Pflege des religiösen Lebens in heimatlicher und volkstümlicher Gestalt‹ (Berlin 1907–1934). Hier flossen Ideen der Heimatschutzbewegung und der Katechese ineinander. Namentlich die bäuerliche Frömmigkeit mit ihrer postulierten Nähe zu einem elementaren Erlebnis der Schöpfung fand wohlwollendes Verständnis auch bei Geistlichen, welche sich auf dem Feld der Volkskunde literarisch betätigten, etwa bei Josef

WEIGERT (Das Dorf entlang. Ein Buch vom deutschen Bauerntum, Freiburg 1915).

Wenn nun *kirchliche Stellen tätig werden in der Erforschung und Dokumentation von volksfrommen Bräuchen*, so mag dahinter die drängende Gewißheit gestanden haben, etwas tun zu müssen gegen die offensichtliche Distanz breiter Bevölkerungsschichten gegenüber den Kirchen, vor allem in den Reihen der industriellen Arbeiterschaft. Auf alle Fälle aber ist auch das gewandelte intellektuelle Klima spürbar, das durch mehr als ein Jahrhundert volkskundlicher Brauch-Forschung geschaffen worden war. Darauf beruft sich ausdrücklich die Freisinger Bischofskonferenz unter Leitung des Breslauer Kardinals BERTRAM 1928, wenn sie den „Oberhirten der Diözesen die tiefgründige Erforschung der kirchlichen Volkskunde" empfiehlt und wünscht, „daß die Bearbeitung der katholischen kirchlichen Volkskunde geeigneten Geistlichen anvertraut wird".[239] Tatsächlich wies in den folgenden Jahren eine Reihe von Ordinariaten die Seelsorger an, den alten Bräuchen erhöhte Aufmerksamkeit zuzuwenden und diese nach Möglichkeit zu erhalten, „indem man im Religionsunterricht, in der Predigt und in Vorträgen auf sie hinweist und sie erklärt"; wo sie nicht zu erhalten seien, möge man sie aufzeichnen.[240]

Dieser positiven Grundstimmung dürfte es zuzuschreiben sein, daß im ausgehenden 19. und beginnenden 20. Jahrhundert Neuerscheinungen wie der Weihnachtsbaum und der Adventskranz in den Kultraum integriert worden sind, obwohl ihnen damals durchweg der Geruch heidnischer Herkunft anhing. Mittlerweilen gleichen die Chorräume mancher Kirchen zur Weihnachtszeit fast einem Lichterwald, eine eventuell vorhandene Krippe ist in den Hintergrund verdrängt, für die Adventskränze gibt es bereits kirchliche Segnungen. Und auf die Einführung des Welttierschutztages hat zumindest die katholische Kirche mit einer Tiersegnung an diesem Tag reagiert und zum Weltkindertag einen Kanaa-Tag zur Linderung der Not in der Welt eingeführt.[241]

In der zweiten Hälfte des 20. Jahrhunderts war das *II. Vatikanische Konzil* (1962–1965) das entscheidende Ereignis für die Entwicklung der katholischen Kirche in der Welt. Es hat auch zum Thema 'religiöses Brauchtum' Stellung genommen. 2083 Konzilsväter haben bei nur 21 Gegenstimmen und 10 ungültigen Stimmen beschlossen: „In den Dingen, die den Glauben und das Allgemeinwohl nicht betreffen, wünscht die Kirche nicht eine starre Einheitlichkeit der Form zur Pflicht zu machen, nicht einmal in ihrem Gottesdienst; im Gegenteil pflegt und fördert sie das glanzvolle geistige Erbe der verschiedenen

Stämme und Völker; was im Brauchtum der Völker nicht unlöslich mit Aberglauben und Irrtum verflochten ist, das wägt sie wohlwollend ab, und wenn sie kann, sucht sie es voll und ganz zu erhalten. Ja, zuweilen gewährt sie ihm Einlaß in die Liturgie selbst, sofern es grundsätzlich mit dem wahren und echten Geist der Liturgie vereinbar ist." Ähnlich sah auch die Würzburger Synode in den „religiösen Bräuchen Zeichen des Handelns Gottes und der Antwort des Menschen".[242]

Diese Haltung entspricht insgesamt dem Geist des Konzils mit seiner Öffnung in die Welt hinein, vor allem in Richtung auf die Ökumene, mit seiner positiven Einstellung zu den anderen großen Weltreligionen und auch mit seiner stärkeren Einbeziehung der Laien in das religiöse Leben. Die gleichzeitig vollzogene Revision der Heiligenfeste wird jedoch gewiß eine Wirkung in die entgegengesetzte Richtung entfalten, vor allem nachdem diese auch Termine mit einem vielschichtigen Volksbrauchtum betraf (z. B. Georg und Barbara). Auch habe ich den Eindruck, daß die Betonung des Wortgottesdienstes inkl. der Einführung des Deutschen in die Liturgiesprache die Akzente in eine andere Richtung setzt und darum vor allem bei der „neuen Seelsorgsgeneration" eher „einen Rückgang des Sinnes für Traditionen" bewirkt hat.[243] Vor allem die Traditionalisten-Bewegung hat nach 1965 die Entwicklung *so* verstanden.[244]

Wie dem auch sei, jedenfalls wird innerhalb der deutschen Theologen erst seit den 80er Jahren der Ruf nach einer stärkeren Zuwendung zu „Volkskatholizismus", „Volksreligion", „Popularchristentum", „Frömmigkeit der armen Leute", „Leutereligion" etc. immer drängender, nachdem man in Frankreich und England schon vorher Interesse an dieser Thematik gezeigt hat.[245] Peter DINZELBACHER nimmt an, daß dieser in der deutschen Theologie spürbare Bruch, bzw. die Verspätung des Interesses etwas zu tun hat mit Berührungsängsten gegenüber diesem Thema nach 1945. Hatte man in der Zeit des Dritten Reiches doch tatsächlich versucht, von der volkskundlichen Forschung Bausteine einer germanisch durchtränkten Festkultur als neuer antichristlicher Ersatzreligion zusammentragen zu lassen.[246] Das verstärkte Interesse der Theologie an der Volksfrömmigkeit wird aber sicher auch etwas zu tun haben mit der Faszination, welche die sog. neuen Sekten namentlich auf die jüngere Generation auszuüben vermögen. In Weingarten trat 1985 ein theologischer Kongreß zusammen unter dem Thema „Glaube und Aberglaube. Aspekte der Volksfrömmigkeit im hohen und späten Mittelalter". Das Interesse hält nach wie vor an.

1.2.5 Ergebnisse

Brauchtum – das gemeinsame oder analoge Handeln von Gruppen und einzelnen in traditionell geprägten und geforderten Formen, die auf einen hinter ihnen stehenden Sinn verweisen und an bestimmte Situationen gebunden sind, ist eine zentrale Kategorie der volkskundlichen Wissenschaft und findet neuerdings auch das Interesse der theologischen Forschung. Die lange Zeit im Bewußtsein der akademischen Öffentlichkeit verankerte Überzeugung von einer ursprünglichen Deckungsgleichheit zwischen Brauch und Glaube spielt in der Interpretation einzelner brauchtümlicher Erscheinungen bis zur Gegenwart eine große Rolle. Nach wie vor steht dabei die Herleitung aus der germanischen Mythologie hoch im Kurs.

Zur Gewinnung größerer Zuverlässigkeit bei der Brauchinterpretation wird vorgeschlagen, die Einzelerscheinung nicht global zu betrachten, sondern analytisch zu zerlegen in die verschiedenen Strukturbausteine, von denen „Träger", „phänomenologische Elemente" und „Funktion" die ersten Referenz-Ebenen sind, die noch weiter untergliedert werden können. Auf jeder dieser Ebenen kann Religiöses in den Blick kommen. Dieses könnte wieder zur Ermittlung des Stellenwertes innerhalb des einzelnen Brauches nach den Kriterien „Dominanz", „Häufigkeit" und „Konstanz" beurteilt werden.

Bei einem derartigen Vorgehen wird man feststellen, daß Bräuche ein Leben führen, daß es eine Biographie jedes einzelnen Brauches gibt. Es können die Träger wechseln, einzelne Phänomene wegfallen oder neu aufgenommen werden, die Anlässe ausgetauscht werden; all dies hat immer auch Auswirkungen auf die Funktion. Bei der grundsätzlichen Beschränktheit der formalen Bestandteile, die im kulturellen Gesamtangebot entwickelt worden sind, wird es immer wieder vorkommen, daß einzelne Züge eines Brauches ausgemacht werden können, denen ein hohes menschheitsgeschichtliches Alter oder eine weltweite Verbreitung nachgewiesen werden kann, etwa die Maskierung, die Laubumhüllung, die Entfaltung von Lärm, Umkreisung und Berührung etc. Dies muß für das Alter und die Verbreitung der übrigen Elemente in der jeweiligen Kombination wenig bis nichts bedeuten. Außerdem sollte man sich hüten, auch hier wieder global einzelnen „Requisiten" grundsätzlich einen numinosen Sinnhorizont zu unterschieben wie es bei Lärm, Zweig, Bann, Umwandlung u. a. oft gemacht wurde und gemacht wird. Entscheidend für die Sinngebung ist die jeweilige Realisierung im Kontext der betreffenden Zeit, des betreffenden Sozialgefüges, der betreffenden Weltsicht usw. Bei Un-

terstellung des Trägheitsmoments in der Fortschreibung der Gesamt-
kultur – in früheren Zeiten stärker entfaltet als in der Gegenwart –
wird man wohl eine vorsichtige epochale Interpretation von Einzel-
bräuchen wagen dürfen, keineswegs aber eine globale. Vielmehr ist
mit einer beständigen Veränderung von Erscheinungsbild und Funktion zu rechnen.

Diesen Veränderungsprozeß als einen „Verfall" zu betrachten geht
nicht an, denn der treibende Faktor ist die Anpassung an die Bedürfnisse einer neuen Sozialschicht, einer neuen Weltsicht, neuer ökono-
mischer Bedingungen, neuer technischer Entwicklungen. Wenn dabei
Nichtchristliches oder Nichtreligiöses zunehmend in den Vordergrund
tritt, so entspricht dies dem globalen Säkularisierungsprozeß, der seit
dem 18. Jahrhundert das Abendland prägt.

Seit der stalinistischen Epoche tritt in Rußland und anderen osteu-
ropäischen Staaten im Dezember das „Väterchen Frost" in Aktion,
zum Verwechseln ähnlich unserem Weihnachtsmann oder Santa
Claas, und begleitet nicht etwa von Engeln, sondern von „weißen
Schneeflöckchen". Verfall wird hier nur derjenige erkennen, für den
die christlich-heilsgeschichtliche Interpretation des Weihnachtsfestes
die „richtige" und allein angemessene ist. Bei einer funktionalen Betrachtung wird man lediglich einen Anpassungsvorgang innerhalb
eines sozialistischen Gesellschaftssystems, das sich zum Atheismus be-
kennt, registrieren. Nichts anderes geschah in der ehemaligen DDR,
wenn auf den Weihnachtsmärkten die beliebte erzgebirgische Figuren-
gruppe „Bergmann mit Weihnachtsengel" 1983 offiziell umgetauft
wurde in „geflügelte Jahresendfigur mit Mann".[247]

In der Stellungnahme der verschiedenen Konfessionen zum
Brauchwesen, besonders zu dem mit religiösen Einschlüssen, kann
man seit der Reformationszeit eine gespaltene Entwicklung beobachten. Die reformierten Kirchen legen durchgehend Desinteresse
und Ablehnung an den Tag, freilich ohne verhindern zu können, daß
im Laufe der Zeit manche Elemente symbolhaften und festlichen
Handelns in die Liturgie zurückgeführt wurden und sich auch in deren
Umfeld religiöses Brauchtum anlagerte. Darüber hinausgehende
Versuche der Gläubigen zur Lebensheiligung wurden von den Amts-
kirchen nicht gedeckt und haben darum einerseits zur Fossilisierung
altartiger Formen von Volksglauben und Volksbrauch geführt,
andererseits die Akteure mit einem schlechten Gewissen belastet.
Demgegenüber hat die – mit Einschränkungen – durchgehende Auf-
nahmebereitschaft der katholischen Kirche für sinnenfrohe und aus-
drucksstarke Formen der Liturgie und die Integration privater Fröm-

migkeitsübungen das Bewußtsein für verbotenes außerkirchliches Handeln weniger stark aufkommen lassen. So konnte sich eine größere Bandbreite kirchlichen, religiösen, volksfrommen Brauchtums in den katholischen Landschaften ausbilden und erhalten und hat darum auch vermehrt das Interesse der volkskundlichen Forschung gefunden.

2. LITURGIENAHES BRAUCHTUM

Jede Brauchtums-Analyse steht vor dem Problem der systematischen Durchgliederung ihres Stoffes. Üblich in der Volkskunde ist die klassische Dreiteilung aufgrund der Anlässe: Jahreslauf – Lebenslauf – Arbeitswelt.[248] Diese Ordnung ist praktikabel, doch nicht ganz befriedigend. Zum einen leistet man damit nur sehr bedingt eine vertiefte Einsicht in die Struktur der Bezugsgrößen „Jahr", „Leben" und „Arbeit"; und zum anderen gibt es zahlreiche Überschneidungen. Lebenslaufbezogene Anlässe können auch im Jahr verankert werden: Lange Zeit waren Taufen nur an Ostern und Pfingsten, dann Dreikönig, Johann d. T. etc. üblich. Sehr viele Abschnitte des Arbeitslebens sind fest in das Jahr integriert, vor allem diejenigen aus dem bäuerlichen Bereich.

Da es mir nicht um eine enzyklopädische Entfaltung der Brauchvielfalt zu tun ist, sondern um ein Eindringen in deren Wesen und um Überlegungen zum Zusammenhang zwischen Religion und Brauchtum, werde ich im folgenden unterschiedliche Wege des Zugangs erproben. Zunächst einmal gilt mein Interesse dem näheren Umfeld der Liturgie, die ja als solche auch die Kriterien des Brauches erfüllen würde (gemeinschaftlich vollzogen; von der Sitte gefordert; in traditionellen Formen, die über sich hinausweisen; an Zeiten und Anlässe gebunden), aber aus der Betrachtung ausgeschlossen ist. Bei dieser strukturellen Nähe des religiös-kultischen, im wesentlichen vom Priester getragenen und des von uns anvisierten religiös-brauchtümlichen, im wesentlichen von Laien getragenen Handelns darf von vornherein unterstellt werden, daß die zentrale Rolle der christlichen Religion im unmittelbaren Umfeld der Gottesdienste mancherlei analoge Erscheinungen erzeugt haben wird; gleichzeitig darf erwartet werden, daß die Intentionen der Amtskirche nicht immer völlig in die nämliche Richtung gezielt haben wie die Bedürfnisse der gläubigen Laien.

2.1   Bilderverehrung und Gnadenbild

2.1.1   Die allgemeine Entwicklung

Die christliche Kirche hat sich lange Zeit sehr schwer getan mit *Kultbildern* – Abbildungen Christi, Gottvaters und der Dreifaltigkeit –, aber auch mit der Darstellung von heiligen Männern und Frauen und deren Präsentierung im Kirchenraum. In der Ablehnung des Götterbildkultes konnte man einen Christen der Frühzeit ja ziemlich leicht entlarven. Darum hören wir in den Heiligenlegenden so oft, daß man die bislang unentdeckt gebliebenen Christen gezwungen hat, vor dem Standbild des Kaisers oder eines anderen Gottes zu opfern. Den Christen der Urkirche war es nämlich nicht nur verboten, fremden Götterbildnissen eine Verehrung zukommen zu lassen, sondern sie haben es sogar abgelehnt, von ihrem eigenen Gott Nachbildungen anzufertigen. In diesem Punkt waren sie noch ganz der jüdischen Tradition verpflichtet, nach welcher es keine kultische Verwendung eines Gottesbildnisses gab, ja nach welcher man es sogar vermied, den Namen Gottes auszusprechen.[249]

Diese eindeutige Linie wurde allmählich aufgeweicht, nachdem das Christentum über das Stadium eines Geheimkultes mit geheimen Versammlungen in privaten Häusern hinauswuchs und schließlich Staatsreligion wurde unter den Kaisern KONSTANTIN (306–337) und THEODOSIUS (379–395). Das menschliche Schmuckbedürfnis äußerte sich schon bald in der dekorativen Ausgestaltung der Kirchenräume sowie in der Einbeziehung des Kreuzes und des Gekreuzigten in die offizielle Liturgie und im privaten Gebrauch von heilsgeschichtlichen Zeichen wie dem Fisch (die Buchstaben des griechischen Wortes ergeben als eine Art Worträtsel „Jesus-Christus-Gottes-Sohn-Seligmacher"), der Taube, dem Lamm, Schiff und Anker oder dem „guten Hirten". Die treibende Kraft für diese Visualisierung religiöser Aussagen waren dabei eindeutig die Laien; die in einer spanischen Synode versammelten kirchlichen Würdenträger dagegen forderten noch im 4. Jahrhundert: „Bilder sind in der Kirche verboten; es soll nicht auf den Wänden dargestellt werden, was verehrt und angebetet wird."[250]

Das gläubige Kirchenvolk ließ sich jedoch nicht von seinen Bedürfnissen nach optischer und greifbarer Vergegenwärtigung heiliger Personen und Ereignisse abbringen. „Aber die Stimmen, welche diese Entwicklung ablehnen, jedenfalls vor ihr warnen und in der gegebenen Richtung eine Abkehr von urchristlichen Idealen sehen, verstummen nie ganz. Ihren Siegeszug trat die Ikone umfassend erst im

6. und 7. Jahrhundert an, einen Siegeszug, den wuchernder Volksglaube, Sage, Legende und Mirakel stärkstens beförderten. Zahlreiche Wunderbilder tauchen auf, Christusbilder, die nicht von Menschenhand gemacht sind (Acheiropoieta), Madonnen des Malerevangelisten Lukas, Ikonen, die vom Himmel gefallen sind, die Blut vergießen und sich gegen Feinde des Kultes zur Wehr setzen, die Städte beschützen, Kranke heilen und Tote wieder zum Leben bringen."[251] Die Opposition gegen diese laienfreundlichen Tendenzen verdichtete sich vor allem in der östlichen Kirche zwischen 730 und 843 zu einem ausgesprochenen *Bilderstreit*. Auf Konzilien und Synoden wurde die Verehrung von Bildnissen Gottes und der Heiligen als heidnischer Götzendienst gebrandmarkt, die Anhänger dieser „Unsitte" wurden der Ketzerei verdächtigt, teilweise ins Gefängnis geworfen, ausgepeitscht, in die Verbannung geschickt oder hingerichtet.[252]

Angesichts einer solchen Entwicklung muß ein Blick in unsere Kirchen, besonders in unsere Wallfahrtskirchen, schon einigermaßen erstaunen. Wir finden nicht nur Altäre und Wandpfeiler geschmückt mit einer Fülle realistischer Figuren und Tafelbilder, die Decken und Wandflächen ausgemalt mit Szenen aus dem Alten und Neuen Testament und aus den verschiedenen Heiligenleben, sondern wir finden im Zentrum der Verehrung nahezu unverzichtbar immer ein Bild. Besonders Wallfahrtskirchen sind ohne ein zentrales *Gnadenbild* kaum vorstellbar.[253]

Wie ist ein solcher Umschwung denkbar? Wie wird es verständlich, daß man Bilder als Mittel der sinnlichen Vergegenwärtigung innerhalb der Kirchen und innerhalb der Liturgie nicht nur zugelassen und geduldet hat, sondern daß man einer Reihe von ihnen darüber hinaus eine besondere Kraft und Wirkung unterstellt hat, so daß sie das Außergewöhnliche, das Wunder, hervorzubringen vermochten, eine Fähigkeit, an der die göttliche Sendung von Christus und seinen Jüngern ursprünglich sichtbar geworden war?

Hierzu muß man sehen, daß die strikte Ablehnung von Abbildungen Gottes und seiner Heiligen nicht das letzte Wort der Theologen zum hartnäckigen Wunsch der ungebildeten Gläubigen, die sich nicht mit dem bloßen Wort zufrieden geben wollten, gewesen ist. Vor allem die Mönche machten sich zu Sprechern des weit verbreiteten Verlangens nach einer Verbildlichung. Auch ein halbherziges Einlenken der Theologen, die Bildnisse wenigstens so hoch im Kirchenraum anzubringen, daß man sie nicht mehr anfassen könne, war den Befürwortern der Bilderverehrung nicht ausreichend.[254] Trotz der unmittelbaren Konfrontation mit bilderlosen Religionen wie dem Islam und Judentum haben innerhalb der östlichen und westlichen Kirche letztlich Leute wie JOHANNES VON DAMASKUS (* um 650–um 750), Papst GREGOR DER GROSSE (590–604), THEODORUS VON STUDION (759–826) und THOMAS VON AQUIN (1225–1274) die Bilderfreunde nachträglich mit Argumenten bedient, die ihnen halfen, an ihrer Praxis festzuhalten. Sie haben betont, daß in der Person Christi schließlich Gott selber menschliche Gestalt, d. h. ein wirkliches Abbild, angenommen habe; darum dürfe man es auch nicht als verwerflich ablehnen, wenn man sich Bildnisse von Gott und den Heiligen anfertige und diesen eine ehrenvolle Behandlung angedeihen lasse. Vor allem gelte es zu unterscheiden zwischen der *Anbetung* (latreía/adoratio) und *Verehrung* (proskynesis/veneratio). Nur die letztere gezieme den Bildern, und sie sei im eigentlichen Sinne gar nicht direkt auf sie bezogen, sondern auf das Urbild, das im Abbild sichtbar werde. Außerdem sei es für die andächtige Konzentration und für die Lehrverkündigung in einer Gesellschaft, die weder lesen noch schreiben könne, sehr praktisch, wenn man auf Bilder zurückgreifen könne.[255]

So wurde also von der Theologie eine Begründung dafür nachgeschoben, was sich in der Praxis der privaten Andacht und auch im liturgischen Vollzug der meisten Teilkirchen längst eingebürgert hatte, nämlich die Verwendung von gemalten und geformten Bildnissen. Für die *Seelsorger* waren solche Bildnisse in der Hauptsache Mittel zum Zweck: Sie sollten der Phantasie der Gläubigen eine konkrete Richtung geben, einen abstrakten Sachverhalt verdeutlichen, die Erinnerung an Bekanntes wachrufen, die Konzentration und die Empfindungen vertiefen. Auf dieser Ebene waren die Bilder sozusagen wertneutral. Für die *Gläubigen* aber war noch manche andere Seite des konkreten Umgangs mit den Bildern von Bedeutung: Es ging ihnen um das Abbrennen von Kerzen vor den Bildern, um deren Beräucherung, um Anrühren, Hochheben und Herumtragen, d. h. um Formen des Umgangs, bei denen intensive emotionale Beziehungen zwischen Bild/Abbild-Urbild und einzelnem Gläubigen hergestellt wurden.

Nach den bisherigen Überlegungen herrschte unter den Bildern grundsätzlich Gleichheit. Bei den *Gnadenbildern* ist dies aber gerade nicht der Fall; sie überstrahlen alle übrigen Bilder einer Kirche an Würde, Bedeutung und Wirkung. Der Weg, der zu dieser unterschiedlichen Gewichtung führt, ist durch den Hinweis auf die Bildertheologie noch nicht geklärt.

Ein Weg des Abhebens einzelner Bilder gegenüber der Masse der anderen bestand darin, daß man ihnen nachsagte, sie seien veron ikon = *wahres Abbild*, sie besäßen Porträt-Echtheit, seien entstanden noch zu Lebzeiten Christi und Marias. Allen voran ist zu nennen das Schweißtuch der Veronika, eine der Hauptreliquien, über welche die Peterskirche in Rom verfügen wollte. Man kann leicht ermessen, welche Bedeutung diesem „wahren Antlitz" in einer Zeit zukommen mußte, die noch Scheu trug, Bilder von Gott und dem Sohne Gottes aus der Hand von menschlichen Künstlern anfertigen zu lassen. Es findet sich nicht nur auf zahllosen Schlußsteinen romanischer und gotischer Kirchen, sondern fehlte bis zum Ende des Mittelalters auch auf so gut wie keinem Altar, der zur Feier des Meßopfers hergerichtet wurde; auch hinter dem Altar konnte man es finden, wo der Priester meist die Sündenbekenntnisse entgegennahm.[256]

Noch einige andere Bilder sollen nach der Überlieferung durch fotographische Treue ausgezeichnet gewesen sein. Hierzu zählte ein Gemälde, das die Heiligen Drei Könige von dem Jesusknaben hatten anfertigen lassen, und ein anderes, welches Pontius Pilatus in Auftrag gab, als er Christus zum Verhör vor sich hatte. Spätestens im 4. Jahrhundert erzählte man sich von einem Bild Christi, es sei durch Boten des Königs Abgar von Edessa gemalt und ihrem König gebracht worden. Auch dieses „Abgarhaupt" wurde in Abertausenden von Kopien unter der Christenheit verbreitet.[257]

Diese „wahren Abbildungen" Christi hoben sich merklich ab von den übrigen Bildern und Figuren, welche wohl auch den Jesus von Nazareth darstellten, aber nicht für sich in Anspruch nahmen, noch zu Lebzeiten und aus direkter Anschauung heraus entstanden zu sein. Damit trat eine Zweiteilung in die Bilderwelt.

Von tiefgreifender Wirkung mußte es werden, daß man bald auch einigen *Marienbildnissen* Authentizität nachsagte. In diesem Fall war es der *hl. Lukas*, der diese besonders gemalten und figürlichen Bildnisse geliefert haben sollte. Auf einer Reihe von spätgotischen Tafelgemälden wird die Szene wiedergegeben, wie Lukas die Gottesmutter porträtiert. Bei dem Mangel an Marienreliquien – wegen der Lehre von der leiblichen Aufnahme in den Himmel – war der Besitz von einem „veron ikon – wahren Abbild" Mariens um so gewichtiger. Im Spätmittelalter war man teilweise bereit, unterschiedslos allen Marien-Ikonen, die im ostkirchlichen Stil gemalt waren, den Mantel der Lukas-Tradition umzuhängen. Die Faszination des Argumentes vom „wahren Abbild" hat offensichtlich bis zur Gegenwart nichts an Wirkung eingebüßt. Seit der Vision der Katharina Labouré in Paris 1830 nährt jede neue Marienerscheinung (La Salette, Lourdes, Fátima, Banneux, Beauraing, Medjugorje etc.) die naive Behauptung: „So, wie Maria dort erschien, sieht sie in Wirklichkeit aus!"[258]

Es gibt noch einen dritten Weg der Aufwertung von Bildern; er verläuft über die *Wertschätzung von Reliquien*. An und für sich könnte man auch über die kultischen und para-kultischen Formen der Reliquienverehrung einen Zugang zu unserem Thema ›Religion und Brauch‹ finden, ich möchte aber nur auf die Zusammenhänge mit der Entwicklung von Gnadenbildern eingehen: Bei einer Konkurrenz zwischen Reliquien und Bildern kommt den ersten (den Reliquien) die größere Bedeutung zu. Für die Ausbildung der kultischen und privaten Verehrung von Bildern aber war es von erheblichem Gewicht, daß man gelegentlich die Grenzen zwischen diesen beiden Möglichkeiten der Vergegenwärtigung von verehrungswürdigen Toten verwischte. In manche Bildnisse, vor allem in plastische, hat man Reliquien des oder der Dargestellten eingefügt. Besonders gern geschah dies bei Kreuzigungsszenen: Man hat Splitter vom Kreuz Christi, Dornen aus der Krone, Blutstropfen oder Erde vom Berg Golgatha eingearbeitet. Ähnliches geschah bei den Abbildungen von Märtyrern und anderen Heiligen; durch einen Knochensplitter oder eine andere Reliquie hat man den Wert des betreffenden Bildes erheblich gesteigert. Dabei ist man schließlich so weit gegangen, daß man die Reliquienbehälter gleich aus Silber- und Goldblech menschengestaltig formte, mit Perlen und Edelsteinen verzierte und so eine Art Effigies der gemeinten Person herstellte. Im französischen Conques weist man noch heute in der Figur der hl. Fides (Ste. Foy) ein eindrucksvolles Beispiel aus dem 9. Jahrhundert den Gläubigen.[259]

Wenn man keine Reliquien zur Verfügung hatte, dann konnte man durch Einfügung von konsekrierten Hostien die Qualität des betreffenden Bildnisses entschieden heben.[260] Vor allem bei Figuren vom Typ der „Mater gravida" („Maria in der Hoffnung") bot sich dieses Verfahren an.

Bei Bildnissen dieser Art war schon kaum mehr zu unterscheiden, was Bild und was Reliquie/konsekrierte Hostie war und das Ziel der Verehrung ausmachte. In diesem Umfeld konnten bestimmte Bilder eine Ehrung beanspruchen, die man zunächst einmal nur den Gebeinen und den Gräbern der Heiligen zugebilligt hatte. Der Weg zum Gnadenbild war damit schon beschritten. Daß er schließlich vollends zu Ende gegangen wurde, hängt mit einer stilistischen Entwicklung zusammen, die vom *hieratischen zum Andachtsbild* führte.

Die wenigen Zeichen und Bildnisse der Urkirche und auch die große Fülle der zwei- und dreidimensionalen Darstellungen nach dem Bilderstreit verfolgten (mit Ausnahme der sog. Lukas-Bilder) nicht das Ziel einer realistischen Nachzeichnung der jeweiligen Person. Sie waren vielmehr so etwas wie gemalte oder gestaltete Theologie. Etwa beim Christus-Bild: Christus erscheint am Kreuz nicht als gequälte Kreatur, sondern als siegreicher König. Sein Tod ist für die Menschen die Gewißheit ihrer Erlösung, bedeutet somit nicht Vernichtung, sondern Sieg und Triumph über die Macht des Bösen. Ähnlich erscheint Maria nicht als irdische Mutter, sondern als Gottesgebärerin. Wie eine Königin und nicht wie eine jüdische Tempeljungfrau gestaltet präsentiert sie der Welt auch in der Kindesgestalt den künftigen Erlöser; sie wird selber zum Urbild der Kirche, die sich mit Maria in der Vereinigung mit Christus verbunden weiß. Jedes Detail der Kleidung, jede Geste, jeder Gesichtsausdruck hat seine zeichenhafte Bedeutsamkeit, wie sie von der theologischen Reflexion der Kirchenväter festgelegt wurde. Die Kunst der Ostkriche hat dieses Stadium christlicher Bildergestaltung bis zur Gegenwart festgehalten.

In der westlichen Kirche dagegen beginnt sich vom 12. Jahrhundert ab ein bedeutsamer Wandel zu vollziehen. Die Bilder Gottes und der Heiligen fangen an, sich mehr und mehr einer neuen Realität anzunähern. Sie treten nicht mehr aus einem zeitlosen Goldhintergrund heraus, sondern suchen die vertraute Nähe der Alltagsumwelt des Betrachters. Der Christusknabe, einst schon in der Krippe als der kommende Weltkönig erkenntlich, wandelt sich nun zum nackten Baby, das von seiner Mutter irdisch-liebevoll betreut wird. Dem Künstler kommt es zunehmend nicht mehr darauf an, Bilder als zeichenhaften Ausdruck einer durchdachten Theologie zu entwerfen und auszuführen, sondern den Betrachter in eine *emotionale Beziehung* zu dem Dargestellten zu bringen.[261]

Dieses neue Verfahren der Bildgestaltung entspricht in besonderer Weise den Bedürfnissen der Laien bei ihrer Annäherung an Bilder und den von ihnen gemeinten Inhalten. Dagegen repräsentiert das hieratische Bild eher die Sicht des Seelsorgers, ist Bild-Theologie oder Bild-Predigt. Durch die westliche Entwicklung wird der Weg frei zu einer echten Zwiesprache zwischen Mensch und Bild, auch wenn sich dieses nicht auszeichnete durch die Fiktion der Porträt-Echtheit oder durch die Rekondierung von Reliquien und Hostien. Jesus von Nazareth ersteht nun vor den Augen der Gläubigen als hilfloses Kind in der Krippe oder als schmerzzerrissener Mann am Kreuz. *Ziel ist die mystische Versenkung*; über das Medium des Bildes gelingt die geistige oder emotionale Vereinigung mit dem Abgebildeten.

Um etwa 1300 ist dieser Prozeß abgeschlossen. Nun erweisen sich an vielen Orten wunderbare Geschehnisse, die bisher nur die Gebeine der Heiligen oder konsekrierte Hostien (u. U. eingeschlossen in Bildnissen) hervorzubringen vermochten: Bilder verändern ihre Lage, entziehen sich dem menschlichen Zugriff, kehren an ihren früheren Aufbewahrungsort zurück, sie widerstehen Feuer und Zerstörung, sie schwitzen, bluten und sprechen, verändern ihr Gewicht und Aussehen. Oder allgemein gesprochen: Bilder können nun das Außergewöhnliche hervorbringen, Wunder bewirken. Dies tun nicht alle, sondern nur bestimmte – *sie sind Gnadenbilder*.[262] Auf sie richtet sich in der kommenden Zeit die Heilserwartung der Gläubigen, wie sie bislang von den Sakramenten und den Reliquien erfüllt worden war. Es versteht sich von selbst, daß die Gläubigen diese Erfahrung nicht nur im Kultraum, sondern auch in ihrer alltäglichen Umwelt suchten. Religiöse Bilder werden integriert in den Alltag; sie sind dort bis zur Gegenwart Ziel der Andacht und der religiösen Erfahrung. Man kann teilweise von einem eigenen Bilder-Brauch sprechen, durch Bilder wurden religiöse Praktiken zu Hause ermöglicht und unterstützt.[263]

Auf die besondere Stellung der Gnadenbilder im Wallfahrts-Brauch wird noch einzugehen sein; doch muß man zunächst einmal betonen, daß die insgesamt positive Entwicklung im Hinblick auf die Bilderverehrung innerhalb der mittelalterlichen Kirche nicht unwidersprochen geblieben ist. Besonders radikal haben diesen Widerspruch die Hussiten in Böhmen und später dann die Zwinglianer und Kalvinisten vorgetragen. Sie haben die Bilder vernichtet. Damit aber haben sie ungewollt zum Entstehen einer besonderen Variante der Bilderverehrung beigetragen, nämlich zu derjenigen des „verletzten Kultbildes",[264] das gerade wegen seiner schmählichen Behandlung das Interesse auf sich zog.

Die katholische Kirche hat die spezielle private und kultische Bildererfahrung des hohen und späten Mittelalters[265] bis zur Gegenwart weitergetragen, allenfalls aus ästhetischen Gesichtspunkten den Kirchenraum purifiziert wie während des 19. Jahrhunderts, aber grundsätzlich nicht mehr gegen die Anfertigung und Verehrung von Bildern Gottes und der Heiligen Stellung bezogen.

Luther hat eine eher vermittelnde Haltung eingenommen. Sieht man vom Pietismus ab, der mit den anderen Eitelkeiten dieser Welt auch die Bilder als einen Ausdruck der „Augenlust" ablehnt, so sind Bilder im evangelischen Bereich erlaubt als Mittel, „das dem Gotteslob, der Lehre, der Erkenntnis, dem Bekenntnis und der Erbauung dienen soll".[266] Dementsprechend konnten die evangelischen Territorien an der Bilderfreude und der Sinnenlust der Barockzeit (in Maßen) teilhaben, und hat sich dort auch ein privater Bildergebrauch in den Familien durchgesetzt, ja mit den Bildern des Reformators

wurde geradezu ein eigener Kult getrieben.[267] Die Beliebtheit der
Kurrendsänger-Gruppen, welche seit dem 19. Jahrhundert in großen
Massen im Erzgebirge hergestellt werden und als eine Art von Weihnachtspyramiden in die Haushalte einzogen, leitet sich zu einem erheblichen Teil davon ab, daß man den jungen Luther damit in Verbindung bringen konnte.

Bei der umfassenden Etablierung des religiösen Bildes konnte
dessen Funktion teilweise übernommen werden auch von profanen
Bildern. Gottfried KORFF demonstriert am Beispiel von Ferdinand
LASALLE, daß dessen Bilder im privaten Gebrauch zeremoniell über-
höht wurden wie Heiligenbilder.[268] Und auch in der Öffentlichkeit der
Vereinsheime, Arbeiterfeiern und Demonstrationen konnten sie als
Mittel der Identifikation und Sinnstiftung verwendet werden. Tatsächlich sind die Analogien zwischen dem Mitführen der Bilder von politischen Leitfiguren und demjenigen von Heiligen bei Prozessionen
formal und funktionell sehr verwandt.

2.1.2 Bilderzonen im Haus

Die reichste Entfaltung fand der rituelle Umgang mit Bildern religiösen Gehaltes außerhalb des Kirchenraumes aber im *privaten Haushalt*. Entscheidende Voraussetzung hiefür war die laufende Verbilli-
gung des Angebots aufgrund von immer leistungsvoller werdenden Reproduktionstechniken. Holzschnitt, Kupferstich, Lithographie
und seit neuestem Photographie versorgen jeden einzelnen mit einer
kaum mehr überschaubaren Fülle von Bildern.[269] Ein guter Teil davon
hat religiöse Inhalte und wird oder wurde einbezogen in das häusliche
Brauchtum. Seit dem 17. Jahrhundert entwickelte sich vor allem in
den katholischen Stuben der *Herrgottswinkel* in der Ecke über dem
Eßtisch zum Mittelpunkt der familiären Frömmigkeit.[270] Besonders
von der Mitte des 18. Jahrhunderts an wurden die ländlichen und
kleinstädtischen Haushalte durch eine außerordentlich leistungsvolle
Hinterglas-Heimindustrie versorgt mit allen Heiligenbildnissen, für die
Bedarf bestand.[271] Auch die Herstellung von Kruzifixen wurde aufgrund des enormen Bedarfs längst vor der industriellen Produktion in
Serienfertigung vollzogen.[272] Im Herrgottswinkel, über dem Tisch, bau-
melte nicht selten als eine Art Perpetuum mobile der Heilige Geist in
Gestalt einer Taube, oft kunstvoll in ein Hohlglas eingerichtet. Und für
das nämliche Umfeld lieferte die Glasveredelungs-Industrie seit der
2. Hälfte des 19. Jahrhunderts Kruzifixe, Heiligenfiguren und Verseh-

geräte in der modernen Technik des „Silberglases",[273] auch sie nicht selten auf einem Bord im Hergottswinkel aufbewahrt.

In diesem Ambiente wurden Morgen-, Abend- und Tischgebete gesprochen, hier betete man zu bestimmten Zeiten den Rosenkranz und den Englischen Gruß, beide schon eingebürgert seit dem Mittelalter. Schon zu Beginn des 16. Jahrhunderts hatte Erasmus von Rotterdam für den gebildeten Knaben ins Anstandsbüchlein geschrieben: „Wenn du aufgefordert wirst, das Tischgebet zu sprechen, falte die Hände, schaue den Vornehmsten, oder wenn ein Bild Christi da ist, dieses an, beuge bei dem Namen Jesu und der hl. Jungfrau die Knie."[274] Bei heraufziehendem Gewitter entzündete man hier die geweihten Wetter- oder anderen Kerzen; hier baute man das familieneigene Zeremonialgerät für die Spendung der Krankensalbung auf; bis zum Beginn unseres Jahrhunderts wurde nicht selten hier der Verstorbene aufgebahrt. Die herausragende Bedeutung der Tischecke konnte besonders seit der Barockzeit noch unterstrichen werden durch ein kleines *Hausaltärchen*, das hier auf einem Sims seinen Platz fand. Mit Hilfe von Bildern also wurde der Herrgottswinkel in der Stube beim Tisch zu einer richtigen Kultecke ausgestaltet, von der aus die gesamte Arbeit in diesem Raum in einen erhöhten Sinnzusammenhang gestellt werden konnte.

Ein sakraler Kleinraum eigener Qualität befand sich in den katholischen Stuben bis in unser Jahrhundert neben der Tür mit der Einheit *Weihwasserkessel und Armenseelentaferl*. Diese fast durchweg in Hinterglastechnik angefertigten kleinformatigen Bildwerke hatten ihren stereotypen ikonographischen Aufbau mit einer oder mehreren Armen Seelen im Feuer und einem darüber schwebenden Heilszeichen (Kreuz, Kruzifixus, Kelch mit Hostie) den schon lange Zeit vorher kursierenden Kupferstichen und Andachtsbildchen abgewonnen. Seit der Mitte des 18. bis zum Beginn des 20. Jahrhunderts wurden sie von Hausierhändlern nahezu in jeden katholischen Haushalt Süddeutschlands und Österreich-Ungarns vermittelt und waren hier der zentrale Ort des Totengedächtnisses der Verstorbenen der eigenen Familie. Täglich mehrmals bespritzte sie jedermann mit oder ohne einem begleitenden Stoßgebet mit dem Weihwasser; ein Brauch, dem vielfach auch die Seelweckengeher zu Allerheiligen (s. u.) oder die Bettler folgten.[275] Aus der Geschwindigkeit, mit der das Weihwasser verdunstete, konnte man auf den Zustand der betreffenden Armen Seele im Jenseits schließen: Schnelles Verdunsten zeigte an, daß noch mit einem Aufenthalt im Fegfeuer gerechnet werden mußte. An manchen Tafeln befand sich ein steifer Draht mit Holz- oder Glasperlen; sie luden ein zu einem Verschieben auf die andere Seite, wodurch man eine bestimmte Gebetsverpflichtung auf sich lud.[276] Neben diesen kollektiven bildbezogenen Gebetsräumen im Haus gab es entsprechende individuelle. Die ganze Habe der Dienstboten fand sich verschlossen in einer Kiste oder einem Kasten/Schrank in deren Kammer. Und es ist sehr bezeichnend, daß viele auf der Innenseite von Deckel oder Tür ein oder mehrere Heiligenbildchen angebracht hatten, zu denen sie ihre Privatandacht pflegten. In den norddeutschen und skandinavischen Ländern spricht man geradezu von *„Kistenbildern"* oder *„Kistenbriefen".*[277] Die heranwachsenden Kinder versorgte man seit Aufkommen der Lithographie besonders gerne mit *Schutzengelbildern,* die neben den Betten plaziert wurden und die Adressaten abgaben für das Morgen- und Abendgebet.[278] Dagegen erhielt in den elterlichen Schlafzimmern ein wunderschönes farbiges *Marienbild* in Breitformat, von Engeln umschwirrt, Platz über dem Doppelbett. Damit wurde die ältere Tradition fortgeführt, religiöse Bildnisse auf den Möbeln der Schlafzimmer anbringen zu lassen; beliebt waren die Namenspatrone der Eheleute auf den Schranktüren und ein Marienbildnis auf dem Bettgestell.

Über Bilder wurden also wichtige Aspekte einer christlichen Weltdeutung bis in die jüngste Vergangenheit hinein vermittelt. Man denke etwa auch an die beliebten *Bilder von der Hl. Familie* in Küche oder Wohnzimmer mit ihrem Appell an Häuslichkeit, Fleiß und Verträglichkeit oder an Bilderbögen zum Thema „Geistliche Hausmagd".[279] Verehrung des Namenspatrons (Kistenbriefe), Gebet zum Schutzengel (Bilder der Kinderzimmer), Bitte um das tägliche Brot und um Hilfe in allen Nöten des Lebens durch machtvolle Heilige (Herrgottswinkel) sowie Gebetshilfe für die verstorbenen Angehörigen (Armenseelentaferl) – alle diese katechetischen Anliegen wurden zumindest den katholischen Familien durch Bilder in ihrer alltäglichen Umgebung präsentiert. Hier konnten sich fromme Bräuche anlagern, die wesentlich zur Internalisierung bestimmter theologischer Lehrmeinungen beitrugen.

2.1.3 „Geistliche" Landschaft

Dieser Vorgang wiederholte sich auch außerhalb der Häuser und Siedlungen *in der freien Flur.* Dort hat man besonders das Zeichen des Kreuzes und des Gekreuzigten, sekundär dann auch die Bildnisse von Heiligen herangezogen, um die gesamte Lebenssphäre als eine heilsdurchwirkte zu veranschaulichen. Dauerhafte Kennzeichnung erforderten die Grenzen der Flur; schon früh wurde es üblich, dazu auch „hilzene und stainene Martersaullen"[280] zu verwenden; „Martersaullen" („Marterln" im gegenwärtigen bayerischen Sprachgebrauch) deshalb, weil die „Marter des Herrn", die Kreuzigung dargestellt war. Diese Zeichen (nicht nur die religiösen) waren Jahrhunderte hindurch Ziel von rechtlichen Bräuchen; von Grenzbegehungen, bei denen nicht selten an den markanten Punkten Salve geschossen wurde oder die begleitenden jungen Burschen und Mädchen bunte Bänder, Nüsse, Süßigkeiten oder Wecken erhielten, um ihnen die betreffende Stelle besonders einzuprägen. Billiger war es, aber genausogut im Gedächtnis blieb es haften, wenn man ihnen an jenen Plätzen Ohrfeigen verteilte oder sie kräftig an den Ohren oder Haaren zupfte.

Die Münchner Staatsbibliothek verwahrt ein Ritual des 12. Jahrhunderts mit einer „benedictio crucis in via ponendae" („Segen für ein Kreuz, das am Weg aufgestellt wird").[281] Schon damals muß es also üblich gewesen sein, Kreuze an den Straßen aufzustellen. Wenn die Motive andauerten, die uns aus der schriftlichen Überlieferung der Neuzeit bekannt sind, dann geschah dies außer zu rechtlichen Zwecken vor allem um Gottes Segen auf die Flur herunterzurufen, seinen Beistand gegen die übelwollenden Dämonen in den vielfältigen Krankheiten und Unwettern zu erflehen, und zweitens um jene Stellen zu kennzeichnen, da jemand plötzlich im jähen Tod das Zeitliche segnete. Ungezählte Kreuze sowie steinerne Säulen und Pfeiler mit und ohne Bildtafel, Laterne, Nische, Inschrift und Kreuzaufsatz gehören in diese Kategorie.

Aus der Masse heben sich verschiedene Typen heraus, so etwa die *„Arma-Kreuze"* (arma Christi = Waffen Christi), die in Deutschland bekannt wurden, seit Papst Innozenz VI. 1353 das Fest „De armis Christi" auch für dieses Land einführte.[282] Sie finden sich in den Fluren in einfachster Form: Stab mit Essigschwamm und Lanze an die Kreuzesbalken angeheftet als „Kapuzinerkreuz" oder mit einem Hahn darüber als „Hahnkreuz". Es gibt aber auch Beispiele mit einer überquellenden Fülle dieser Werkzeuge, wo man weder das Tintenfaß des Pilatus, noch Bohrer, Hammer, Zange, Spaten, Strick, Hellebarde und Peitsche der Soldaten vergessen hat. Sollten die Arma-Kreuze die Erinnerung an Christi Leiden und Sterben wachhalten, so dienten andere primär als Helfer wider Blitz, Hagelschlag und andere Witterungsunbilden. Als spezielle *Wetterkreuze* galten doppelbalkige Holzkreuze in der Form der sog. Caravaca-Kreuze, welche oft auch einfach als „spanische Kreuze" bezeichnet wurden. Gelegentlich

wurden in sie Buchstaben eingeschnitten, Abkürzungen des Bene-
diktus- oder Zachariassegens, die einst auch auf kleinen Anhängern
sehr geschätzt waren als Universalmittel gegen Tod und Teufel und alle
sonstigen Übel dieser Erde.[283] Anders ist die Funktion der „*Marterln*" im engeren Sinn, jener
Kreuze, welche an den plötzlichen Tod eines Menschen in der Flur
erinnern. Nach christlicher Überzeugung bedurften vor allem sie der
helfenden Gebetserinnerung durch die Überlebenden, weil sie ohne
genügende Vorbereitung aus der Welt gerissen wurden durch einen
Unfall, einen plötzlichen Tod oder durch Mord und Totschlag. An unseren Bundesstraßen kann man neuerdings wieder auf solche Mahn-
male der aktuellen Gefährdung durch den Unfalltod stoßen: Meist
sind es kleine Holzkreuze, oft mit Foto und Inschrift sowie einer
Schale mit Dauerblumen. Würden all die mehr als 10 000 jährlichen
Verkehrstoten in der alten Bundesrepublik eine solche Gedächtnis-
stätte erhalten, unsere Straßen wären in wenigen Jahren verwandelt
zu unübersehbaren Friedhöfen.

Es bleibt in diesem Zusammenhang noch einzugehen auf einen
Brauch der Vergangenheit, der ebenfalls das Bild des Kreuzes verwendete, wegen der Dauerhaftigkeit des Materials aber auch noch in der
Gegenwart vielfach präsent ist. Ich meine die sog. „*Sühnekreuze*",
klobige, meist stark verwitterte Kreuze von etwa einem Meter Höhe,
meist aus Granit, die mit einem knolligen, wenig bearbeiteten Fuß in
der Erde stecken. Die nahezu gleichlangen Kreuzes- und Kopfbalken
lassen nur noch selten Inschrift, Zeichen oder den Körper des Gekreuzigten erkennen. Es gilt heute für sicher, daß diese Kreuze ihre Entstehung überwiegend einem Rechtsbrauch verdanken, nämlich der
Totschlagsühne, welche in Deutschland zwischen dem 13. und
16. Jahrhundert die Möglichkeit eines privaten Ausgleichs zwischen
den betroffenen Parteien vorsah.[284] Hierzu ein Beispiel aus dem Jahr 1472: „... daß die obgenannten
Parteyn durch des vergangenen Hannsen Wynntersteiners [= des Er-
schlagenen] Sele Seligkait wegen ... begeen und hallten lassen sollen
dreyssig Selmess ... und darzu geben zwantzig Pfundt Wachs [zum Abbrennen von Kerzen], auch die nechstfolgende funff Jar ... funff Mess
miteinander halten lassen und darzu thun oder bestellen zuthun ain
Rom- und Achfartt [= Wallfahrt nach Rom und Aachen] ... und von
denselben glaublich Schein fürbringen, daß sie die also volbracht
haben. Sy sollen auch in diesen Jaren ongeverlich stainer Kreutz
setzen an dy Enden, da sy durch des benannten Wirtes Freundtschafft
[seine Verwandten] ... hingewyst werden. Und zu dem allen sollen sy

desselben Wintterstainers seligen verlassenen Hausfrauen und Erben geben und ausrichten sybentzig Gulden."[285] Wir haben hier ein Musterbeispiel vor uns, wie der Bezug auf die christliche Religion gestaltgebend für die Bewältigung bestimmter Lebensprobleme wirken konnte. Gleichzeitig aber handelt es sich um ein Musterbeispiel für unser engeres Thema. Der Rechtsbrauch Totschlagsühne sucht vor allem den immateriellen Schaden am Seelenheil des Erschlagenen wieder gutzumachen; deshalb die vielen Totenmessen, die Wachsspende, die Wallfahrten nach Rom und Aachen, und darum auch die Setzung eines massiven Steinkreuzes als dauernder Appell der Gebetshilfe. Es handelt sich aber auch um ein gutes Beispiel für die Problematik unseres Themas innerhalb der Forschungsgeschichte; werden doch diese Steinkreuze wegen ihrer urtümlichen Gestalt nicht selten auch in Beziehung gebracht zu vorchristlichen Kulten im Umkreis der Menhire und Dolmen.[286] Das schlagartige Auftreten im 13. Jahrhundert und das Verschwinden, seit das große Gesetzgebungswerk von Kaiser Karl V. – die Constitutio Criminalis Carolina von 1532 – diese privaten Sühneverträge verbietet und nun auch den Totschlag durch den öffentlichen Richter ahnden läßt, macht die Herkunft aus dem geschilderten religiös-rechtlichen Umfeld gewiß. Im deutschsprachigen Raum haben sich etwa 4000 solcher Steinkreuze erhalten – fossile Zeugen der Bedeutung des Christentums für einen Rechtsbrauch, der gleichzeitig über Jahrhunderte hinweg das christliche Bild des Heiles in der Landschaft erhalten hat.

Diese letztgenannte Funktion war ein Ergebnis jeder Setzung eines dauerhaften christlichen Heilzeichens in der freien Flur. Marterl und Steinkreuze tun es mehr indirekt. Wetterkreuze und Andachts-Kreuze steuern gezielt auf diese Sinngebung zu. Dies gilt in besonderer Weise auch für Landschaften, in denen es Brauch wurde, Wallfahrtswege durch figurenreiche Bildstöcke, vor allem mit Darstellungen des Gnadenbildes, zu kennzeichnen. Nicht nur Franken, Kärnten und die Steiermark verfügen über eindrucksvolle Beispiele.[287] Die Straßen werden so zu Wegen des Heiles, die hinleiten zu Orten, an denen die Hilfe des Himmels in besonderer Weise erfahren werden kann. Ähnliches geschieht, wenn man durch Kreuzwege und Kalvarienberge die heimische Landschaft umgestaltet zu einem Abbild des Heiligen Landes und damit die gesamte Umwelt zu einem Raum der göttlichen Erfahrung werden läßt.

Das frühe 18. Jahrhundert hat Deutschland einen neuen Flur-Heiligen beschert, der auch heute noch fast allgegenwärtig ist, der *hl. Johann Nepomuk*.[288] Der in der Moldau ertränkte Priester steht nun als

Brücken- und Wasserpatron an Tausenden von Flußübergängen. Er hat in dieser Funktion einen Vorgänger verdrängt, der bis dorthin nahezu die gleiche Beliebtheit genossen hatte, den *hl. Nikolaus.*

Bezeichnend für die umfassende Heiligung der Landschaft mit Hilfe von religiösen Bildern und Zeichen scheint es, daß diese ihrerseits vielfach wieder Mittelpunkte von frommen Bräuchen geworden sind. So zeigen etwa eine Reihe von Steinkreuzen und Marterln kleine Dellen und Mulden, die entstanden sind, weil man in ihnen die Wetzsteine schärfte. Man hoffte auf diese Weise etwas von der immanenten Weihe der religiösen Gebilde auch auf das Arbeitsgerät und die Arbeit insgesamt zu übertragen.[289] Andernorts hat man von ihnen feinen Steinstaub abgerieben und als wirksames Mittel gegen Krankheit von Mensch und Tier eingenommen. An manchen Orten bezog man die Marterln ein in den Orakelglauben; wenn man sie in bestimmten Nächten unangesprochen umkreise (Andreasnacht, Weihnachten, Silvester, Karsamstag), dann konnte man einen Blick in die Zukunft tun, Glück erwerben, gesund bleiben oder was auch immer.

Auch der Volksglaube und die Sage beschäftigen sich viel mit den religiösen Denkmälern in der Flur; sie lassen hier schreckliche Ereignisse passiert sein (Ermordung von Franzosen, Zigeunern, Schweden etc.), wollen Lichterscheinungen glaubhaft machen und rechnen mit dem Spuk von Geistern inklusive der berühmten Grenzsteinverrücker, die keine Ruhe finden können, bis ihnen endlich jemand sagt, wo sie den ausgegrabenen Grenzstein hinlegen sollen. All dies zeigt, daß die religiösen Zeichen in der Landschaft die Menschen sehr beschäftigt haben. Und das ganz auffallende Interesse unserer Zeit an Restaurierung und Dokumentation der Flurdenkmäler ist wohl nur verständlich vor dem Hintergrund des mittlerweile verlorengegangenen Willens, den menschlichen Erfahrungsraum insgesamt mit Hilfe von religiösen Bildnissen über den bloß vordergründigen Nutzen hinaus zu überhöhen, ihn zu einem Raum zu machen, wo man jederzeit dem Numinosen begegnen konnte, zu einer Art von „geistlicher Landschaft".[290]

2.1.4 Anwendung und Verwendung von Bildern und Zeichen

Bei der umfassenden Präsentation religiöser Sinnbezüge mit Hilfe von Bildern konnte es nicht ausbleiben, daß diese nicht nur als Mittel der Anschauung, sondern auch als *Werkzeuge der konkreten Heiligung und Heilung* eingesetzt wurden. Der Mensch als Geist- *und* Leib-

Wesen gibt sich offensichtlich nicht zufrieden mit dem bloßen Wissen um seine Erlöstheit, sondern sucht in den tausendfältigen Alltagsgefährdungen nach greifbareren Versicherungen jenseitiger Hilfe, im Christentum so gut wie in anderen Religionen. Der sichtbarste Ausdruck dieses Verlangens tritt uns entgegen im Wallfahrtswesen, von dem im nächsten Kapitel die Rede sein wird. Doch auch unabhängig von der Überzeugung, an bestimmten Orten den Gnaden Gottes besonders nahe und für sie empfänglich zu sein, lassen sich viele Versuche beobachten, durch Bilder und Zeichen himmlischer Hilfe im Alltag habhaft zu werden. Auch hier kommt es uns bei der Erörterung wieder nicht auf Vollständigkeit, sondern auf Beispielhaftigkeit an.

Die christliche Kirche war schon in ihren Anfängen gezwungen, zu dem weit verbreiteten Gebrauch von heilbringenden Zeichen und Objekten in der Antike Stellung zu nehmen. „Das tat sie, indem sie aus krafthaltigen Abwehrmitteln christliche Sinnzeichen machte, deren Wirksamkeit nicht auf einem Teufelspakt beruhte, sondern auf dem Glauben an die Allmacht Gottes ... Im Bewußtsein, daß die Kirche des christlichen Glaubens allen heidnischen Praktiken und Prozeduren überlegen sei, stellt Bischof Athanasius (295–333) den heidnischen Amuletten die mit dem Christus-Monogramm versehenen Sinn-, Schutz- und Kraftzeichen gegenüber, vor denen sich nicht nur die Krankheiten fürchten, sondern auch die gesamte Schar der Dämonen bebt."[291]

Das Bild des Kreuzes oder Christus-bezogene Zeichen (Fisch, Lamm, Hirte, Monogramm) waren lange Zeit hindurch die einzigen zugelassenen Gestalten (neben dinglichen Hinterlassenschaften in der Art der Reliquien) im Kampf gegen die Nachstellungen von Teufeln und Dämonen. Und in diesem Glauben dürfen wir wohl die Hauptmotivation all die Jahrhunderte hindurch sehen, durch religiöse Bilder und Zeichen hinzuwirken auf seelisches und leibliches Wohl. Die Orientierung erfolgt zweifellos am spätantiken Dämonenglauben; doch war dieser nicht einfach Glaubens-Petrefakt der ungebildeten Bevölkerung, sondern auch Produkt theologisch-gelehrter Überlegungen, die sich vor allem an der neuplatonischen Dämonologie orientierten.[292] Und da er bis zur Gegenwart, vor allem in traditionalistischen Kreisen der Kirche, erhalten blieb, gab er der allzeitigen menschlichen Hilfsbedürftigkeit auch bis zur Gegenwart reichlich Nahrung und Richtung.

Als zentrales Symbol des Glaubens konnte dabei das *Bild des Kreuzes* von der Urkirche an bis zur Gegenwart seine überragende

Stellung behalten. Als wirkungsvolles Phylakterium wurde es damals auf Zettel geschrieben, in Kapseln verschlossen und um den Hals getragen gegen die Nachstellungen des bösen Feindes. Und bis heute hat das Kreuzchen aus mehr oder minder hochwertigem Edelmetall seine Beliebtheit als Anhänger nicht verloren. Es ist nach wie vor bevorzugtes Geschenk für Mädchen bei Taufe, Erstkommunion, Konfirmation, Firmung oder auch zu Namens- und Geburtstagen.

Dem Kreuz als Mittel der Dämonenabwehr begegnen wir im christlichen Europa nahezu in allen Lebenslagen.[293] Wir finden es angeschrieben an Türen und Türstöcken bei der Ausräucherung der Wohnungen und Wirtschaftsräume am Vorabend von Dreikönig zusammen mit den Anfangsbuchstaben der Magier (+ C + M + B +); die Hausfrau drückte ein Kreuzzeichen auf den ersten Laib Brot, den sie in den Ofen schob, um eine gute „Bäck" zu erhalten; sie zeichnete desgleichen jeden Laib vor dem Anschnitt mit drei Kreuzen, damit er den Essenden zum Heile gereichte; der Bäcker stellte „Kreuz-Semmeln" her; der Bauer drückte ein Kreuzchen aus geweihtem Wachs auf seinen Pflug, bevor er mit diesem erstmals im Frühling aufs Feld fuhr; anschließend zog er als erstes eine Kreuzfurche; der Sämann warf die erste Handvoll Saatgut kreuzförmig auf den Acker; der Schnitter begann seine Arbeit, indem er ein Kreuz in die Wiese oder ins Erntefeld mähte; die ersten gebundenen Garben wurden kreuzförmig auf die Erde gelegt; Kreuzchen aus geweihten Palmzweigen vom Palmsonntag und angebrannten Haselnußstecken vom Karsamstagsfeuer wurden und werden auf die Saatfelder gesteckt, um den Ertrag zu fördern, Unwetter und Schaden durch Bilmes-Schneider und Hexen abzuwehren; die Holzfäller hauten drei Kreuze in den Stock als Dank für Bewahrung vor Unfall, als Bitte um ferneres Glück, als Rastplatz für die Armen Seelen etc.; der Fuhrmann schnalzte vor der Abfahrt dreimal kreuzförmig mit der Peitsche, um eine glückliche Heimkehr zu haben; das Kruzifix wurde als erster Gegenstand in ein neugebautes Haus geschafft, um diesem Glück zu bescheren; ein spannengroßes „Sterbekreuz" legte man sich unters Kopfkissen, nicht nur um im Augenblick des Todes ein Heilszeichen zur Hand zu haben, sondern auch gefeit zu sein gegen das Drücken der Drud oder ganz banal gegen Kopfschmerzen; dem Säugling im Bett half man gegen den Neid der Hexen und gegen das Schicksal eines Wechselbalges, indem man gekreuzte Messer unter die Windeln legte; die Wöchnerin mußte zu diesem Zweck beim ersten Aufstehen die Füße kreuzweise auf den Boden setzen; das Brautpaar trat unter gekreuzten Säbeln ins Haus, um sich Segen für die gemeinsame Zukunft zu holen; und den Sarg stellte man vor dem Hause kreuzweise ab, um eine Wiederkehr des Toten zu verhindern.

Die Beispiele für die Anwendung von Kreuz als Objekt und Zeichen mit und ohne begleitendes Gebet ließen sich beliebig vermehren. Sie waren bis in die jüngste Vergangenheit hinein allgegenwärtige Symbole einer christlich denkenden und fühlenden Bevölkerung; die allseitige Beliebtheit gilt nicht nur für die katholischen, sondern auch für die evangelischen und reformierten Landschaften.[294] Man mochte auf sie aber auch nicht verzichten in Zusammenhängen, die nach unserem Empfinden eindeutig unchristlich und magisch gedacht waren. Bei kaum einer zauberischen Beschwörung oder auf einem Zauberzettel fehlte das Kreuz.

Die zentrale Bedeutung des Kreuzes als vorrangiges Heilszeichen fand seinen Niederschlag ferner in der Auszeichnung von Naturdingen, die mit Kreuz, Christus oder seiner Passion aufgrund ihrer Gestalt in Verbindung gebracht werden konnten. So durften Passionsblume, Christusdorn (stacheliger Laubkaktus), Herrgottskron (Eberwurz), Heilandströpfle (breitblättriges Knabenkraut) und Jesuskraut (Floh-Knöterich) ebenso ihrer besonderen Wertschätzung in der Volksheilkunde sicher sein wie die Kopfknochen des Hechtes, welche an die Marterwerkzeuge erinnern, oder wie *Kreuz*spinne, *Kreuz*otter und *Kreuz*schnabel.[295]

Der innige Zusammenhang zwischen der volksfrommen Anwendung des Kreuzbildes und -zeichens in tausenderlei Arten und dem Vollzug von kultischen Handlungen ist ganz offensichtlich. Die Bevölkerung konnte sich täglich neu bestätigt fühlen in ihren Handlungen und Empfindungen, wenn sie miterlebte, welche Rolle das Kreuz beim Gottesdienst am Altar und bei der gesamten Kirchenausstattung spielte; wie gewichtig das Kreuzzeichen war bei den Gottesdiensten, beim Auflegen des Aschenkreuzes am Aschermittwoch, beim Vorhalten der gekreuzten Kerzen im Blasiussegen, bei der Kreuzesverehrung am Karfreitag und bei der Spendung aller Sakramente. Schließlich hat sich in der Gestalt von bestimmten Kreuzformen kirchlich intendierte Kreuzverehrung und -symbolik und volksfromme Anwendung fast untrennbar miteinander verbunden, nämlich bei den Thau-, Caravaca-, Scheyrer-, Ulrichs-, Wiblinger-, Zacharias- u. a. Kreuzen.

Davon seien wenigstens das Thau- und das Caravaca-Kreuz ein klein wenig charakterisiert. Das *Thau-Kreuz*, ein Pfahl mit einem darauf liegenden Querbalken, erhielt seine zeichenhafte Bedeutung aufgrund der gelehrten theologischen Beschäftigung mit der Heiligen Schrift. Der Name leitet sich ab vom Buchstaben Tav oder Tow, der das letzte Zeichen des semitischen Alphabets war und damit eine ähnliche mystische Bedeutung zugesprochen erhielt wie das griechische Omega, nämlich Umschreibung für Ewigkeit und damit die Rolle eines Gottesnamens.[296] Wohl aufgrund eines Übersetzungsfehlers in der Vulgata wurden nun verschiedene Heilszeichen, von denen im Alten Testament die Rede ist, gleichgesetzt mit dem griechischen Buchstaben Thau. Es waren dies eine Ezechiel-Stelle, die davon berichtet, daß alle jene vom göttlichen Strafgericht verschont wurden, welche vom Engel auf der Stirn mit einem bestimmten Zeichen markiert worden seien; ferner die Geschichte vom Exodus der Israeliten aus Ägypten, wo von der Kennzeichnung der Türpfosten die Rede ist beim Vorübergang des Herrn; und schließlich der Bericht von der ehernen Schlange, die Moses in der Wüste errichtete. Wer dieses Zeichens ansichtig wurde, war von der verheerenden Seuche verschont, die im Volke Israel grassierte.

So wurde das Thau-Kreuz geradezu zu einem „Gottessiegel", den Menschen von Gott selber als Heilszeichen verliehen. Zudem wurde es von den Theologen zusätzlich gedeutet als Zeichen der Dreifaltigkeit, besonders in jenen Formen, wo es mit drei gleichlangen Balken in einen Kreis eingeschrieben war. Der Orden der Antoniter hatte es zum Attribut seines Patrons erkoren. So konnte es nicht ausbleiben, daß sich die Menschen dieses Zeichens bedienten, wenn sie in besonderen Drangsalen die Hilfe Gottes nötig hatten. Als seit der Mitte des 14. Jahrhunderts die Beulenpest zu einer der größten Bedrohungen des Abendlandes wurde, erlebte das Thau-Kreuz einen Aufstieg zu einem der beliebtesten Heilszeichen gegen die neue Krankheit. Man schnitzte es in die Stadttore und in die Türpfosten der Privathäuser, um der Seuche den Eintritt zu verwehren. Man stellte Anhänger aus allen möglichen Materialien in dieser Form her, schrieb es auf Segenszettel und Schutzbriefe, goß es in Wachs nach und prägte es auf die berühmten Pesttaler in Joachimsthal, die als besonders wirksam gegen Ansteckung galten.[297] Das Volk hatte sich also aus einem Symbol der theologischen Gelehrsamkeit ein wichtiges Hilfsmittel geschaffen, das im individuellen Gebrauch sicherlich oft als eine Art Amulett eingesetzt wurde.

Gesteigert konnte die Wirksamkeit des Thau-Kreuzes eventuell noch werden, wenn man es verband mit einer Segens- oder Beschwörungsformel. Am weitesten verbreitet war der Zacharias-Segen; und dieser wiederum zeichnete sehr häufig auch die *Caravaca-Kreuze* aus. Es handelt sich um ein Doppelbalken-Kreuz, das sich schon durch seine Formgebung von den anderen Typen unterscheidet. „Sämtliche

sechs Balkenenden dieser Patriarchenkreuze zeigen nämlich eine el-
liptische Ausweitung, in die ein gleichseitiges Dreieck mit der Spitze
bis etwa zur Mitte eingesenkt ist, so daß sich eine Silhuette ergibt, die
man mit dem Umriß einer aufblühenden Kornrade vergleichen
könnte."[298] Kreuzchen dieser Art aus Silber, vor allem aber aus Mes-
sing sind seit dem Spätmittelalter bekannt. Durch die Jesuiten und
durch die in Spanien erzogenen Söhne von Kaiser Maximilian II.
(1564–1576), nämlich Rudolf und Mathias, wurde die Wertschätzung
auch ins Deutsche Reich getragen, wo die Kreuze ihre stärkste Verbreitung während des 17. Jahrhunderts erlebten, als „spanische
Kreuze" oder verballhornt als „Karfankelkreuze". Obwohl in der Folgezeit das Wissen über ihren Zusammenhang mit dem Ort Caravaca
und mit der Ginesiusmesse verlorengeht, bleiben sie doch bis in unsere
Zeit erhalten als beliebte Ein- und Anhänger. Sie finden sich in Massen
in Museen, privaten Sammlungen und im Antiquitätenhandel.

Das Original in Caravaca ist längst verloren gegangen. Es bezog
sich auf die Ginesiusmesse.[299] Nach dieser Legende soll 1232 der Priester *Ginesius* die Chance erhalten haben, vor einem mohammedani-
schen Emir in Caravaca eine Messe zu lesen; er beschaffte alle notwendigen Requisiten, vergaß aber das Kreuz. Da wurde es vor Beginn
des Gottesdienstes von zwei Engeln herbeigebracht; die Engel hatten
es dem Patriarchen von Konstantinopel vom Hals genommen, welcher es seinerseits aus einem Stückchen Holz vom echten Kreuz
Christi hatte machen lassen. Bei der Messe konnte der maurische
Emir das Wandlungswunder leibhaftig sehen und ließ sich daraufhin
mit seinem Hofstaat taufen.

Mochte es zunächst die Erinnerung an das spanische Original sein,
der das Kreuz seinen Siegeszug durch Deutschland verdankte; nach
dem Verblassen dieser Erinnerung waren es die auffallende Form und
die eingravierten Segenszeichen, denen es seine Verwendung verdankte bei Teufelsaustreibungen, Wassersgefahren und Krankenhei-
lungen; durch Eintauchen des Kreuzes in fließendes Wasser konnte
man diese heilbringend machen und bewirken, daß sie dem Land
Fruchtbarkeit spendeten. Auf die Beliebtheit der „spanischen
Kreuze" als Wetterkreuze in Großformat in der freien Flur habe ich
schon hingewiesen.

Ansatzpunkt für die wunderbare Wirkung der Caravaca-Kreuze
konnte (so vorhanden) der eingeschriebene *Zacharias-Segen* sein. In
der Kurzfassung lautete er[300]:

+ Z + DIA + BIZ + SAB + Z + HGF + BFRS
Ich gebe nur die Auflösung der ersten sechs Zeichen:

+ = Crux Christi salve me. [Kreuz Christi rette mich!]

Z = Zelus domus tuae liberet me. [Die Liebe zu deinem Hause befreie mich.]

+ = Crux vincit, crux regnat, curx imperat, per signum crucis libera me domine ab hac peste. [Das Kreuz siegt, das Kreuz herrscht, das Kreuz regiert, Durch das Zeichen des Kreuzes befreie mich, o Herr, von dieser Pest/Krankheit!]

D = Deus, deus meus, expelle pestem a me et a loco isto et libera me. [Mein Gott, mein Gott, vertreibe die Pest/Krankheit von mir und von diesem Ort und befreie mich!]

I = In manus tuas domine commendo spiritum, cor et corpus meum. [In deine Hände, o Herr, empfehle ich meinen Geist, mein Herz und meinen Leib.]

A = Ante coelum et terram deus erat et deus potens est liberare me ab ista peste [Vor Himmel und Erde war Gott. Gott kann mich befreien von dieser Pest/Krankheit] ...

Dieser Zacharis-Segen beruft sich auf einen gleichnamigen Bischof von Jerusalem, der im zweiten Jahrhundert lebte, oder auf den entsprechenden Papst, der dem 8. Jahrhundert angehört. Vermutlich geschieht beides zu Unrecht und ist nur eine gelehrte Vermutung, abgeleitet von dem „Z" am Beginn des Segens. Überliefert ist er seit dem frühen 17. Jahrhundert und gehört zu Abertausenden ähnlicher Segen, die einst kursierten und von denen nur ein kleiner Teil Eingang in die Ritualienbücher der Diözesen oder gar ins Rituale Romanum fand.[301]

Für unsere Überlegungen ist verschiedenes von Bedeutung: Es handelt sich um einen Segen, wie er von der katholischen Kirche bis weit ins 20. Jahrhundert hinein, in der mittelalterlichen Kirche ganz allgemein aus den unterschiedlichsten menschlichen Nöten und Anliegen ausgesprochen wurde. Man berief sich dabei vielfältig auf das Kreuz, auf Christi Leiden, seine für die Menschheit damit erworbenen Verdienste; entsprechend oft fand das Kreuzzeichen beim Sprechen dieses Segens Verwendung. Sinnvollerweise ist er darum auch aufgebracht auf eine Kreuzesgestalt (das Caravaca- oder ein anderes Kreuz). Dem gläubigen Volk erschließt sich der Zacharias-Segen in der Regel nicht über den segnenden Priester (dessen Worte es auch nicht verstehen würde), sondern in der vorliegenden Form einer Art von Akrostichon: Aus den Anfangsbuchstaben von Wörtern werden neue Wörter oder Buchstabenfolgen gebildet. Die Verständlichkeit des lateinischen Segenstextes geht dabei verloren. Trotzdem – oder deswegen? – büßen Kreuz und Buchstabenfolgen nichts an der ihnen zugesprochenen Wirkung ein. Unter anderem ist das Caravaca-Kreuz bis zum Ausklingen der Seuche im 18. Jahrhundert als bevorzugtes Heilszeichen gegen die Pest getragen worden.

Am Beispiel des Kreuzes verdeutlicht unsere Untersuchung verschiedene Phasen der theologischen Sinngebung an Bilder und Zeichen und deren instrumentaler Inwertsetzung im Alltag durch die Laien. Die Spannbreite geht formal von Repräsentation der gemeinten numinosen Wesenheit, über sakramentale Anwendung im Sinne kirchlicher Benediktionen bis zum mechanischen Einsatz unverständlicher/unverstehbarer Abbreviaturen, inhaltlich vom adäquaten Nachvollzug kultischer Gebärden bis zur magisch-werkzeuglichen Anwendung. Dabei ist im Einzelfall kaum unterscheidbar, welche Bewußtseinsschicht gerade im Spiel ist. Doch darf unterstellt werden, daß der instrumentale Charakter eines bloßen Werkvertrauens um so größer ist, je weniger der Bezug zum sakralen Zeichen und dessen Bedeutungsfülle unmittelbar, d. h. ohne spezifische Kenntnisse, erfahrbar ist. Dies sei im Umfeld des Kreuz-Bildes an einem letzten Beispiel verdeutlicht, und zwar an der sog. *SATOR-Formel.*[302]

```
S A T O R
A R E P O
T E N E T
O P E R A
R O T A S
```

Dieses magische Quadrat mit seiner Lesbarkeit in allen vier Richtungen hat die Faszination von Gelehrten, Theologen und Laien durch viele Jahrhunderte hindurch erregt. Möglicherweise im 1. Jahrhundert, und zwar im außerchristlichen Raum entstanden hat es doch später fast immer eine christliche Interpretation gefunden. Diese rechtfertigt eine Behandlung im Zusammenhang der Bildbedeutsamkeit des Kreuzes. In dieses Quadrat, bzw. Doppelquadrat (ein kleineres wird innen gebildet mit R–E–P), kann man nämlich ein Kreuz hineinsehen, hervorgerufen durch die Überschneidung der beiden Wörter TENET. Diese Deutung wird noch offenkundiger, wenn man eine Umschreibung vornimmt, wie sie sich ebenfalls gelegentlich findet.

Damit würde das Ganze zu einem Kryptogramm für Christus mit dem zusätzlichen heilsgeschichtlichen Symbol des Alpha und Omega. Auch die Sachaussage würde diesen Inhalt abdecken, wenn man sich zu einer „pflugwendigen" Lesart entschließt, einmal beim Quadrat oben links und das andere Mal unten rechts beginnend: SATOR

OPERA TENET (Der Schöpfer/Sämann hält seine Werke fest). Dieser Zusammenhang wird auch gewahrt, wenn man noch eine weitere Geheimnisstufe tiefer steigt und in dem Quadrat ein Anagramm sucht, dessen Aussage gezielt versteckt wird, weil die richtigen Wörter in eine falsche Ordnung gebracht wurden. Man könnte dann herauslesen: PATER, ORO TE, PEREAT SATAN ROSO – „Vater, ich bitte dich, der Teufel gehe zugrunde, (indem er beständig kleiner wird?)".

Daß Theologen und andere Gelehrte dieses Quadrat als theologisches oder theosophisches Symbol zu lesen imstande waren, wird man annehmen dürfen. Vielleicht geht auch Herzog Ernst-August von Sachsen-Weimar noch von dieser Sicht der Dinge aus, wenn er 1743 die Verfügung trifft, daß in jedem Ort hölzerne Teller mit der Sator-Formel vorrätig zu halten seien, damit man sie bei einer plötzlichen Feuersbrunst in Gottes Namen darein werfen könne. Dies wird schon weniger überzeugend, wenn man hört, daß gleichzeitig angeordnet wurde, es sollten Teller sein, von denen schon einmal gegessen wurde, und das Aufbringen der Buchstaben-Folgen habe zu geschehen mit einer neuen Feder und frischer Tinte an einem Freitag zwischen 11 und 12 Uhr bei abnehmendem Mond.[303] Hier wird offensichtlich eine ganze Summe okkulter Spekulationen über geheime Querverbindungen im Kosmos zusammengetragen, wie sie in der Antike üblich gewesen sind und seit der Renaissance wieder verstärkt von der gelehrten Welt rezipiert wurden.

Daß der einfachen Bevölkerung dic christologische oder kosmologische Bedeutung des SATOR-Quadrates durchgängig geläufig war, ist ziemlich unwahrscheinlich; mehr als ein vages Wissen wird sich kaum gehalten haben. Vielmehr deutet alles darauf, daß es gerade die Unverständlichkeit bei offenkundiger Beziehungsfülle gewesen ist, welche die tiefe Faszination dieses Gebildes ausmachte. Es wurde darum gerade gerne seit dem 15. Jahrhundert in der einfachen Bevölkerung vielfach verwendet, oft analog zu anderen geheimnisvollen Zeichen und Wörtern, die ebenfalls eine neue Wirksamkeit mit der Antiken-Rezeption erlebten. Das SATOR-Quadrat fand sich eingeschrieben auf Tausenden von Breverln (täschchenförmige Heilszeichen, verschlossen, mit vielerlei Figuren, Gebeten, winzigen Figürchen, Reliquien, wundersamen Pflanzen etc.); es wurde verwendet bei Zaubereien, ob zum Festbannen eines Diebes, zum Herbeizitieren eines verlorenen Tieres oder zur Vertreibung der Hexen und Dämonen. Man konnte die 25 Buchstaben aber auch zerschneiden und mit etwas Brot hinunteressen, was dann bekömmlich war gegen das Verschreien und den bösen Blick.

Was hier demonstriert wurde am Beispiel von Kreuz und Kruzifix könnte analog gezeigt werden an anderen Bildern, Gegenständen und Zeichen aus dem sakralen Raum. Ihr Gebrauch im Kult, ihr Einsatz in der Katechese, ihre Verwendung im Kirchenraum, die gelehrten Überlegungen über die Bildbedeutsamkeit stehen im Hintergrund des volksfrommen Umgangs mit solchen Bildern und Zeichen. Die Entwicklung des Patronatswesens schuf Zuständigkeiten auch von Bildern in bestimmten Anliegen; so band man einer kreißenden Frau Marienmünzen um zur Erleichterung der Geburt, während der Soldat einen Georgstaler zu sich steckte, um in der Schlacht gefeit zu sein gegen Verwundungen.[304]

Nun wird man auch der einfachen Bevölkerung die Fähigkeit zum Symboldenken und zum differenzierten Umgang mit Bild, Abbild, Urbild nicht absprechen. Das Insistieren der Geistlichkeit auf dem Unterschied zwischen einem Sakrament, das aus sich heraus wirkt (ex opere operato) und dem Sakramentale, dessen Ausfaltung abhängt von der Gesinnung des Anwenders (ex opere operantis) mag auch bei den Laien oft auf fruchtbaren Boden gefallen sein. Das Vertrauen in die spirituellen Leistungen der ungebildeten Bevölkerung sollte größer sein als in der älteren volkskundlichen Literatur.

Doch auch wenn dieses Vertrauen groß ist, wird man nicht immer damit rechnen können, daß die komplizierten theologischen Überlegungen zum Wesen des Bildes nachvollzogen wurden, vor allem wenn – wie am Beispiel des Kreuzes gezeigt – eine zunehmende Ferne zu Kult und Ritus in der Bildgestalt selber eintrat. Man muß auch rechnen mit einem „mehr oder weniger geistlosen Gebrauch von Bild und Zeichen, wodurch sie buchstäblich zum werkzeuglichen Gebrauch herabsinken können. In dieser Schicht scheint in Bild und Zeichen die Trennung von Symbol und Symbolisiertem, von Bedeutendem und Bedeutetem, von Bezeichnendem und Bezeichnetem bald mehr oder weniger aufgelöst. Und von Bild und Zeichen werden Wert, Fähigkeit, Leistung und geistiges und physisches Vermögen hingenommen wie von Vorbild und Bezeichnetem. Das Bild wird zum Götzen, das Zeichen zum Fetisch."[305] Die ältere Forschung hat in derartigen Ersatz- und Entlastungshandlungen durchweg die Fortdauer von vorchristlichen Kulten sehen wollen. Man rekurrierte auf Jägerzeitliches, wenn fetischartiger Gebrauch in Sicht kam, forderte keltischen oder germanischen Ursprung, wenn von heilsamen Wassern, Bergen oder Bäumen die Rede war. Hierbei wurde eine grundsätzliche Möglichkeit außer acht gelassen. „Magie ist weder eine Vorform der Religion noch eine Vorstufe der Wissenschaft, sondern ein stets möglicher Irrweg und in ausgeprägter Form eine Krankheit des Geistes und des Gemütes, die in den verschiedenen Graden der Stärke sowohl Individuen wie ganze Traditionskreise befallen kann."[306] Innerhalb der Entwicklung des christlichen Kultes dürfte sich vor allem durch die Einbürgerung der Bildverehrung und des Bildgebrauchs die Möglichkeit zu einer magischen Anwendung immer wieder gegeben haben. Einen Automatismus jedoch darf man keineswegs unterstellen. Herrschte doch auch innerhalb der Theologen zeitweilig ein scharfsinniges Nachdenken über die geheimen Zusammenhänge innerhalb des Kosmos und ein weitgehendes Vertrauen, daß Gott den Menschen Naturdinge und irdische Gebilde zu ihrem Heile zur Verfügung stelle; wenn Hildegard von Bingen die Edel- und Halbedelsteine durch die Güte Gottes ausgenommen sieht von dem Fluch, der seit der Erbsünde über dieser Welt schwebt, so hat sie damit – wie viele andere auch – eine Hereinnahme des antiken Steinglaubens in eine christlich geprägte Welt ermöglicht.[307] Und sollten wir der einfachen Bürgerin oder Bauersfrau, die ihren Kindern ein rotes Korallen-Ästchen um den Hals hängte als Hilfe beim Zahnen, aber auch als Mittel gegen den bösen Blick, nicht auch zubilligen dürfen, daß sie dies im Vertrauen an eine Gott-geschaffene und -durchwirkte Welt tat wie die große Hildegard von Bingen oder der nicht minder bedeutende und geschätzte Konrad von Megenberg auch? Astrologische, kabbalistische und antik-naturwissenschaftliche Ideen wurden vielfach eingeschmolzen zu einer Art christlichem Geistmonismus, bei dem sich die Ursprungs-Elemente kaum mehr separieren lassen.

Man mag immer nachweisen können, daß der Umgang mit sog. *Rachepuppen* ein weltweites Phänomen ist, in der Antike verbreitet schon bei den Babyloniern, in Indien und Ägypten.[308] Man formt das Bild einer Person aus Wachs, Teig, Ton, Holz, Eisen oder Blei – zur

Not tut's aber auch eine Kerze – und durchbohrt diese an einer Stelle
mit einer Nadel, einem Nagel oder Messer oder schädigt sie sonstwie
unter Verwünschungen und in der Absicht, der gemeinten Person den
nämlichen oder einen ähnlichen Tort anzutun. Das Phänomen dieses
Schadenszaubers mag in seiner Form unmittelbar aus der Antike über-
kommen oder über den jüdischen Zauberbrauch an die mittelalterliche Christenheit weitergegeben oder aber aufgrund der immanenten
Faszination des Analogievorgangs unabhängig immer wieder von
neuem aufgebrochen sein – wenn es in Mittelalter oder Neuzeit jedoch
von einem Christen vollzogen wurde, und es gibt genügend Belege
dafür, dann geschah es in dem Wissen um den Umgang mit Bildern in
Gottesdienst und Alltags-Frömmigkeit und vor dem geistigen Hintergrund einer Kultur, in welcher das Problem des Bildgebrauchs immer
wieder mit einer gewissen Skepsis reflektiert wurde.

Das umfassende Bereitliegen religiöser Bildnisse für menschliche
Anliegen zeigt sich etwa, wenn in manchen Gegenden die Frauen, die
wissen wollten, ob sie schwanger waren, eine Nadel durch ein Marienbild stießen; nach neun Tagen zogen sie diese wieder heraus. War sie
rein, so deutete das nicht auf Schwangerschaft, war sie an der Spitze
angerostet, dann auf Schwangerschaft mit einem Knaben, bei der Öse
mit einem Mädchen.[309] Die kulturellen Bausteine für individuelles
oder kollektives Handeln liegen gleichsam bereit: das Patronat Mariens für werdende Mütter; die theologisch bedeutsame Zahl Neun;
die Bereitschaft und die Kenntnis für vielerlei Losorakel; die Umkehrung des Verfahrens mit Rachepuppen; das religiöse Bild, dessen besonderer Wert durch seelsorgerliche Unterweisung und durch tägliche
Anschauung internalisiert worden war. Wer wollte hier behaupten,
daß ein „heidnischer" Zauber geübt worden sei? Vor allem, wie sollte
die Bevölkerung auf die Idee kommen, hier etwas zu tun, was außerhalb des Geistes der Kirche war, wo man doch erlebte, daß diese
Kirche eine Menge von Beschwörungen und Exorzismen kannte
(solche gegen Heuschrecken, Würmer und Mäuse fanden sich sogar
im Rituale Romanum), welche in ihrer Wirksamkeit weniger durch-
schaut als gläubig hingenommen wurden.

Aus dem Bewußtsein der religiösen Bildidee konnte man gleichsam
in Europa nicht mehr herausfallen, seit sich über die christliche Religion die Präsentierung von Bildern in Kult und Alltag und ein emotio-
nalisierter Umgang mit ihnen durchgesetzt hatte. Die Überflutung der
Öffentlichkeit mit einer säkularen Bilderwelt hat auf diesem Gebiet in
den letzten beiden Generationen vielleicht eine gewisse Desensibili-
sierung erzeugt, doch geschieht der Umgang mit religiösen Bildnissen

auch in der Gegenwart nicht ohne einen Rest von Faszination, Schauer, auch Furcht. Heiligenbildnisse, Kreuze und Kruzifixe zerstört man nicht so ohne weiteres, auch wenn man keinen Bedarf mehr für sie hat oder sich mit ihrer ästhetischen Gestaltung nicht mehr abfinden kann; dies erklärt die Ablage in kleinen Kirchen und Kapellen, das Entstehen von „deponiae piae" [frommen Deponien].[310] Und was im engeren Sinn das Kreuz betrifft, so ist dessen Zeichenhaftigkeit auch heute noch allgemein verständlich und bewußt, auch dort wo im wesentlichen die Schmuckfunktion gesucht wird wie bei den Halsanhängern. Umgekehrt entdeckt man teilweise auch heute noch eine gewisse Scheu vor dem absichtslos gebildeten Kreuzzeichen: Überkreuzen von Messer und Gabel auf dem Teller bringt Unglück; und bei dem Begrüßungszeremoniell von mehreren Personen achtet man darauf, daß man sich nicht gleichzeitig „überkreuz" die Hände reicht – dies zerstört die Freundschaft.

2.2   Das Wallfahrtswesen

Dieses Thema hängt ganz eng mit dem vorausgehend behandelten zusammen; denn die Entwicklung der Bilderverehrung ist *eine*, wenn auch nicht die einzige entscheidende Voraussetzung für das Wallfahrtswesen. Auch spezifische Formen des kirchlich-kultischen Umgangs mit Bildern haben sich vor allem dort ausgebildet oder eingebürgert. Und zum anderen ist der volksfromme Umgang mit Bildern und Zeichen zur Heilung und Heiligung im Alltag zu einem erheblichen Teil angeregt worden durch das Wallfahrtswesen. Hätten wir als symptomatisches Beispiel ein anderes als das Kreuz/Kruzifix gewählt, so wäre dessen Behandlung fast nicht möglich gewesen, ohne immer wieder auf den besonderen Kultbrauch einer Gnadenstätte Bezug zu nehmen.

2.2.1   Begriff, Wesen und Entwicklung

Der allgemeine Wortgebrauch geht sehr unbekümmert mit dem Begriff „Wallfahrt" um: „Pilgerschaft", „Wallfahrt", „Kreuzgang", „Bittgang", „Prozession" werden nicht selten synonym verwandt, jedenfalls nicht deutlich voneinander abgegrenzt. Innerhalb der Volkskunde wurde dies als unbefriedigend angesehen, und es ist in den 60er Jahren darüber, vor allem aber auch um den entscheidenden Wesenskern der Erscheinung, die man als „Wallfahrt" gelten lassen möchte, ein heftiger Disput entbrannt. Theologen haben sich daran nicht beteiligt. Dies ist symptomatisch: Innerhalb der deutschen Theologie der Nachkriegszeit bestand offensichtlich kein sonderliches Interesse an diesem Thema; dies ändert sich erst – wie dargestellt – seit den 80er Jahren. Hinter dieser Abstinenz der theologischen Forschung[311] steht eine lange Erfahrung, diejenige nämlich, daß im wesentlichen das Laienvolk verantwortlich gewesen ist für die Erscheinung „Wallfahrt" innerhalb der Verchristlichung des abendländischen Lebens. Die Vertreter der Amtskirche sind nicht selten desinteressiert bis skeptisch abseits gestanden oder haben gar der Entstehung neuer Gnadenstätten Widerstand geleistet.

Für die Volkskunde ist der erwähnte Diskurs vor allem geführt worden von Wolfgang BRÜCKNER,[312] Hans DÜNNINGER,[313] Leopold SCHMIDT,[314] Rudolf KRISS,[315] Karl-S. KRAMER[316] und Matthias ZENDER.[317] Mittlerweile ist weitgehend ein Konsens erzielt worden. Seit 1978 steht zudem mit dem ›Jahrbuch für Volkskunde‹ der Goerres-Gesellschaft ein Publikationsorgan bereit, das vor allem Veröffentlichungen zu Fragen der Volksfrömmigkeit breiten Platz einräumt.[318]

Es gilt mittlerweile als sinnvoll, „Wallfahrt" und „Pilgerschaft" voneinander zu trennen. Das Pilgerwesen stellt eine wichtige Voraussetzung für das Wallfahrtswesen dar. Unter „Pilgern" versteht man eine religiöse Reise, die von vornherein auf lange Dauer ausgerichtet ist, im Extrem auf das ganze Leben. Sie zielt weniger auf die Erfahrung des Wunders oder die Erfüllung einer ganz konkreten Bitte als vielmehr auf eine Heiligung des gesamten Lebens. Die alte Kirche erkannte in dieser Lebensform eine Möglichkeit der Heilserfahrung vor allem für die Laien im Gegensatz zur stabilitas loci (Bindung an einen Ort) und dem Leben in Armut und Enthaltsamkeit, dem sich die Mönche verpflichteten.

Die Pilger machten sich auf den Weg von einem heiligen Ort zum anderen, meist zu sehr weit entfernten wie ins Heilige Land, zu den Apostelgräbern nach Rom oder Santiago de Compostela, zum hl. Nikolaus nach Bari, zu den Reichsheiligtümern nach Aachen etc. Sie kehrten aber auch in die Kirchen am Weg ein, ließen sich Reliquien und wundersame Bilder zeigen und suchten das Gespräch mit heiligmäßigen Eremiten und gelehrten Leuten. In der Nachfolge Christi erschloß sich ihnen so das Leben als ein Weg durch das Jammertal hin zum himmlischen Jerusalem, ein Bild, das die Seelsorger immer wieder beschworen.[319]

Etwas von dieser Haltung ist auch im Wallfahrtswesen lebendig geblieben, vor allem in den Fußwallfahrten der Gegenwart, welche das Bewußtsein der Beschwerlichkeit angesichts bequemerer Fortbewegungsmöglichkeiten besonders wecken. Wallfahrt ist wesenhaft mit der Überwindung der räumlichen Distanz zum Zweck der Heilserfahrung verbunden. Man kann nicht in die eigene Pfarrkirche wallfahren. Auch Orte mit berühmten Gnadenbildern haben immer das Bedürfnis empfunden, Wallfahrten nach außen durchzuführen.

Vorbereitet und später gestärkt wurde das Wallfahrtswesen auch von den *liturgischen* oder *halbliturgischen Prozessionen*, die sich innerhalb des kirchlichen Kultes ausgebildet hatten, wie die Palmprozession, die Karfreitags- und Fronleichnamsprozession oder die Umgänge in der sog. Bittwoche. Der formale Ablauf gibt das Vorbild auch ab für die Wallfahrten: Da ist die ganze Kirchengemeinde auf dem Weg mit Geistlichen und Ministranten, mit Chorsängern, Kreuz und Fahne, nicht selten auch mit Musik. Es sind vor allem zwei Elemente, welche für Umzüge dieser Art strukturbildend sind: das Handeln in Gemeinschaft der Mitchristen und das Vorbringen eines spezifischen Anliegens (günstige Witterung, Gedeihen der Feldfrüchte, Herbeiführung des Friedens, Verschonung vor Krankheit). Beide Kennzeichen heben diese Prozessionen deutlich ab vom Pilgerwesen. Bereits ein flüchtiger Blick entdeckt die Gemeinsamkeiten zu der Erscheinungsform „Wallfahrt", wie sie uns auch in der Gegenwart noch vertraut ist.

Der besseren Erkenntnis wegen sollte man auch eine dritte Erscheinung eher zum Umfeld oder Vorfeld des Wallfahrtswesens rechnen, nämlich die *Patroziniums- und Ablaßfahrten*. Fast jede Pfarr- und Klosterkirche ist in der Vergangenheit zumindest am jährlichen Kirchweihtag Ziel von Prozessionen aus den umliegenden Ortschaften gewesen. Anlaß waren der feierliche Gottesdienst, das weltliche Festtreiben und in aller Regel auch der besondere Ablaß, den man gewinnen konnte. Der Wunsch nach Ablaß hat das religiöse Denken der europäischen Christenheit vor der Reformation ungeheuer beschäftigt. Der „Ablaßkonkurs" oder das „Ablaßgeläuf" sollten für sich genommen nicht mit „Wallfahrt" gleichgesetzt werden, doch haben sie den Boden dazu bereitet; und unter den vielen Gnadenstätten gibt es kaum eine, welche nicht auch durch die Möglichkeiten zu besonderem Ablaßerwerb auf sich aufmerksam machen würde.

Mit Pilgerfahrt, liturgischer Prozession, Bittgang, Kirchweihfeier, Heiltumsschau und Ablaßkonkurs sind wichtige Elemente im Umfeld des Wallfahrtswesens benannt; von da her hat das christliche Wallfahrten Anregungen aufgenommen und sich allmählich zu einer selb-

ständigen Form des religiösen Lebens ausgebildet, in der vor allem die
Laien eine Möglichkeit der Heilserfahrung besaßen. Diese Entwicklung hat lange gedauert; die Anfangsphase umspannt mehr als tausend Jahre. Aber auch nach Ausbildung der Vollform konnten immer
noch neue Elemente aufgrund der allgemeinen Zeitumstände
einfließen. Die phänomenologische Außenhaut von Wallfahrt ist
damit skizziert, doch wurde noch zu wenig deutlich, welchen konkreten Orten sich das beschriebene gemeinsame „Wallen" oder individuelle Gehen zuwenden konnte. *Die Wallfahrt braucht den heiligen
Ort.*

Solche heiligen Orte, an denen man sich der Welt des Überirdischen
besonders nahe fühlte, an denen man vielleicht auch das Außergewöhnliche – das Wunder – erwarten durfte, gab es schon in der Urkirche. Es waren dies die Stätten, die ausgezeichnet waren durch das
Wirken Christi und seiner Apostel, auch deren Gräber. Das gesamte
Heilige Land zählte darunter, aber auch Ephesus, wo der Überlieferung nach Maria gestorben sein soll, dann vor allem Rom mit den Gräbern der Apostelfürsten und vom 8. Jahrhundert an auch Santiago de
Compostela im äußersten Westen Spaniens mit dem Grab des Apo-
stels Jakobus.

Für die meisten Christen der griechisch-römischen und erst recht
der germanischen Welt waren diese Stätten weit, weit weg, erreichbar
nur durch monatelange, wenn nicht jahrelange Fahrten. Wer um des
Glaubens willen solche auf sich nahm, der gehörte entweder zu der
kleinen Schicht von privilegierten geistlichen und weltlichen Großen,
die durch ein zahlreiches Gefolge oder durch diplomatische Beziehungen die Risiken herabsetzen konnten; oder es waren Leute, die
entschieden mit ihrem bisherigen Leben in wohlbehüteter Seßhaftig-
keit gebrochen und sich bewußt für eine lange geistige und körperliche Nachfolge Christi auf den Weg gemacht haben. Erstaunlicher-
weise sind es nicht wenige, sondern bis zum Ende des Mittelalters
insgesamt Millionen von Menschen gewesen, die diese dornenvolle
Alternative zu einem bürgerlichen oder auch zu einem klösterlichen
Leben wählten, um religiöse Erfüllung zu finden.

Der Zustrom zu diesen heiligen Stätten mußte sich notgedrungen
außer aus der unmittelbaren Umgebung in der Form der Pilgerreise
bewegen. Wohl waren die heiligen Orte, vor allem aufgrund der Chri-
stenverfolgungen, allmählich etwas zahlreicher geworden; und nach
deren Abklingen konnte man auch durch ein vorbildliches Leben
ohne gewaltsamen Tod für den Glauben zur Ehre der Altäre gelangen.
Aber grundsätzlich hat sich damit die Sache nicht verändert: Heilige

sind zu allen Zeiten sehr rar gewesen. Den Bedarf an Reliquien für die Weihe von Altarmensen mußte man schon bald durch Reliquienteilungen, durch Berührungsreliquien oder durch Hostienrekondierung stillen.[320] Die Zahl der heiligen Orte blieb beschränkt, für die meisten erreichbar nur durch beschwerliche und lange Reisen. Ein tiefer Wandel beginnt sich erst nach der Jahrtausendwende abzuzeichnen. Nun intensivieren sich die europäischen Kontakte zum Heiligen Land. Als im Gefolge der Kreuzzüge christliche Reiche in Jerusalem, Akkon, Antiochia und Edessa begründet werden, Konstantinopel gar mit seinen Schätzen an altehrwürdigen Reliquien für eine Zeitlang in die Hand der europäischen Kreuzritter fällt, gelangen Massen von heiligen Gegenständen und Gebeinen ins Abendland: Teile von Christi Kreuz, Dornenkrone und Kleidern, die Gebeine der Unschuldigen Kindlein von Bethlehem und die der hl. Drei Könige. In den Dom-, Schloß- und Klosterkirchen, bald aber auch in den Pfarrkirchen Europas häufen sich Schätze von Reliquien und reliquienwertigen Gegenständen. Seit dem 13. Jahrhundert wird ihre Verehrung zudem oft mit einem Ablaß verknüpft. Außerdem entstehen allenthalben Kopien von heiligen Stätten: der Grabeskirche, des Berges Golgotha, seit dem Spätmittelalter dann auch des Hauses von Nazareth.[321]

Damit ist eine neue Phase des Reisens zu heiligen Orten begründet. Man braucht nicht mehr unbedingt für Jahre loszuziehen und sich den Unwägbarkeiten einer Fahrt in fremdes Land auszusetzen, sondern findet das Heilige Land nun gleichsam bereits um die Ecke, und sei es auch nur in der Form von Erde aus dem Garten Gethsemane, die ein Ritter vom Kreuzzug heimgebracht und dem nächsten Kloster geschenkt hat. Es setzt nun quer durch Europa hin das ein, was die Quellen als „geistliches Geläuf" bezeichnen, teilweise auch kritisieren. Das Bedürfnis der gläubigen Laien, das Wirken der jenseitigen Welt körperlich zu erfahren, die Geheimnisse des Glaubens mit *allen* Sinnen zu begreifen, führt überall dort Volksmassen zusammen, wo es einen Ablaß zu erwerben, wo es ein neues Heiltum zu schauen oder anzufassen gibt.[322]

Der Schwerpunkt der geistlichen Reisen verlagert sich damit in die Heimat, in den alltäglichen Lebensraum. Die Heiligkeit der betreffenden Orte ist zunächst einmal gleichsam noch geborgt, sei es in der Form der Reliquie, die man sich von irgendwoher beschaffte, oder in Form des Ablasses, den man sich in Rom erteilen ließ. Der entscheidende Schritt in die zukünftige Entwicklung hinein geschieht erst in dem Augenblick, da einzelne Orte von sich aus – ohne Ablaß und

Reliquie – wundertätig zu wirken beginnen. Die Quellen sprechen davon, daß ein Ort begann zu „zeichnen", d. h. Zeichen dafür zu geben, daß er von Gott für besondere Gnadenerweise auserwählt worden sei. Dies konnte außer durch Reliquie und Ablaß auf zweierlei Art geschehen.

Die eine war, daß eine *konsekrierte Hostie* Merkmale einer wunderbaren Verwandlung kundtat – sie ließ Blut hervortreten, schwebte über der Erde, veränderte den Ort ihrer Aufbewahrung und ließ sich nur von den geweihten Händen eines Priesters erheben. Solche Legenden häufen sich auffallend seit dem 12. Jahrhundert; sie stehen im Zusammenhang mit den theologischen Auseinandersetzungen der Zeit, die um die Gottheit Christi und die Lehre vom Altarsakrament kreisten. Das feierliche Vorzeigen von Hostie und Kelch nach den Wandlungsworten während der hl. Messe und die Einführung der Fronleichnamsprozession mit dem Herumtragen des hochheiligsten Gutes werden in diesem Zusammenhang üblich.[323]

Noch wichtiger war, daß um die nämliche Zeit auch *Bilder* das zu bewirken beginnen, was bislang den Gebeinen der Heiligen, den Reliquien und manchen Hostien vorbehalten war, nämlich Wunder hervorzubringen. Wie im vorausgehenden Kapitel gezeigt, waren auch dafür im wesentlichen die ungebildeten Laien verantwortlich gewesen. Durch wundertätige Hostien und mehr noch durch wunderwirkende Bilder war die Idee eines Gnadenortes künftig keinerlei Beschränkungen mehr unterworfen. Jetzt konnten allenthalben heilige Stätten emporwachsen, zu „zeichnen" beginnen. Die Vorstellung von der Heiligkeit eines Ortes war damit endgültig in die Verfügung des Laienvolkes übergetreten. Denn nicht der Priester mit seiner Wandlungsvollmacht stand ferner hinter der Aufspürung einer heiligen Stätte, sondern in aller Regel ein frommer Laie, dessen Gebet vor einem Bild zum Wunder führte. Nun konnten die Gnadenstätten zahlenmäßig explodieren. Nach 1300 überziehen sie die europäischen Länder in einem engmaschigen Netz.[324]

Nun war es nicht mehr notwendig, lange beschwerliche Reisen auf sich zu nehmen, wenn man Stätten außerordentlicher himmlischer Gnadenerweise aufsuchen wollte; man fand sie jetzt im alltäglichen Erfahrungsraum. Daraus ergaben sich Konsequenzen für die Art des Aufsuchens. Es war nicht mehr notwendig, alleine loszuziehen, sondern man konnte unschwer eine gemeinsame Prozession seines Wohnortes oder der gesamten Pfarrei organisieren. Die verschiedenen Formen religiöser Begehung: Bittgänge, Ablaß- und Patroziniumsbesuch, Heiltumsschau, Pilgerschaft und Wallfahrt verbanden sich zu einem Komplex, der sich zwar begrifflich auseinanderfalten läßt, für den Gläubigen jedoch eine mehr oder weniger einheitliche Form der Heilserfahrung gewesen sein muß.

Die neue Kultwirksamkeit von Bildern hatte aber auch *die* Konsequenz, daß nun beliebige Heilige in das Wallfahrtsgeschehen einbezogen werden konnten. Diese Möglichkeit kam vor allem der Gottesmutter Maria zugute. Von ihr hatte man aufgrund der Lehre von der leiblichen Aufnahme in den Himmel keine direkten Reliquien vorweisen können. In der Folgezeit gewinnt Maria eine ganz hervorragende Stellung innerhalb der Volksfrömmigkeit auf dem Umweg über das Wallfahrtswesen.

Die Seelsorger und Theologen haben die neue Entwicklung, mit der sich vor allem die gläubigen Laien ihre Form der Heilserfahrung im Alltag schufen, keineswegs immer mit Wohlwollen gesehen. Der hinhaltende Widerstand gegen das Aufblühen einer neuen Gnadenstätte, der nicht selten von den Ortspfarrern ausgeübt wurde, die u. U. eine Konkurrenz zu der von ihnen betreuten Pfarrkirche befürchten mußten, verdichtete sich vermutlich in der weithin erzählten Legende vom immer wieder rückkehrenden Gnadenbild, das trotz ehrenvoller Übertragung und Präsentation in der Pfarrkirche immer wieder zu seinem Platz auf einem Wurzelstock, hohlen Baum, an einer Quelle etc. entschwindet, bis man ihm dort endlich eine Kapelle errichtet.[325] Die unterschwellige Kritik wird von den Reformatoren aufgegriffen, die letztlich erreichen, daß das Wallfahrtswesen aus den evangelischen und reformierten Territorien verbannt wird.

Im Gegenzug aber hat die alte Kirche gerade diese Tradition besonders betont und zur konfessionspolitischen Selbstdarstellung benützt. Gemeinsame Wallfahrten, von Geistlichen organisiert, von den weltlichen Obrigkeiten meist kräftig gefördert,[326] von Bruderschaften mit Stäben und in besonderen Gewandungen begleitet, assistiert von Schulmeistern und Vorsängern, die vielstrophige Lieder anstimmen – all dies wird zu einem markanten Kennzeichen katholischer Frömmigkeit in der Zeit der Gegenreformation. In der Stadt Donauwörth entzündete sich an einer solchen Prozession der offene Konflikt der Konfessionen, der letztlich zu einem Verlust der Reichsunmittelbarkeit von Donauwörth führte, darüber hinaus aber in der Folge auch noch die Reichsverfassung lahmlegte und so entscheidend beitrug zur großen konfessionellen Auseinandersetzung im Dreißigjährigen Krieg.[327]

Die Gnadenstätten sind bis zum Ende des 18. Jahrhunderts für die katholische Bevölkerung wichtigste Zentren der Seelsorge; hier emp-

fängt man die Sakramente der Beichte und Kommunion, hört Predigt
und deckt sich mit den vielen Gegenständen des religiösen Gebrauchs-
gutes ein. Vor allem die Orden (besonders Franziskaner, Kapuziner,
Karmeliter und Jesuiten) finden in der Betreuung der Wallfahrer eine
neue Möglichkeit für seelsorgerliches Wirken. Wallfahrten sind in
dieser Epoche so selbstverständlich einbezogen in das gesamte kultische Geschehen, daß sich häufig die Grenzen zu verwandten Erscheinungen verschleifen: Bittgang, Fronleichnamsprozession, Ablaß-
gang, Patroziniumsbesuch und Wallfahrt, das läuft in Organisation
und äußerem Erscheinungsbild oft kaum unterscheidbar ab.[328]

Diese innige Verschwisterung von Liturgie, Seelsorge und Volksfrömmigkeit dauert bis zum Anfang des 18. Jahrhunderts. Dann beginnt sich die Amtskirche allmählich von der Förderung oder Duldung
zurückzuziehen. Sie versucht Wallfahrten einzuschränken, aufzu-
heben oder in Andachten in der eigenen Pfarrkirche umzuwandeln.
Grund hierfür ist die stärkere Betonung der theoretischen Unterweisung, die damals vor allem in den sog. Christenlehren geboten wurde;
diese konnte man besuchen im Anschluß an die sonntäglichen Gottesdienste. Man brauchte also die Bevölkerung, vor allem die Jugend, zu
Hause am Pfarrort und nicht auf einem der 15 bis 20 Kreuzgänge, die
zu jener Zeit keine Seltenheit waren; d. h. in der wärmeren Jahreszeit
war ein Teil der Gemeinde fast an jedem Wochenende auf heiliger
Reise.[329]

Am Ende des 18. Jahrhunderts wird die kirchliche Skepsis auch von
den staatlichen Stellen übernommen, teilweise erst aufgrund eines jahr-
zehntelangen massiven Drängens der geistlichen Oberbehörden; nun
gehen ineinander über Verbot von Wallfahrten und geistlichen Schau-
spielen, Aufhebung von Orden, Säkularisierung des Kloster- und Bis-
tumsvermögens und vielfache Beschneidungen des volksfrommen
Brauchtums vom Umzug des Palmesels bis zur Errichtung einer Weihnachtskrippe.[330] Das Wallfahrtswesen wurde durch diese Maßnahme
schwer getroffen, doch nicht beseitigt. Im Zuge der staatlichen und
kirchlichen Restauration und Anti-Aufklärung konnte es sich während
des 19. Jahrhunderts neu entfalten. Allerdings tat es dies unter teil-
weiser Veränderung der alten Strukturen. In der Phase des Wider-
standes gegen die weltlichen und kirchlichen Obrigkeiten hatten die
Laien das Wallfahren weitestgehend zu einer Sache gemacht, die sie in
der eigenen Verantwortung durchführten. An die Stelle des Pfarrers
oder Kaplans, die teilweise bislang stimulierend hinter Wallfahrten
gestanden hatten, ist nun endgültig der sog. *Pilgerführer* aus dem
Laienstand getreten. Dies ist so geblieben bis zur Gegenwart.

Außerdem hat sich in den Jahrzehnten der Beschränkungen und Verbote eine *Konzentrationsbewegung hin zu den größeren Gnadenstätten* vollzogen; diese Gravitation auf die ohnehin stärkeren Zentren hält immer noch an. Sie dürfte abhängen von der größeren Mobilität der Gläubigen und der (auch in der künstlerischen Ausstattung) größeren Attraktivität der alten Schwerpunkte: Altötting, Mariazell, Einsiedeln, Vierzehnheiligen, der Kreuzberg in der Rhön, Walldürn, Kevelaer und viele andere Gnadenstätten führen auch heute noch Hilfesuchende und fromme Touristen aus einem weiten Umkreis zusammen.

Auch in der inneren Struktur der Wallfahrten beobachten wir eine Veränderung. Von den beiden Faktoren: *Überwindung des Weges und Aufenthalt am Gnadenort*, erhielt der erste für die traditionellen Fußgänger ein zunehmend stärkeres Gewicht. Das hängt eng zusammen mit den Veränderungen, welche die Gnadenstätten in der Säkularisation hatten hinnehmen müssen. Man hat sie in der Regel eines Teiles ihrer Ausstattung mit wertvollen Votivgaben und Paramenten beraubt, hat Kreuzwege, Ölberge, Kapellen und Kalvarienberge abgerissen; und man hat die vielen Geistlichen, die bisher die Wallfahrer betreuten, abgezogen. Damit trat fast automatisch die beschwerliche Fußreise als bedeutsames Moment im Denken der Gläubigen in den Vordergrund und nicht mehr so sehr das Verweilen am Gnadenort selbst und die frommen Handlungen, die man hier vornehmen konnte.

Diese Verschiebung setzte sich fort und wurde intensiviert, als seit der Mitte des 19. Jahrhunderts moderne Massenverkehrsmittel auf den Plan traten. Man kann heute ein recht unterschiedliches Verhalten der Fußwallfahrer beobachten gegenüber dem, das die Leute an den Tag legen, die mit Eisenbahn, Bus oder PKW an einen Gnadenort reisen. Während sich die Fußgänger meist nur kurz am Wallfahrtszentrum aufhalten und nach einem schnellen Gebet vor dem Gnadenbild in die bereitstehenden Autos von Verwandten und Freunden steigen, hält es die anderen länger. Sie beten den Rosenkranz vor dem Gnadenbild, besichtigen die Kirche und die Sehenswürdigkeiten des Ortes, gehen möglicherweise sogar zur Beichte und wünschen Kirchenführung und geistliche Ansprache.

Die Opposition von Fußmarsch und modernen Verkehrsmitteln hat also auch auf die innere Struktur des Wallfahrtswesens abgefärbt. Dies gilt noch in einer anderen Beziehung. Bedeutete es einst einen Durchbruch zu einer neuen Entwicklungsstufe der Volksfrömmigkeit, daß neben den großen Fernzielen der Pilgerreisen plötzlich eine Fülle von Gnadenstätten in der unmittelbaren Nachbarschaft auftauchte, so bringen in den letzten zwanzig Jahren Eisenbahn, Omnibus und Flugzeug gerade wieder jene alten Zentren stärker ins allgemeine Bewußtsein. Eine „Pilgerreise" nach Rom, ins Heilige Land, nach Santiago de Compostela oder nunmehr auch nach Lourdes und Fatima ist für viele praktizierende Christen nahezu selbstverständlicher Programmpunkt ihres religiösen Lebens geworden.[331]

So schließt sich gleichsam ein Kreis. Das Bedürfnis der Gläubigen nach räumlicher Nähe zu den Stätten dieser irdischen Welt, die durch die Wirksamkeit und sinnenhafte Erfahrung des Überirdischen ausgezeichnet sind, hat die 2000 Jahre christlicher Kirche begleitet. Dieses Bedürfnis wurde jeweils unterschiedlich verwirklicht aufgrund unterschiedlicher Bedingungen auf geistigem, religiösem, politischem und wirtschaftlich-technischem Feld. Dadurch hat sich ein beständiger Wandel ergeben. Dies bedeutete nie völligen Bruch mit dem Ausgangsstadium, sondern Weiterbildung aufgrund der neuen Rahmenbedingungen. So wird unter all diesen Veränderungen auch ein Stück Beständigkeit sichtbar.

Rechtfertigt die Struktur des Wallfahrens als Ganzes die Behandlung unter dem Blickwinkel des Brauchtums, so auch mancher Detailaspekt; brauchtümliche Erscheinungen haben sich herausgebildet im Umgang mit dem Gnadenbild, auf den Wallfahrtswegen und im Verhalten am Gnadenort selber. Nicht alles davon gehört noch zum aktuell gepflegten Wallfahrtsbrauch, doch vieles ist in der Landschaft oder am Gnadenort selber noch sichtbar und wird dem gegenwärtigen Betrachter leichter verständlich, wenn er sich der einstigen Genese vergewissert.

2.2.2 Der Umgang mit dem Gnadenbild

Die ständige Präsentation der Bilder einer Kirche, besonders der Gnadenbilder, entspricht nicht den Gepflogenheiten des hohen und späten Mittelalters und dem der frühen Neuzeit. Damals hatte man Methoden entwickelt, um den in ihnen verschlossenen Erlebniswert in besonderer Weise erfahrbar zu machen. Eine Möglichkeit bestand in der *Verhüllung* bzw. in der *Enthüllung* zu bestimmten Anlässen.

Wir treffen dabei auf einen allgemeinen Aspekt einstigen Umgangs mit dem Numinosen. Der Chorraum, d. h. der Raum in welchem der Priester die hl. Messe zelebriert und die Wandlungsworte spricht, ist bis weit in die Neuzeit hinein in der Kirchenarchitektur ein deutlich

separierter Teil, bis zum Spätmittelalter in der Regel gegenüber dem
eigentlichen Kirchenraum, dem Aufenthaltsort der Gläubigen, abgeschlossen durch hohe Chorschranken oder durch einen für die Blicke
kaum durchdringbaren Lettner aus Stein- oder Holzgesprenge, oft
auch durch ein einfaches Tuch.[332]

Die Reliquien, welche den Ruhm mancher Kirche so sehr steigern,
daß sie in den Rang einer Gnadenkirche aufsteigt, und welche eine
wichtige Rolle bei der Entwicklung des Wallfahrtswesens spielten, hat
man keineswegs dauernd den Augen der Gläubigen ausgesetzt. Man
hat sie auf dem (unzugänglichen) Altar oder in einer eigenen Schatz-
kammer deponiert. Und nur an bestimmten Terminen während des
Jahres hat man sie feierlich dem Volk gezeigt, „gewiesen" in der
Sprache der Zeit; man hat einen prunkvollen Umzug durch die
Straßen der betreffenden Stadt durchgeführt und die Reliquien dabei
in ihren kostbaren Schreinen auf Schragen mitgetragen und/oder sie
anschließend von einem erhöhten Platz aus der versammelten Menge
einzeln vorgezeigt. Auf diesen Kirchenbrauch nehmen manche Gotteshäuser durch ihre Anlage Rücksicht, so etwa die baldachinartige
Verbreiterung des Westportals am Regensburger Dom, welche diesem
Zweck diente.[333] Zu diesen „Heiltumsschauen" sind die Gläubigen
einst in großen Scharen zusammengeströmt.

Als im Spätmittelalter allmählich Retabel mit vollplastischen
Figuren an die Stelle der Reliquienschreine zu treten beginnen, da
werden auch diese keineswegs dauernd dem Betrachter präsentiert.
Üblich werden vielmehr schrankartige Aufbauten mit beweglichen
Flügeln, welche die zentrale Darstellung, auf die es eigentlich ankam
– sehr oft zunächst eine Krönung Mariens –, die meiste Zeit des Jahres
verdeckt hielten; zu sehen waren nur die Außenseiten der Flügel mit irgendwelchen Tafelbildern. An den hohen Festtagen aber hat man die
Altarschreine geöffnet; entsprechend überwältigend muß der Eindruck auf die Gläubigen gewesen sein.[334]

Bei einer solchen Technik des Umgangs mit Reliquie und Bild als
der Vergegenwärtigung des Jenseitigen in dieser Welt kann man sich
auch für die Gnadenbilder im eigentlichen Sinn kein anderes Verfahren vorstellen. Tatsächlich haben wir genügend Hinweise, daß Verhüllen und Enthüllen der Gnadenbilder noch weit in die Neuzeit
hinein üblich gewesen sind.[335] In Neukirchen bei Heilig Blut an der
deutsch-böhmischen Grenze, wo eine angeblich von einem Hussiten
verletzte und daraufhin blutende Marienfigur verehrt wurde und wird,
hieß es noch 1715: „Die gnadenreiche Bildtnus stehet mitten in dem
Hoch-Altar erhöhet und wendet das Angesicht gegen den Pfarr. Sie ist

gemeiniglich bedecket mit der Tafel, auff welcher ein gemahltes Bild des Heiligen Bluts zu sehen ist."[336] Außer zur Ankunft von Wallfahrern und an den hohen Festtagen pflegte man diese Tafel während der Wandlung in der hl. Messe zu entfernen, welcher „abusus" [Unfug] durch bischöflichen Befehl 1667 abgeschafft werden mußte. Doch auch nachher hat man den Augenblick der Enthüllung demonstrativ herausgehoben: „So oft die Vortafel wird hinweggeschoben, wird die Orgl mit völligen Windladen zu grösserer Herrlichkeit und Anmahnung geschlagen und auffgeblasen."

In Tschenstochau ist dieses Verfahren offenbar in der Gegenwart noch üblich: „So liegt bis heute über der ‚Schwarzen Madonna' ... der Nimbus des Geheimnisses ... Nur zu den Gottesdienstzeiten hebt sich der aus dem Jahre 1673 stammende Vorhang aus Silberblech. Dieser Augenblick, von den Wallfahrern mit großer Sehnsucht erwartet, wird durch feierlichen Trompetenklang angekündigt. Man kann die Erschütterung der Menschen kaum beschreiben, wenn sie dem verehrten Bild vielleicht zum erstenmal oder nach langer anstrengender Fußwallfahrt gegenüberstehen."[337] Hans DÜNNINGER hat wahrscheinlich gemacht, daß diese feierliche Enthüllungstechnik übernommen oder beeinflußt worden ist durch analoge Verfahren im repräsentativen Kaiserzeremoniell des oströmischen Hofes.[338] Und er beschreibt es sicherlich richtig mit einem beabsichtigten „Fasten der Augen", bzw. umgekehrt mit einer „Erscheinung" oder „Offenbarung" des Gnadenbildes.

Es erscheint mir bezeichnend, daß zu Beginn des 18. Jahrhunderts die Ordinariate darauf drängen, die verhüllende Tafel zu entfernen oder u. U. durch eine Glasscheibe zu ersetzen[339]; in dieser Form präsentieren sich die deutschen Gnadenbilder meist heute. Damit ist nur scheinbar das Gnadenbild in seiner Bedeutung gesteigert, weil es nun das ganze Jahr über sichtbar bleibt. In Wirklichkeit wird es so zumindest teilweise nivelliert in seiner Wirkung; es rangiert gleichsam ein in die Masse der übrigen Bilder einer Kirche, vor denen es nichts mehr voraus hat. Allenfalls kann man noch durch den Standort – an zentraler Stelle auf dem Hochaltar – die einstige Exzeptionalität erkennen; im barocken Wallfahrtskult läßt sich vielfach das schrittweise Vorrücken eines unscheinbaren kleinen Gnadenbildes von einem beliebigen Platz innerhalb des Kirchenraumes hin zum Altar und schließlich in dessen Mitte unmittelbar über dem Tabernakel verfolgen. Neuerdings versucht man durch Spotlights oder einen Kranz elektrischer Kerzen die Sonderstellung des Gnadenbildes wieder optisch sichtbar zu machen.

Die Technik der visuellen Akzentuierung ist nur *eine* der Möglichkeiten, die im Umgang mit den Gnadenbildern mitschwingende Emotionalität auszudrücken, aber auch zu unterstreichen. Die Ausstattung
mit *Gewändern* und die *Bekrönung* mit wertvollen Edelmetallkronen
geht in die nämliche Richtung.[340] Auch dabei handelt es sich wieder
um Schmuckbräuche, die nicht nur im Zusammenhang mit Gnadenbildern geübt wurden, die sich aber fast notwendigerweise auch im
Wallfahrtskult finden und dort besonders lange Zeit bewahrt haben.
So prangen auch heute noch viele Gnadenbilder im Kronenschmuck,
meist nicht mit Exemplaren, die einst von Herrschern im Leben getragen worden waren, wie dies bei den Anfängen dieses Brauches im
9. Jahrhundert häufig der Fall war, sondern mit eigens gefertigten
Stücken.

Desgleichen sieht man viele Gnadenbilder gegenwärtig noch in
Kleidern, besonders Marienfiguren. Allerdings ist dies in der Regel
ein bestimmtes Gewand, das jahraus jahrein getragen wird. Das war
früher anders. Bis weit ins 19. Jahrhundert hinein wurden Gnadenbilder einbezogen in den Verlauf des Kirchenjahres und dementsprechend immer wieder umgekleidet in die jeweilig aktuellen Kirchen-
farben. Dem Neukirchner Gnadenbild etwa hat man am Karfreitag
nicht nur einen schwarzen Mantel umgehängt, sondern auch noch die
goldene Krone durch eine solche aus Dornen ersetzt.[341] Man hat die
Bilder also gehandhabt gleichsam wie lebende Gestalten; sie erschienen wie der Priester am Altar entsprechend der Meßintention in
der „richtigen" liturgischen Gewandung. Schon deshalb mußte man
beständig mit ihnen umgehen, sie von ihrem Standplatz holen, sie
immer wieder in die Hand nehmen.

Dieses konkrete *Anrühren, Berühren* und *Herumtragen* des Gnadenbildes gehört zumindest in der Barockzeit zum üblichen Kultge-
brauch. Der Priester spendet mit dem Gnadenbild den Segen, analog
zur Monstranz mit der konsekrierten Hostie. Man rührt hier Devotio-
nalien wie Rosenkränze, Bildchen, Ablaßpfennige, Schleier u. a. an.
Aber auch die Gläubigen selbst drängt es, die Gnadenbilder leibhaftig
anzufassen, herumzutragen und zu küssen. Dieser Kultbrauch bringt
an vielen Orten die Legende hervor, daß das Gnadenbild wunderbarer-
weise darauf reagiert: Es verändert seine Schwere, blickt traurig oder
freundlich drein, neigt sein Haupt – all dies in Analogie zum Seelenzu-
stand des betreffenden Gläubigen oder im Vorgriff auf die zu erwar-
tende Erfüllung seiner Bitte. Kirchliche Verbote haben in aller Regel
solche Formen des konkret-manifesten Umgangs mit dem Gnadenbild
verschwinden lassen. Doch weisen die Gnadenaltäre auch heute noch

gelegentlich einen kunstvollen Mechanismus zur Absenkung des Gnadenbildes auf. Und zumindest als Kopie werden auch heute noch viele Gnadenbilder bei Fronleichnams-, Lichter- und anderen Prozessionen mitgetragen und demonstrieren etwas von der einstigen Nahdistanz zwischen dem sakralen Gegenstand und dem profanen Gläubigen.

2.2.3 Brauchtum auf den Wallfahrtswegen

Daß für die gemeinschaftlichen Gänge die liturgischen Prozessionen mit Ordnung der Personen nach Alter und Geschlecht, mit Fahnen, Vortragskreuz sowie Vorsängern und Vorbetern das Muster abgegeben haben, wurde bereits angedeutet. Auch die Kennzeichnung des Weges durch Kreuzsäulen, Bildstöcke, Marterln und Erinnerungstafeln (etwa für Wallfahrer, die auf dem Weg gestorben waren) ist schon erwähnt worden.

Hervorheben muß man, daß ein eigenes *Liedgut* und eine spezielle Technik des Singens für das „Wallen" ausgebildet worden sind.[342] Denn der Gregorianische Choral und die lateinischen Kirchenlieder, die im Gottesdienst von Priester und Schola abwechselnd gesungen wurden, waren für das Wallfahren denkbar ungeeignet. Man hat darum auf andere Vorbilder zurückgegriffen, auf deutschsprachige Lieder, die sich aus Anlaß der Kreuzzüge ausgebildet hatten oder auf das Singen bei Litaneien und Prozessionen; dort hatten sich sog. „Leis" oder „Rufe" eingebürgert, kurzstrophige Wechselgesänge, bei welchen die Vorsänger den eigentlichen Text sangen und das ganze Volk nur jeweils refrainartig bestimmte Stoßseufzer zu wiederholen hatte wie:

Kyrie eleison, Christe eleison!
Herr, erbarme Dich, Christus, erbarme Dich!
Christ uns genade!
Bitt Gott für uns Maria!
Alleluja, alleluja, Gelobt sei Gott und Maria!

Eines der ältesten Beispiele ist der Kreuzfahrer-Leis:

In Gottes Namen fara wir,
Seiner Genaden gara wir,
Nu helf uns die Gottes Kraft
Und das Heilig Grab,
Do Gott selber inne lag.
Kyrieleis!

Auch nach dem Ende der Kreuzzugszeit wurde es gerne bei Wallfahrten gesungen und war im 16. Jahrhundert noch so bekannt, daß

Martin Luther auf diese Melodie sein Gedicht ›Dies sind die heilgen zehn Gebot‹ singen lassen konnte, um so deren Kenntnis unter das Volk zu bringen.[343] Nach solchen Mustern wurden in der Folge nahezu bei jedem einigermaßen bedeutenden Gnadenort eigene Lieder gedichtet und komponiert, oft aber auch nur als Kontrafakturen anderen bekannten Melodien unterlegt. Diese Lieder hatten eine ausgesprochene Neigung, in die Länge zu wachsen – während des langen Fußmarsches hatte man ja genügend Zeit zum Absingen. Beispiele mit 100 und 150 Strophen waren keine Seltenheit. Solche Ungetüme konnte sich auch eine Bevölkerung mit einem besseren Gedächtnis als heute nicht einprägen; die Zweiteilung zwischen Vorsänger und Volk war unbedingt notwendig, um ein heilloses Durcheinander zu vermeiden. Die Wallfahrergemeinde hatte jeweils nur den Refrain zu singen.

Manche eindeutigen Wallfahrtslieder zeigen jedoch nicht diese strenge Zweigliedrigkeit in epische Teile und Bittrufe; bei ihnen mußte „walfahrtsweiß" gesungen werden, wie manche Handschriften eigens anmerken: Eine Zeile des laufenden Textes wurde zunächst von den Vorsängern vorgetragen und anschließend von der Gesamtheit wiederholt. Dieses Verfahren erinnert an Unterrichtsmethoden, wo durch Vor- und Nachsprechen bestimmte Inhalte weitervermittelt werden. Es war den Wallfahrtsliedern insofern oft sehr angemessen, weil diese meist genau die Umstände der Entstehung des betreffenden Gnadenortes und einzelne Wundergeschichten beschrieben und auf diese Weise den Gläubigen die Gründe für die Verehrung einprägten. Als während des 19. Jahrhunderts zunehmend deutsche Liederbücher auch in der katholischen Bevölkerung üblich wurden, entsprachen die genannten spezifischen, nur für einen einzigen Gnadenort zugeschnittenen Wallfahrtslieder nicht mehr ganz den Bedürfnissen. Es setzten sich allgemeinere Lieder durch, die insgesamt die Vorzüge bestimmter Heiliger schilderten und das Schwergewicht auf die Anliegen legten, derentwegen Menschen sich auf jene heiligen Reisen machten. Und diese Anliegen waren über die Zeiten hinweg doch recht gleich. Am Schluß standen Allerwelts-Wallfahrtslieder vom Typ des ›Pilgerliedes‹, das Guido Görres 1842 in Rom geschaffen hat:

> Wir ziehen zur Mutter der Gnaden,
> Zur ihrem hochheiligen Bild.
> O lenke der Wanderer Pfade
> Und segne, Maria! sie mild.
> Damit wir das Herz dir erfreuen,
> Uns selber im Geiste erneuen ...

Damit mündet also die Entwicklung wieder ein in das allgemeine deutschsprachige Kirchenlied, wie es bei vielen Situationen gesungen werden konnte. Doch tut dies dem Faktum keinen Abtrag, daß die Wallfahrtslieder ganz wesentlich dazu beigetragen haben, überhaupt ein deutschsprachiges geistliches Lied zu etablieren. Auf ihm konnte auch das Singen deutscher Kirchenlieder im Gottesdienst, wie es von den Reformatoren gefördert wurde, aufbauen.

Nicht nur das Absingen besonderer Lieder und eine eigene Sangesweise haben einst das Wallfahren ausgezeichnet, sondern noch manche anderen Bräuche. Während Pilger oft an ihrer besonderen Kleidung kenntlich waren: Stock, Regenumhang, Hut, Gebetsschnur und Abzeichen, die auf die aufzusuchenden oder aufgesuchten Gnadenstätten verwiesen: Jakobsmuschel (die heute im Emblem der Mineralölfirma Shell weiterlebt), Gittergüsse und kleine gedrechselte Stäbchen aus Azebache, Knochen und Elfenbein, sind die Wallfahrer in der Alltagskleidung losgezogen. Doch haben sie dabei gelegentlich ein Verhalten gezeigt, dem ein Symbolwert zukam hinsichtlich des Motivs, dessentwegen sie sich auf die Reise machten. In den Mirakelberichten hören wir davon, daß manche einen wächsernen Kranz auf dem Kopf trugen oder brennende Kerzen in den Händen, daß sie schwere Kreuze schleppten, barfuß gingen, nur Wasser und Brot zu sich nahmen, nur ein weißes oder härenes Kleid auf dem Leib trugen oder gar völlig nackt gingen.

Diese drei Erscheinungen – barfuß gehen, nackt oder mit einem weißen/härenen Gewand (das stellvertretend für Nacktheit zu sehen ist) – werden in der Literatur in der Regel zusammengenommen und nach bekanntem Schema als Restformen einer rituellen Nacktheit interpretiert, bei welcher vom Menschen gefordert werde, nackt vor seinen Gott oder seine Götter hinzutreten.[344] Daß Nacktheit einen rituellen, magischen oder apotropäischen Aspekt haben *kann*, darf für gewiß gelten. So etwas schwingt mit in der Unsumme von Erzählungen über die Hexen, deren Fahrten, Tänze und Zauberpraktiken; auch bei vielen magischen Bräuchen der letzten Jahrhunderte war von den Ausführenden das Ablegen der Kleider gefordert,[345] und die sog. neue Hexenbewegung greift darauf gelegentlich zurück, wenn auch mehr mit dem Unterton der mystischen Partizipation mit den Kräften des Universums.

Es darf bezweifelt werden, daß die sog. Nacktwallfahrten in diese Entwicklungslinie zu stellen sind. Es liegt sehr viel näher, sie in Analogie zu sehen zu den anderen Erschwernissen des Weges, die darauf abzielen, den Leidensweg Christi zu imitieren: Kreuze schleppen, fasten, sich kasteien. Ganz eindeutig orientiert sich 1605 an diesem Vorbild ein Mann, der bei einem Streit „in der Fasnacht von ainem Schmidt Lernjungen ... mit ainem Mösser zwischen den Rippen im Leib gestochen unnd tödtlich verwundt worden, darvon er sich besorgt, er werde es mit dem Leben bezalen müessen. Alda hab er sich nagkhent mit außgespandten Armen zum H. Bluet Neukhürchen zu gehen walfahrten verlobt. Darauff seye es baldt mit ihme bösser und gesundt worden. Sollich versprochene Walfahrt verricht und angezaigt."[346] Auf älteren Abbildungen vom Wallfahrtstreiben ersehen wir, daß sich solche Leute einen Stock zwischen die Hände banden, um während des beschwerlichen Weges ihre Hände in dieser Stellung halten zu können wie Christus, der „nackt und bloß am Kreuze" hing – wie es in zahlreichen Liedern und Gebeten heißt.

2.2.4 Verhalten am Gnadenort

Alle geschilderten Sonderformen des Verhaltens auf dem Wallfahrtsweg haben sich zur Gegenwart hin immer stärker verflüchtigt. Manches hat sich in das Geschehen am Gnadenort selber eingefügt und wurde so erhalten. So wird das *Herumtragen von Kreuzen* um die Gnadenkirche nicht nur in Altötting auch heute noch praktiziert. Und der Umzug mit brennenden Lichtern ist geradezu zu einem Charakteristikum geworden, das namentlich an starken Konkurstagen die Gläubigen auch noch am Abend zusammenführt. In Lourdes ist die alltägliche *Lichterprozession* einer der Höhepunkte des Heilserlebnisses.

Zentralpunkt dieser Begehungen sind augenscheinlich Gnadenkirche und Gnadenbild. Viele der in Vergangenheit und Gegenwart gezeigten Verhaltensformen zielen darauf ab, deren Sonderstellung sichtbar zu machen. So sind weit verbreitet *Fußfälle* der heranziehenden Wallfahrer, wenn sie des Gnadenorts zum erstenmal ansichtig werden, dann vor der Kirche und schließlich vor dem Gnadenbild. Auch das einfache oder mehrfache *Umkreisen* (allein oder in der Gruppe) dient dem nämlichen Gedanken, die Außergewöhnlichkeit des Ortes in einer Handlungsgebärde sichtbar zu machen; sie kann noch intensiviert werden, wenn das Umkreisen auf den Knien geschieht.

Das Bedürfnis nach einem greifbaren Kontakt zum Gnadenbild, früher erfüllt durch Berühren und Herumtragen desselben, findet

heute meist keine Möglichkeit mehr. Gelegentlich zeigen noch Gna-
denorte mit dem Grab eines Heiligen Öffnungen im Confessio-Altar,
durch die man den Kopf stecken oder hindurchkriechen konnte,
manchmal auch sog. fenestellae, die wenigstens eine Berührung von
Grab oder Sarkophag mit der Hand erlaubten.[347] Dieser Grundzug
der Sinnlichkeit, der Umsetzung von religiösen Empfindungen oder
Heilserwartungen in sichtbare Gesten und Zeichen, ist die Leitlinie
fast des gesamten Wallfahrtsbrauches. In besonderer Weise gilt dies
für das Darbringen von *Votivgaben*.

Sie gehören so augenscheinlich zu den auffallenden Kennzeichen
von Gnadenorten auch in der Gegenwart, daß man im volkskundlichen Diskurs über das Wallfahrtswesen deren Vorhandensein einst es-
sentielle Bedeutung zugesprochen hat.[348] Diese Streitfrage braucht in
unserem Zusammenhang nicht entschieden zu werden, doch gilt es als
sicher, daß wir schon in sehr frühen Phasen, mindestens seit dem
10. Jahrhundert in Deutschland das Niederlegen von Votivgaben an
Heiligengräbern beobachten können. Die Vielfalt der dabei zeitweilig
oder generell üblichen Formen ist ungeheuer groß und kaum in ein
System zu bringen.

Eine große Gruppe bilden die *identifizierenden Votivgaben*: Es wird
die Abbildung von Personen, Tieren, Gegenständen oder Körper-
teilen am Gnadenort niedergelegt: Figürchen, Fatschenkinder,
Herzen, Füße, Hände, Lungen, Pferde, Kühe, Schweine etc. aus
Wachs, Holz, Eisen, Silberblech. Manche Identifikationen können
wir heute kaum mehr enträtseln: Stachelkugeln oder Kröten für die
Gebärmutter, Hämmerchen im Zusammenhang mit Fertilitätspro-
blemen, Kehrbesen für Geschwüre, weiße oder rote Bänder bei Problemen mit der Muttermilch oder den weiblichen Regelblutungen
etc. Die Gläubigen machen auf diese Weise also ihre Anliegen am
Gnadenort sichtbar, sei es zur Erfüllung einer Bitte oder aus Dank
für erfahrene Hilfe. Besonders gut eignen sich hierfür die sog. *Votiv-*
tafeln, die sich seit dem ausgehenden 15. Jahrhundert nach dem Vorbild der Stifterbilder als ein selbständiger ikonographischer Bildtyp
entwickelt haben.[349] Im Idealfall zeigen sie in der oberen Bildhälfte
den angerufenen Heiligen, bzw. dessen Gnadenbild, darunter den
Votanten (in bittender, meist in kniender Haltung und/oder die Situation, die zum Verlöbnis führte) und explizieren drittens in einer
unteren Schriftleiste den gesamten Zusammenhang. Seit dem ausgehenden 18. Jahrhundert wurde die wörtliche Nennung des Vo-
tanen unüblich, teilweise wurde sie auch verboten.[350] An manchen
Wallfahrtszentren haben sich derlei Votivgaben im Lauf der Zeit

in einer Menge angehäuft, daß deren Unterbringung zum Problem wurde. Teilweise sind die Zechpröpste dazu übergegangen, geformte Votivgaben auf eigenen Ständen aufzubauen und sie für geringes Entgelt an die Gläubigen auszuleihen, die damit das Gnadenbild umkreisen oder die Gegenstände auf dem Altar ablegen konnten, ein Verfahren, das heute noch in einer Reihe von Leonhardskirchen mit eisernen Votivgaben geübt wird. Aus Berichten von Zeitgenossen erfahren wir, daß durch solche Praktiken die in manchen Kirchen einst zahlreich vorhandenen Tonkopfvotive (kleine auf der Töpferscheibe geformte, seltener eingedrehte oder gegossene Köpfe)[351] stark dezimiert wurden, weil sie immer wieder einmal einem Gläubigen bei der Wanderung um den Gnadenaltar vom Kopf fielen und zerbrachen. Vielfach konnte man der Masse aber nur dadurch Herr werden, indem man sie verbrannte (für Votivtafeln bezeugt) oder außerhalb der Kirche im Friedhof vergrub (so bei eisernen oder keramischen Votivgaben), sie zu Kerzen (Wachsvotive) oder zu Kirchengerät einschmolz (silberne Votive). Mancher heute noch erhaltene Gnadenaltar verdankt seine Entstehung beispielsweise Votiv-Herzen, -Männern, -Frauen und -Fatschenkindern aus getriebenem Silberblech.

Abgelegt wurden an den Gnadenorten aber auch noch viele andere *Gegenstände, die auf individuelle Ereigniszusammenhänge verwiesen:* verschluckte Nadeln, Fischgräten und Hühnerknochen; Krücken, die nicht mehr gebraucht wurden; Kugeln und Messer, von denen man verletzt worden war; Gallen-, Nieren- und Blasensteine; glücklich herausoperierte Knochensplitter und Zähne etc. Derlei konnte für den unmittelbaren Kirchengebrauch nicht verwendet werden und wurde wegen seiner Verweisungskraft teilweise aufbewahrt bis in unser Jahrhundert herein.

Wieder eine eigene Gruppe bilden *wertvolle Gaben,* bei denen offensichtlich in der Regel der materielle Aspekt im Vordergrund stand, wenngleich im Einzelfall eine Zeichenhaftigkeit nicht ausgeschlossen werden kann: Eheringe etwa oder Armbänder und Halsketten aus edlen Materialen, wertvolle Rosenkränze und Anhänger, Heiligenfiguren, Kelche, liturgische Kleider oder schlichtweg Geld.

Eine Votivgabe verdient noch für sich herausgehoben zu werden, weil sie in Geschichte und Gegenwart gleich beliebt gewesen ist, die *Kerze.* Flackernde Kerzenroste müssen vielen Wallfahrtskirchen einst ihr spezifisches Gepräge gegeben haben. Dabei hat sich bereits im späten Mittelalter die große gemeinsam beschaffte Kerze als ideales Sinnbild für geschlossene Wallfahrtsprozessionen herausgebildet, um stellvertretend für die diversen Anliegen der Gemeinde vor dem Gnadenbild zu brennen. Aus dem Wallfahrtskult heraus hat sich der Kerzenbrauch in den letzten beiden Generationen ausgebreitet zu einem allgemeinen Frömmigkeitsstil innerhalb der katholischen Kirche. Nahezu in jeder Kirche, auch und gerade in den nicht-Gnadenstätten, findet sich ein Kerzenrost vor einer oder mehreren Heiligenfiguren. Und das Anstecken einer neuen Kerze wird durchaus auch vielfach von Leuten praktiziert, die ansonsten wenig Kontakt zu kirchlichen Verrichtungen unterhalten. Die Suggestivkraft der brennenden Kerze ist offenbar so groß, daß sie aus sich selbst heraus, ohne große Indoktrination, den Gedanken bittender Anheimstellung hervorzurufen vermag.

So wesenhaft das Votivbrauchtum zum Wallfahrtskult in Mitteleuropa dazugehört, so umstritten ist nach wie vor dessen *Deutung*. Die unmittelbare Ableitung aus ähnlichen antiken Formen kämpft mit dem Problem mangelnder Quellenzeugnisse über einige Jahrhunderte hinweg. Der zweifellos vorhandene Gedanke des (materiellen) Opfers ließe sich aber auch kurzschließen mit den gut bezeugten „Opfern" – vor allem von Tieren, Wein und Früchten – in jüdischen, hellenistischen, germanischen und keltischen Kulten. Ein Kenner wie Rudolf KRISS glaubte noch 1978 die figürlichen Votive in die Nähe von Zauberpuppen rücken zu müssen, mit denen man magische Akte vollführt.[352] Demgegenüber wurde nicht weniger heftig die Fähigkeit zum Symboldenken und die Aufnahme der kirchlichen Interpretation von der grundsätzlichen Unterstellung unter die göttliche Gnade, die sich durch menschliches Tun nicht erzwingen lasse, betont.[353] Auch ich neige dieser Interpretation zu. Man sollte nicht darüber hinwegsehen, daß an den Gnadenorten im wesentlichen die Erfahrung gemacht wurde, daß das Wunder, um das man flehte, *nicht* geschah. Diese Tatsache ließ sich weder aus der Welt schaffen durch Wiederholung einer Wallfahrt (in aller Regel), noch durch Vergrößerung des sog. Opfers, das man versprach oder hinterlegte. Wohl aber wurde die Kirche nicht müde darauf hinzuweisen, daß eine umfassende Christenpflicht zum „Opfern" im Sinne von „Almosen geben" bestand, ein Zusammenhang, der sich leicht von selber einstellte angesichts der Masse von Bettlern, welche die Gnadenstätten belagerten.

Sinnenhaftigkeit, Materialisierung geistiger Sinnhorizonte, das ist durchgängiges Motiv nahezu aller Formen des Votivbrauches. In diese Richtung zielt auch eine Reihe von anderen Handlungen, die an Gnadenorten üblich waren und es teilweise noch sind. Sie prägen vor allem den Komplex, den man als *Heilbrauch* bezeichnet. Um der Segenswirkung, die man von den Reliquien, wundertätigen Hostien oder Bildern Christi und der Heiligen ausgehen dachte, teilhaftig zu werden, drängte es die Gläubigen, diese anzurühren. Dies wurde zwar in der Aufklärungsphase oft unterbunden, ist aber an manchen Orten auch heute noch möglich. Noch intensiver war der Kontakt, wenn Wein ausgeteilt wurde, in welchen Reliquien wie Teile von Dornenkrone oder vom Kreuz Christi eingetaucht worden waren. An Gnadenstätten mit Schädelreliquien war es in einigen Fällen bis zu Beginn des 20. Jahrhunderts möglich, mit Hilfe von kleinen Röhrchen (fistulae) Wein unmittelbar aus der in Silber oder Gold gefaßten Schädeldecke zu trinken, so in Ebersberg in Oberbayern und in Ranzenbach in Niederösterreich, wo man jeweils den Schädel des hl. Sebastian besitzen will. Während des Mittelalters verfuhr man so auch in Ansbach mit der Hirnschale des hl. Gumpert und in Neuß mit derjenigen des hl. Quirinus.[354]

Die elementare Faszination der Verleiblichung von Segen oder Heilkraft ließ an sehr vielen Gnadenstätten einen *Quellkult* entstehen. In den seltensten Fällen ist dabei an eine zeitliche oder inhaltliche Kontinuität mit vorchristlichen Heilbräuchen zu denken. Vielfach hat erst die zunehmende Verstädterung im Mittelalter ein neues Gespür für Naturdinge in die Breite wachsen lassen.[355] Unabhängig davon ist durch die Kirche das Wasser als Sinnbild für Reinheit, Läuterung und Gnade bemüht und im Kult eingesetzt worden (Tauf- und Weihwasser). Darüber hinaus sind die lebenserhaltenden und -bedrohenden Qualitäten des Elementes Wasser jedermann in jeder kulturellen Umgebung einsichtig und erfahrbar. Es mußte also fast zwangsläufig eine Verbindung von Wasser und dem Heiligungs- und Heilungserlebnis an den Gnadenstätten geben. Man hat nach Quellwasser gesucht oder es hierher geleitet; in der Barockzeit hat man die Zeichenhaftigkeit teilweise auf die Spitze getrieben und das Wasser durch das Gnadenbild oder dessen Kopie hindurchgeleitet, etwa durch die Brust Mariens, um so eine besonders innige Verbindung zwischen dem heilsamen Wasser und der numinosen Kraft des Gnadenbildes zu veranschaulichen.[356] Dieses Wasser wurde getrunken, zum Benetzen der Augen und anderen kranken Gliedern verwendet; man konnte darin aber auch Kleidungsstücke von kranken Familienmitgliedern waschen, welche nicht in der Lage waren, an der Wallfahrt teilzunehmen.[357]

Die Beliebtheit des Wassers von Gnadenstätten bis zur Gegenwart – man denke nur an Altötting und Lourdes! – dürfte aber vor allem auch damit zusammenhängen, daß es leicht möglich war, Wasser mit nach Hause zu nehmen und so gleichsam ein Instrument des Heilbrauches in den diversen Nöten des Alltags jederzeit in Händen zu haben. Dieser Funktion der Verlängerung der Heilswirkung über den Gnadenort hinaus dient eine Reihe von weiteren Maßnahmen. Ähnlich wie das Wasser konnte man *Erde* von der Gnadenstätte leicht transportieren. Nachdem sich diese Übung bei Fahrten ins Heilige Land längst herausgebildet hatte, gingen auch manche Seelsorger an den heimischen Wallfahrtszentren dazu über, den Gläubigen Erde des eigenen heiligen Ortes mit nach Hause zu geben, etwa in der Form von gepreßten oder gebrannten Medaillons oder als kleine Kopien des Gnadenbildes.[358] Bei Bedarf konnte man davon etwas abschaben, es einnehmen, auflegen oder wie auch immer verwenden.

Das eminente Bedürfnis nach Verwendung ließ noch zusätzliche Formen der Weitergabe der Segenskraft eines Gandenortes entstehen. So wie sich bei den Reliquien die Möglichkeiten der Vermehrung durch Teilung teilweise erschöpft hatten und man darum dazu übergegangen war, neue Reliquien durch Anrührung herzustellen, so setzte sich dieses Verfahren auch bei den Gnadenstätten allgemein durch. Man legte *Leinwand* auf das Gnadenbild, zerschnitt sie in kleinste Fleckchen, klebte sie auf Andachtsbildchen (sog. Schleierbildchen) oder verteilte sie so an die Wallfahrer. Die Mirakelberichte belehren uns darüber, daß auch sie wie Wasser und Erde vom Gnadenort eingesetzt wurden zu Heilverfahren durch Auflegen oder Einnehmen.

Aufwendiger war dieser Heilbrauch, wenn die Leinwand in *Häubchenform* zusammengenäht und mit Kupferstichen bedruckt wurde; generalisierend spricht man oft von „Loreto-Häubchen", weil der oberitalienische Gnadenort u. a. berühmt war wegen dieser Häubchen: „Eine Frau zu Landshuet ware unglickselig in der Geburth, also daß Muetter und Kindt in einer augenscheinlichen Lebensgefahr stundte. Eine ihrer guetten Freundin besuechte sie, und solche Gefahr ersehent und erkennent, lauffte eilendts nach Haus, brachte mit sich ein an dem Gnadenbild angerirtes Heiblein, berührte die Kindtbetherin darmit, und alsobald wendete sich das Kindt selbsten und wurde darmit ganz gesundt erfreuet."[359] *Andachtsbildchen* eines Gnadenortes konnten die gleiche Funktion erfüllen; manche Gläubigen haben sie dauernd bei sich getragen, um der Heilswirkung teilhaftig zu sein. Teilweise hat man diese Andachtsbildchen auf große Bögen, aber in Miniformat gedruckt; es handelte sich dann um sog. *Schluckbildchen*, die durch ihre Bezeichnung schon auf die Art der Verwendung verweisen.

Über diese für einen Gnadenort spezifischen Dinge hinaus waren
die Wallfahrtsstätten die wichtigsten Verteilungszentren für jedwelche
Gegenstände zur Heiligung des Lebens. Alles was im weitesten Sinn
unter dem Begriff des Sakramentale zusammengefaßt wird, heilige
Bilder, Rosenkränze, Medaillons, Anhänger, Breverln, Kruzifixe und
Kerzen, konnten dort erworben werden. Zu einem erheblichen Teil
beruhte die Wertschätzung auf der Tatsache der Herstellung oder
Weihe am Gnadenort, oder weil man sie zumindest auf dem Gnadenaltar niedergelegt oder gar am Bild selber oder dessen Gehäuse angerührt hat.

Auf diesem Weg aber greift das Wallfahrtswesen erheblich umfassender in die volksfromme Gestaltung des Alltags ein. Das Versprechen einer Reise zu einem Gnadenort ist nicht nur jederzeit präsent
als eine der Möglichkeiten zur Lösung von Problemen, welche die
augenblickliche menschliche Leistungsfähigkeit übersteigen, sondern
der Wallfahrtsort lieferte auch die vielen heiligen Gegenstände, mit
denen man sich umgibt: die *Wetterkerze*,[360] die man bei aufziehenden
Gewittern entzündet; den *Rosenkranz*, den man nicht nur bei der
Wallfahrt selber, sondern in vielen Situationen braucht[361]; das *Arme-
seelentaferl* für die täglichen Weihwasserspenden zugunsten der verstorbenen Familienmitglieder; *Kruzifix und Heiligenbilder* für den
Herrgottswinkel als Orientierungspunkte der täglichen Tischgebete
usw. Die Wallfahrt ist gleichsam über lange Phasen der europäischen
Frömmigkeitsgeschichte hinweg ein entscheidender Zentralort für die
Verchristlichung des Lebens. Nimmt man hinzu, daß in den katholischen Territorien bis zum Beginn des 19. Jahrhunderts im wesentlichen hier die Sakramente der Beichte und der Kommunion gespendet
wurden und die Predigten der Wallfahrtsseelsorger wichtigste Mittel
der katechetischen Belehrung der Bevölkerung darstellten, dann
kann man deren Bedeutung in etwa ermessen.

Man kann verstehen, daß Kirchenverwaltung und Pfarrseelsorge
dagegen im 18. Jahrhundert revoltierten und eine Kurskorrektur er-
zwangen. Verschwunden ist deswegen das Wallfahren aus dem Verhaltensrepertoire der katholischen Christen keineswegs. Es erfreut sich
auch heute noch großer – möglicherweise steigender – Bedeutung.
Vor allem halten auch solche Katholiken, die man als „nicht praktizierende" bezeichnet, weil sie nicht zu den regelmäßigen Gottesdienstbe-
suchern gehören, über die Teilnahme an Wallfahrten einen (losen)
Kontakt zu ihrer Kirche. In der Gestalt des Wallfahrtswesens haben
wir ein Musterbeispiel vor uns, wie sich im Umfeld der Liturgie, basie-
rend auf Vorstellungen und kultischen Vollzügen der Amtskirche, ein

volksfrommes Brauchtum ausbilden konnte, das hervorgebracht wurde durch die Bedürfnisse der Laien nach einer sinnenhaften Erfahrung des Heiles und das im wesentlichen auch in der Eigenverantwortlichkeit der Laien verblieb.

2.3   Der Rosenkranz als frommes Brauchgerät

Sowohl bei der Anwendung von Bildern und Zeichen im Alltag wie im Zusammenhang mit der Wallfahrt muß der Rosenkranz als Mittel der Zählung von Gebeten erwähnt werden. Als Gerät der Volksfrömmigkeit vermag er die beiden bisher behandelten Aspekte „Bilderverehrung" und „Wallfahrtswesen" in mancher Weise zusammenzuschließen. Rosenkränze wurden und werden nicht nur bevorzugt an Gnadenstätten eingehandelt und finden Verwendung als ideales Hilfsmittel bei den Prozessionen von Gruppen, sondern wir treffen sie auch als beliebte Votivgaben angehängt an die Gnadenbilder, gleichsam als permanente Gebetsgebärde ihrer einstigen Besitzer.

2.3.1   Vom „Gebetszählgerät" zum „Rosenkranz"

Wir bezeichnen heute gemeinhin jede christliche Gebetsschnur als „Rosenkranz"; zu unrecht, wenn man bedenkt, daß die Gebetsform, die wir dabei meinen, erst das Ergebnis einer jahrhundertelangen Entwicklung gewesen ist und auch dann noch eine Fülle von konkurrierenden Benennungen üblich waren: Paternoster, Petter, Betten, Petl, Gänskragen (mundartlich im Schwarzwald), Psalter, Mannsbetten oder Cavalier (für die von den Männern bevorzugte Form) oder lateinisch: Filum de pater noster, sertum, sertum precatorium, calculi, chapeletus, numerale, signaculum, oraculum, precula etc.[362]
Sieht man auf die heutige Gestalt, so hat der Rosenkranz folgende, gleichsam klassische Form: Der schnurförmige Einleitungsteil enthält an seiner Spitze ein Kreuz (= Kreuzzeichen), es folgen eine größere Perle (= Vaterunser), drei kleinere (= 3 Ave Maria mit zwischengeschalteten Bitten um die göttlichen Tugenden), eine weitere große Perle (= Vaterunser). Im geschlossenen Teil stehen 5 Gesätze mit jeweils 10 kleinen Perlen (= Ave Maria mit unterschiedlichen, nach jedem Gesätz wechselnden Zwischengebeten), abgetrennt voneinander durch einzelne größere Perlen (= jeweils ein Vaterunser). Je nachdem, welchem Motivkreis die in die Ave eines Gesätzes einge-

streuten Betrachtungen gewidmet sind, spricht man vom „freudenreichen", „schmerzhaften" oder „glorreichen" Rosenkranz. Deren
Summe ergibt einen „großen" Rosenkranz oder „Psalter". Als konsti-
tutiv für den Rosenkranz dürfen wir also die Kombination von vielfach gebeteten Ave (mit Vaterunser-Markierungen) und Christus-
bezogenen Betrachtungsappellen bezeichnen.

Aus dieser Beschreibung geht hervor, daß der Rosenkranz im Gegensatz zur landläufigen Meinung höchst kunstvoll gefügt ist. Jeder
einzelne Bestandteil hat seine Geschichte; erst das Zusammenspiel
der verschiedenen Teile ergibt die volle Gestalt. Ob es sich dabei um
eine originär christliche Entwicklung handelt, ist umstritten. Jedenfalls gab es bereits islamische und hinduistische Gebetsschnüre, bevor
die ersten Belege im abendländischen Bereich an der Wende vom 11.
zum 12. Jahrhundert auftauchten. Da dies aber auch die Zeit der
Kreuzzüge (ins Heilige Land, aber auch nach Spanien) ist, spricht
manches dafür, daß die christliche Gebetsschnur angeregt worden ist
durch die ältere islamische und diese ihrerseits durch die hinduistische. Dabei geht es allerdings höchstens um eine formale Entlehnung,
keine inhaltliche.

Benötigt wurde im christlichen Europa die Gebetsschnur vor allem
in den Klöstern mit ihren umfangreichen Gebetsverpflichtungen. Namentlich die Laienbrüder und -schwestern, die des Lateinischen nicht
mächtig waren, wurden angehalten, statt dessen Vaterunser zu beten.
Man hat sich zunächst mit Obstkernen und Steinchen beholfen, um
größere Gebetsmengen zu verwalten: eine geknotete oder mit Perlen
durchsetzte Schnur stellte schon einen großen Fortschritt dar. Solche
Paternoster-Schnüre gewannen sprunghaft an Bedeutung, als seit dem
12. Jahrhundert eine mächtige Gründungswelle von halbweltlichen
Ordensgemeinschaften und Tertiaren-Vereinigungen einsetzte (Beg-
hinen, Begharden, Ritterorden, Damenstifte, Drittorden). Über
Bußverpflichtungen haben dann auch die Laien die Vorteile der Gebetsschnur schätzen gelernt; sie eroberte sich zunächst die höfische
Welt und über die Tätigkeit der Bettelorden dann auch den städtischen
Bereich.

Bezüglich der zahlenmäßigen Begrenzung der Perlen, Knoten,
Ringe etc. gab es vor allem zunächst zwei Bezugspunkte: die Anzahl
der Lebensjahre Christi – 33 – und die Anzahl der Psalmen Davids
– 150 –. Die letzte Orientierung bot sich schon deshalb an, weil in
vielen Orden die Geistlichen täglich diese Psalmen zu beten hatten,
150 an der Zahl, was die Laienbrüder durch ebensoviele Vaterunser er-
setzten. Im Zuge der aufblühenden Marienverehrung kamen dann im

späten Mittelalter auch Ave-Schnüre auf; sie griffen gerne auf die überlieferten Lebensjahre Marias – 63 – zurück. Letztlich hat sich die Ausrichtung am Psalter durchgesetzt, allerdings unterteilt in dreimal fünfzig Einheiten.

Für die weitere Entwicklung und inhaltliche Füllung des Abbetens dieser Gebetsschnüre sind dann verschiedene Orden maßgeblich geworden, vor allem durch die Einfügung von kurzen Betrachtungssätzen in die Paternoster und/oder Ave. Die in der spätmittelalterlichen Kunst beliebte Darstellung von Maria (der „makellosen", der „immerwährenden" Rose, der „Rose ohne Dornen") in einem Kranz von Rosen hat dann der Gebetsschnur endgültig einen neuen Namen gegeben.

Der Rosenkranz wird noch im 15. Jahrhundert zum beliebtesten christlichen Laiengebet und bleibt es innerhalb der katholischen Welt nach der Reformation. Kaum eine religiöse Laienvereinigung mochte auf ihn verzichten, auch wenn sie ganz unmarianische Zielsetzungen hatte (wie die Corpus-Christi-, Todangst-, Arme-Seelen-, Fünf-Wunden- oder Schutzengel-Bruderschaft).[363] Aber auch unabhängig von der organisierten Laienschaft gehörte das Rosenkranz-Gebet mit einer gewissen Selbstverständlichkeit zum religiösen Leben einer katholischen Familie bis in die allerjüngste Vergangenheit herein.[364]

2.3.2   Der Rosenkranz im Alltag

Die Förderung des Rosenkranz-Gebetes als einer besonderen Form des Laiengebetes setzte erst dann ein, als sich die klassischen Betrachtungsappelle des „glorreichen", „freudenreichen" und „schmerzhaften" Rosenkranzes durchgesetzt hatten, jene 15 Nebensätze, welche ins Ave eingeschoben werden und sich auf die wichtigsten Heilstatsachen beziehen. Die allgemeine Begeisterung für diese Gebetsform schildert ein Biberacher Chronist um 1530: „jedermann hat patternoster tragen und darahn bettet, jung und alt ... wer khain patternoster tragen hat oder bey ihm gehabt hat, den hat man nit für einen christenmenschen gehabt."[365]

Aufschlußreich ist an dieser kurzen Passage der zweimalige Hinweis darauf, daß man den Paternoster/Rosenkranz bei sich „tragen" hat. Die Bevölkerung hatte offensichtlich sehr schnell erkannt, daß einem solchen Gerät, wenn es aus gefärbten Holz-, Glas- oder Bein-Perlen gefertigt wurde, oder wenn man gar edle Metalle, Korallen, echte Perlen, Perlmutt, Elfenbein, Jet,[366] Bernstein, Achat, Granaten,

Bergkristall, Onyx etc. dazu verwendete, ein erheblicher Schmuckwert zukam. Deshalb schreiten bereits im 16. Jahrhundert einige Landesherren durch Kleiderordnungen dagegen ein, daß sich subalterne Geister wie Dienstboten, Arbeiter- und Handwerkersfrauen unter dem Deckmantel der Frömmigkeit solche schönen und wertvollen Rosenkränze um den Hals hingen, durch den Gürtel zogen oder an einer Spange oder Brosche am Obergewand befestigten.

Daraufhin ist der Brauch, Rosenkränze sichtbar an der Kleidung zu tragen und damit seine religiöse Gesinnung zu bekunden, wieder außer Kurs gekommen. Gehalten hat er sich lediglich bei den Ordensgemeinschaften, die auch sonst in Kleidung und Kopfbedeckung manche mittelalterlichen Formen bis zur Gegenwart konserviert haben. Natürlich handelt es sich bei ihnen nicht um sehr wertvolle Objekte, sondern um solche aus einfachem Bein (Knochen) oder um bloß geknüpfte Schnüre.

Die ästhetische Qualität des Rosenkranzes hat jedoch auch später – vor allem die Evastöchter – nicht in Ruhe gelassen. Sowohl in bürgerlichen wie in bäuerlichen Kreisen der katholischen Bevölkerung gehörte während des 17. und 18. Jahrhunderts ein prächtiger Rosenkranz aus Silberfiligran, bunten Glasperlen oder sonstwie aufwendiger Herstellung zum Sonntagsstaat; in Gmünden bei Schwäbisch Hall hat sich hierzu eine regelrechte Protoindustrie ausgebildet.[367] Solche auffallenden Exemplare waren weniger zum Gebet als zur Demonstration bestimmt. Dies blieb so bis in die allerjüngste Vergangenheit herein. Wenn sich unsere Großmütter zum Ende des 19. Jahrhunderts fotografieren ließen, dann zogen sie dazu nicht nur ihr bestes Festtagskleid an, sondern nahmen auch noch ihren schönen Rosenkranz in die Hand.

Neben der Gestalt konnte am Rosenkranz aber das *Material* auch noch aus einem anderen Grund geschätzt sein: wegen seiner nutzbringenden Wirkung aus sich heraus. In dieser Beziehung konnte die Verwendung des Rosenkranzes leicht eine Verbindung eingehen zum Amulettwesen, das im Rückgriff auf antike (teilweise verchristlichte) astrologische, medizinische und physikalische Spekulationen manchen Naturdingen einen besonderen Rang für den heilsuchenden Menschen zubilligte, der Koralle etwa, dem Bernstein, dem Amethyst, Malachit und dem Schlangenwirbel.[368]

Nebenabsichten werden deutlich, wenn man beachtet, daß viele Menschen ihren Rosenkranz erweitert haben durch eine Unzahl von *Einhängern* und *Anhängern*. So fanden hier Platz Figürchen und Medaillons, die man von besuchten Wallfahrtsorten mitgebracht hatte:

Walpurgis-Fläschchen, Wolfgangi-Hackel, Nepomuks-Zungen, Sebastians-Pfeile, Medaillons aus Altötting, Mariazell, Einsiedeln, Kevelaer und Scherpenheuvel. Aber auch sonst ließ sich anbringen, was an religiösen Zeichen und Sinnbildern dem einzelnen lieb und teuer war: Ablaßpfennige, Pesttaler und besonders gerne Agnus Dei; dies waren kleine Scheiben aus dem Wachs der Osterkerze, in welche die Gestalt eines Lammes eingeprägt war. Ursprünglich wurden sie ausschließlich in Rom in bestimmten Jahren des Pontifikates vom Papst geweiht; sie waren außerordentlich begehrt und wurden von den Gläubigen in vielfachen Zusammenhängen verwendet, u. a. gegen Feuersgefahr.[369] Eine große Rolle spielten diverse Kreuze als Teile des Rosenkranzes; es begegnen uns wieder die teilweise vertrauten Formen des Caravaca-, Scheyerer-, Donauwörther-, Wiblinger- und Ulrichskreuzes mit den unterschiedlichen Konnotationen. Durch derlei Auffüllung und Erweiterung, aber auch durch die Materialwahl selber und die repräsentative Zurichtung bekamen manche Rosenkränze fast den Charakter einer religiösen Biographie ihrer Besitzer. An ihm wurde zusammengetragen, was als Heilszeichen geschätzt war gegen die Anfechtungen des Bösen in dieser Welt.

Darum war es nur konsequent, daß die Rosenkränze seit dem Spätmittelalter eine besondere Funktion auch im *Todesbrauch* spielen; sie sind zumindest innerhalb der katholischen Bevölkerung unverzichtbares Gnadenmittel in der Sterbestunde, verhindern die Zudringlichkeiten des bösen Feindes und werden in der Regel auch ins Grab mitgegeben.[370] Damit wird ein Brauch weitergeführt, der sich bereits im 15. Jahrhundert herausgebildet hatte. Auf den Epitaphien dieser Zeit sehen wir häufig die Verstorbenen mit der Gebetsschnur in der Hand, und dies nicht nur bei Äbtissinnen und Äbten, sondern auch bei wehrhaften Rittern und reichen Kaufleuten.

Das Beten des Rosenkranzes ist innerhalb der katholischen Kirche der Gegenwart stark rückläufig. Oft sind es nur noch die Laien, welche dieses Gebet bei Maiandachten und den Rosenkranzandachten des Monats Oktober pflegen,[371] während sich die Geistlichen zurückgezogen haben. Nach wie vor geschätzt aber ist der Rosenkranz als materielles Heilszeichen im Alltag. Er ist selbstverständliches Patengeschenk bei Taufe und Erstkommunion. Und bei vielen Autos sieht man einen Rosenkranz vom Innenspiegel herunterbaumeln. Hier übernimmt er neben der Plakette des hl. Christophorus den Schutz der Insassen vor den Gefährdungen des Straßenverkehrs. In den letzten Jahren sind überdimensionale Rosenkränze mit großen Holzperlen auf den Markt gekommen; sie erlangen zunehmend Be-

liebtheit als Zimmerschmuck, werden um Kruzifixe, religiöse Bilder
oder auch völlig frei an die Wand drapiert, besonders gerne in Schlafzimmern. Zweifellos hat damit nicht nur die ästhetische Gestalt überlebt, sondern auch etwas von der religiösen Sinngebung, die sich mit
der Gebetsschnur verbindet.

2.3.3 Ergebnisse

Bilderverehrung, Wallfahrt und Rosenkranzgebet sind in vieler
Hinsicht eine Einheit. Sie sind es vor allem darin, daß die treibende
Kraft für ihre Entwicklung in einem liturgienahen Raum die Laien ge-
wesen sind. Die Liturgie selber kann grundsätzlich auf sie verzichten.
Darum kam es immer wieder zu gespannten Situationen zwischen der
Laienschaft und der Geistlichkeit in diesen Fragen. Trotzdem prägen
diese Erscheinungen über die längsten Phasen der mitteleuropäischen
Kirchengeschichte hinweg die allgemeine Frömmigkeit auf das nach-
drücklichste. Sie bilden eine Fülle volksfrommer Bräuche aus, in
denen sich die besonderen Erwartungen der Laien gegenüber den
Leistungen der Religion aussprechen.
    Da ist das durchgängige Verlangen nach Versinnlichung. Offenbar
wurde das bloße Wort als Vergewisserung von Heil und Erlöstheit als
nicht ausreichend empfunden. Die Gläubigen gaben sich nicht zufrieden mit einer Verkündigung der Frohbotschaft, die sich nur an den
Verstand richtete, sie wollten auch die anderen Sinne einbezogen
wissen. Vor allem in den vielfachen Nöten des Alltags waren greifbare
und sichtbare Zeichen von Heil, Heiligung und Hilfe gefragt, die es
dem einzelnen erlaubten, selber Formen des konkreten Umgangs mit
den heiligen Zeichen zu finden. Dies verweist nicht nur auf eine weitgehend analphabetische Bevölkerung, sondern auf tiefere Schichten
menschlichen Welthabens und -innewerdens, die aus der Existenz als
geist-leibliches Wesen resultieren.
    Aus dem bloßen Vorhandensein dinglicher sakraler Gegenstände
und deren Anwendung in frommen Handlungen auf eine magische
Grundeinstellung zu schließen, die danach trachtet, selbstmächtig
über die Kräfte des Jenseits zu verfügen, erscheint als nicht gerechtfer-
tigt. Die offizielle Kirche hat die gesamte Entwicklung jeweils durch
die Weiterbildung der theologischen Argumentation begleitet, hat in
Schule, Katechese und Predigt auf korrekte Verwendung und Geisteshaltung gedrängt und die grundsätzliche Unverfügbarkeit Gottes
gegenüber dem eigennützigen Menschen betont.[372] Auch spricht

nichts dafür, den Menschen der Vergangenheit geringere Fähigkeiten zum Symboldenken und zur Selbstbescheidung angesichts einer übermächtigen Gottheit zuzutrauen als unserer Gegenwart. Deswegen können aber sehr wohl im Einzelfall die Grenzen zur magischen Anwendung überschritten worden sein. Die gläubigen Laien hatten jedoch trotzdem weitgehend die subjektive Empfindung, sich innerhalb eines Rahmens zu bewegen, der die Toleranz der Amtskirche fand; abgesehen vielleicht von den genannten Konfliktsituationen, die aber nie prinzipieller Art gewesen sind, gab es vielmehr immer die Möglichkeit, sein Handeln durch bestimmte theologische Axiome und die Stellung bestimmter Geistlicher zu rechtfertigen.

Die subjektive Empfindung eines grundsätzlichen Konsenses muß sich eigentlich zwingend ergeben haben, da Bilderverehrung im Alltag, Rosenkranzgebet und Wallfahrt anknüpften an kultischen Vollzügen der institutionalisierten Kirche und durch all die Zeiten ihrer Existenz hindurch Parallelen in der offiziellen Liturgie fanden. Die Bilderverwendung für den Hausgebrauch konnte sich etwa berufen auf Stellung und hohe Verehrung des Kruzifixes in der Kirche, bei der Messe, in der Karfreitagsliturgie etc. Die Gnadenbilder griffen in mancher Beziehung nur einen Gedanken des Zugangs zu einem Urbild auf, wie er durch die Transsubstantiation im Gottesdienst vollzogen wurde. Darum war die Rekondierung von konsekrierten Hostien auch so wichtig gewesen für die Entstehung der Gnadenbildverehrung. Und die äußeren Formen der Wallfahrt überlappten sich in unmerklichen Übergängen mit echten liturgischen Prozessionen. Das Rosenkranzgebet schließlich wuchs heraus aus klosterüblichen Reihengebeten. Die an der Mönchskleidung zur Schau getragene Gebetsschnur verdeutlicht den Zusammenhang bis in die Gegenwart herein.

Aufnahme und Weiterbildung von liturgischen Kernen in den volksfrommen Laienbrauch hinein haben schließlich dazu geführt, daß auch die Gläubigen im Alltag mit einer Fülle von sakralen Gegenständen und Zeichen umgeben waren. Dies gilt sowohl für die offene Landschaft, die durchstellt war von Kreuzen, Bildstöcken und Heiligenfiguren; dies gilt in noch stärkerem Ausmaß von den häuslichen Räumen, welche eigene Kultzonen aufwiesen mit unterschiedlichen Funktionen; dies gilt aber auch für die Personen selber, die offen oder versteckt religiöse Embleme an sich trugen: vom Kreuzchen an der Halskette über den Rosenkranz an der Hand bis zum umgehängten oder eingenähten Skapulier und dem Labourée-Medaillon im Geldbeutel. Sakrale Bilder und Zeichen waren ein wesentliches Mittel, um den Lebens- und Erfahrensraum der Menschen als einen gottgeschaffenen und gottdurchwirkten ins Bewußtsein zu heben. Besonders in der Idee von Gnadenorten – welche ihre Wirkung nicht aus der Liturgie bezogen – schufen die Laien m. E. den angemessenen sichtbaren Ausdruck für ihren Glauben an die Erfahrbarkeit der himmlischen Hilfe auf dieser Erde.

Die sich an religiöse Sinnbilder heftenden Überzeugungen und Erwartungen bzw. die Formen ihrer Verwendung, die wir als religiöse Bräuche bezeichnen können, bezeugen aber gleichzeitig das Wissen um und den Glauben an die Gebrochenheit dieser Welt. Die alltägliche Erfahrung bescherte jedermann Beispiele für menschliche Hinfälligkeit und Bosheit als elementare Gegebenheiten. Die christliche Kirche verwies zur Hilfe bei Krankheit, Not, Krieg, Ungerechtigkeit und Tod auf das Jenseits, auf die Gnade Gottes und das fürbittende Gebet der Heiligen im Himmel, die mit den Menschen im irdischen Jammertal und den erlösungsbedürftigen Seelen im Fegfeuer die große Einheit der erlösten Kirche bilden, den mystischen Leib Christi, wie die Theologen es sahen. Sakrale Zeichen konnten und sollten diese große Hilfsgemeinschaft veranschaulichen.

Gleichzeitig betonte die Kirche aber auch die Gefährdung des irdischen Glücks durch Allgegenwart des Bösen in der Form der Dämonen. Auch diese Lehre wurde von den Gläubigen umfassend aufgenommen. Sie wird uns vielleicht manchmal noch handgreiflicher bewußt beim Umgang mit den heiligen Zeichen und Gegenständen. Viele von ihnen sollen primär die Gefahren abwenden, die vom Teufel ausgehen – und von den Menschen, die mit ihm im Bunde stehen. Die Welt ist nach dieser Interpretation nicht nur gottgeschaffen und heilig, sondern dauernd gefährdet durch die Macht des Bösen. Wenn sich die Laien in ihrem auf Heilung und Heiligung bedachten Alltagshandeln in diese Tradition stellten, dann verlängerten sie keineswegs vorchristliche Kulte, sondern setzten stimmig eine Interpretation von Welt und menschlichem Leben in ihr um, wie sie ihnen ihre Kirche bot. Heilsgewißheit und Dämonenfurcht halten sich in der Alltagsorientierung der abendländischen Menschheit, so scheint es zumindest aufgrund des Handelns in frommen Bräuchen, oft die Waage.

3. SAKRAMENTE UND BRAUCHTUM

Das vorausgehende Kapitel galt im wesentlichen volksfrommen Erscheinungen und Handlungen, die – aufs Ganze gesehen – in einem gewissen Spannungszustand mit der kirchlichen Lehre und den zentralen Anliegen der Glaubensverkündigung standen. Im folgenden soll die Perspektive gewechselt werden. Es wird ausgegangen davon, daß die Amtskirche als Heilsverwalterin in der Form der Sakramente ein gleichbleibendes Angebot an Jenseitserfahrung macht, das von den Gläubigen genutzt werden kann. Im Rahmen dieser Darstellung ist es nicht möglich, die Entwicklung der Sakramente und deren theologische Ausdeutung nachzuzeichnen; vielmehr soll der Blick im wesentlichen darauf gelenkt werden, wie die Sakramente ihrerseits beantwortet wurden durch ein habitualisiertes Verhalten der Gläubigen; wie sie also in das Leben eingriffen und ein korrespondierendes profanes oder auch frommes Brauchtum hervorriefen. Auch hier soll wieder das Augenmerk vor allem auf jene Erscheinungen gerichtet werden, die noch in der Gegenwart üblich sind, Auswirkungen für sie hatten oder aus der Halbvergangenheit der letzten Generationen noch erinnert werden. Entsprechend der Quellenlage werden einige Sakramente stärker berücksichtigt als die anderen. Dabei geht es nicht nur um die kurzen Augenblicke der Sakramentenspendung selbst, sondern um die Lebenssituation, in welche jene eingebettet ist.

3.1 Geburt und Taufe

Die außerordentliche Hochschätzung der Taufe durch die Gläubigen wird u. a. schon daran sichtbar, daß man mit Ausnahme der ersten nachchristlichen Jahrhunderte bald allgemein dazu übergegangen ist, schon die kleinen Kinder zu taufen. Seit dem hohen Mittelalter schien den meisten auch das Risiko zu groß, jeweils einen der beiden üblichen Tauftermine, die Oster- oder Pfingstvigil, abzuwarten; statt dessen setzte man die Taufe zu einem möglichst frühen Termin nach der Geburt an. Bei der außerordentlich hohen Sterblichkeit der Säuglinge bis ins vergangene Jahrhundert hinein[373] kam es trotzdem immer wieder vor, daß Neugeborene verstarben, ohne vorher getauft worden zu sein.

Nach landläufiger Meinung war es diesen Kindern verwehrt, in den Himmel, zur vollen Anschauung Gottes zu gelangen, darum hat man ihnen auch kein Begräbnis in den Familiengräbern oder überhaupt in den Reihen der Getauften vergönnt, sondern sie separiert.[374] Noch um die Mitte unseres Jahrhunderts konnte man in vielen katholischen Friedhöfen einen eigenen *„Friedhof der Unschuldigen Kindlein"* finden, meist einen separierten, oft abgemauerten Bezirk unmittelbar an der Umfassungsmauer, weit weg vom Gotteshaus und seinen heiligen Handlungen. Auch wurde die Bestattung nicht vom Ortspfarrer vorgenommen, sondern nur vom Mesner, Totengräber oder der Hebamme.

Diese, uns sehr hart und lieblos dünkende Praxis belegt aber die große Bedeutung, welche man der Taufe beimaß. Man konnte sich dabei beziehen auf eine Tradition, die bis ins Mittelalter zurückreichte. Protestanten und Calvinisten hatten hier einen Wandel verlangt, als sie beobachteten, daß ungetaufte Kinder vielfach nicht einmal beerdigt, sondern einfach in den Karnern niedergelegt wurden. Sie schrieben vor, „die Ungetauften ohne Unterschied auf dem Friedhof zu begraben und nicht im Beinhäusl".[375] Doch auch noch die aufgeklärte Bürokratie verlangte knapp 250 Jahre später ohne durchgreifenden Erfolg: „Totgeborene Kinder sollen an keiner abgesonderten Stelle des Friedhofs, sondern unter den übrigen Verstorbenen wie alle Kinder begraben werden."[376] Hier schuf erst die letzte Generation einen endgültigen Wandel.

Ohne Taufe zu sterben galt als ein Mangel, für den kaum Abhilfe geschaffen werden konnte. Es ist ein Indiz für die Größe der Verzweiflung angesichts eines solchen Defektes, wenn sich an verschiedenen Gnadenstätten das Gerücht bildete, dort hätten ungetaufte Kinder die Chance, für einen kurzen Augenblick ins Leben zurückzukehren, gerade lange genug, um in den Genuß der Taufe zu gelangen. Solche Gnadenstätten gab es in Frankreich, in der Schweiz, in Süddeutschland und in Österreich. Von weither trugen verzweifelte Eltern hier ihre ungetauften Neugeborenen zusammen, legten sie auf den kühlen Altartisch oder den Boden vor dem Gnadenbild und erhofften die leise Regung eines Muskels, die Verfärbung des Gesichtleins oder ein sonstiges Lebenszeichen. In der Klosterkirche von Ursberg in Schwaben sind zwischen 1686 und 1720 rund 24 000 solcher Taufen durchgeführt worden.[377]

Angesichts einer solchen Angst vor einem Tod ohne Taufe kann man verstehen, daß eine Fülle von Segensbräuchen ausgebildet wurde, um diese gefährliche Phase zwischen Geburt und Taufe heil zu überbrücken. Die unterschiedlichen Maßnahmen können von der Form her kaum auf einen Nenner gebracht werden, hier gab es tausende von regionalen, lokalen und wohl auch individuellen Varianten; ihre Tatsache als solche aber ist über den ganzen deutschen Sprachraum bestens bezeugt, auch für die evangelischen Gebiete, und reicht in letzten Verästelungen noch in die Gegenwart herein.[378] Man legte dem neugeborenen Kind ein Stück Brot in die Wiege, Zweiglein vom Palmbuschen, Krönchen vom Fronleichnamstag, geweihte Rosenkränze und Gebetsbildchen und -zettel. Sehr beliebt waren Breverl – Kompositamulette mit den unterschiedlichsten Inhalten (Kreuzchen, Papierstreifen mit Gebeten, Segensformeln, Weihrauchkörnern, geweihten Kräutern, winzigen Heiligen-Figürchen oder -Attributen); aber auch echte Amulette kamen zum Einsatz wie Korallenäste, Adlersteine, Haifischzähne, Bergkristalle und Bezoare[379]. Wurde in katholischen Gebieten ins Badewasser für den Neugeborenen geweihtes Salz und Weihwasser geschüttet oder ein Rosenkranz hineingelegt, so behalf man sich im evangelischen Bereich mit Gesangbuch und Bibel, die man in die Wiege deponierte.

Grundlegender Tenor dieser Maßnahmen ist die Gefährdung, welche besonders den ungetauften Säuglingen durch Hexen, Dämonen, die Trud, Vampire, Teufel etc. drohte. Zu dieser Befürchtung mußte man allen Anlaß haben, ist doch der Exorzismus (Abwehr und Austreibung des Teufels) ein wesentlicher Bestandteil der Taufe. So war denn auch weit verbreitet der erste Satz, den die von der Taufe heimkehrende Hebamme oder Pate/Patin zur Mutter sagten: „Einen Heiden haben wir mitgenommen, einen Christen bringen wir zurück!"[380] Das Bewußtsein der Außergewöhnlichkeit des Zeitabschnittes, in dem ein Kleinkind nicht im Stande der Gnade aufgrund der christlichen Taufe lebte, muß einst außerordentlich tief empfunden worden sein und dazu geführt haben, daß man alle erdenklichen heiligen und weniger heiligen Hilfsmittel einsetzte, deren man habhaft werden konnte.

Das Pentagramm an vielen Kinderwiegen gibt die Richtung dieser Maßnahmen an. Man braucht hier nicht umständlich auf außerchristliches Gedankengut zu rekurrieren; wurde doch der Hexenglaube bis in die höchsten kirchlichen Ämter hinein geteilt, und war es doch allbekannt, daß die Hexen für ihren Schadenszauber u. a. auch Kleinkinder brauchten, die sie nicht erst mühsam aus der Friedhofserde buddeln mußten, wenn sie deren schon in einer ungeschützten Wiege habhaft werden konnten. [381] Die beständige Erfahrung der außerordentlichen Gefährdung des kleinkindlichen Lebens, die kursierenden Erzählungen von Wechselbälgen, Vampieren und Hexen und die seelsorgerliche Ermahnung zur rechtzeitigen Taufe und deren ungeheuerer Bedeutung haben eine Situation äußerster Hilfsbedürftigkeit erzeugt. In ihr wurde das gesamte Arsenal von liturgienahen Bräuchen eingesetzt, die wir kennengelernt haben: das Kreuzzeichen (Bekreuzigen des Kindes durch die Mutter, drei Knoten in dem Band zum Wiegen des Kindes, Überkreuzstellen von Gegenständen vor oder in der Wiege wie Schuhe u. a.), Bilder (Unterschieben von Heiligenbildchen unter die Windeln), Rosenkranz (in die Windeln oder ins Badewasser), Wallfahrt (unzählbar sind die Verlöbnisse wegen einer glücklichen Geburt oder wegen Überleben der Neugeborenen in den Mirakelbüchern). Aber auch die kosmischen Heilsspekulationen der Antike in mehr oder weniger christianisierter Form konnten hier ihren Platz finden (Wirksamkeit von Steinen u. a. Amuletten) und ebenso die jüdisch-kabbalistischen Heilszeichen des Penta- und Hexagramms (Außenseite der Wiege). Nicht alle diese Maßnahmen mögen zu allen Zeiten nach dem Geschmack der christlichen Seelsorger gewesen sein; doch war der Taufritus mit seiner Beschwörung des bösen Feindes sicherlich wesentlicher Promotor dieser Bräuche.

Fester Bestandteil der Taufe ist seit dem Mainzer Konzil von 813 das Amt des *Paten* oder der *Patin*. [382] Damit wurde durch eine kirchliche Vorschrift ein Element eingebracht, das außerhalb des eigentlichen Taufaktes der Kristallisationskern zu einem vielschichtigen Brauchtum geworden ist. [383] In der Regel ist schon die Bitte um die Patenschaft zeremoniell festgelegt, eine Absage praktisch nicht möglich. Wenn nicht ohnehin aufgrund der Ortssitte die Paten aus der Verwandtschaft genommen werden, wird durch die Patenschaft ein Verhältnis auf Lebenszeit begründet, das vielfach noch enger geknüpft ist als das übliche Verwandtschaftsband. Nicht nur daß der Vorname des Paten auch auf den Täufling übertragen wird (zumindest als zweiter Name); man war bis vor kurzem auch davon überzeugt, daß der Pate die charakterliche und physische Entwicklung des Taufkindes beeinflusse: „*Eine* Ader schlägt nach dem Paten."

Für die Kirche ist der Pate ein Garant der christlichen Erziehung; in der alltäglichen Lebenspraxis jedoch ist die Beziehung zwischen Paten und Patenkind durch eine umfassende Hilfe geprägt, die sich auf Seite des Paten vor allem in der Form von *Geschenken* äußert. Diese setzen ein, wenn nicht mit dem ersten Besuch bei Mutter und Kind, dann mit der Taufe selber. Schon seit dem 15. Jahrhundert, d. h. seit wir überhaupt Landesordnungen kennen, versuchen obrigkeitliche Mandate die Patengeschenke zur Taufe zu regulieren. Die Tendenz der Bürokratien, exakt definierbare (in Heller und Pfennig anschlagbare) Obergrenzen für die Patengeschenke zu bestimmen, hat wohl dazu geführt, daß in der Folgezeit und bis zur Gegenwart das Geld im Vordergrund geblieben ist. Der sprichwörtliche Patentaler (Taufdukaten etc.) wurde oft als solcher verstanden, konnte und kann aber auch etwas weiter ausgelegt werden bis hin zum ersten Sparbuch, das der Pate häufig in der Gegenwart ins Paradekissen steckt.

Neben Geld waren noch üblich sog. *Paten- oder Taufbriefe*: gedruckte oder handgeschriebene Glückwunsch- und Ermahnungsschreiben des Paten an den Täufling, oft mit einem Kupferstich oder später einer Lithographie von der Taufe Christi im Jordan. Es scheint, daß diese Variante des Patengeschenks von den evangelischen Landschaften ausgegangen ist.[384]

Die Taufe verleiht dem Neugeborenen das Kleid der christlichen Gnaden, sichtbar veranschaulicht durch das weiße *Taufkleid*. Dies mag der Auslöser dafür gewesen sein, daß den Paten vielfach die Pflicht auferlegt wurde, für die profane Einkleidung ihrer Schützlinge zu sorgen. So kommt von ihnen häufig die erste Baby-Ausstattung, und sie mußten nach einem Jahr, wenn das Krabbelstadium abgeschlossen und ein neuer Lebensabschnitt eröffnet wurde, ebenfalls für die nun angemessene Kleidung sorgen. Es ging weiter über Schulanfang, Erstkommunion und Konfirmation, wo wiederum oft Pate und Patin mit der entsprechenden Kleider-Ausstattung in Aktion zu treten hatten. Der Zuschuß zur oder die Gestellung der Brautkleidung beendete dann die Geschenkverpflichtung in diesem Bereich, es sei denn, daß das Patenkind vor Pate/Patin verstarb. Dann hatten diese noch für die Totenkrone zu sorgen.

Neben diesen punktuellen Geschenkterminen während des Lebens wurden durch die Patenschaft aber so gut wie überall in Deutschland laufende Aufmerksamkeiten zu bestimmten jahreszeitlichen Terminen begründet. Regional gab es da Abwechslung, aber generell konnten die Patenkinder damit rechnen, zu Neujahr, Ostern, Allerseelen, Nikolaus oder Weihnachten vom Paten besonders bedacht zu werden; am beliebtesten waren bestimmte Gebäcke (Zöpfe, Spitzeln, Wecken, Bretzeln etc.),[385] zu Ostern natürlich Eier.

Die Schenkpflicht des Paten war aber nicht ganz so einseitig wie bislang dargestellt. Der Pate konnte seinerseits vor allem auf sein Patenkind rechnen, wenn er der Hilfe bedurfte, etwa bei außerordentlichen Belastungen im Haushalt oder Beruf, dann bei Krankheit (z. B. durch

Besuch im Krankenhaus); und es galt für einen besonderen Glücksfall, wenn ein Pate durch seine Patenkinder zu Grabe getragen wurde. In der Gegenwart haben sich trotz aller Säkularisierungstendenzen die Stellung der Taufe und insbesondere die Bedeutung der Patenschaft inklusive der diversen Geschenkverpflichtungen durchaus behaupten können.[386] Dies gilt auch über den engeren Kreis von Pate und Patin hinaus. *Geschenkt* wurde und wird zur Taufe auch von Freunden und Bekannten. Dies konnte vereinzelt zu brauchtümlich geforderten hypertrophen Formen führen wie dem in manchen Teilen Oberbayerns um die Jahrhundertwende üblichen „Weisatwecken", der von den unverheirateten Burschen des Ortes gestiftet wurde, „ein aus feinstem Weizenmehl vom Bäcker in der Länge eines Backofens von drei bis vier Metern gebackener Wecken, ein Meisterstück, in einzelnen Teilen gebacken und kunstvoll aneinandergefügt"[387]; dieses Ungetüm mußte von einem eigenen Ochsengespann angefahren werden, begleitet von verkleideten Würdenträgern und mit zeremoniellen Reden, anschließend an die Armen verteilt.

Ansonsten handelte es sich in der Regel um kleinere individuelle Geschenke, welche zum Nutzen des Täuflings bestimmt waren oder aber auch dem üblichen Taufschmaus dienten, wenn sie in Naturalien bestanden. Und damit berühren wir ein weiteres brauchtümliches Element, das fest zur Taufe dazugehört, *das gemeinsame Mahl*. In der Vergangenheit war dies meist eine der seltenen Gelegenheiten, wo die Frauen bei einer gemeinsamen Feier unter sich blieben. Aber auch Ausweitung auf die gesamte Verwandtschaft oder Freundschaft konnte üblich sein. Jedenfalls eröffnen Geburt und Taufe quer durch Deutschland hindurch eine Serie von gemeinsamen Feiern und Mahlzeiten: Kindelbier, Frauenversammlung, Weisatmahl, Kindbetthof, Westerbad (Mahlzeit im Anschluß an das erste Bad des Täuflings), Kirchenbier, Kindsfood, Kindlmahl, Weiberkilwi, Strohbettkirchweih, Weibertag oder wie immer die Bezeichnungen sein mochten,[388] sie sind obligate Bestandteile dieses Ereignisses. Oft wurden sie noch besonders ausgestaltet, etwa durch brauchtümliches Stehlen des Täuflings und Einlösung durch den Paten; eine offenkundige Übernahme aus dem Hochzeitszeremoniell. Die Tauffeier ist auch in der Gegenwart unabdingbar. Allerdings hat sie sich entsprechend den veränderten Kommunikationsbedingungen der Gegenwart zu einer reinen Familienfeier gewandelt.

Schenken und gemeinsames Feiern sind interkulturell übliche Formen des Heraushebens besonderer Erlebnissituationen. Insofern

als die gemeinsame Feier häufig ohne voraufgehende oder begleitende Geschenke der präsumptiven Teilnehmer gar nicht möglich ist,
besteht auch eine innere Verwandtschaft dieser beiden Phänomene.
Das Brauchtum der Taufgeschenke aber wurde teilweise in Verbindung gebracht mit Vorgängen der Heiligen Schrift, also gesehen in
Analogie zu religiösen Vorbildern. Man hat Bezug genommen auf die
Weisen oder Könige aus dem Morgenland, welche dem Jesuskind
nach der Geburt ihre Aufwartung machten und Geschenke überreichten.[389] Trotz dieser teilweise unmißverständlichen Selbstdeu-
tungen der Brauchtumsträger zielte die wissenschaftliche Spekulation
der Vergangenheit lieber in Richtung der „alten" Germanen, vor
allem wenn es galt, die Form der Patengebäcke zu erklären.[390] Die
Knaufgebäcke sollten demnach Ersatz für die Opferung von Tierkno-
chen sein, die Wecken sollten die Gestalt des Phallus imitieren, und
der Taufschmaus wurde gedeutet als „Opfermahl für die Seelengeister
der Sippe".[391]

Die mechanische Art der Deutung aus germanischer Mythologie
heraus wird besonders sichtbar, wenn man bei Fr. LÜERS nachliest,
daß für ihn der Brauch, den Kindern die Vornamen der Eltern oder
Großeltern zu geben, ein Ausfluß des germanischen Glaubens an die
Wiedergeburt sei, wobei sich nach ihm „die Vorstellung im Lauf der
Zeit dahin verschoben hat, daß man dem Taufpaten besonderen
Einfluß auf das spätere Leben und den Charakter des Kindes zu-
schreibt, also eigentlich fast an eine Wiedergeburt des Paten
glaubt".[392] Dementgegen meine ich, daß sich gerade an der *Namenge-
bung* zeigen läßt, wie es die christliche Kirche verstanden hat, ein
Brauchtumsumfeld zu erzeugen, das christliche Sinngebung über die
Spendung der Sakramente hinaus ins Leben der Gläubigen getragen
hat.

Die Namengebung ist kein Teil der Taufe; auf sie als einem elterlichen Akt wird lediglich bei der Spendung des Sakramentes Bezug
genommen.[393] Doch haben schon sehr früh einzelne Theologen wie
Johannes Chrysosthomus (344/354–407) die Eltern dazu aufgerufen,
christliche Namen zu wählen, damit die Kinder sich an der Heiligkeit
ihrer Namenspatrone orientieren könnten und deren Beispiel nach-
ahmten. In der Ostkirche sind dann auch Vornamen üblich geworden
nach Personen aus dem Alten und Neuen Testament oder solche,
die ein christliches Lebensprogramm enthielten: Theodora und Doro-
thea (Gottesgeschenk), Theophorus und Christophorus (Gottträger),
Fidelis (der Treue), Credula (Glaubende) etc.

Das westliche Abendland hat sich diesem Namensgebungsbrauch

erst seit dem 13. Jahrhundert angeschlossen; bis dorthin überwogen die Vornamen der Antike (Caesar, Titus, Sulpicius) oder solche aus den Stammestraditionen (Engilhard, Dracho, Meginward, Embricho etc.). Vor allem das Tridentiner Konzil, in dessen Ausführung der Catechismus Romanus von 1566 und die daran anschließenden Diözesanrituale fordern, „daß der dem Täufling beizulegende Name von einem Menschen genommen werden soll, der wegen seiner Frömmigkeit und Gottesfurcht in die Zahl der Heiligen aufgenommen wurde".[394] Nun traten nicht selten die Namengebung von Katholiken und Protestanten/Kalvinisten auseinander. Während sich die ersteren am Heiligenhimmel und katholischen Heiligenkalender orientierten oder im Wirkungskreis bestimmter Orden deren Patrone aufgriffen, blieben die letzten betont bei alt- und neutestamentlichen Namen. Teilweise kam es so zu einer ziemlichen Gleichförmigkeit der Namengebung. In Frankreich trugen während des 17. Jahrhunderts zwei Drittel der Männer nur vier unterschiedliche Namen: Johann/Jean, Anton/Antoine, Andreas/Andrée und Peter/Pierre, während gar 60% der Mädchen auf Maria/Marie getauft wurden.[395]

Mit dieser Namengebung, welche von den Laien aufgenommen wurde, war von seiten der Kirche natürlich ein Programm verbunden: Es sollte der Heiligkeit der Namenspatrone nachgeeifert werden. Auch die neugewählten Päpste und die in ein Kloster eintretenden Männer und Frauen wählten einen neuen Vornamen, der programmatisch sein sollte. Deshalb förderten die Seelsorger schon seit dem Spätmittelalter die jährliche Feier des *Namenstages*; diese wurde und wird – wenn auch nicht ganz zu Recht – auf die Taufe und deren „Namengebung" bezogen. Der Namenstag sollte nicht nur die besonderen Vorbildmerkmale des betreffenden Heiligen ins Gedächtnis rufen, sondern auch das Taufgelöbnis. Darum wurde und wird in der häuslichen Feier nicht selten dabei die Taufkerze entzündet, die sich als volksliturgisches Element seit dem 16. Jahrhundert gleichsam in die Taufe eingeschmuggelt hat.[396]

Eine besondere Namenstagsfeier – und die damit verbundene Auffrischung des Taufaktes macht erst seit der Zeit einen Sinn, seit der die Wahl christlicher Vornamen dominiert. Schon vorher hatte sich in Ansätzen eine *Geburtstagsfeier* herausgebildet, welche vor allem in Analogie zur Feier der Geburt des Herrn – Weihnachten – gedacht war. Seit der Reformationszeit nun gerieten diese beiden jährlich wiederholbaren Lebenslauffeiern in die Fronten der konfessionellen Auseinandersetzung. Die katholischen Christen taten sich hervor durch die Begehung ihres Namenstages und vernachlässigten dafür den Ge-

burtstag, während man es auf lutherisch-reformierter Seite umgekehrt handhabe; in jedem Fall aber blieb die Erinnerung an die Taufe
in den spirituellen Aspekt der Feiergestaltung einbezogen. Vom
19. Jahrhundert an konnte man im groben von einem „evangelischen"
Geburtstag und einem „katholischen" Namenstag sprechen.[397]
    Diese Frontstellung ist in der Gegenwart im Schwinden. Zwar gibt
es nach wie vor keine Tendenz für eine Namenstagsfeier der Evangelischen, wohl aber haben die Katholiken die Geburtstagsfeier aufgegriffen und zwar vielfach mit gleichzeitiger Zurückdrängung des Namenstages. Dafür sehe ich mehrere Ursachen. Zunächst einmal mag
sich hier die fortdauernde Säkularisierung unserer Gesellschaft
äußern, die tendenziell religiös motivierte Feiern in den Hintergrund
drängt. Zwar gehören zwischen 1977 und 1984 ausschließlich christliche Vornamen zu den am häufigsten gewählten (bei den Buben: Christian, Sebastian, Michael, Daniel und Stefan; und bei den Mädchen:
Stefanie, Julia, Christina und Katharina),[398] doch wird der Trend zu
einer Wahl von Vornamen ohne eine erkenntliche christliche Tradition
immer stärker. Daß Eltern 1983 vor einem Gericht in Saarbrücken
durchsetzten, ihren Sohn „Pumuckl" nennen zu dürfen, ist in dieser
Hinsicht nur symptomatisch. Zum anderen aber hat die katholische
Kirche auch ihrerseits die Basis geschwächt, auf der einst die Namenstagsfeier gewachsen ist. Die radikale Bereinigung des Heiligenkalen-
ders (z. B. Georg und Barbara) ist gewiß einer (auch) religiös motivierten Namenstagsfeier nicht dienlich gewesen. Und schließlich ist
durch den Wegfall einer Reihe von Heiligenfesten als gesetzlicher Feiertage (Peter und Paul, Josefi, Johanni) in den letzten Jahrzehnten
auch etwas von dem Glanz verblaßt, der von diesen Namensfesten auf
die anderen, weniger illustren ausstrahlte.
    Sieht man von diesem Trend in der jüngsten Vergangenheit ab, so
kann man feststellen, daß die christliche Kirche, ausgehend von der
Taufe, mit der spezifischen Wahl von Vornamen und der Induzierung
regelmäßiger Namenstagsfeiern, dann der Einführung des Paten-
amtes nicht unwesentlich strukturierend auf die Lebensgeschichte
der Gläubigen eingewirkt hat. Denn es ist natürlich nicht bei der
bloßen Namengebung geblieben; es sind gedankliche Affinitäten
zwischen der Einzelperson und dem himmlischen Patron sowie
spätere Vorlieben für bestimmte Gebete, Andachtsformen, Wallfahrten und Bilder begründet worden. Die einmalige Entscheidung
hat lange nachgewirkt.
    Die zentrale Stellung, die Taufe und Namengebung einst inne-
hatten, ließ auch eine Reihe von Bräuchen im weiteren Umfeld ent-

stehen, bei denen der Taufvorgang lediglich nachgeahmt, teilweise auch nur *travestiert* worden ist. Dies begann schon damit, daß in manchen Regionen derjenige, der zum erstenmal zu einem Paten gebeten wurde, einer Taufe für nötig befunden wurde.[399] Man hob die betreffende Person – Ausführende waren meist die unverheirateten Frauen oder Burschen – an die Decke; sie mußte sich einen Taufpaten wählen und bekam selbst einen neuen (Spott-)Namen. Das Hochheben wurde als „Lufttaufe" bezeichnet. Dies ist eine Form des Hänselns, wie es in vielfachen Zusammenhängen bekannt ist, bei denen jemand irgendeine Tätigkeit zum erstenmal ausführte. So wurde in Frankfurt am Main ein Fuhrmann, der zum erstenmal in die Stadt kam, von seinen Mitgesellen gehänselt; sie setzten ihn auf eine Schleife, fuhren damit dreimal um die Roßschwemme, warfen ihn hinein, und nach dieser „Taufe" ging es zum Wirtshaus, wo der Initiant der ausübenden Gesellschaft eine Runde spendieren „durfte".[400]

Kern dieses gesamten Brauchtums dürfte die Ledigsprechung der Handwerksgesellen gewesen sein. Wir wissen, daß die Zünfte ein Zeremoniell pflegten, das vielfach an kirchliche Verrichtungen angelehnt war, so wenn man die Zunftlade, in welcher sich die Zunftordnung, die wichtigsten Urkunden, Siegel, Einschreibbücher etc. befanden, wie einen Altar aufbaute. War die Lade bei den Zusammenkünften geöffnet, so brannten davor einige Kerzen, und es war ein besonders diszipliniertes Verhalten – ohne Fluchen, Schelten, Aufspringen, lautem Reden – geboten, bei dessen Mißachtung es empfindliche Strafen hagelte.[401] Bei derart geöffneter Zunftlade wurde der Lehrling nach den vereinbarten orts- und zunftüblichen Lehrjahren ledigsgesprochen. Hier ging es noch würdig und feierlich zu; es waren ja auch die Altmeister anwesend und aktiv.

Anschließend aber galt es, den bisherigen Lehrjungen in die neue Gemeinschaft der Gesellen aufzunehmen, eine Situation, die eines eigenen Zeremoniells bedurfte. Da konnte nur zu leicht die christliche Taufe mit ihrer Aufnahme des Neugeborenen in die Gemeinschaft der Mitchristen das Muster abgeben. So hören wir denn allenthalben auch von der „*Gesellentaufe*"; älteste Belege hierfür gibt es schon aus dem 14. Jahrhundert. Da trat ein „Priester"/„Pfaffe" in Funktion, man erwählte sich einen „Taufpaten" und bekam, mehr zum Vergnügen der Mitwirkenden als zum eigenen Vergnügen, einen neuen Namen.

Dieser für Gesellen über ganz Deutschland geübte Aufnahmebrauch galt vereinzelt auch für die Meister. So verlangte die Handwerksordnung der Wagner von Frankfurt am Main 1599: „Soll ein jeder Meister und Geselle von dem Handwerk seinen besonderen

Namen haben und nicht geduldet werden, er hab dann denselben von der Gesellschaft erkauft …"[402] Solche Namen für Wagner konnten sein: Spansrath, Stelldenwagen, Stickdasrad, Schwingsbeyhel, Silberrad, Treibsrad; oder für Schmiede: Freidinschlag, Fegnhammer, Scharfnagel, Hauecker; für Drechsler: Raiffenstuhl; für Metzger: Hauinspeck, Reschbock; für einen Brauer: Heißwasser; und für einen Goldschmied: Goldsau. Das sehr auf Formen bedachte alte Handwerk nahm einst diese „Taufe" u. U. sehr ernst. So lehnten die Münchner Leineweber es 1667 ab, neben Gesellen aus Salzburg in die Arbeit zu treten, weil diese „Handtwerckhs Gebrauch nach nit getauft worden sein, noch ihre Taufgotten oder Khnappenboden benambsen khinden".[403] Dies war aber teilweise sehr wichtig, weil der zuwandernde Geselle schon bei Eintritt in die Herberge befragt wurde, „wer sein Geselen Vater, seine Gete [Pate], sein Pfaff gewest sey".[404] Erst dann durfte er mit einer Aufnahme und einer Umfrage nach Arbeit rechnen.

Derlei Legitimationsformen sind bei den modernen Dokumentationsmöglichkeiten nicht mehr nötig und auch aus anderen Gründen außer Übung gekommen. Wohl aber halten einige Handwerke auch in der Gegenwart noch am Brauch der Gesellentaufe fest, wie die Metzger in München, die ihre „Taufe" im Rathausbrunnen vollziehen. Am verbreitetsten aber ist das „Taufen", „Gautschen", „Postulieren" der Buchdrucker, das nicht selten zu einem volksfestartigen Öffentlichkeitsbrauchtum geworden ist.[405] Darüber hinaus begegnen wir Analog-Taufen bei der Namengebung für Schiffe und Flugzeuge, wo häufig das Zerwerfen einer Flasche Sekt zum Zeremoniell gehört. Das unvermutete Übergießen mit einem Eimer Wasser bei manchen Erstlingshandlungen gilt auch als „Taufe", so bei der „Äquatortaufe" oder beim Aufziehen des Firstbäumchens; da versuchen es die Zimmerleute so einzurichten, daß der/die Hausbesitzer/-in veranlaßt wird, das Bäumchen anzubinden, damit man ihn/sie in Ruhe von oben mit einem Kübel voll Wasser „taufen" kann.[406] Die Äquatortaufe verweist auf den unter den Schiffern und Flößern weit verbreiteten Brauch, einem Neuling an einer bestimmten Stelle der Fahrstrecke eine „Taufe" zu verpassen, meist an besonders markanten Stellen oder hinter gefährlichen Strudeln.

Auffallenderweise haben sich in manchen Gegenden vor allem zur Pfingstzeit Bräuche erhalten, deren mitentscheidendes Kennzeichen im Übergießen mit Wasser besteht; so etwa bei den *Umzügen der* „Pfingstl" und „Wasservögel". Im Anschluß an Wilhelm MANNHARDT wurde dies in der älteren volkskundlichen Literatur durchweg als Regenzauber interpretiert.[407] Dabei wird m. E. ignoriert, daß sich die

Liedtexte teilweise ausführlich auf den Heiligen Geist und das „Ausgießen" von dessen Gaben beziehen; ferner sollte man bedenken, daß lange Zeit Pfingsten einer der großen Tauftermine gewesen ist und daß es an manchen Orten bis in die Aufklärungszeit hinein bei der drastischen Art einstiger Lehrverkündigung üblich gewesen ist, vom Schalldeckel herab Wasser auf die Kinder oder andere Personen auszugießen (davon später mehr). An solche Parallelen für die Beliebtheit eines Brauchtumszuges sollte man eher denken als an indonesische oder zentralafrikanische Rituale, vor allem wenn man in Rechnung stellt, daß das regenreiche mitteleuropäische Klima wenig Anlaß für einen Wasserzauber geboten haben mag.

Die Strahlkraft der christlichen Tauffeier mit ihrer zeichenhaften Eingliederung des Neugeborenen in die Gemeinschaft läßt sich auch noch im Zeremoniell des atheistischen sozialistischen Regimes der ehemaligen DDR beobachten. Dort hat man eine „Feier der Namenweihe" eingeführt, bei welcher 12–18 Monate nach der Geburt bis zu 20 Kinder mit Eltern und Freunden eingeladen wurden zu einem gemeinsamen Fest. Bei diesem wurde das sozialistische Erziehungsgelöbnis unterzeichnet; „Junge Pioniere" überreichten Blumen und Spielzeug. Die Parallelen zur Taufe sind augenfällig.[408]

Nur hinweisen möchte ich auf einen Aspekt, der im weiteren Sinn auch mit der Taufe zusammenhängt, die „Vorsegnung", „Aussegnung" etc. der Wöchnerin; es handelt sich um einen besonderen Segen, den die Mutter bei ihrem ersten Kirchgang nach der Entbindung empfing. Bis in die Zeit nach dem Zweiten Weltkrieg kannte man dafür sowohl bei der katholischen wie evangelischen Kirche eine Reihe verschiedener Verfahren.[409] Dieser „Kirchenbrauch", an den sich natürlich auch ein weltliches Umfeld anschloß, ist ein Indiz für die Nähe von christlichen und jüdischen Vorstellungen und Kulthandlungen im Zusammenhang mit der Sexualität. Er dürfte u. a. dafür verantwortlich gemacht werden für die weit verbreitete Vorstellung von der „Unreinheit" der Frau während Schwangerschaft und Regelblutung, was bis in die jüngste Vergangenheit eine Fülle von Tabu-Handlungen auslöste.[410]

3.2 (Erst-)Kommunion, Konfirmation, Firmung und Jugendweihe

Entwicklungsgeschichtlich und im theologischen Verständnis hängen Taufe, Kommunion und Firmung eng zusammen.[411] Vielfach war es beispielsweise üblich, dem Täufling konsekrierten Wein (so in der Ostkirche) oder einige Tröpfchen „Ablutionswein" mitzuteilen (westliche Kirche); dies ist der besonders geweihte Wein, welcher dem Priester nach Spendung der Eucharistie über die Finger zur Reinigung des Kelches gegossen wird. In manchen Regionen hat man auf dieses „Witzen" = das Eingießen des Verstandes (in Analogie zur Herabkunft des Hl. Geistes bei der Firmung) großen Wert gelegt.[412] Wir jedoch können von den Verhältnissen der Gegenwart her davon ausgehen, daß wir es mit getrennten Vorgängen, sowohl zeitlich als inhaltlich, zu tun haben. Dogmatische Unterschiedlichkeiten im Sakramentsverständnis sind in unserem Zusammenhang nicht zu behandeln.

Die außerordentliche Wertschätzung, welcher sich der Empfang des Altarsakramentes erfreute, wird schon sichtbar an den vielfältigen Vorschriften, die sich deswegen herausbildeten. Gefordert waren nicht nur Stand der Gnade und Nüchternheit, sondern allmählich hielt man es auch für unangebracht, daß die Laien das konsekrierte Brot mit den eigenen Händen oder einem sauberen Tüchlein anfaßten. Damit waren auch die Zeiten vorbei, daß man es mit nach Hause nahm und dort vor den anderen Speisen genoß.[413] Die fast notwendige Folge dieser zunehmenden Ehrfurcht war der seltene Kommunionempfang, so daß das Laterankonzil von 1215 als untere Norm wenigstens den jährlichen Turnus forderte.

Heute noch greifbar ist für uns die besondere Eucharistieverehrung des Mittelalters in einer ganzen Reihe von *Wallfahrtsorten*, deren Zentrum wundertätige Hostien bilden (z. B. Wilsnack, Walldürn, Bettbrunn, Deggendorf). Sie sind eine volkstümliche Antwort auf die theologische Diskussion um die Transsubstantiation und die Auseinandersetzung mit verschiedenen Heräsien. Innerhalb des offiziellen Ritus führten sie zur Etablierung der Fronleichnamsprozession und zur Elevation der gewandelten Speisen während der Hl. Messe.[414] Die gläubige Bevölkerung (und wohl auch der eine oder andere Prediger) kolportierte Wundergeschichten über unglaubliche Vorgänge, welche sich mit konsekrierten Hostien oder konsekriertem Wein zugetragen haben sollten.

Darin spricht sich zu einem erheblichen Teil nur die mittelalterliche und auch frühneuzeitliche Praxis aus, konsekrierte Hostien zu allerlei *Segens- und Zauberbräuchen* zu verwenden.[415] Die Bettbrunner Wallfahrt etwa verdankte ihre Entstehung der Geschichte von einem Hirten, der das Allerheiligste nach der Kommunion aus dem Munde nahm und es in seinem Hirtenstab versteckte.[416] So wie er haben sich einst viele in den Besitz dieses mächtigen Heilsgegenstandes zur privaten Verehrung oder auch zur zauberischen Anwendung gebracht; Hirten besonders deshalb, um damit ihre Herde gegen Angriffe von Wölfen zu schützen. Doch wissen wir auch von vielerlei Verwendung der Hostien zur Heiligung von Menschen und Tieren gegen die Macht der Dämonen, gegen Krankheiten, zum Gießen von Freikugeln und zum Liebeszauber.[417] Der Vorwurf des Gebrauches von konsekrierten Hostien zu Zauberzwecken gehört zum Standard-Repertoire der Hexenprozesse des späten 15.–18. Jahrhunderts; dabei wurde sicherlich nicht immer bloß ein eingefleischtes Klischee durch die Folter aus den Angeklagten erpreßt, sondern vielfach auch Bezug genommen auf höchst reale Vorgänge.[418] Gefragt waren nicht nur die Hostien selber, sondern auch alle möglichen Gegenstände, die direkt oder indirekt mit ihnen in Berührung gekommen sind. So hat man mit einem bei der Messe verwendeten Kelch den Körper von Schwangeren berührt, um ihnen eine leichte Geburt zu verschaffen. Oder man hat Andachtsbildchen und andere Gegenstände unter das Altartuch gelegt – oft ohne Mitwissen des Priesters –, um ihnen so den besonderen Segen zu verschaffen, den der Priester über Brot und Wein sprach.

Diese – unrechtmäßige und von der Amtskirche durchgängig massiv angeprangerte – Verwendung von Hostien zur privaten Andacht und zur eigenmächtigen Verwendung ist doch nur, so meine ich, ein Reflex auf die offizielle Lehre von der ungeheuren Bedeutung der Wesensverwandlung und auch auf den besonderen Gebrauch, der von der Amtskirche gemacht wurde. Schließlich war es seit dem hohen Mittelalter durchgängiger – und dann seit der Reformation katholischer – Kirchenbrauch, *mit der Hostie den Segen zu spenden* als Hilfe gegen die leiblichen und seelischen Gefährdungen der Gläubigen. Das Herumtragen einer Hostie in einer prachtvollen Monstranz bei der Fronleichnamsprozession diente *auch* der Heiligung der jeweiligen Ortschaft und ihrer Bewohner, analog bei vielen Flurprozessionen.[419] Vielfach mußten bei einem heraufziehenden Gewitter Mesner oder Priester die Kapsel mit den Hostien im Kirchenhof herumtragen.

Das gläubige Vertrauen der Laien auf die Kraft der gewandelten Hostie fand insbesondere immer wieder neue Nahrung durch einen Brauch, der über Jahrhunderte hinweg von zahlreichen Geistlichen bei einer ausbrechenden *Feuersbrunst* ausgeübt wurde. Sie veranstalteten mit der Hostie einen Umgang um den Feuerherd und warfen anschließend eine (oder mehrere) Hostie(n) in die Flammen. In den Alpenländern ist man so vor allem dann verfahren, wenn ein Fluß über die Ufer zu treten drohte und Mensch und Natur in höchster Gefahr standen.[420] Die frommen und unfrommen Verwendungen von geweihten Hostien durch die Gläubigen sind oft eine unmittelbare Entsprechung zu kirchlichen Anschauungen und Riten. Dies gilt m. E. auch für ein anderes Element, das besonders im Bereich von volkstümlichen Segens- und Zauberhandlungen auftritt, nämlich die *Nüchternheit*. Deren große Bedeutung wurde den Menschen nicht durch dunkle Erinnerungen an antike oder germanische Rituale vergegenwärtigt, sondern durch die kirchliche Vorschrift beim Kommunionempfang, allenfalls noch durch die große Bedeutung des Fastens während des Kirchenjahres.

Schließlich wurde die Hochschätzung der Wunderkraft der Hostie auch noch wesentlich aufrechterhalten durch einen weiteren Kirchenbrauch im Umfeld des Altarsakramentes, nämlich durch die *Eulogien*. So bezeichnete man die Brote, welche nicht zur Konsekration bestimmt waren. Sie wurden während der Messe durch ein bloßes Kreuzzeichen oder durch Anrührung an den Kelch mit dem gewandelten Wein geweiht und nach dem Gottesdienst an die Teilnehmer zum sofortigen Genuß oder zur Verwendung im Haushalt verteilt.[421] Vor allem in Zeiten, in denen man aufgrund übermäßiger Ehrfurcht nur äußerst selten zur Kommunion ging, wurden die Eulogien als Eucharistie-Ersatz sehr geschätzt, besonders in manchen Klöstern. Die westliche Kirche hat zwar wegen der möglichen Verwechslung mit dem Altarsakrament keine durchgängige Förderung des Eulogien-Brauches gezeigt, und so konnte er sich hier nicht überall halten im Unterschied zur Ostkirche, wo es diese geweihten Brote auch heute noch gibt. Wohl aber blieben in einzelnen Regionen diese Eulogien in Verwendung, so in Frankreich, wo das pain bénit gelegentlich auch heute noch ausgeteilt wird. Andernorts hat man noch bis vor kurzem solche Eulogien bei besonderen Anlässen geweiht, etwa bei Hochzeiten oder beim Vorsegnen der Wöchnerin.

In die unmittelbare Nachbarschaft solchen kirchlichen Brotbrauchtums gehört das *Abwerfen von Oblaten* aus der Höhe des Kirchengewölbes u. a. zu Christi Himmelfahrt und Pfingsten; dies war eine der beliebten Schaustellungen der Barockzeit, die in er Regel während der Aufklärung zum Erliegen kamen und sich nur punktuell darüber hinaus erhalten konnten.[422] Über derlei „Himmelsbrot" hat sich Sebastian FRANCK bereits 1534 mokiert: „Bald darauff folgt das Fest der Auffart Christi, daran yedermann voll ist und eyn Geflügel essen muß, weiß nit warumb. Da zeucht man das erstanden Bild [= die Figur des auferstandenen Christus], so dise Zeit auff dem Altar gestanden ist, vor allem Volck zu dem Gewelb hinein unnd würfft den Teüfel, eyn scheützlich Bild, an statt herab. In den schlagen die umbstenden Knaben mit langen Gerten, bis sy in umbringen. Darauff wirfft man Oblat von Hymel herab, zu bedeuten das Hymel Brot.“[423] Eine ähnliche Sinngebung konnte man mit solchem Abwurf von Oblaten verbinden zu Pfingsten oder auch am Gründonnerstag, wo damit auf die Herabkunft des Heiligen Geistes oder auf das Letzte Abendmahl Bezug genommen wurde. Es versteht sich, daß die Gläubigen diese Brote außerordentlich hochschätzten als willkommene Hilfsmittel im Alltag.

Während mit Ausnahme von Frankreich die Brot-Eulogien weitgehend außer Gebrauch gekommen sind, konnten sie sich in der verwandten Form der „Heiligenbrote“ auch in Deutschland noch an vielen Stellen bis zur Gegenwart behaupten. Dabei handelt es sich um Brote, Brotstückchen, oft aber auch um eigens gebackene dünne Scheiben oder „Zeltln“, welche am Jahrestag eines Heiligen oder in Wallfahrtsorten bei Anwesenheit größerer Gruppen geweiht und verteilt worden sind und werden.[424] „Brotweihen zu Ehren von Heiligen sind im kirchlichen Leben keine Seltenheit. So sollte das Agathabrot vor Brand schützen, Hubertus- und Luziabrot helfen gegen den Biß tollwütiger Hunde, dem Antoniusbrot schrieb man Heilkraft für Mensch und Tier zu, das Lichtmeßbrot wahrte Gesundheit und Fruchtbarkeit; an Pfingsten geweihtes Brot trug dazu bei, Prozesse zu gewinnen, mit geweihtem Brot konnte man Mäuse und Ratten aus Scheunen und Ställen vertreiben oder Hexen erschießen. Einzelne Landschaften kannten ihre eigentümliche Brotsegnung, so bereitete man in Westfalen das Steffens-, in Paderborn das Liborius-, im Bonner Raum das Lüfthildis- oder Walpurgisbrot. Auch die Trierer Gegend hatte eine Vielzahl eigentümlicher Brotweihen: In Münstereifel wurde das St. Severusbrot gesegnet, in Obersgegen bei Vianden das Antoniusbrot, in Wiersdorf bei Bitburg und Dollendorf bei Hildesheim das Johannesbrot. Hubertusbrot kennen wir aus Rommersheim bei Prüm, Hilgerath und Wolfsfeld, besonderes Brot kannte man in Ediger an der Mosel am Karsamstag, in Blankenheim/Eifel am Gründonnerstag.“[425] Die Reihe der genannten Heiligen ließe sich noch beträchtlich erweitern, beispielsweise um Erhard, Gamalbert, Gerhard und Nikolaus von Tolentino.[426]

Die Besonderheit all dieser Brote war, daß sie trotz ihrer gedanklichen Anleihen an der Eucharistie nicht unter dem strengen Verdikt kirchlicher Verbote standen, darum auch in vielfältigerer Weise im alltäglichen Leben anwendbar gewesen sind. So konnte man ohne weiteres davon etwas dem Vieh mitteilen, sie zerreiben und auf die Felder streuen oder – darin allerdings der konsekrierten Hostie vergleichbar – ins Feuer werfen. Hierfür eignete sich besonders gut das Agatha-Brot, hatte diese Heilige nach der Legende doch ihre Heimatstadt Catania vor einem verheerenden Ausbruch des Ätna bewahrt; es ist aber auch gut gegen menschliche und tierische Krankheiten, gegen Heimweh und Ungewitter.[427] In vielen Gemeinden der Schweiz wird es heute noch geweiht, teilweise schon gleich in den Bäckereien; doch ist es auch noch durchaus üblich, daß die Gläubigen es in die Kirche mitbringen, zusammen mit Zetteln, auf welche sie schreiben: „Hl. Agatha, bewahre unser Haus vor Feuer und Unglück!" Der Grund für dieses Weiterleben der Tradition mag sein, daß Agatha in der Schweiz eine beliebte Patronin der Feuerwehr ist und darum an ihrem Gedenktag gerne das Feuerwehrfest gefeiert wird.

Die Sonderzuständigkeit einer speziellen Personengruppe hat in der Schweiz auch noch einem anderen Heiligenbrot Leben in der Gegenwart beschert: dem *Sebastiansbrot*. Es wird in einigen Gemeinden von den Soldaten oder Schützen des Ortes (Sebastian ist deren Patron) gespendet, oft 25 kg und mehr, in der Kirche geweiht und dann in Hunderten von Stückchen an die Mitbürger verteilt, wobei man auch die Kranken und die Leute in den Spitälern nicht vergißt.[428]

Mit dieser Variation in der Gegenwart wird gleichsam wieder angeschlossen an die frühchristlichen Brot-Eulogien, die im Anschluß an die Meßfeier an die ganze Gemeinde zur Verteilung gelangten. Die besondere Nähe zur Eucharistie hat also sowohl den Eulogien wie auch den Heiligenbroten Fortdauer und Wandlungsfähigkeit bis in die Gegenwart hinein beschert. Die Anpassung an die Gesamtbedingungen des religiösen Lebens glaube ich vor allem auch daran zu erkennen, daß unter den dominierenden Einflüssen des Hexenglaubens besonders handgreifliche Formen magischer Anwendung möglich gewesen sind. Beim Schweizer Sebastiansbrot dagegen tritt die kommunikative und symbolische Seite der Brauchhandlung sehr viel stärker in den Vordergrund.

Eine weitere Variable, welche die Struktur des Altarsakramentes und damit auch die Wechselwirkung mit dem Alltagshandeln bestimmt, ist das Lebensalter, an dem der Zugang zur Kommunion eröffnet wird. Das heilsgeschichtliche Gewicht, welches die Theologen der Wandlung von Brot und Wein in der Hl. Messe zuschrieben, hatte dazu geführt, daß die Laien von dessen Berührung mit den Händen ausgeschlossen wurden. Es hatte aber auch nahegelegt, Kleinkinder davon abzuhalten, weil sie die Größe des Mysteriums noch nicht fassen konnten. Die vielfach geübte Praxis, bereits während des Taufvorgangs die *Erstkommunion* mit Hilfe eines Röhrchens und einiger konsekrierter Weintropfen zu verabreichen, wurde auf dem 4. Laterankonzil von 1215 verboten. Man sollte damit warten bis zu den annis discretionis [den Jahren der Unterscheidung], also bis zu der Zeit, da die Kinder in der Lage seien, die konsekrierte Hostie von bloßem Brot zu unterscheiden.[429] Statt dessen hat man den Paten und/oder den Eltern häufig eine bloß geweihte und nicht konsekrierte Hostie mit nach Hause gegeben als eine Art Schau-Ersatz für die wirkliche Kommunion.[430]

Welches die „Jahre der Unterscheidung" seien, wurde nie verbindlich festgelegt. Es fanden sich Vorschläge zwischen 7–14 Jahre. Doch unter dem Ehrfurchtsdruck, der um die Kommunion aufgebaut wurde und der zu einer immer größer werdenden Abstinenz an jährlichen Kommunionteilnahmen führte, entschlossen sich die meisten Eltern während des hohen und späten Mittelalters eher dafür, ihre Kinder möglichst spät zum Tisch des Herrn mitzunehmen. Bei der bekannt hohen Kindersterblichkeit dieser Jahrhunderte werden darum die meisten Kinder überhaupt nicht zu einer Erstkommunion gelangt sein. Eine gemeinschaftliche Erstkommunion der Kinder kannte das gesamte Mittelalter nicht.[431]

Die Anregungen hierfür kamen während des 17. Jahrhunderts aus dem Jesuitenorden. Durch ihn wurde insgesamt die öftere Teilnahme an der Kommunion propagiert – sonntäglich, wenn nicht gar täglich; besonders bei den von ihnen durchgeführten Volksmissionen legten die Jesuiten großen Wert darauf, daß möglichst viele Teilnehmer, auch die Kinder, am Schluß gemeinsam den Leib des Herren empfingen.[432] Doch auch unabhängig von den Volksmissionen organisierten sie gemeinsame Vorbereitungen der Kinder, so daß diese nicht nur über die Unterschiede zwischen eucharistischem und gewöhnlichem Brot Bescheid wußten, sondern auch die wesentlichen Glaubenstatsachen beherrschten. Aus der Gemeinsamkeit der Unterrichtung ergab sich zwangsweise auch die Gemeinsamkeit einer Teilnahme an dem ersten Kommunionempfang.

Als Experten auf dem Feld des geistlichen Schauspiels und der figurenreichen Prozessionen der Barockzeit hatten die Jesuiten einen Sinn für wirkungsvolle öffentliche Aktionen. Sie ließen die Erstkommunikanten, besonders die Mädchen, in Engelskostümen auftreten, mit Blumenkränzen im Haar, brennenden Kerzen und Rosenkränzen in den Händen. Dieser Aufzug paßte zudem recht gut zum Weißen Sonntag (Sonntag nach Ostern, der seinen Namen davon hat, daß ursprünglich die Täuflinge ihre Taufkleider an ihm ablegten) oder

auch zu Christi Himmelfahrt, zwei beliebten Terminen für diese Feier;
auch der Montag oder Dienstag in der Osterwoche sind eine Zeitlang
recht üblich gewesen.

Anfang des 18. Jahrhunderts und insgesamt nach der Aufhebung
des Jesuitenordens 1773 ging die Vorbereitung auf die Erstkommunion in die Obliegenheiten der Pfarreien über. Damit kehrte auch
etwas größere Schlichtheit im äußeren Erscheinungsbild dieses Festes
ein, vor allem auch vor dem Hintergrund des Aufklärungsgeistes, der
religiösem Gepräge eher abhold gewesen ist. Die Engelskostüme sind
nun wieder verschwunden.

Doch der Zwang zur zeremoniellen Ausgestaltung, der allen gemeinsamen festlichen Aktionen mit Öffentlichkeitscharakter eigen
ist, hat in der Folgezeit auch dieser Feier seinen Stempel aufgedrückt.
Es begann mit *Erinnerungsbildchen*, welche seit der Wende vom 18.
zum 19. Jahrhundert von Lehrern oder Pfarrern, die den Vorberei-
tungsunterricht leiteten, den Kindern zur Erinnerung an diese gemeinsame Zeit mitgegeben wurden. Es waren zunächst beliebige
Andachtsbildchen, doch schon bald kamen eigene Typen auf mit passenden Motiven (Abendmahl von Leonardo da Vinci, Herz Jesu, Anbetung des Lammes, Jesuskind verteilt die Kommunion, Christus mit
den Emmausjüngern etc.) und einem eigenen auf die Erstkommunion
bezogenen Spruch sowie einer Widmung von Lehrern oder Geistlichen. Seit ca. 1840 setzte sich immer mehr die Tendenz durch, die
Bilder zu rahmen. Sie waren also von nun an als Wandschmuck bestimmt und vergrößerten die Bildausstattung der Wohnungen, von der
schon die Rede war.[433]

Auch das Bedürfnis nach einer gemeinsamen Kleidung hat sich allmählich wieder gemeldet. Im Umfeld der pastoralen Erneuerung von
Johann Michael Sailer (1751–1832) wurde nicht nur der Weiße
Sonntag als der angemessenste Termin propagiert, sondern auch eine
weiße Kleidung mit einem gezielten Verweis auf die Symbolkraft des
Taufkleides. Diese Anregung hat sich jedoch nicht sofort durchgesetzt. Vielmehr orientierten sich die Mädchen während des gesamten
19. Jahrhunderts eher an der schwarzen Brautkleidung der Hochzeits-
feiern inklusive Krönchen im Haar und Blumengesteck; und erst als
diese nach 1900 ebenfalls auf Weiß einschwenkt, kommt das „typische" weiße Erstkommunionkleidchen der Mädchen (erneut) zum
Durchbruch. Nach wie vor aber gehören Kerze, Rosenkranz und Gebetbuch zur vollständigen Ausstattung; diese auch bei den Buben, bei
denen sich seit 1900 die langen Hosen der Erwachsenen als typische
Bekleidung einzubürgern beginnen.

Diese Orientierung an der Erwachsenenkleidung bot sich um so mehr an, als auch noch jetzt vielfach relativ späte Termine für die Erstkommunionfeier in Deutschland üblich waren; oft hat man sie parallel zur Schulentlassung angesetzt. Damit mag es zusammenhängen, daß sich um 1900 teilweise der Brauch auszubilden begann, diesen jungen „erwachsenen" Erstkommunikanten ein „Engelchen" in Gestalt eines weißgekleideten Mädchens aus der Nachbarschaft oder Verwandtschaft beim Gang zur Kirche beizugesellen, das dann während des gesamten Tages nicht mehr von der Seite wich. Ein päpstliches Dekret von 1910 rief jedoch zu einer deutlichen Herabsetzung des Erstkommunionalters auf durchschnittlich sieben Jahre auf. Mit der Senkung des Erstkommunionalters hat sich schließlich der Aspekt des Erwachsenwerdens wieder verflüchtigt und damit auch der Einsatz der „Engelchen". Die Sentimentalisierung des Festes konnte auch ohne dieses „Requisit" um sich greifen.

Gegenwärtig geht in der Kleiderfrage ein teilweise erregter Disput durch die katholischen Pfarreien. Manche Seelsorger und Erzieher treten ein für eine neue Einheitskleidung in Form eines weißen liturgischen Gewandes, das von den Pfarreien beschafft und von Buben und Mädchen unterschiedslos während der kirchlichen Feier getragen werden soll. Damit könne der sakramentale Sinn dieses Tages besser zum Ausdruck gebracht, der Gedanke der Gleichheit vor Gott verdeutlicht und dem übertriebenen Aufwand, vor allem in der Ausstaffierung der Mädchen als kleine Bräute, gesteuert werden. In der Regel wird die Entscheidung durch Abstimmung der Eltern eines Kommunion-Jahrgangs getroffen. Nicht selten behilft sich die unterlegene Partei mit Anschaffung einer eigenen Gewandung für die weltliche Feier. Denn diese zählt spätestens seit Beginn unseres Jahrhunderts fest zum Gesamtkomplex dieser Erscheinung hinzu und hat aufs Ganze gesehen dem kirchlichen Aspekt den Rang abgelaufen.

Der Kern der weltlichen Feier scheint im Überreichen von *Geschenken* gelegen zu haben. Es bot sich an, den Erstkommunikanten bei diesem Eintritt in das volle sakramentale Leben der Gemeinde Gegenstände des religiösen Lebens wie Rosenkranz und Gebetbuch zu schenken. In dieser Beziehung waren und sind häufig die Taufpaten wieder einmal gefordert, teilweise auch bei der Beschaffung von Kerze und Kleidung. Doch die Schenkidee hat sich bald über den Kreis dieser Objekte hinausgehoben. So wie sich Erzieher/Seelsorger bemüßigt fühlten, Bildchen und Bilder zu schenken, so wollten auch Freunde und Verwandte zur erhöhten Gestimmtheit dieses Tages beitragen. Nach 1900 kamen Porzellan-Tassen und -Teller auf den Markt

mit besonderen Bilddarstellungen und Aufschriften als Erinnerung
zur Erstkommunion; sie wurden von Privatpersonen geschenkt. Die
durch die Kleidung suggerierte Nähe zur Hochzeit ließ dann seit den
30er Jahren unseres Jahrhunderts die Idee des Schenkens vollends in
die Breite wachsen. Gegenwärtig kann so gut wie alles geschenkt
werden, vom Halskettchen bis zum Fernglas und von der Armbanduhr bis zum Luftgewehr. Zur Erstkommunion werden von vielen
Geschäften die Schaufenster neu dekoriert und mit speziellen Hinweisen auf dieses Fest ausgestattet.

Parallel zur Ausweitung des Schenkens nimmt die *familiäre Feier*
ein immer größeres Gewicht an. Nach dem Zweiten Weltkrieg wird
neben der Kernfamilie und den Paten auch die übrige Verwandtschaft
allgemein einbezogen. Auch in diesem Punkt nähern sich Erstkommunion und Hochzeit einander an. Die mittlerweile übliche Streuung der
Termine über mehrere Monate wird teilweise von den Eltern er-
zwungen, weil sich sonst das Problem der familiären Feier nicht lösen
läßt, die wegen ihres Umfangs in aller Regel den häuslichen Rahmen
gesprengt hat und die Anmietung von Zimmern in Gasthöfen erfordert.

Fester Bestandteil der Erstkommunion ist seit unserem Jahrhundert auch das *Kommunionfoto*. Bei den älteren Jahrgängen ist es nicht
selten das einzige Kindheitsfoto, das angefertigt wurde. Neuerdings
ist auch ein Gruppenfoto obligatorisch; es erscheint regelmäßig in der
lokalen Presse.

Erstaunlich bei dem hohen Aufwand, der mit der Erstkommunion
getrieben wird, ist es, daß diese kaum über den eigentlichen Fest-
termin hinausgewirkt hat. Zwar hat es sich eingebürgert, daß die
Geistlichen mit den Erstkommunikanten im unmittelbaren Anschluß
an die Feier einen gemeinsamen Ausflug unternehmen, um so den Gedanken der Zusammengehörigkeit zu unterstreichen, und bei der
Fronleichnamsprozession treten diese dann auch noch einmal als
Gruppe in Erscheinung, doch damit hat es dann sein Bewenden. Es
gibt keine Erstkommunion-Jubiläen und keine späteren Treffen. Vielleicht hängt dies damit zusammen, daß die Vorbereitung weitgehend
in den Schulunterricht integriert ist und die Klassengemeinschaft mit
ihrem größeren Zusammenhalt diesen spezifischen Aspekt ihrer
Existenz völlig überlagert.

Insgesamt jedenfalls hat sich die Stellung des Altarsakraments im
Leben der sog. praktizierenden Katholiken in den letzten Jahrzehnten
sicherlich massiv gewandelt; die immer stärkere Einbeziehung jün-
gerer Kinder, welche den vollen Sinn dieses Mahles garantiert nicht

verstehen, hat die frühere Ehrfurchtshaltung heruntergestimmt, den Aspekt der dogmatischen Besonderheit und Exorbitanz zurücktreten lassen. So ist die der Urkirche gemäße Idee einer symbolischen Mahlgemeinschaft wieder stärker bewußt geworden, was auch durch den weitgehenden Verzicht auf die Anfordernis der Nüchternheit verstärkt wird. Auf dieser Grundlage konnte sich der häufige und eher beiläufige Kommunionempfang etablieren. Dadurch verliert dieses Sakrament etwas an seiner Eignung zur konfessionellen Differenzierung; gleichzeitig tritt aber auch das Stimulans mystisch-magischer Anwendung in den Hintergrund, das in der Vergangenheit in seinem Umfeld eine Fülle von brauchtümlichen Handlungen hatte entstehen lassen.

Wie sehr dieser Zusammenhang als ausschlaggebend anzusehen ist, zeigt vor allem die *Firmung*. Man hat sie als „das vergessenste der Sakramente" bezeichnet.[434] Ihre Entwicklung als selbständiges Sakrament mit dem zentralen Vorgang der Salbung ist spätestens im 12. Jahrhundert abgeschlossen; doch wurde die Spendung dem Bischof reserviert. Und dies bedeutete bei den technischen Gegebenheiten von Mittelalter und früher Neuzeit nur sporadische Spendung, oft eher nebenbei vollzogen aus Anlaß einer Altar- oder Kirchenweihe.[435] Wegen dieser seltenen Gelegenheiten zum Firmungs-Empfang wurde die Spendung oft zu einer Massenveranstaltung, bei der nicht selten mehr als 10 000 Personen gefirmt wurden.

Einigermaßen Regelmäßigkeit kehrte erst seit dem 19. Jahrhundert ein, als die Bischöfe zu festen Terminen die Firmlinge in die Bischofskirchen einluden oder regelmäßige Rundreisen in die Pfarreien unternahmen, in den letzten Jahrzehnten auch immer stärker Weihbischöfe und Äbte zur Entlastung heranziehen. Doch hat sich dadurch die traditionell schwache Position der Firmung innerhalb der Gesellschaft der übrigen Sakramente nicht beseitigen lassen. Dementsprechend schwach sind auch die Anregungen für die Ausprägung eines weltlichen Brauchtums gewesen, die von diesem Sakrament ausgegangen sind. Bezeichnenderweise steht das Wenige, das angeführt werden kann, im Zusammenhang mit der kirchlichen Intensivierung seit dem 19. Jahrhundert.

Im Ritus der vorausgehenden Zeit hätte allenfalls die *Firmbinde*, welche für acht oder drei Tage getragen werden mußte zum Schutz des Krisamzeichens auf der Stirn, eine Chance gehabt, Anstoß besonderer Wertschätzung und brauchtümlicher Verwendung zu werden. Doch erstens war diese Stirnbinde nicht durchgängig in Gebrauch, und zum anderen wurde sie nach der Abnahme durch den Priester verbrannt. Der vom Bischof nach der Salbung erteilte Backenstreich spielt zwar im landläufigen Reden von der Firmung eine zentrale Bedeutung, blieb aber ansonsten ohne Weiterungen.[436]

Die größere Regelmäßigkeit der Firmungsspendung im 19. Jahrhundert ließ dann ein bescheidenes weltliches Brauchtum aufkeimen. Hierzu gehört der von Firmpaten und Firmling durchgeführte traditionelle Ausflug im Anschluß an die Feier; er mochte sich vielleicht deshalb einbürgern, weil bei der zentralen Sakramentspendung in der Bischofskirche ohnehin meist eine kleine Reise notwendig wurde. Parallel zu den Erstkommunionandenken und im Anschluß an die älteren Taufbriefe sind auch besondere gedruckte *Andenken an die Firmung* üblich geworden. Es waren dies auf der einen Seite offizielle Beglaubigungsbriefe, auf der anderen jedoch graphische Blätter mit Motiven und Gebeten, die sich auf die Firmung bezogen (Heiliger Geist, Sendung der Apostel, Pfingstwunder oder auch das Wappen des betreffenden Bischofs, neuerdings dessen Porträt). Damit wurde das Sortiment von häuslichem Wandschmuck erweitert. Für die Mädchen wurden diese Erinnerungsblätter gelegentlich auch in Wachsstöcke eingelegt und zusammen mit diesen verschenkt. Zwischen 1800 und dem Ersten Weltkrieg wurden in einer Reihe von Diözesen eigene *Firm-Medaillen* geprägt, die man aufheben, umhängen oder in den Rosenkranz einhängen konnte.[437]

Ansonsten spielt noch das *Firmgeschenk* eine gewisse Rolle; davon ist allerdings nur der Firmpate betroffen. Seit dem 19. Jahrhundert rangiert eine Taschen- oder Armbanduhr zumindest bei den Buben an erster Stelle. Es könnte gut sein, daß dieses spezifische Geschenk etwas mit der kirchlichen Interpretation der Firmung zu tun hat; sollte doch danach dieses Sakrament das Zeichen der vollen Verantwortung im Glauben sein, des Erwachsenseins als Christ. Umgekehrt galt die Uhr als Symbol des Erwachsenenalters, in dem es notwendig wurde, sich dem Zeittakt der Arbeit zu unterwerfen. Mit dieser Umsetzung eines bestimmten Aspektes des Sakraments in weltlichen Brauch wäre aber dann schon der spezifische Beitrag der Firmung erschöpft; denn die Medaillons sind wieder außer Gebrauch gekommen, und alle anderen Elemente sind Tauf- oder Erstkommunion-Bräuchen nachgebildet. Kurzum, die schwache Verankerung der Firmung im kirchlichen Ritus findet ihre Entsprechung auch im Brauchtum.

Innerhalb der evangelischen Kirche können wir am Beispiel der *Konfirmation* das glatte Gegenteil beobachten. Luther und die meisten anderen Reformatoren haben die Firmung nicht als Sakrament anerkannt. Sie ließen ohnehin als solches in der Regel nur die Taufe und das Abendmahl gelten. Durch diese Reduzierung mußte fast zwingend das Gewicht der beiden verbleibenden Sakramente steigen. So wollte Luther auch nichts wissen von einer sehr frühen Zulassung zum Abendmahl, sondern verlangte gründliche Kenntnisse, die nur durch einen intensiven Katechismusunterricht zu erhalten waren. Dazu aber mußte man sinnvollerweise eine größere Gruppe von Kindern zusammenfassen, welche dann gemeinsam zum ersten Abendmahl „anstanden". Diese Zusammenhänge haben letztlich dazu geführt, daß sich bereits um die Mitte des 16. Jahrhunderts eine Entwicklung abzuzeichnen begann, die den evangelischen Territorien trotz der bekannten Aversion gegen die liturgischen Bräuche der alten Kirche eine kirchlich orientierte Feier bescherte, die vielfach zeremoniell ausgestaltet wurde.[438]

Als eigentlicher Vater der Konfirmation gilt Martin Bucer (1491–1551), der Reformator Straßburgs. Er faßte Anregungen Luthers und Erasmus' von Rotterdam zusammen zu einer symbolischen Feier der Zulassung zum Abendmahl, die Examen, Glaubensbekenntnis, Gehorsamversprechen, Erneuerung des Taufgelöbnisses mit Handauflegung des Priesters und Fürbittgebet der Gemeinde vereinigte. Diese Ordnung wird in einer Reihe von Teilkirchen übernommen. Es läßt sich beobachten, wie sie im Lauf der Zeit in ihrer Wertigkeit dauernd steigt, allmählich in den Hauptgottesdienst einrückt und zu herausragenden Terminen während des Jahres gefeiert wird, etwa am Palmsonntag oder am Karfreitag. Besonders unter dem Einfluß des Pietismus hat sich während des 18. Jahrhunderts die feierliche Konfirmation nahezu in allen evangelischen Territorien durchgesetzt.

Die Konfirmation vereinigt in sich also Elemente von Erstkommunion und Firmung. Entsprechend den hohen Anforderungen, die gestellt wurden, hat man besonderes Gewicht auf die Unterweisung durch Kinderlehre und Katechismus-Predigten gelegt, die durchweg vom Pastor in eigener Person und außerhalb des Schulunterrichts geleistet wurde. Dadurch ergaben sich mancherlei kommunikative und emotionale Verbindungen innerhalb dieser Gruppe. Außerdem überwog ein relativ hohes Konfirmationsalter. Vielfach herrschte (und herrscht) eine Parallelität zur Entlassung aus dem Pflichtschulunterricht, doch sind auch spätere Termine (bis zu 18 Jahren) keine Seltenheit. So konnten sich Assoziationen zwischen Konfirmation und Erwachsenwerden sehr viel stärker entwickeln als bei Erstkommunion und Firmung mit ihren sehr frühen Terminen.

Insgesamt hat sich um Abendmahl und Konfirmation ein Komplex von brauchtümlichen Handlungen ausgebildet, der für den Geist der

reformatorischen Kirchen erstaunlich ist. So tritt die Gruppe der
Konfirmanden vielfach in Aktion, etwa durch ein vorbereitendes Fasten und entsprechende Andachten, durch ein formelles Abbitten von
Verfehlungen vor Eltern, Lehrern und Geistlichen oder auch durch
gemeinsam verrichtete Aktionen wie Kirchenreinigung, -schmuck
und Gottesdienstgestaltung.[439] Dieser größere Binnenkontakt der
Konfirmanden gegenüber Erstkommunikanten und Firmlingen trägt
nicht selten auch über die Kindheitsphase hinaus; es gibt Erneue-
rungen der Konfirmation und gemeinsame Jubiläumsfeiern, besonders zur Erinnerung an die 25–50jährige Konfirmation.[440] Dabei sind
Gedenkzeichen, -bilder und Gruppenfotos üblich.

Im Laufe des 19. Jahrhunderts bürgert sich durchgehend auch eine
besondere *Konfirmationskleidung* ein mit einem Trend zu lokaler oder
regionaler Einheitlichkeit. Sie orientiert sich stark an der Abendmahlskleidung der Erwachsenen, teilweise auch an der Brautkleidung, und
bevorzugt eindeutig Schwarz oder dunkle Farben. Attribute wie
Myrten- und Maiglöckchensträuße, weiße Häubchen oder Zylinder
können einen besonderen Akzent setzen und bilden eine Querverbindung zum Hochzeitsbrauch. Der Aspekt einer besonderen Konfirmationskleidung – weniger im Sinne einer spezifischen „Tracht" als einer
vorverlegten Abendmahlskleidung – wird als so wichtig angesehen,
daß sich an vielen Orten seit dem ausgehenden 19. Jahrhundert Vereine, Kommunen, Stiftungen oder private Personen verpflichtet fühlen, Zuschüsse zur Beschaffung der notwendigen Kleidungsstücke
zu geben.

Besondere *Erinnerungszeichen*, -briefe, -blätter und -bilder zur
Feier der Konfirmation haben sich meist im unmittelbaren Anschluß
an die offizielle Einführung dieser Feier während des 18. Jahrhunderts
schon durchgesetzt.[441] Sie zeigen die eindeutige Tendenz einer ästhetischen Ausgestaltung mit Überwiegen der Bildmotive und der Funktion, als Wandschmuck zu dienen. Desgleichen gibt es seit der letzten
Jahrhundertwende das Konfirmationsfoto als absolutes Muß. Auch
die familiäre Feier, die längst über den Kreis der Kernfamilie und
Paten hinausgewachsen ist, hat sich fest etabliert. In deren Mittelpunkt steht nicht weniger wie bei der Erstkommunion das allgemeine
Schenken, in welches nicht nur die Paten, sondern auch die Verwandtschaft und die Nachbarschaft (diese zumindest mit Glückwunsch-
karten) einbezogen sind – trotz beständiger Klagen der Geistlichkeit.
Erwachsenensymbole wie Uhr oder Siegelring und anlaßbezogene
Geschenke wie Bibel und Gesangbuch sind mittlerweile untergegan-
gen in der Flut unspezifischer Artikel.

Landschaftliche Besonderheiten in der jüngsten Vergangenheit sind gewesen, daß die Wege vor den Häusern von Konfirmations-Kindern mit Blumen oder Tannengrün bestreut wurden. In einigen Gegenden an der Weser erhielt der Konfirmand nach der Rückkehr von der Abendmahlsfeier beim Eintritt ins Haus von seinem Vater eine schallende Ohrfeige. Es war die letzte! Von nun an zählte er zu den Erwachsenen und brauchte nicht mehr mit einer Züchtigung wie ein Kind zu rechnen. Er durfte nun auch bei den Mahlzeiten am Tisch sitzen, während die übrigen Kinder zu stehen hatten.[442] Solche Akte verdeutlichen den Aspekt des Eintritts in den Stand eines vollberechtigten Erwachsenen, der ja auch wesentlich für das kirchliche Verständnis gewesen ist; manchmal wurde sogar das Recht auf Übernahme von Patenschaften, auf Anspruch auf eine Leichenpredigt oder sogar zum Eheschluß an die Konfirmation gebunden.[443] Mit der zunehmenden Entkirchlichung in der Gegenwart, die natürlich auch die evangelische Konfession betrifft, zeigt sich freilich, daß der Gedanke der Initiation auch umgewendet werden kann. Viele betrachten die Konfirmation heute weniger als Beginn des Lebens als erwachsener mündiger Christ, sondern als Abschluß der Kindheit; und so legt man mit der Kindheit auch gedanklich und emotional alles ab, was dazu gehörte: Schule, Konfirmationsunterricht und Abendmahlsempfang. So sind neuerdings häufig erstes und letztes Abendmahl identisch.[444]

Sieht man von diesem allerjüngsten Trend ab, so zeigt sich doch eine erstaunlich parallele Entwicklung des brauchtümlichen Verhaltens im Umfeld von Konfirmation und Erstkommunion, obwohl diese Feste in der jeweiligen Konfession scharf unterschiedlich begründet worden sind. Auch ist die gegenseitige Kenntnis der Katholiken oder evangelischen Christen über die Art der anderskonfessionellen Feiergestaltung erstaunlich gering.[445] Der Grund für die Ähnlichkeit dürfte in der inneren Logik der Gestaltung von Festen an der Wende von Kindheit/Jugend und Erwachsenenalter liegen: Familiäre Feier mit festlichem Mahl, Geschenke, Erinnerungszeichen und besondere Kleidung bieten sich als gängige Brauchtumselemente zur Markierung herausragender Termine geradezu an.

Unter diesen Voraussetzungen konnten sich auch innerhalb des Alltagsbrauchs der evangelischen Christen manche Aspekte und Gebräuche einer etwas suspekten Dingbedeutsamkeit[446] ausbilden; so, wenn gelegentlich zwingend verlangt wird, daß zu einem würdigen Empfang des Abendmahles die Waschung des ganzen Körpers und der frische Bezug der Betten notwendig sei; oder daß man ein neues Kleidungsstück zum erstenmal am besten beim Abendmahlsempfang an-

ziehe, weil man es so vor Mottenfraß schützen könne; oder wenn die
beim Abendmahl getragenen Blumensträußchen aufbewahrt und zu
Heilmaßnahmen und zur Abwehr von Unwettern und Hexen ver-
wendet wurden.[447] Letztlich stoßen wir wohl auf anthropologische Konstanten, welche
die Unterschiede der Konfessionen relativieren. So werden jeweils die
zentralen Bereiche des kirchlichen Lebens auch mit einer analogen
Strukturierung des Alltags beantwortet, solange die Kirche überhaupt
Bedeutung als Orientierungs- und Sinngebungsinstanz besitzt. Ferner
besteht ein grundsätzliches Bedürfnis nach Akzentuierung von Wen-
depunkten des Lebens durch zeichenhafte Gebärden; sie leisten eine
wichtige stützende Funktion zur Rekapitulation der eigenen Biographie und damit zur Formung eines individuellen Persönlichkeits-
profils. Oft können nur solche Situationen nach einem größeren Zeit-
abstand erinnert werden, welche eine Durchbrechung des Alltags
darstellten.[448] Und schließlich besteht ein Bedarf nach Sinnenhaftigkeit im Umgang mit numinosen Mächten, auch und gerade im Zusammenhang mit der Erfahrung von Hilfe und Heil. Von diesen Zusammenhängen können sich zu einem Teil auch Gesellschaftssysteme
nicht frei machen, die sich dezidiert als atheistisch verstehen; dies läßt
sich am Beispiel der *Jugendweihe* in der einstigen DDR beobachten.

Sie ist offiziell 1954 eingeführt worden und wird seit 1956 auch in das
Familien-Stammbuch eingetragen. Evangelische und katholische
Kirche haben zwar wiederholt die Unvereinbarkeit mit Konfirmation
und Firmung betont, doch konnte sich die Jugendweihe unter den
Lebensbedingungen eines totalitären Regimes schnell allgemein
etablieren.[449] Die Tradition dieses Rituals, in dessen Zentrum das Gelöbnis auf den sozialistischen Staat steht,[450] geht zurück auf entsprechende Feiern von freireligiösen Bewegungen seit dem 18. Jahrhundert, welche sich dezidiert auf Firmung und Konfirmation gestützt
hatten. Solche Feiern hatten auch Pate gestanden bei den national-
sozialistischen Verpflichtungsfeiern zur Aufnahme in „Hitlerjugend"
(HJ) und „Bund deutscher Mädchen" (BDM), welche man zeitlich
teilweise gezielt auf die üblichen Konfirmationstermine, besonders
auch den Karfreitag gelegt hatte.[451] Bei dieser Vorgeschichte verwundert es darum auch nicht, daß wir eine Reihe von formalen Äquiva-
lenten entdecken: Gelöbnis, Aushändigung von Gedenkblättern und
Händedruck von hohen Würdeträgern (statt Handauflegung oder
Backenstreich). Man könnte fast von einer säkularisierten Firmung
oder Konfirmation sprechen.

3.3 Ehe und Hochzeit

Der Eheschluß ist ein Vorgang, der im Vergleich zu den bisher behandelten Themen ungleich vielschichtiger ist. Als Vertragsgemeinschaft zwischen zwei erwachsenen Personen mit erheblichen Folgen für die beiderseitige Verwandtschaft, für die in der Ehe geborenen Kinder und die gemeinsam erworbenen Güter kommt ihm vor allem Rechtscharakter zu. Dementsprechend dürfen wir erwarten, daß ein Großteil des gebräuchlichen Zeremoniells dieser Sinnrichtung folgen wird. Dies kann jedoch in unserem Zusammenhang ebensowenig behandelt werden wie die soziale Komponente, die in der Zusammenführung zweier Verwandtschaftskreise besteht. Uns interessieren primär die religiösen Aspekte dieses Vorgangs und hier auch wieder weniger die theologische Deutung der Ehe als vielmehr die Impulse zur Ausbildung eines verbindlichen zeit-, schicht- und regionalspezifischen Brauchtums, das Religiöses in sich schließt.

Innerhalb der Sakramentenlehre der christlichen Kirche hat die Ehe insofern eine Sonderstellung, als sie als einziges Sakrament nicht in die Verwaltung und Kompetenz der geweihten Priesterschaft übergeben ist, sondern grundsätzlich nur von Laien gespendet wird und der Priester lediglich die Rolle eines Assistenten einnimmt.[452] Dies ist seit der vollen Ausbildung der Sakramentenlehre im 12. Jahrhundert bis zur Gegenwart so geblieben, wenngleich der kirchliche Aspekt der Eheschließung im Laufe der Zeit verstärkt worden ist. Dies gilt auch für die evangelische Kirche; Luther betrachtete zwar die Ehe als „weltlich Ding" und erkannte ihr keinen sakramentalen Status zu, trotzdem wurde um 1600 auch in den evangelischen Territorien die kirchliche Trauung zur Norm.

Kern der kirchlichen Beteiligung an der Ehe ist eine schon in der Urkirche greifbare *Ehesegnungsliturgie*, die dann über römische Brautmeßformulare auch an die deutsche Kirche weitervermittelt wurde. Noch zur Zeit Karls des Großen hielt man den Segen des Priesters nicht für unbedingt erforderlich, wohl aber für angeraten. Doch bestand noch bis ins Spätmittelalter hinein keine Einigkeit darüber, ob dieser Segen des Priesters vor oder nach dem Beilager eingeholt werden sollte. Obwohl also sicherlich über lange Strecken der abendländischen Geschichte hin der primäre Aspekt der Rechtsbeziehungen im Vordergrund stand, kam zunehmend Religion ins Spiel, wurde der gesamte Vorgang gleichsam aufgesogen und überwölbt durch eine religiöse Interpretation.

Als sich der Notar Johann Rudolf SATTLER 1608 anschickte, sinn-

volle Reden zu Werbung und Trauung zu entwerfen, da kamen ihm
offenbar ausschließlich religiöse Beziehungen und Floskeln in den
Sinn: „Wo es zuvorderst sey deß Allmechtigen, demnach auch ewer
beeder und ewer lieben Tochter N. Will were: dieselbig ewer liebe
Tochter christlicher Ordnung nach zu einem Ehegemahl zu haben . . .
in der Forcht Gottes, gebuerender ehelicher Liebe und Einigkeit zu
leben, sie durch die Verleihung göttlicher Gnaden als sein eigenen
Leib und Leben zu lieben, auch dieselbe in allen zufelligen Sachen, es
seye in Frewd oder Trübsal . . . keineswegs zuverlassen, sondern hin-
gegen alle eheliche Trew, wie einem christenlichen und getrewen Ehe-
mann zuthun gezimpt, erzeigen . . .“[453] Eine Gesellschaft, die unter
dem Leitbild christlicher Lebensdeutung steht, kann gar nicht anders,
als auch diesen Rechtsakt unter religiösem Blickwinkel zu sehen. Der
Ehekontrakt wurde mitunter direkt als „Heilichsbrief“ oder „Hei-
lichsvertrag“ bezeichnet.

Bis in die allerjüngste Vergangenheit herein war die Ehe der Sozial-
stand außerhalb des kirchlichen Dienstes, der von der Gesellschaft als
„normal“ und „gottgewollt“ angesehen wurde. Nicht zur Hochzeit zu
kommen hatte insbesondere für die Frauen in aller Regel gravierende
negative Folgen. Dementsprechend kann man es verstehen, daß es besonders für heranwachsende Mädchen von erheblichem Interesse gewesen ist, in Erfahrung zu bringen, ob sie bald oder überhaupt und
ggf. mit welchem Partner verheiratet sein würden. Hierzu hat man
auch numinose Kräfte in Anspruch genommen, die im weiteren Sinn
mit Religion zu tun haben. Besonders gefragt war dabei antikes *Ora-
kelbrauchtum*, das man in Mittelalter und Neuzeit mit einer christlichen Weltsicht verträglich zu machen bemüht war.

Dies mochte u. U. den Anwendern von derlei Praktiken die Angst
nehmen, etwas zu tun, was gegen den Geist ihrer Kirche zu massiv ver-
stoße, wenngleich sich immer wieder kirchliche und weltliche Verbote
finden. Wie das berühmte Landgebot von Herzog Maximilian 1611 nahelegte, konnte man die Verbote vor allem auf solche Maßnahmen beziehen, in denen offen der Teufel angerufen wurde: „Nit weniger ist
auff diejenige Acht zu geben, welche an S. Andreas, S. Thomas und
der H. Christnacht oder andern dergleichen Nächten schädliche super-
stitiones, das ist abergläubische sträfliche Wort oder Werck, verbor-
gene heimbliche und künfftige Ding jres Standts, Verheurathung und
andershalben zuerfahren, *ob sie nit solches in deß bösen Geists Namen
thuen und verrichten*.“[454]

Die Beliebtheit von Losorakeln ist nahezu das ganze Mittelalter
und die Neuzeit hindurch gut bezeugt, und wir brauchen meist nicht

anzunehmen, daß „solches in deß bösen Geists Namen" geschehen ist. Vielmehr ist der gute Apostel Andreas deshalb bei den Mädchen in den Geruch eines speziellen Propheten für künftige Verlobung gekommen, weil sein griechischer Name (andreios = der Männliche) dies nahelegte; außerdem hieß es in der Antiphon der Laudes an seinem Tag: „concede nobis dominum iustum!" – „ Gib uns einen gerechten Mann!"[455] Hier sieht man besonders deutlich, wie leicht vorchristliche Elemente einer christlichen Weltsicht anverwandelt werden konnten. Auch dürften die Mädchen in naivem Glauben gehandelt haben, wenn sie in der Vornacht von Andreas an einem fremden Hause lauschten, ob sie aus einem Gespräch ein Ja oder Nein heraushören könnten, wenn sie blind ein Holzscheit aus einem größeren Stoß herauszogen und aus dessen Wuchs auf die Gestalt ihres Bräutigams schlossen, wenn sie Blei gossen und daraus den Beruf erraten wollten oder wenn sie von ihrem Künftigen zu träumen versuchten und hierzu den Heiligen vorher anriefen:

Heiliger Herr Andreas,
Ich bitte dich durch Gotte,
Sollst heute sein mein Bote.
Sollst mir lassen erscheinen,
Den Herzallerliebsten meinen.[456]

Selbstverständlich fanden sich diese Losorakel der heiratswilligen Mädchen auch an den üblichen hierzu günstigen Tagen wie Weihnachten, Silvester, Dreikönig etc. Neben dem erwähnten Bleigießen und Scheitergreifen spielten noch eine Rolle das Pantoffelwerfen rücklings gegen eine Tür (Spitze weist den Weg, den man im nächsten Jahr nehmen wird, in den Hafen der Ehe oder nicht), Werfen von Apfelschalen (Figuren wie Herz, Hufeisen, Kleeblätter deuten auf Hochzeit, Kreuzformen auf Unglück, Eifersucht, Untreue), Werfen von Marientalern in eine Schüssel mit Wasser (Bildnis nach oben weist auf Hochzeit), Horchen am Ofenloch (Geräusche können etwas bedeuten), Greifen nach Buchstaben (Anfangsbuchstabe des Liebsten) usf.

An derlei prognostischen Praktiken hatten auch die evangelischen Territorien ihren gemessenen Anteil; verständlich, wenn man bedenkt, daß die protestantischen Maiden vor dem nämlichen existentiellen Problem standen wie ihre katholischen Geschlechtsgenossinnen. Neben den beschriebenen Übungen konnte sich dort jedoch das Aufschlagen von Gesangbuch und Bibel größter Beliebtheit erfreuen. Man öffnete eines dieser Bücher nach dem Zufallsprinzip, stach mit einer Nadel hinein oder fuhr mit dem Daumen[457] zwischen die Seiten des geschlossenen Buches und durchforstete den aufgeschlagenen Text nach Hinweisen auf brennende Fragen. Derlei hatte man in der Antike schon mit den Werken Homers, Vergils und den Sibyllinischen Büchern gemacht, und im frühen Mittelalter hat man durch solche Bibelbefragungen gelegentlich eine strittige Bischofswahl zur Entscheidung gebracht.[458] Wer wollte angesichts solch illustrer Vorbilder behaupten, die Mädchen hätten „heidnische Magie" getrieben?

Von den Liebesorakeln ist der Weg nicht weit zu aktivem *Liebeszauber.* Über die Tatsache der Anwendung werden wir vor allem durch die Hexenprozeß-Akten unterrichtet. Dabei verweist der Weg sehr häufig über die Bußbücher zurück in die Spätantike. Es spricht alles dafür, daß eine ganze Reihe von Verfahren, vor allem im Zusammenhang mit der Bereitung von Liebestränken, erst durch die Bußbücher in Mitteleuropa bekannt gemacht worden ist.[459] Natürlich hat man auch hier wieder häufig versucht, die vertrauten Formen christlicher Heilsgewinnung einzubringen, etwa indem man bei der Zubereitung der betreffenden Ingredienzien Gebete oder die heiligen drei Namen rezitierte, christliche Termine wählte oder indem man benötigten Materialien die erwünschte zauberkräftige Wirkung verschaffte, indem man sie unter das Altartuch schmuggelte.

Die Vielfalt der angewandten Verfahren ist kaum auf einen Nenner zu bringen, es verquicken sich medizinische, kosmische, vorchristlichantike und christliche Verfahren zu einem schier undurchdringlichen Knäuel.[460] Dabei wird man wohl auch unterstellen müssen, daß es – wie in den Hexenakten beschrieben – zahlreiche Fälle gegeben haben wird, da einzelne versuchten, tatsächlich mit Hilfe von Dämonen ihren Praktiken die gewünschte Durchschlagskraft zu geben. Von der Wirksamkeit des Liebeszaubers jedenfalls war man die meiste Zeit bis in die höchsten weltlichen und geistlichen Spitzen hinein überzeugt. Und es wurden sogar von Bischöfen und Königen Verfahren eingeleitet gegen Personen, denen sie aktiven Zauber unterstellten. Agnes Bernauer, Augsburger Baderstochter und Gemahlin des bayerischen Herzogssohnes, hat in einem solchen Prozeß 1435 ihr Leben gelassen.[461] Und die Überzeugung von der Wirksamkeit gerade des Liebeszaubers ist auch in der Gesellschaft von heute noch durchaus lebendig (vgl. Kap. 1.1.7).

Wenn es dann schließlich an die Zurüstung zu einer Hochzeit ging, so war es in vielen Regionen wichtig, den rechten *Termin* ausfindig zu machen; auch in dieser Beziehung zeichneten sich vor allem evangelische Gebiete aus. Dienstag und Donnerstag galten als günstiger denn andere Wochentage, die Zeit des zunehmenden Mondes war besser als die des abnehmenden. Doch sind dies keine Erinnerungen an ferne lunare Kulte,[462] sondern Ausflüsse des eifrig kursierenden Planetenglaubens, dem christliche Astrologen und Naturkundige gerne auch einen christlichen Anstrich gegeben hätten.

Das ganze Mittelalter hindurch, mit gelegentlichen Ausläufern bis ins 19. Jahrhundert, kannte man das öffentliche *Brautbad*. Braut und Bräutigam zogen jeweils mit dem betreffenden Teil der Hochzeitsgesellschaft ins Bad und inszenierten dort eine ausgelassene Feier, wie aus den obrigkeitlichen Einschränkungen des Aufwandes hervorgeht. Oft war das Badhemd eines der von der lokalen Sitte geforderten Geschenke zwischen den Heiratswilligen.[463] Vermutlich handelt es sich hier um Einflüsse aus jüdischen Reinigungsritualen, in denen vor allem das Körperbad der Frau nach der Menstruation und vor der Trauung fest vorgeschrieben ist.

Bei Abholung des Kammerwagens, der Braut und des Bräutigams, dann auf dem Weg zu und von der Trauung finden sich quer durch Deutschland und seit Beginn der Neuzeit gut bezeugte Bräuche, die man als *„Wegsperre"* und *„Hemmung des Brautzuges"* bezeichnen kann. Auch in der Gegenwart läßt sich dergleichen noch beobachten. In aller Regel wird der Weg frei gemacht, die Braut herausgerückt, das aufgebaute Hindernis beseitigt, wenn eine Spende von Geld oder Naturalien, letztere immer in flüssiger Form, erfolgt. Auch hier wollte die ältere volkskundliche Forschung religiöse Elemente entdecken. Man dachte an Reste von Brautkauf und Raubehe sowie an Beschwichtigung und Ablenkung der Dämonen und Hausgötter, welche manipuliert werden müßten, um ein neues Mitglied der Sippe zu akzeptieren.[464] Hier konnte Dieter DÜNNINGER den Nachweis führen, daß wir mitnichten auf germanische Kulte rekurrieren dürfen, sondern die Erklärung in den Mauten, Zöllen, Pflastergebühren, Brückgeldern etc. zu suchen ist, mit denen einst die mehrere Hundert deutscher Territorien die Staatssäckel am Warenverkehr zu beteiligen versuchten.[465]

Wohl aber hängt es mit Dämonenglauben zusammen, wenn einst den Brautleuten auf dem *Weg zur Trauung*, während dieser selbst und bei der Rückkehr eine Reihe von Handlungen auferlegt oder auch verboten war, um Dämonen und Hexen keine Chance zur Entfaltung ihrer Schadenskraft zu geben: Man sollte nichts vom Weg auflesen, es könnte verwünscht sein; man sollte nicht lachen – um in der Ehe nicht um so mehr Grund zum Weinen zu haben; man sollte sich nicht anstoßen, um nicht das Leben der ersten Kinder zu gefährden; man sollte eng zusammenrücken oder sich ein gemeinsames Tuch über die Schultern ziehen, um den Hexen keine Chance zu geben, einen Keil in das junge Glück zu treiben. In die nämliche Richtung weist es, wenn man den Brautleuten geweihte oder heilbringende Sachen umhing, in die Kleidung nähte oder in den Schuhen mittragen ließ wie Palmkätzchen vom Palmsonntag, Kräuter von Mariä Himmelfahrt, ein Stückchen Brot, einen Rosenkranz, ein geweihtes Kreuzchen etc.[466] Doch sind dies die Dämonen und Hexen der christlichen Welt, gegen welche man sich schützen wollte und die man als Gefährdung des menschlichen Glücks fürchtete, und nicht die germanischen Hausgötter, welche keinen Neuling in die Sippschaft aufnehmen wollten.

Die Kirche hat darum eine Reihe von *Segnungen und Beschwörungen* angeboten, welche alle darauf gerichtet waren, die dämonischen Gefährdungen im Umfeld von Ehe und Sexualität zu beherrschen. Ganz offenkundig kommt darin die bis zur Gegenwart spürbare Einschätzung der Sexualität als einer gefährlichen Kraft des Menschen zum Ausdruck. Schon in den Formularen für den Brautsegen ist immer wieder von den Wirkungen der bösen Geister die Rede. „Der Glaube, daß Dämonen oder böse, in deren Diensten stehende Menschen das Eheglück stören und insbesondere die Begattung unmöglich machen können, war weit verbreitet. Hinkmar von Reims handelt bereits ausführlich davon, und in der späteren Theologie sowie im kirchlichen Rechte fand diese Anschauung eingehende Begründung. Auch die Vertreter der medizinischen Wissenschaft räumten die Möglichkeit und Wirklichkeit der ‚Ligatio‘ [Bannung] ein."[467]

Ort des dämonischen Angriffs war insbesondere das *Ehebett*. Die Angst wurde beständig genährt durch die (nicht erklärbaren) Erscheinungen von Potenzstörungen, von Unfruchtbarkeit und häufigem Tod von Kleinkindern und gebärenden Müttern. Deshalb legte man ins Brautbett geweihte Sachen wie Palmen, Salz, Weihrauchkörner oder ließ gleich Brautkammer und Bett durch den Geistlichen aussegnen. „Aus dem Schwäbischen wird um 1800 mitgeteilt, daß im Anschluß an die Zurichtung des Ehebettes der Pfarrer oder ein Mönch kam, um dieses bei angezündeten Lichtern mit Weihwasser zu bedenken. Damit wurde es den Teufeln, Hexen und Schrättle verwehrt, den Neuvermählten Schaden zu tun."[468] Auch später wurde von den Geistlichen noch die Segnung von Brautkleidern und Brautbett verlangt.[469] Die in katholischen Regionen bis ins 19. Jahrhundert hinein übliche Bemalung der Möbel des Schlafzimmers mit Heiligenbildnissen mag sich auch vor dem Hintergrund der besonderen Gefährdung dieser Lokalität eingebürgert haben.

Doch unabhängig davon wurde (teilweise wird) bei Hochzeiten viel gebetet, so beim Auszug der Braut aus dem Elternhaus, beim Abmarsch des Hochzeitszuges zur Trauung, bei dessen Rückkehr. Gebetet wird am Grab der Eltern, deren Besuch obligatorisch ist, wenn sie den Hochzeitstag ihrer Kinder nicht mehr erleben können. Bei all diesen Anlässen kommt in der Regel (in katholischen Gebieten) auch das Weihwasser zum Einsatz. Die Kirche hat das Bedürfnis nach außerordentlichem himmlischen Schutz im Zusammenhang mit dem Eheschluß auch insofern aufgegriffen, als sie über lange Zeit hinweg in ihr Ritual besonders sinnfällige Elemente der Heilserfahrung einbezogen hat. So hat sich gerade bei dieser Gelegenheit die Verabreichung von Brot-Eulogien und Ablutionswein sehr lange gehalten. Und auch das Trinken der sog. Johannis-Minne war in vielen katholischen Pfarreien bis an die Schwelle des 20. Jahrhunderts üblich. Es handelte sich dabei um einen Wein, bei dessen Weihe der Beistand von Christi Lieblingsjünger, dem Apostel Johannes, angerufen wurde und der darum als besonders hilfreich in allen Liebesdingen erachtet wurde. Gespendet wurde er mit den Worten: „Trinke die Liebe des hl. Johannes!"[470] Die ältere Forschung wollte auch hier wieder „die uralte Sitte des deutschen heidnischen Trankopfers"[471] erkennen.

An auffallenden Hochzeitsbräuchen ist noch auf das Zuwerfen oder *Zerspringen von Glas* einzugehen, welches jeweils unter dem Motto steht „Scherben bringen Glück!". Es taucht auf beim sog. Polterabend, wo nicht selten serienweise Flaschen und Gläser und die Ausschußware von Porzellanfirmen nach Zentnern zertrümmert werden. F. X. SCHÖNWERTH beschreibt für die Mitte des 19. Jahrhunderts eine etwas moderatere Form: „In der Nacht vor der Hochzeit wird im Haus der Braut ein Fenster eingeschlagen mit der flachen Hand, gewöhnlich durch Angehörige. Viele Stücke und Splitter der klirrenden Fensterscheibe deuten auf Reichtum, und fliegen sie weit weg, so wird sie weithin Geschäfte machen."[472] Zum anderen gehört das Zerstören von Gläsern zu den üblichen Bräuchen bei der Rückkehr der Brautleute von der Trauung vor Eintritt in das Haus; meist sind es zwei Weingläser, welche nach der Leerung über die Schulter nach hinten geworfen werden; zerspringen sie dabei nicht von selbst, so hilft man gewaltsam nach. Ähnliches mit ähnlicher Funktion findet sich auch bei Aufrichtung der Dachstühle im Umkreis des Richtfestes oder beim Bezug eines neuen Hauses. K.-S. KRAMER deutet dies im Sinne einer ubiquitären Naturreligiosität, die von der immer wieder gemachten Erfahrung gespeist wird, daß jedes menschliche Glück seinen Preis hat: „Es muß etwas zerbrechen, damit das Glück beständig bleibt: Die

bösen Mächte müssen ihren Teil bekommen. Beim Richtfest soll der
Bestand des Hauses gesichert werden, beim Hochzeitsbrauch das Zu-
sammenleben des jungen Paares.[473] Friedrich Schiller hat in dem bekannten Gedicht vom Ring des Polykrats diesem unterschwelligen
numinosen „Wissen" dichterische Gestalt gegeben.

Ähnlich eindrucksvoll wie das Zerbrechen von Gläsern und Glas ist
das *Überstreuen des Brautpaares mit Reis* und anderen Körnern, wie es
sich seit einiger Zeit auch in Deutschland einbürgert, sobald die Neuvermählten aus der Kirche treten. Um 1900 konnte man dazu auch
Erbsen verwenden, und der rechte Augenblick konnte auch derjenige
der Ankunft oder des Verlassens des Hochzeitshauses oder die Zeit
des Mahles sein. „Vielfach tut es die Mutter des jungen Mannes. Als
Grund wird angegeben, daß dies Bewerfen dem jungen Paar Glück
und Fruchtbarkeit bringen solle. Aber ursprünglich liegt auch dieser
Handlung wohl der Gedanke eines Opfers an die Geister zu
Grunde."[474] P. SARTORI übernimmt ohne lange Überlegungen die zu
seiner Zeit (um 1900) dominierende Allerweltserklärung. Dabei hat
es den Anschein, daß die von den Brauchträgern damals gegebene Erklärung mit der Grundidee dieses Brauches eher übereinstimmt.
Diese bezieht sich nämlich offenkundig auf die Hochzeitsliturgie, in
der biblische Bilder von Vermehrung und Fruchtbarsein wie der
„Sand am Meer" und die „Früchte der Felder" herangezogen werden.
Im byzantinischen Ritus hatte dies dann zunächst zur Überstreuung
des Brautpaares mit Körnern geführt, was über die slawischen Gebiete auch in den Westen weitervermittelt wurde.[475] Dabei konnte es
gelegentlich auch zu der Abwandlung kommen, daß die Getreide-
körner von Braut oder Bräutigam in den Schuhen mit zur Trauung
gebracht werden mußten.[476]

Ein Kapitel für sich ist die Entwicklung der *Hochzeitskleidung* und
deren Bedeutung. Dabei hat der *goldene Ring* offenbar die längste
Tradition. Ihn kannte man schon im alten Rom als Verlobungszeichen.
Seit dem 11. Jahrhundert ist dann der Ringtausch auch im deutschen
Hochzeitsbrauch nachweisbar; unter christlichem Einfluß wird er zum
besonderen Zeichen der Treue, kann aber als Unendlichkeitssymbol
auch auf Christus oder Gott verweisen. Darum wird in Heiligenlegenden und bildlichen Darstellungen das Anstecken des Ringes
auch angewandt als Zeichen der mystischen Vermählung mit Christus,
und darum kann das Tragen eines goldenen Ringes auch Aufnahme
finden in die Profeß der Klosterschwestern. Das medizinische (Halb-)
Wissen steuert den rechten Platz zum Tragen des Ringes bei; es ist der
4. Finger der linken Hand, weil von diesem eine Ader unmittelbar zum

Herzen führt. „Die alte Sitte, daß nur die Braut einen Ring erhielt, wurde im Hochmittelalter durch den Ringwechsel abgelöst."[477] Doch gilt das zunächst nur für höhere Kreise, im gemeinen Volk setzt sich der Brauch teilweise erst im 19. Jahrhundert durch, in England ist dies bis zur Gegenwart noch nicht geschehen.

Besonders herausstechendes Attribut der Hochzeitskleidung, vor allem bei der Braut, ist heute noch der *Kranz* im Haar oder die Andeutung einer *Krone*. In vielen Heimatmuseen kann man Exemplare bewundern, wie sie bis vor kurzem zum Einsatz gekommen sind: hypertrophe Gebilde aus Silberdraht, Kunstblumen, Flitter, Plättchen, gläsernen Kugeln und Tropfen, glänzenden Früchten, Bändern, Rüschen und Schleifen. „Auch der Mann erschien zur Hochzeitsfeier mit einem Kranz ... Während der Vornehme den Kranz auf den Haaren trug, war er beim Handwerker am Hut befestigt. Der Witwer schließlich, wenn er sich wiederverheiratete, hatte das Kränzlein am Arm."[478]

Es liegt nahe, diese hochzeitliche Kleidungsbesonderheit in Verbindung zu bringen mit dem Herrschaftssymbol der Krone oder des Kranzes, das uns hinlänglich bekannt ist.[479] Freilich will dies so gar nicht passen zu den nicht weniger bekannten Bemühungen des frühneuzeitlichen Staates, mit Kleiderordnungen peinlich darauf zu achten, daß Standesabzeichen nicht unbilligerweise usurpiert wurden durch untere Sozialschichten.[480] Tatsächlich werden wir denn auch auf einen religiösen und nicht auf einen herrschaftlich-rechtlichen Zusammenhang verwiesen.

Das Tragen von Kronen während der Trauung statt der schon vorher üblichen Kränze aus Blumen oder grünen Zweigen, begann erst im späten Mittelalter in die Breite zu wachsen. Ausgangspunkt war die theologische Rede von Kranz oder Krone Mariens als Zeichen ihres „kiuschen magetthuoms",[481] ihrer jungfräulichen Reinheit. Nun konnte ein entsprechender Kopfschmuck der Braut auf ihren Stand als Jungfrau verweisen und mußte nicht mehr gedeutet werden als soziale Anmaßung. Tatsächlich sind sehr frühe Benennungen für die Brautkrone auch „Marienkrone" oder „Unser lewen Fruwen Krone". Namentlich an Marienwallfahrtsorten konnten Kronen des Gnadenbildes auch als Brautkronen dienen (etwa in Telgte, Aachen und Altötting).[482]

Die Abgabe solcher Kronen für die Zeit der Trauung erfolgte gegen eine bestimmte Gebühr. Dies ließ Geistliche von nicht-Gnadenstätten danach trachten, ebenfalls solche Kronen zu beschaffen, man bezeichnet sie als „Kirchenkronen". Ihre sinnbildliche Kraft und ihr ästhetischer Wert wurden so geschätzt, daß auch die Reformation an diesem Brauch nichts zu ändern vermochte. Es war meist die Aufgabe der Pastorenfrau, diese Kirchenkronen zu pflegen und sie an unbescholtene Mädchen zur Hochzeit auszuleihen.[483] Daneben blieb es natürlich vermöglicheren Bräuten unbenommen, sich individuelle Kronen anfertigen zu lassen. Insgesamt ergibt sich nicht selten ein inniger Zusammenhang zwischen marianischem Wallfahrtskult und Hochzeitsbrauch. Es werden nicht nur Marienkronen entliehen, sondern umgekehrt auch Brautkronen (oft inklusive des Brautkleides) für die Gnadenfigur gestiftet.[484] Vielfach gefiel sich nicht nur die weibliche Eitelkeit im Tragen solcher Gebilde, sondern auch die männliche.

Die allgemeine Beliebtheit von Brautkranz und -krone erlaubte es weltlichen und geistlichen Obrigkeiten, sie auch zu moralpädagogischen Zwecken einzusetzen. Brautpaaren, welche schon vor der Einsegnung miteinander Geschlechtsverkehr gepflegt hatten, wurde das Zeichen der Jungfräulichkeit versagt. Verstanden sie es sich trotzdem zu erschleichen und wurde ihre Sünde nachträglich bekannt (durch zu frühe Geburt des ersten Kindes oder Denunziation), so mußten sie mit einer empfindlichen Strafe rechnen. Seit dem 16. Jahrhundert verhängten auch viele Landesfürsten als Strafe bei Sittlichkeitsdelikten die Vorstellung am Pranger in einem *strohenen Kranz* oder das schimpfliche Kehren des Marktplatzes in dieser „Zierde".[485]

Die Funktion der ethischen Differenzierung konnte auch das *Brautkleid* übernehmen. Das heute dominierende lange weiße Kleid wurde erst – ausgehend von den Städten – in den 30er Jahren unseres Jahrhunderts allgemein akzeptiert. Ein wesentlicher Grund für die Adaption war gewesen, daß die bis dorthin vorherrschende Alternative – das schwarze Kleid – in den Geruch kam, die Kleidung für „gefallene" Bräute zu sein. Es wurde also nun die Kleiderfarbe herangezogen zu einer Bedeutungsdifferenzierung, nachdem Kranz und Krone wegen ihres Verschwindens diese Funktion nicht mehr erfüllen konnten.[486]

Dabei waren sowohl das weiße wie das schwarze Brautkleid lediglich Anleihen aus der zeitgenössischen Mode. Für die schwarze Farbe hat man das spanische Hofzeremoniell als Ausgangspunkt wahrscheinlich gemacht, das sich seit dem ausgehenden 16. Jahrhundert an den europäischen Residenzen durchsetzte. Und das weiße Chemisenkleid war am Ende des 18. Jahrhunderts in Frankreich aufgekommen in Abkehr von den überladenen Barock- und Rokokokleidern. Hier hatte sich auch das Myrtenkränzchen statt der seit den Revolutionszeiten obsoleten Krone durchgesetzt sowie das modische Accessoire des *weißen Schleiers*. Nach angemessener zeitlicher Verspätung war die jeweilige Neuerung auch auf dem flachen Land angenommen worden. Den Luxus einer spezifischen Hochzeits-„Tracht", d. h. einer nur für diesen Anlaß getragenen Kleidung gibt es also erst seit Etablierung des weißen Brautkleides vor ca. 50 Jahren. Bis dorthin war die Hochzeitskleidung die übliche Festkleidung gewesen, allenfalls aufgewertet durch einige spezifische Zutaten.[487] Wesentlicher Grund für die Durchsetzung der weißen Brautkleidung und deren nur einmalige Verwendung dürfte die Verweiskraft für Reinheit und Jungfräulichkeit gewesen sein.

Wir stoßen damit zum wiederholten Mal auf die kirchliche *Einschätzung der Sexualität*. Schon durch die Zölibatsforderung für Priester, Mönche und Nonnen ließ sie ihre Präferenz für Ehelosigkeit und Enthaltsamkeit erkennen. Und das große Arsenal an kirchlichen Hilfsmitteln im Zusammenhang mit dem Eheschluß diente zu einem erheblichen Teil nicht der Verträglichkeit und gegenseitigen personalen Förderung der beiden Ehepartner, sondern der Begegnung der vielfältigen Gefahren, welche durch das Geschlechtsleben auf die Neuvermählten zukamen. Darum verwundert es auch nicht, daß wir in einer Reihe von deutschen Landschaften auf das Brauchtum der „Tobiasnächte" stoßen, d. h. auf die Enthaltsamkeit des Brautpaares in der Hochzeitsnacht oder in den ersten drei Nächten. Man sprach auch von der „Schlafkirta" oder den „goldenen Nächten"; sie mußten teilweise in fremden Häusern, bei Verwandten und Freunden oder an einem Wallfahrtsort zugebracht werden.[488]

Die Hochzeit hat sich in den letzten Jahrzehnten auch zu einem großen *Geschenke-Fest* entwickelt, in das Verwandtschaft, Freundschaft und Nachbarschaft einbezogen sind. Auf den religiösen Sinnhorizont stoßen wir dabei allenfalls bei den Schenkverpflichtungen des innersten Kreises: der Brautleute untereinander, der Brauteltern und der Paten. Hier fanden und finden sich in den sakralen Bereich verweisende Gegenstände wie Gesangbuch, Bibel, Gebetbuch, Rosenkranz und Anhänge-Kreuzchen. Auch die seit dem 18. bis zum Beginn des 20. Jahrhunderts in süddeutsch-katholischen Gebieten übliche Bemalung der zur Brautausstattung gehörenden Schlafzimmermöbel darf hier nochmals erwähnt werden. Wenn man versucht, bestimmten Geschenken durch religiöse Sinnbilder ihre Verwendung als Element der Hochzeit einzuprägen, dann hat man gerne die Namenspatrone der Brautleute aufgegriffen oder die im Alten Testament beschriebene Brautfahrt des Tobias oder das erste Menschenpaar Adam und Eva

(z. B. auf Trinkgeschirr, Schnupftabaksgläsern, Bildern, Modeln u. ä.).[489]

Daß das Brautpaar sinnvollerweise Adressat von Geschenken der Freunde und Verwandten ist, ergibt sich aus der Logik der Gründung eines eigenen Hausstandes. Der umgekehrte Vorgang erregt schon eher Verwunderung und bedarf einer eigenen Begründung. Und doch gibt es auch für ihn Beispiele. Seit dem 12. Jahrhundert finden wir Belege dafür, daß Brautpaare während der Trauung oder im Anschluß an sie an der Kirchentüre Geld an die Bedürftigen verteilen ließen.[490] Dies hat eine Parallele zu dem teilweise heute noch geübten Brauch, daß die Neuvermählten und die Hochzeitsgäste beim Verlassen der Kirche *Münzen und Süßigkeiten unter die wartenden Kinder auswerfen.* In diesem Zusammenhang kann man sich beziehen auf das im Neuen Testament behandelte Gleichnis vom Hochzeitsmahl des reichen Mannes oder auch auf die umfassende Verpflichtung jedes Christen zum Almosengeben und zur Unterstützung, einer Verpflichtung, der man sinnvollerweise besonders dann nachkam, wenn man selbst ein Fest des Überflusses feiern konnte.

Rückblickend ergibt sich, daß Trauung und Hochzeit als lebensgeschichtlich sehr bedeutsame Ereignisse auch von der christlichen Kirche die gebührende Aufmerksamkeit gefunden haben durch das Angebot einer Reihe von Segnungen und zeremoniellen Handlungen. Sie haben den sich ausbildenden Brauchkomplex wesentlich bestimmt. Doch bestand darüber hinaus Handlungsbedarf für Brauch-Aktionen, vor allem im Hinblick auf die dämonologische Interpretation der Welt, welche von Kirche und Gläubigen gleichermaßen geteilt wurde. So sind insgesamt auch außerchristliche, antike sowie jüdische und naturreligiöse Phänomene aufgegriffen worden, denen jedoch im Gesamtverbund eher untergeordnete Bedeutung zukommt.

Der übliche Säkularisierungsprozeß unserer Zeit, der sich auch in einem Rückgang von religiös inspirierten Bräuchen bei Eheschluß und Hochzeitsfeier äußert, wird in diesem Fall noch besonders verschärft durch die Infragestellung der Institution „Ehe" als solcher. Nicht nur daß seit der Gesetzgebung der Bismarckzeit der bürgerliche Eheschluß der kirchlichen Zeremonie zwingend vorausgehen muß und eigentlich auch ausreicht für die legale Begründung eines gemeinsamen Zivilstandes, und die steigende Zahl von Scheidungen schwächen das soziale und emotionale Gewicht ab, welches der Ehe zukam, sondern es gibt gegenwärtig einen eindeutigen Trend gegen den Abschluß einer Ehe überhaupt. Bei einer Umfrage von 1982 erklärten 40% der jungen Männer zwischen 18 und 35 Jahren und 35% der entsprechenden Frauen, keine feste eheliche Bindung anstreben zu wollen.[491] Und etwa 40% der zusammenlebenden Paare hatten nicht geheiratet. Diese Zahlen sind seitdem eher gewachsen, und der Gesetzgeber denkt darüber nach, besondere Rechtsvorkehrungen für die „Ehe ohne Trauschein" zu treffen.

Dies hat natürlich erhebliche Auswirkungen auf das Brauchtum, das zu einem wesentlichen Teil auch öffentlichkeits-gewendet ist. Wenn ich einige Anzeichen recht beurteile, dann scheint jedoch auch die neue Situation ohne zeremonielles habitualisiertes Verhalten nicht auskommen zu können. Nur ist es nun nicht mehr die Trauung, die es auslöst, sondern der Bezug einer neuen Wohnung. Es bestätigt sich damit ein Grundgesetz allen Brauchtums, nämlich daß es (außer in der Heimatpflege) nicht starr und unveränderlich ist, sondern sich in Formen und Funktionen den jeweiligen Bedürfnissen der Zeit und der Trägerkreise anpaßt.

Dies ersieht man u. a. an zwei neuen Erscheinungen, die ebenfalls im weiteren Sinn mit der Ehe zu tun haben, nämlich am *Muttertag* (2. Sonntag im Mai) und *Vatertag* (3. Sonntag im Juni bzw. Christi Himmelfahrt).[492] Beide Feste wurden um die Jahrhundertwende von zwei Amerikanerinnen propagiert und schon bald durch den amerikanischen Staat aufgegriffen. Sie haben primär einen pädagogisch-weltlichen, innerfamiliären Charakter. Während der Vatertag weitgehend bis zur Gegenwart in diesem profanen Bereich verblieben ist (Lärmausflug der „Leidensgenossen" und hoher Alkoholkonsum), wurde der Muttertag bereits teilweise in das kirchliche Leben integriert. Dies gilt nicht nur für die Heilsarmee, die ihn eifrig förderte, sondern auch für evangelische und katholische Kirche; es gibt eigene Muttertagsandachten, Blumenverteilungen und Ständchen für die Mütter oder Sammlungen für Frauenorganisationen wie das „Muttertagsopfer des Schweizerischen Katholischen Frauenvereins für notleidende Mütter".

Die Stellung von Eheschluß und Hochzeitsfeier in der alten Volkskultur wurde im vorausgehenden nur an Bräuchen mit religiösen Komponenten sichtbar gemacht. Vieles blieb unberücksichtigt, was etwa dem Formenkreis der rites de passage zuzuweisen ist. Es wurde auch nicht alles aufgegriffen, was im Stil der alten „Mythologen-Schule" auf germanische Kulte verweisen könnte wie Lärmen und Schießen, der Schmuck mit Tannengrün, die Verwendung von Bäumchen, das Pflanzen eines Baumes oder der neuerdings progredierende Brauch der Setzung eines *Brautbaumes*.[493] Wohl aber dürfte deutlich geworden sein, daß das Hochzeitsbrauchtum auch für andere Zusammenhänge Anregungen und Muster abgegeben hat, etwa für die Taufe

und für die Erstkommunion. Diese Wirkung wird am stärksten
sichtbar im Primiz-Brauchtum.

3.4 Priesterweihe / Primiz

Dem Priester mit seiner Konsekrations- und Absolutionsgewalt
kommt nicht nur im Selbstverständnis der christlichen Amtskirche,
sondern auch im Denken der Gläubigen eine eminente Bedeutung zu.
Vor allem seine Fähigkeiten zum machtvollen Segnen und Be-
schwören (Exorzismen) wurden einst geschätzt und gesucht. Im Wei-
heritus wurde ein umständliches und vielfach zeichenhaftes Verfahren
entwickelt, um die Bedeutung dieser Situation und des priesterlichen
Lebensweges insgesamt anschaulich zu machen. Da hierbei jedoch die
Laienschaft weitgehend ausgeschlossen und nur teilweise als Zu-
schauer zugelassen ist, konzentrierten sich die Bemühungen der mit-
telbar vom priesterlichen Wirken betroffenen Gläubigen auf die Ausgestaltung der *Primizfeier*, an welcher der Neupriester die erste Hl.
Messe zelebriert, in der Regel in seiner Heimatpfarrei.
    Und dabei greift man eine ganze Reihe der wirkungsvollsten Ele-
mente auf, die im privaten, im öffentlichen und im kirchlichen Schau-
brauchtum entwickelt worden sind. Aus dem öffentlichen Bereich
sind es vor allem der *Aufzug* (mit Vereinen, Fahnenabordnungen), die
Festrede (Gereimtes kommt vielfach zum Einsatz, dann dürfen Gruß-
worte beim Primizmahl nicht fehlen), *Böller- oder Salveschießen*
(beim Empfang, beim Abmarsch zum Kirchenzug, während der
Wandlung, bei der Prozession zu den vier Altären) und die *Ehren-
pforte* mit Transparenten (am Dorfeingang, beim Elternhaus, vor der
Kirche). Die Kirche hat das levitierte Hochamt beigesteuert mit der
Assistenz eines eigenen „Patrinus", eines älteren Priesters in Chorrock und Rauchmantel, wie er sonst nur kirchlichen Würdenträgern
von Domherren aufwärts zusteht, dann das Muster der Fronleichnamsprozession für einen Umzug inklusive der vier Altäre, an denen
der Neugeweihte Gelegenheit hat, seinen hochgeschätzten Primizsegen zu erteilen, und schließlich besondere Ablässe.[494]
    Aus dem privaten Bereich hat die Hochzeitsfeier die entschei-
denden Impulse gegeben. Dies mochte insofern naheliegen, als die
Priesterweihe verstanden wurde/und wird als eine geistige *Vermählung mit Christus* bzw. mit der Kirche. Doch haben die kirchlichen Obrigkeiten vielfach kein rechtes Gefallen an den drastischen Formen
finden können, in denen diese Idee umgesetzt wurde; und darum

häufen sich besonders in den letzten beiden Jahrhunderten eine Reihe von Verboten gerade gegen diese Seite des Primizbrauchtums, nachweisbar vielfach ohne Erfolg.

Einer der Kirtikpunkte ist die Einbeziehung einer eigenen *Primizbraut* (in entsprechender Aufmachung). Über sie hat bereits Sebastian FRANCK 1534 süffisant gespöttelt: „Wenn ein Pfaffe seine erste Messe liest, feiert er seine ‚Hochzeit': die Kirche ist an diesem Tage sein, er muß sie kaufen. Da setzt er sich eine Kugelkappe auf und sieht heraus wie eine Spinne aus der Logel[495]. Reinheit muß er schwören und geloben und gibt sich die Kirche zum Weibe. Jedoch gibt man dem andächtigen Priester auf diesem seinen Hochzeitstag eine Braut zu, etwa eine schöne Jungfrau, die den Namen hat, die ihm auch lieber wäre als seine Kirche."[496] Die Ordinariate haben versucht zu erreichen, daß – wenn überhaupt – nur kleine Mädchen aus der Verwandtschaft des Primizianten zu solchen „Bräuten" herangezogen wurden. Sie haben die Aufgabe, beim Empfang am Ortsrand, Bahnhof etc. und bei anderen Anlässen ein Gedicht zu sprechen, halten sich immer in unmittelbarer Nähe ihres „Bräutigams" auf, und in der Kirche steht ihnen teilweise ein eigener Brautstuhl zu. Nicht selten hatten sie auch ein eigenes Gefolge mit Brautführer und Kränzeljungfern, wie eben bei einer richtigen Hochzeit. Sogar das „Stehlen" der Braut während des Primizmahles wurde gelegentlich inszeniert.

Außerdem gehört es durchgehend zu ihren Obliegenheiten, die *Primizkrone* oder den -kranz auf einem weißen Kissen bei den diversen Aufzügen mitzutragen; es ist die „Kugelkappe", über welche FRANCK spottete. Entsprechend Brautkrone und -kranz hat sie die verschiedenen zeitlichen und regionalen Wandlungen mitgemacht bis hin zum Myrtenkranz und -strauß der Gegenwart. Beim Opfergang während der Hl. Messe setzte dann in der Regel die Primizbraut diese Krone auf dem Altar nieder, sinnhaftes Zeichen für die Aufopferung der Ehelosigkeit des Priesters für seinen Beruf. Vielfach wurde dieses Erinnerungsstück an die Primiz aufbewahrt bis zum Tod des Priesters und zierte dann seinen Sarg.

Spiritueller Höhepunkt der Primiz war die *erste Wandlung*, der man einst eine besondere Kraft gegen Hexen und Dämonen zuschrieb, und ist auch in der Gegenwart noch der *Primizsegen*, dessentwegen man „ein neues Paar Schuhsohlen durchlaufen soll", um seiner teilhaftig zu werden. Weltlicher Höhepunkt dagegen ist das Primizmahl, das auch in der Gegenwart nicht selten Dimensionen annimmt, daß ihm der größte Festsaal des Ortes gerade noch entspricht, wenn nicht ein eigenes Zelt aufgestellt werden muß, um all die Gäste zu fassen. Hier scheint eine ähnliche Tendenz zur Hypertrophierung zu walten, wie sie beim Hochzeitsmahl vielfach beobachtet werden konnte. Ansonsten verläuft das Primizmahl auf weite Strecken nach diesem vertrauten Muster. Das beginnt (unterschieden nach regionalen Gepflogenheiten) mit der Einladung durch den Hochzeits-/Primizlader, der mit geschmücktem Zeremonialstecken durch die Lande zieht, seine gereimten Einladungssprüche vorbringt und den Termin mit Kreide an die Türe schreibt. Und es endet mit dem feierlichen Aufruf der Teilnehmer, beim Gelage vorzutreten und ihr *Geschenk* abzugeben, was quittiert wurde/wird mit mehr oder weniger sinnreichen Gstanzln (Vierzeilern) des Hochzeitsladers, einem Tusch der Musik und Zuprosten des Primizianten. Auch hier drängten die Ordinariate vielfach vergeblich auf mehr Dezenz, z. B. auf das anonyme Abliefern der Geschenke und deren Präsentation in einem eigenen Zimmer und nicht vor den Augen der schaulustigen Öffentlichkeit.

Über das Hochzeitsbrauchtum hinaus weisen die *Primiz-Andenken*, meist in Format von Andachtsbildchen, welche seit der ersten Hälfte des 19. Jahrhunderts an die Teilnehmer verteilt werden. Bei der Auswahl der Bilder und Gebete war Platz für individuelle Vorlieben, vor allem für bestimmte Heilige. Heute ist häufig ein Foto des Primizianten an die Stelle des Heiligenbildes getreten. Bei diesen Erinnerungsbildern herrscht offenkundig eine Parallelität im Formalen zu Erstkommunion- und Konfirmations-Andenken; die Funktion ist allerdings eine verschiedene: Durch die Primiz-Bilder soll das Gedächtnis der geladenen Gäste und/oder anderen Teilnehmer aufrechterhalten werden und nicht dasjenige des Primizianten.

Diese Richtung der Anteilnahme ergibt sich auch bei den numinosen Heilsqualitäten, die man besonders dem Primizianten zutraut. Von der Überzeugung der besonderen apotropäischen Kraft der ersten Wandlung war schon die Rede und von den Leistungen des Primizsegens. Hilfe erwartete man sich aber auch von allen Gegenständen, die mit der priesterlichen Tätigkeit des Vollzugs der Transsubstantiation zusammenhingen, vom Kelch, vom Ablutionswein, von den Brot-Eulogien, von Dingen, die man heimlich unter das Altartuch legte, so daß sie bei einer Hl. Messe (oder bei dreien) mitgeweiht wurden. Berührung mit einem von einem Primizianten gebrauchten Kelch konnte Hilfe bringen bei einer schweren Geburt; diese Wirkung hatte aber auch ein während des Primiztages getragenes Kleidungsstück wie Gürtel, Beinkleid oder Hemd.[497]

Durch die mit der Priesterweihe verliehenen Qualitäten war der Geistliche in den Augen vieler Gläubigen gleichsam persona sacra, heilige Person. So erklärt sich ein Phänomen, das während des 16. bis 18. Jahrhunderts vielfach zu beobachten war und mit „andächtiger Beraubung geistlicher Toter" beschrieben wurde.[498] Man hat Geistliche, besonders solche, welche im Rufe einer gewissen Heiligkeit gestanden waren, auf dem Totenlager mit Rosenkränzen, Gürteln, Medaillen, Ablaßpfennigen, Tüchlein etc. angerührt oder gar versucht, Teilen ihrer Kleidung oder gar der Haare und Fingernägel habhaft zu werden, um mit ihnen dann Heilungen in unterschiedlichen Nöten herbeiführen zu können. Hinter dieser Form der Beraubung steht natürlich als Motiv und Erfahrung der reich entfaltete Umgang der alten Kirche mit den Reliquien.

Auch der Protestantismus ist nicht ganz freigeblieben von der Faszination solcher Art „geweihter" Gegenstände. Die Erinnerungsstücke an die Reformatoren haben nicht selten reliquienartige Verehrung genossen.[499] Als 1841 die sog. Lutherbuche bei Altenstein umstürzte, hat der zuständige Pastor davon kleine Partikel vertrieben gegen entsprechende Gebühr und fand reißenden Absatz.[500]

Heutzutage haben die Geistlichen, auch die katholischen, viel von dem Glanz eingebüßt, der einst ihr Amt und ihre Person umgab. Doch deswegen sind bestimmte Phänomene nicht aus der Welt verschwunden trotz aller unabweisbaren Formen einer rapiden Säkularisierung. Die „andächtige Beraubung" und die Umfunktionierung von profanen Gegenständen zu „Reliquien" treffen wir auch heute noch an. Doch sind die Adressaten nun die Stars unserer Unterhaltungsindustrie. Mit ihnen wird ein Erinnerungskult getrieben, der vom Handel mit Autogrammen bis zur Versteigerung der Hinterlassenschaften zu horrenden Preisen reicht. Beim Begräbnis von James DEAN etwa wurden nicht nur die Kleider aus dem Studio gestohlen und in der Form von winzigen Stoffstückchen in Umlauf gebracht, sondern auch die Kränze und Blumen vom Grab weggeschleppt. Und auch das frische Gras war noch eine ganze Weile nicht sicher vor dem Zugriff der Verehrer(-innen). Hier kann man mit guten Gründen von Funktionsäquivalenten sprechen. Die Fähigkeit von bestimmten Dingen, aus sich heraus Emotionalität zu erzeugen und personale Beziehung, ist nicht abhängig von Religionen und Kulturen, sondern von der Struktur menschlichen Denkens und Empfindens und von den beschränkten Möglichkeiten der Repräsentanz von vergangenem Leben.

3.5   Sterben und Tod

Für den gläubigen Christen bilden Leben und Tod zwar eine Einheit, doch nichtsdestoweniger ist jeder Sterbefall ein emotionales und ein soziales Problem. Hierzu hat jede Gesellschaft und jede Zeit ein System von verbindlichen Handlungen ausgebildet, die es dem Überlebenden erlaubt haben, auf angemessene Weise mit dieser Grenzsituation fertig zu werden. In unserem Zusammenhang interessieren jedoch vornehmlich die religiösen Aspekte. Und auch in dieser Hinsicht bildet der Tod nach christlichem Verständnis einen wichtigen heilsgeschichtlichen Einschnitt: Von jetzt ab ist es dem einzelnen Menschen nicht mehr möglich, etwas für sein Seelenheil zu tun; er ist angewiesen auf die Hilfe durch die Hinterbliebenen.

3.5.1   Krankensalbung/Letzte Ölung

Bis in die jüngste Vergangenheit hinein wurde gerade dem Augenblick des Verscheidens größte Bedeutung für das individuelle Heil zugemessen. Man dachte geradezu an ein dramatisches Ringen zwischen Gott, seinen Helfern und dem Teufel um den Gewinn der einzelnen Seele. Dadurch wird es verständlich, daß man den Sterbenden in dieser schweren und gefahrvollen Lage nicht allein ließ. Schon seit den ersten nachchristlichen Jahrhunderten bietet die Kirche den Gläubigen in Form der Krankensalbung ein eigenes Sakrament an. Dieses hatte bis ins hohe Mittelalter hinein seinen Schwerpunkt vor allem auf der Bitte und Hoffnung nach Genesung und erlebte erst dann eine Gewichtsverlagerung zugunsten von Sündenvergebung und endgültigem Hinscheiden; das drückte sich auch in dem nun üblich werdenden Namen aus: extrema unctio – Letzte Ölung.

Diese Akzentverschiebung blieb nicht ohne Auswirkung für die Akzeptanz des Sakramentes durch die heilsbedürftigen Laien. Die Spendung der Krankensalbung/Letzten Ölung war nun belastet mit der Vermutung der Hoffnungslosigkeit der Genesung des Kranken. „Man nimmt das Abendmahl auf dem Krankenbett nicht gern, denn dann kommt man nicht mehr auf. Weit verbreitet ist die Anschauung, daß der Genuß des Abendmahls eine Entscheidung zum Guten oder zum Schlimmen bewirkt."[501] Bis zur Gegenwart ist innerhalb der katholischen Bevölkerung diese ambivalente Einstellung spürbar gewesen, und man hat von seiten der Amtskirche versucht, die mentale Distanz zu überbrücken, indem man die alte Bezeichnung „Krankensalbung" statt der landläufigen „Letzte Ölung" in den Vordergrund gerückt hat.[502]

Für die evangelische Kirche wurde der Krankensalbung ohnehin von den Reformatoren durchweg die Qualität eines Sakramentes aberkannt. Das hat über Generationen hinweg dieser kirchlichen Handlung auch in den Gebieten, die bei der alten Konfession verblieben, den Boden entzogen. Visitatorenberichte des späten 16. Jahrhunderts klingen nicht selten so: „De extrema unctione [Von der Letzten Ölung]: Er [= der Pfarrer] predige und ermahne das Volk dazu, aber sie verachten's und begehren's nicht, habe noch nie eine gespendet."[503]

Um so mehr sah man sich in den Jahrzehnten der Gegenreformation veranlaßt, durch reiche Entfaltung eines äußeren Gepränges die Bedeutung dieses Sakramentes ins Bewußtsein zu heben. Teilweise hat man verlangt, daß bei Beginn eines Versehganges die Kirchenglocken geläutet wurden; daß der Geistliche unter einem Tragehimmel einherschritt, wie er bei der Fronleichnamsprozession zum Einsatz kam und kommt; und daß zwei Personen mit Fahnen, zwei weitere mit Fackeln und eine mit Laterne und Handglocke nebenhergingen, womit den Passanten ein Zeichen zum Niederknien gegeben werden konnte. Dabei waren Hymnen zu singen wie „Pange lingua" [„Preise Zunge"] oder „Homo quidam fecit coenam magnam" [„Jemand hielt ein großes Gastmahl"].[504]

Dieser barocke Aufwand konnte sich verständlicherweise nicht behaupten, doch auch noch um die Mitte unseres Jahrhunderts war es üblich, daß der Geistliche einen Versehgang mit Chorrock und Stola bekleidet antrat, vor ihm der Mesner mit Laterne und Handglocke, und daß die Begegnenden die Kopfbedeckung abnahmen und niederknieten. Ich führe es auf diese nachdrückliche Förderung zurück, daß trotz der spürbaren Reserven bis in die letzten Jahre herein in den katholischen Gebieten der Geistliche an das Krankenlager gerufen wurde und man selten darauf verzichtet hat, die formelhafte Wendung „wohlversehen mit den heiligen Sterbesakramenten" in die offiziellen Todesanzeigen aufzunehmen.

Die gedankliche Integration der Krankensalbung in das häusliche Leben blieb nicht ohne Auswirkungen auf das Leben insgesamt. So trug die Tatsache, daß der *Tisch* in der Stubenecke der übliche Ort war, wo die Pyxis mit der geweihten Hostie und das heilige Öl abgestellt wurden, nicht wenig dazu bei, diesen Teil des Hauses in seiner Bedeutung aufzuwerten. Auch war es in den katholischen Haushalten mindestens seit der Mitte des 19. Jahrhunderts verbindlicher Brauch, durch Vorhaltung der entsprechenden Utensilien einen würdigen

Rahmen für die heilige Handlung zu schaffen; man besorgte sich eine
„Versehgarnitur", bestehend aus zwei Leuchtern, einem Kruzifix und
einer oder mehrerer Schalen für Weihwasser und Krankenöl.[505] Seit
der massenhaften Produktion von „Silberglas" um die Mitte des
letzten Jahrhunderts bestanden diese Zeremonialgeräte vor allem aus
diesem Material.[506] Sie gehörten oft zur verbindlichen Ausstattung
der Braut, bildeten einen Teil des sog. Kammerwagens, stellten somit
also ein Element des Hochzeitsbrauchtums dar und blieben als beständiges „memento mori" im Glasschrank oder im Herrgottswinkel gegenwärtig. Erst seit den 60er Jahren unseres Jahrhunderts – parallel
zum Verschwinden der häuslichen Krankensalbung – werden diese
„Silbergläser" in den Haushaltungen seltener, wandern in die zahlreichen Bildstöcke oder Feldkapellen als „deponiae sacrae" oder überschwemmen den Antiquitätenhandel.

3.5.2 Sterbebräuche

Neben der Spendung der Krankensalbung durch den Priester diente
ein großer Teil des Brauchtums in diesem Umfeld dazu, die zahlreich
anwesend gedachten Dämonen im Zaum zu halten oder in die Flucht
zu schlagen. Vornehmliches Mittel hierzu ist das *Gebet der Umstehenden.* „Es nimmt wunder, daß das Volk neben den einwandfrei
christlichen Gebeten für die Sterbenden keine magischen Gebetsformeln und christlich-synkretistischen Zauberformeln kennt, wie das
für andere Gelegenheiten der Fall ist, etwa bei der Geburt oder beim
Gesundbeten."[507] Üblich waren Vaterunser, die sog. Sieben Fußfälle
und in den katholischen Gebieten das Universalgebet des Rosenkranzes.
   Daneben kamen mancherlei Zeichen zum Einsatz, denen man eine
Wirkung beim Kampf gegen die bösen Geister zutraute. Dies gilt etwa
für *Weihwasser*, das man im Sterbezimmer bereithielt und immer
wieder um das Krankenlager verspritzte; oder für die *Kerze*, die man
dem Sterbenden in die Hand drückte oder zu seinen Häupten entzündete. Derlei hatte sich im Sterbebrauch der Klöster herausgebildet
und wurde über die zahlreichen Darstellungen zum Tod Mariens auch
an die kirchenfromme Bevölkerung weitervermittelt.[508] Aus dieser
Quelle stammt vielleicht auch der weit verbreitete Brauch, dem Sterbenden ein *Gebetbuch, Gesangbuch oder die Bibel* auf die Brust oder
unters Kopfkissen zu legen. Die Kerze war in manchen Landschaften
bevorzugt die Taufkerze, gelegentlich auch die Kommunionkerze, die

also dann wie das zur Hochzeit beschaffte Versehgerät die Funktion des memento mori erfüllte. Bis in die jüngste Vergangenheit hinein erfreuten sich aber zu diesem Zweck besonderer Beliebtheit die *Loretokerzen* aus schwarzem Wachs, welche man in großer Zahl in Altötting erwarb[509] und die wie die im kärntnerischen Wallfahrtsort Maria Luschari geweihten Kerzen ihre geisterbannende Kraft auch bei Unwetter bewährten.

An Sakramentalien zur Erleichterung des Sterbens und zur Bekämpfung der bösen Geister waren ferner weit verbreitet *Sterbekreuz* und *Rosenkranz*. Erstere waren meist spannenlange Kreuze, oft mit einem Hohlraum auf der Rückseite, der mit einem Schiebestäbchen verschlossen werden konnte und Reliquien oder andere geweihte Gegenstände enthielt. Ihnen traute man ebenso dämonenabwehrende Kräfte zu wie *Loreto- oder Fraisenhäubchen*, die auch im Heilbrauchtum sehr beliebt gewesen sind. Als hilfreich wurden auch erachtet das Läuten mit einem geweihten *Glöckchen* oder das Einflößen von geweihtem *Johanniswein*.[510]

Bewegen wir uns hier noch ganz im Umfeld des christlichen Umgangs mit religiösen Bildern und Sinnzeichen, so deutet der durch ganz Deutschland hinweg bezeugte Brauch, Sterbende aus dem Bett zu nehmen und auf die bloße Erde zu legen, allenfalls auf untergeschüttetes Stroh, in eine andere Richtung. Die Begründung für diese scheinbare Pietätlosigkeit ist unterschiedlich: Sie soll das Sterben erleichtern („Auf Federn stirbt man schwer") oder die Wiederkehr des Toten verhindern.[511] Offenbar wird hier jüdisches Sterbebrauchtum wirksam; dort war es noch bis in die Zeit nach dem Ersten Weltkrieg üblich, daß der Tote bis zur Fertigung auf die Erde gelegt wurde.

Auf konkretistische naturreligiöse Anschauungen dagegen verweist es, wenn an vielen Orten zur Erleichterung des Sterbens eine Türe oder ein Fenster im Krankenzimmer geöffnet wird oder wenn man gar einige Ziegel im Hausdach abhebt, um der Seele einen Weg aus dem Körper zu bahnen. Solche Gebärden lassen sich interpretieren als gültige Sinnzeichen zur Verdeutlichung eines elementaren Vorgangs, wie sie jederzeit aufgrund der menschlichen Fähigkeit zum Symboldenken neu gefunden werden konnten; ihnen wird aber nicht selten eine recht handgreifliche Vorstellung entsprochen haben.

3.5.3 Totenbrauchtum

Im weiteren Umgang mit dem Verstorbenen sind es vor allem zwei Grundmotive, die immer wieder in brauchtümlichen Handlungen zur Geltung drängen: das Bewußtsein einer weiterbestehenden Verbindung mit dem Toten und die Sorge für das Seelenheil bzw. die Erlösung. Beides verträgt sich sehr wohl mit einer christlichen Interpretation von menschlichem Leben und dem Zusammenhalt dieser Welt bzw. leitet sich aus ihm ab; doch sollte es nicht erstaunen, wenn gerade im Umkreis der psychischen Grenzsituation des Erlebens von Tod und der Konfrontation mit Toten auch andere Sinnschichten sichtbar werden.

Nach christlicher Lehre bilden die streitende Kirche (auf dieser Erde), die leidende (im Fegfeuer) und die triumphierende (im Himmel) eine Einheit im Sinne eines gegenseitigen Hilfsbundes. Dieser trostreichen Verheißung stand jedoch die Überzeugung gegenüber, daß nicht jedermann nach seinem Tod eingehen werde in die Schar der erlösbaren oder erlösten Seelen. Vielmehr bestand da auch noch die Möglichkeit der endgültigen Verdammung. Jede Seele, die in die Hölle fuhr, vermehrte die Zahl der bösen Geister, von denen die überlebenden Menschen nichts Gutes zu erwarten hatten und auf deren Neutralisierung sich ein wesentlicher Teil der geistlichen Hilfsmittel bezog, welche die christliche Kirche anbot.[512] Es nimmt deshalb nicht wunder, daß im konkreten Umgang mit Verstorbenen nicht nur Verzweiflung, Trauer und Bemühung um Gebetshilfe hervortreten, sondern sehr häufig auch offensichtliche *Angst*.

Bereits im Zusammenhang mit dem Niederlegen des Sterbenden auf die bloße Erde mußte auf das vielfach geäußerte Motiv hingewiesen werden, daß damit eine *Wiederkehr des Toten* verhindert werden sollte. Diese Begründung wurde nicht selten auch genannt, wenn man erklären wollte, warum man dem Toten eine Münze in die Hand drückte, sie ihm in den Mund, und hier wieder gelegentlich unter die Zunge, legte. Bis ins 10. Jahrhundert war dieser Bestattungsbrauch im deutschen Sprachgebiet weit verbreitet, wie literarische und archäologische Zeugnisse belegen; um 1930 kannte man derlei noch an der deutsch-slawischen Siedlungsgrenze von Ostpreußen bis in den Böhmerwald hinein.[513] Die Analogie mit dem griechischen Obolus, mit dem in der Antike der Tote den Fährmann Charon bezahlen mußte, um über den Totenfluß gesetzt zu werden, ist zu offenkundig, als daß man an eine separate Entstehung glauben könnte. Matthias ZENDER rechnet mit zwei Verbreitungswegen, einem über Gallien nach

Deutschland hinein und einem anderen, der unmittelbar von Griechenland seinen Ausgangspunkt nimmt. Bei Unterlassung der Geldgabe war mit einer Rückkehr des Verstorbenen zu rechnen und einer Beunruhigung des Hauswesens. Die Deutungen dieses Brauches durch die Ausübenden führen entweder unmittelbar die antike Motivaton weiter (Bezahlung des Zolls beim Passieren der Himmelspforte), oder sie versuchen eine Wendung in den christlichen Alltag („Einkaufen" in den Friedhof; Geld für den Opfergang bei der Totenmesse). Dieser Wesenszug der Anverwandlung an christlichen Geist wird auch spürbar, wenn verlangt wird, daß die Totenmünze ein Kreuzer sein müsse oder ein sog. Frauen-Taler, ein Geldstück also mit dem christlichen Heilszeichen oder einem Bildnis der Gottesmutter.[514] Trotzdem glaube ich, daß hier ein Stück antiker Religiosität lebendig bleibt bis ins 20. Jahrhundert, denn aus dem christlichen Vertändnis von Tod und Weiterleben nach dem Tod heraus konnte man eine Geld-Beigabe an den Verstorbenen nicht ableiten.

Genausowenig war von hier die weit verbreitete Angst begründbar, eine soeben verschiedene Person könne darauf bedacht sein, *einen Lebenden „nachzuholen".* Es läßt sich schwer entscheiden, ob hier ein vor- oder außerchristlicher Glaubenszug weiterlebte,[515] oder ob sich darin die Erfahrung von der Gefährdung verdichtet, die von dem Kontakt mit einem an einer ansteckenden Krankheit gestorbenen Menschen ausgeht. Jedenfalls ist der Nachzehrer-Glaube offensichtlich durch die großen Pest-Epidemien aktiviert worden und hat mancherlei brauchtümliche Gegenstrategien hervorgerufen. Dazu konnte gehören, daß man dem Toten sorgfältig die Augen und den Mund schloß; daß man von seinem Mund alles fernhielt, was den Kontakt zu einem Lebenden vermitteln konnte: eingestickte Namen, Tüchlein aus einem fremden Besitz,[516] andere Kleidungsstücke, das Leichentuch, Dinge welche mit Blut, Haaren oder Tränen von Lebenden in Berührung gekommen waren etc. Oder man gab dem Toten einen Zettel in die Hand mit dem Text eines Liedes ohne den letzten Vers, einer Bibelstelle, die mitten im Satz abbrach, einem Gebet ohne das abschließende „Amen"; oder man legte eine Bibel bei, aus der man einige Seiten herausgerissen hatte, so daß der potentielle Nachzehrer etwas zu lesen hatte, sich aber nicht zurechtfand und darum auf die Wiederkehr verzichtete.[517] Im Extremfall hat man solche Nachzehrer exhumiert, ihnen mit einem Spaten den Kopf vom Leib getrennt und den Leichnam verbrannt oder auf dem Bauche liegend wiederbestattet. Noch 1913 ist ein solcher Fall in der Nähe von Danzig bekannt geworden.[518]

Der Glaube an Nachzehrer und Vampire und die durch ihn ausgelösten Aktionen sind sicherlich Extreme des Totenbrauchtums, doch die Überzeugung von einer möglichen Gefährdung der Überlebenden durch die Verstorbenen, besonders die frisch Verstorbenen, war vielfach bis in die jüngste Vergangenheit und in vielen Landschaften latent vorhanden. Sie war die Quelle für mancherlei brauchtümliche Abwehrmaßnahmen: für das Einlegen des Lappens, mit dem man den Leichnam gewaschen hatte, in den Sarg; für das Abziehen des Eheringes; für das Nachschütten des Waschwassers hinter dem Leichenzug beim Abtransport der Leiche; für das sofortige Verbrennen des Bettstrohs; für die unverzügliche Rückkehr des Leichen-Gespanns von der Beerdigung, wobei das aufgelegte Stroh verloren werden mußte; für das Umwerfen der Stühle, auf denen der Sarg gestanden hatte usf.[519] Man tut sich schwer, hier den Geist christlichen Gottvertrauens erkennen zu wollen. Vielmehr scheint sich in derlei Handlungen die elementare Bedrohung des Menschen durch die eigene Endlichkeit auszudrücken, deren man sich besonders schmerzlich angesichts des Todes eines anderen bewußt wird.

Doch gibt es bis in die jüngste Vergangenheit hinein auch genügend Beispiele für die gegenteilige Erfahrung, nämlich für unproblematische Beziehungen zwischen Lebenden und Verstorbenen, bzw. für deren gegenseitiges Angewiesensein. Vielfach rechnet man mit der *Anwesenheit der Seelen der Verstorbenen im Hause*, besonders zu bestimmten Terminen wie dem Jahrestag des Todes oder an Allerseelen. Für evangelische Gebiete um 1930 berichtet Albrecht Jobst: „In der Neujahrsnacht wird der Besuch des Verstorbenen erwartet, das Zimmer wird ihm erwärmt und die Betten bereitet, bisweilen sogar unter Gesang und Gebet."[520] Besonders in manchen katholischen Landschaften hat der intensive Glaube an die Gegenwart der Armen Seelen eine Reihe von brauchtümlichen Handlungen oder deren Unterlassung begründet. So sollte man Eßbesteck nicht über Nacht auf dem Tisch liegen lassen, sonst müßten die Armen Seelen weinen. Desgleichen durfte ein Messer nicht mit der Schneide nach oben weisen, sonst müßte sich eine Arme Seele darauf setzen. Heftiges Zuwerfen der Türe schadet den Armen Seelen, weil diese in der Türangel ihren Platz haben. Besonders Brotreste und zusammengekehrte Brotkrumen waren Eigentum der Armen Seelen; sie durften nicht achtlos weggeworfen werden, sondern mußten im Feuer zu deren Erlösung verbrannt werden.[521]

3.5.4 Erlösungshilfen

Es ist vor allem der Grundgedanke der Hilfe, der durch die Jahrhunderte hindurch am augenfälligsten im Verhältnis zwischen Überlebenden und Verstorbenen hervortritt. Dies beginnt bereits beim *Grabgeleit*. Die örtliche Sitte verpflichtet in aller Regel dazu, mindestens *einen* Angehörigen aus jedem Haushalt der Nachbarschaft oder Dorfgemeinschaft hierzu zu entsenden. Besonders in den Handwerksordnungen wird die Teilnahme von Meistern, Gesellen und Lehrbuben vielfach unmißverständlich festgeschrieben, und es werden Strafen angedroht für das Fernbleiben.[522] Dabei geht es sicherlich auch um eine würdige Präsentation der betreffenden Zunft und um eine nachdrückliche Bekundung der Verbundenheit mit der Trauerfamilie, gleichzeitig aber auch um den Beginn der Gebetshilfe zur baldigen Erlösung der „armen" Seele.

Ausschließlich diesem Motiv ist das Brauchtum der *Seelmessen* zugeordnet, eines der vornehmsten Mittel zur Abkürzung der gedachten Leidens- und Läuterungszeit der Seele des Verstorbenen. Vor allem während des Mittelalters wurde es üblich, daß reiche Bürger, Geistliche und Adelige bereits zu Lebzeiten einen namhaften Teil ihres Vermögens diesem Zweck widmeten: die Unkosten zu bestreiten, die anfielen beim Dreißiger (30 Messen nach der Beerdigung oder gar je 30 Messen an den 30 Tagen nach der Beerdigung), beim Siebten oder Dreißigsten (Messe am 7. oder 30. Tag nach der Beerdigung) oder am Jahrtag, bzw. den Jahrtagen.[523] Auch hierzu kannten die Handwerksordnungen teilweise eine Anwesenheitspflicht. Und bis zur Gegenwart vereint ein Gottesdienst am 30. oder 40. Tag nach der Beerdigung oder am Jahrtag nicht selten die Verwandtschaft noch einmal zum Totengedenken.

Von größter Bedeutung für das brauchbestimmte Leben aber ist es geworden, daß durch die christliche Katechese eine innige gedankliche Bindung zwischen Armen Seelen und *armen Menschen* hergestellt wurde. Durch Unterstützung der letzteren konnte man Verdienste für die eigene Seele oder die der Freunde und Verwandten erwerben. Darum enthalten die *Seelgerät-Stifungen* in aller Regel Legate zugunsten von Bettlern, Eremiten und armen Klosterinsassen.[524] Wenn der triste Speisezettel von Mönchen und Nonnen gelegentlich eine zusätzliche Semmel, ein „Lamm-Brätle", einen Schoppen Wein oder eine Maß Bier vorwies, dann konnte man fast sicher sein, daß der Jahrestag eines wohlwollenden Stifters einfiel.

An die Hausarmen und Bettler in den Märkten und Städten wurden häufig unmittelbar auf dem Friedhof die von dem Stifter testierten Nahrungsmittel (ein Napf Erbsen oder Linsen, Speck, Heringe etc.) oder Kleidungsstücke oder das Geld verteilt.[525] Und wenn auf Schloß Strakonic in Böhmen noch in der zweiten Hälfte des 19. Jahrhunderts am Vorabend von Mariä Himmelfahrt die Bettler von weither zusammenströmten, um in den Genuß des „Honigbrotes" zu kommen, einer kostenlosen Speisung, die zunächst aus Hirsebrei mit Honig, später aus einem Laib Brot, einem Seidel Bier und einigen Kreuzern bestand, dann rührte dies her von der Seelgerät-Stiftung eines Großpriors des Kreuzherren-Ordens vom Jahr 1243. Ganz ähnlich ging es an diesem Tag zu bei der Veitskirche in Prag aufgrund einer ähnlichen Stifung durch Kaiser Ferdinand I. von 1564.[526] An zahllosen Orten des Deutschen Reiches kannte man solche brauchtümliche Treffen der Bettler und Armen zumindest bis ins Reformationszeitalter, in den katholischen Territorien bis zur Säkularisierung und teilweise noch bis in die jüngste Vergangenheit. Gelegentlich wurden sie auch umgemünzt in eine lokale Festlichkeit, die nun wohl noch beiträgt zur brauchtümlichen Gliederung des Jahres, aber ihre einstige Herkunft aus dem Totenbrauchtum nicht mehr erkennen läßt.

Die große Masse der ländlichen und städtischen Bevölkerung hatte nicht die finanziellen Mittel zur Ausrichtung einer großen Seelgerät-Stiftung; doch war auch sie durchweg bis in unsere Tage hinein bestrebt, durch eine *Unterstützung der Bettler* ihren Beitrag zu leisten zur Abkürzung der Leidenszeit der Seelen im Fegfeuer. Jedenfalls wird dieses Motiv sichtbar, auch noch in den letzten Jahrzehnten, wenn die Bettler an den gewohnten Terminen vor den großen Festzeiten des Jahres mit der Bitte um eine Gabe an die Türe klopften, etwa zu den Klöpfleinsnächten.[527] Diese wurden von Sebastian FRANCK schon Anfang des 16. Jahrhunderts beschrieben: „Drey Dornstag vor Weihnacht klopffen die Maydlin und Knaben von Hauß zu Hauß durch die Statt an den Thüren an, die Zukunfft der Geburtt des Herren verkündigende und ein glückseliges Jar den Einwonern winschende; darvon entpfahen sy von den Haussessigen Öpfel, Birnen, Nuß und auch Pfennig zulon."[528]

Auch wenn sich in diesem Fall der Bettelumzug verbindet mit dem Anwünschen eines guten neuen Jahres, so war doch in der Bevölkerung der gedankliche Zusammenhang zwischen Armen und Armen Seelen dauernd präsent. Und nicht selten haben die Bettler ihre Bitte begleitet mit einem Hinweis auf diesen Zusammenhang bzw. haben in der Zeit, da die Hausfrau die Gabe hervorholte, ein Vaterunser gebetet für die Armen Seelen und schließlich den ganzen Vorgang quit-

tiert mit einem „Vergelt's Gott für die Armen Seelen!". Besonders
evident wurde die Verquickung der beiden Sinnhorizonte bei den Hei-
schezügen um *Allerseelen*, dem besonderen Gedenktag für die im Fegfeuer leidenden Verstorbenen, der von den Cluniazenser Mönchen
seit dem 11. Jahrhundert als allgemeiner Feiertag propagiert wurde.[529]
Die evangelische Kirche konnte nicht umhin, dem Bedürfnis nach
einer gemeinsamen kirchlichen Totengedenkfeier durch die Einführung eines eigenen *Totensonntags* (1814) zu entsprechen. Die auch auf
dem flachen Land zunächst vielfach übliche Verteilung von Broten an
die Armen am Begräbnistag hat sich mehr und mehr konzentriert auf
den allgemeinen Gedächtnistag, eben Allerseelen. Nun wurde an ihm
die „Spend" gebacken, auch „Seelen-Spitz" oder „Allerseelen-Buzala"
genannt.[530]

Zahlreich sind die Belege dafür, und zwar durchgängig seit dem
hohen Mittelalter bis ins 19. Jahrhundert, daß von Institutionen wie
Klöstern, Markt- und Stadtgemeinden, Zünften oder auch von Privatpersonen zu diesem Termin erhebliche Summen aufgewendet worden
sind, um solche Seelen-Brote für die Armen bereitzustellen. Die Regensburger Bäckergesellen ließen seit 1341 auf Kosten ihrer Zunft
„am Allerseelentag jedem Siechen einen Spitzwecken ins Spital
bringen".[531] Doch auch bei den privaten Haushalten in Süddeutschland und Österreich wurden die Bettler zu diesem Termin noch bis in
die letzten Jahrzehnte herein vorstellig mit der einfachen Bitte: „Tat
enk halt a bittn um an Seelenspitz!" [„Ich würde Euch auch gerne
bitten um einen ‚Seelenspitz'!"][532] In manchen Gegenden mußten
mehrere Hundert solcher Brauch-Gebäcke vorrätig gehalten werden,
um die einfallenden Scharen von Bettlern und armen Kindern mit
„Seelenbrot" zu versorgen.

In der älteren volkskundlichen Forschung wurden derlei *Bettelumzüge* in Verbindung gebracht mit germanischem Totenkult; die herumziehenden Bettler sollten angeblich stellvertretend stehen für die
Totengeister, denen man Opfer bringen müsse, damit sie nicht
Schaden über die Menschheit brächten.[533] „Nur ist fraglich, ob wir
solche Toten-Opferfeste im alten Brauch überhaupt nachweisen
können."[534] Während wir also keine Kenntnis davon haben, ob sich
tatsächlich die Germanen ihre Toten als eine Schar von Rachegeistern
vorstellten, die nichts anderes im Sinne hatten, als die Überlebenden
zu quälen – warum eigentlich? –, wissen wir sehr wohl, daß die christlichen Prediger all die Jahrhunderte hindurch die Hilfe für die Armen
als ein Werk der christlichen Nächstenliebe priesen; seit Ausbildung
der Lehre vom Fegfeuer galt es für gewiß, daß sich derlei Verdienste

auch den leidenden Seelen fürbittweise übereignen ließen.[535] Darum
erscheinen mir die Querverbindungen zwischen dem Heische-Brauch-
tum und den besonderen christlichen Vorstellungen über Almosen-
pflicht *und* Jenseitshilfe evident zu sein.

Über die konkrete Wohltätigkeit und die Gebetshilfe hat das Be-
streben, eine hilfreiche Geste zugunsten der Armen Seelen zu voll-
ziehen, noch mancherlei lokale Bräuche hervorgerufen: Von den
Weihwassergaben in Richtung der häuslichen Allerseelentaferln und
dem Verbrennen von Brotkrumen war schon die Rede. An manchen
Orten war es üblich, daß die Holzfäller nach dem Umlegen eines
Baumes mit der Axt drei Kreuze in den Stock schlugen; die Armen
Seelen sollten sich dort ausrasten können, wenn sie mit der Wilden
Jagd vorbeiziehen müßten. Vielfach wurden und werden Lichter abge-
brannt, auf den Gräbern, in den Friedhöfen oder im Haushalt; damit
sollen die Brandwunden gelindert werden können, besonders wenn
man Weihwasser hineinspritzt. In der gleichen Absicht wurde in manchen Gegenden am Allerseelenabend kalte Milch getrunken.[536] Und
noch vor wenigen Jahren konnte ich beobachten, wie manche Männer
die ersten Tropfen Bier zur Linderung der Hitze im Fegfeuer – wie sie
sagten – auf den Boden spritzten, bevor sie eine neue Flasche an die
Lippen setzten.

Die geradezu hypertrophen *Totenlichtstiftungen* des Mittelalters,
die uns noch sichtbar sind an zahlreich überkommenen Lichtsäulen,
-nischen, -erkern, -stöcken und -schalen leben weiter im Friedhofs-
brauch unserer Zeit zu Allerseelen, Weihnachten und anderen hohen
Festtagen. Es ist gewiß richtig, wenn man darauf hinweist, daß die
christliche Kirche mit dem Totenlicht nur die Verwendung der Lampe
im antiken Totenkult fortsetzt,[537] doch ist auch in diesem Fall die Anverwandlung eine totale, was nicht zuletzt greifbar wird in der allbe-
kannten Totensegnungs-Formel „Requiescant in pace et lux aeterna
luceat eis!" [„Sie mögen ruhen in Frieden, und das ewige Licht leuchte
ihnen!"].

3.5.5 Totengedächtnis

Der Brauch, das Andenken an einen Verstorbenen durch Kennzeichnung seines Grabes oder durch ein anderes widerstandsfähiges
Merkzeichen festzuhalten, kann unterschiedliche Motive haben. Bei
den Märtyrern und anderen Heiligen wurde so den Gläubigen der Weg
gewiesen zum Ziel ihrer Andacht. Ansonsten konnte der Nachruhm

einer Person bei den nachfolgenden Generationen sichergestellt
werden. In aller Regel war mit dem gegenständlichen Hinweis auf
eine Grabstätte oder einen Toten ausdrücklich oder indirekt auch der
Appell zu einem helfenden Gebet verbunden.

Die Entwicklung von *Epitaphien*, steinernen Grabplatten oder Ge-
dächtnissteinen mit Inschriften und/oder Symbolen und Abbildungen
konnten die ersten Christen aus dem antiken Totenbrauch übernehmen. Und es gibt genügend Beispiele über die Wiederverwendung
„heidnischer" Sarkophage in christlicher Zeit.[538] Solche Auszeich-
nungen erfuhren freilich nur wenige Tote: hohe Geistliche, Adelige
und heiligmäßige Personen. Ihnen stand in der Regel eine Bestattung
im Kirchenraum offen und damit die Chance einer langen Fortdauer
ihres Begräbnisplatzes.

Die große Masse der Bevölkerung aber kam außerhalb des Kirchenraumes in die Grube; ihr Grab wurde allenfalls markiert durch ein
schnell vergängliches Holzkreuz. Schon bald aber scheint es nicht
mehr möglich gewesen zu sein, das ältere germanische wie jüdische
Anrecht jedes Toten auf ein eigenes Grab aufrecht zu erhalten. Man
hat in den kleinen Friedhöfen bei den Pfarrkirchen die Verstorbenen
immer wieder an den nämlichen Plätzen bestattet. Eine befriedigende
Lösung für das Problem der Pietät und des Totengedächtnisses ergab
sich, als man seit dem 11./12. Jahrhundert daranging, die bei dem Aus-
heben der Gruben vorgefundenen unverwesten Gebeine in eigenen
Gebäuden zu sammeln. Diesen gab man nicht selten in Anlehnung an
die Grabeskirche Christi in Jerusalem Rund- oder Achteckform; man
nannte sie *„Karner", „Mortuarien", „Gebeinhäuser", „Seelkerker"*
etc. und rückte sie möglichst nahe an die Außenwand der Kirche, in
die Nähe der Gebeine der Heiligen.[539]

Mit dieser Form der Sekundärbestattung und der Präsentation der
Gebeine der Verstorbenen wurde der christliche Totenkult in den
späteren reformierten Territorien bis ins 16. Jahrhundert, in den katholischen aber vielfach bis in die Mitte des 19. Jahrhunderts und in
Ausläufern bis in die Gegenwart entscheidend geprägt. So konnte erreicht werden, daß die kleinen Friedhöfe mitten in den Ortschaften
‚ausreichten' trotz des Anstiegs der Bevölkerung, daß man seine verstorbenen Angehörigen bei den Gottesdienstbesuchen immer wieder
begegnete, daß diese also ein lange andauerndes Mahnmal für Gedächtnis und Gebetshilfe blieben. Bemalung und Beschriftung der Totenschädel sind ebenso üblich geworden wie Weihwasserspenden, das
Aufstecken von Lichtern und das Umhängen von Rosenkränzen oder
speziellen Gebetsschnüren.[540] Umgekehrt aber wurden so Möglich-

keit und Versuchung grundgelegt, sich der Totengebeine für mancherlei Praktiken zu bedienen, die besser das Licht der Öffentlichkeit
scheuten.[541]

Hieran, wie an den Hilfsbräuchen, haben die Reformatoren Anstoß
genommen und nach ihnen die ‚aufgeklärten‘ katholischen Geistlichen des ausgehenden 18. Jahrhunderts; sie haben verfügt, daß die
Karner zugemauert, abgerissen oder zumindest die Gebeine vergraben würden. Nur wenige Beispiele sind bis auf unsere Tage über-
kommen. Der Wegfall der Sekundärbestattung aber hat in der Regel
sehr schnell zur Anlage von neuen, größeren Friedhöfen gezwungen,
für welche nur am Rande der Siedlung oder fernab von ihr Platz war.
Damit sind die Toten zu einem erheblichen Teil aus dem Gesichtsfeld
der Überlebenden verschwunden, eine Tatsache, die von nachhaltiger
Wirkung auf das Bewußtsein der Menschen sein mußte. Die allgemeine Säkularisierung des modernen Lebens und die Verdrängung
des Todes haben sicherlich auch hier eine ihrer Wurzeln.

Umgekehrt aber konnte sich die Einrichtung von *Familiengräbern*
erst durchsetzen, als die Sekundärbestattung aufgegeben wurde. Nun
erst machte es für die Masse der Bevölkerung einen Sinn, dauerhafte
Kennzeichen zum Totengedächtnis zu errichten, wie sie im jüdischen
Begräbnis oder im christlichen Begräbnis der kleinen führenden
Sozialschichten längst üblich geworden waren. Schmiedeeiserne
Grabkreuze mit Inschriftentafeln, steinerne Epitaphien, im 19. Jahrhundert dann auch gußeiserne und aus Steinguß gefertigte Grabdenk-
mäler etablierten sich nun auch auf den dörflichen Friedhöfen.[542]

In dieser Übergangsphase ergaben sich auch die Voraussetzungen
zur Entstehung eines neuen Gedächtnis-Brauches, der in der Literatur des letzten Jahrhunderts vielfach das Interesse der Forschung gefunden hat, nämlich die Errichtung von *Totenbrettern*. Darunter versteht man in der Regel bemalte und beschriftete Holzbretter bis zu ca.
2 m Längen; sie tragen die Lebensdaten der betreffenden Personen
und sehr häufig auch einen frommen Spruch, der zum Gebet aufrufen
kann:

> Wenn ich einst im kühlen Grabe
> jahrelang geschlummert habe,
> so leset dieses Sprüchlein hier
> und betet ein Vaterunser mir![543]

Anzutreffen sind derlei Bretter noch außerordentlich häufig entlang
des Bayerischen- und Böhmerwaldes an Wegkreuzen, bei Kapellen,
an Waldrändern, Stadelwänden usw.; sie scheinen einst im gesamten
süddeutsch-österreichischen Raum vorgekommen zu sein.

Man müßte sich schon fast wundern, wenn die volkskundliche Spurensuche nicht auch in diesem Fall vorchristliche germanische, keltische oder noch ältere kultische Wurzeln entdeckt hätte.[544] Sie hat dies denn auch weidlich getan und in diesen hölzernen Gedenkbrettern Erinnerungen an die germanische Baumseele, an langobardische Krieger-Stangen, an keltische Menhire und Stelen oder gar an die Totenschiffe der Dajaken im fernen SW-Borneo erkennen wollen. Solche Mißverständnisse sind fast zwangsläufig, wenn man nicht – wie im Kapitel über Begriff und Wesen von Bräuchen dargetan – die unterschiedlichen Elemente einer brauchtümlichen Erscheinung voneinander trennt (Träger, Phänomene, Funktion etc.). Tut man dies jedoch, dann stellt sich schnell heraus, daß Bretter, Zweige oder ausgehöhlte Bäume nahezu überall auf der Welt und auch schon in vielen vorchristlichen Jahrhunderten zu Aufbahrung, Transport oder Begräbnis von Leichen verwendet wurden. Doch hat dies mit den oben beschriebenen Totenbrettern nichts zu tun.

Der Anstoß zur Bemalung, Beschriftung und Aufstellung erfolgte erst, als sich im katholischen Süddeutschland während des 18. Jahrhunderts allgemein die Bestattung im Sarg auch bei den mittleren und unteren Sozialschichten durchsetzte. Bis dorthin war es üblich gewesen, die Toten in ein Leintuch einzunähen und so zu bestatten. Nun wurden zunehmend die zur häuslichen Aufbahrung und zum Leichentransport verwendeten Bretter für eine neue Funktion frei. Nach einer vorausgehenden Phase, da man sie einfach in der Flur niederlegte, besonders an feuchten Plätzen, und verrotten ließ, richtete man sie in der geschilderten Art zu und erzielte damit ein zusätzliches Totengedenken.

In der äußeren Form, vor allem in der Betextung, orientierte man sich an den Epitaphien, besonders aber am adeligen Leichenzeremoniell der Barockzeit. Dieses hatte prächtige castra doloris [Burgen des Schmerzes] gekannt, hölzerne Aufbauten in den Kirchen, die mit Tüchern ausgeschlagen und durch Schrifttafeln und allegorische Bilder vielfach sehr aufwendig ausgestaltet worden waren.[545] Zwar wurden diese ephemeren Kunstbauten bald nach der Bestattung abgebrochen, doch verblieben sehr häufig die sog. *Totenschilde* in der Kirche. Im Ulmer Münster, in den großen Nürnberger Kirchen, aber auch in vielen Dorfkirchen haben sich zahlreiche Beispiele davon bis zur Gegenwart erhalten. Hier sehe ich die entscheidenden Anregungen.

Die ersten beschrifteten Totenbretter datieren aus dem ausgehenden 18. Jahrhundert; sie wurden überflüssig, als sich allenthalben die Familiengräber durchgesetzt hatten mit ihren dauerhaften In-

schriften auf Stein oder Metallplatten, welche die Aufgabe des Totengedächtnisses besser erfüllen als die vergänglichen Holzbretter. Dies
war spätestens zu Beginn unseres Jahrhunderts der Fall; um diese Zeit
verschwand auch allmählich durch den Bau von Leichenhäusern die
häusliche Aufbahrung samt dem obligatorischen Bahrbrett. Seit
einigen Jahren wird jedoch der alte Brauch im Zuge der Heimatpflege
in Bayern gezielt wieder aufgegriffen. Man errichtet verdienstvollen
Personen ein solches Gedenkbrett an einem markanten Punkt im Ge-
lände; besonders die Vereine halten so die Erinnerung an langjährige
Vorstände und andere Mitglieder wach. Natürlich bilden auch die aus
der Zeit der Jahrhundertwende erhaltenen Bretter einen Gegenstand
der Pflege. Insgesamt läßt sich an den Totenbrettern die Biographie
eines Brauches im Sinne des beständigen Wandels und der Anpassung
an allgemeinere Bedingungen des Lebens exemplarisch zeigen.

Mit den Totenbrettern wurde erstmals das Bedürfnis nach einem individuellen Totengedächtnis durch Aufstellung von Mahnzeichen unabhängig vom Begräbnisplatz im großen Stil realisiert. Dieser Aspekt
spielt auch eine Rolle bei den sog. *Kriegerdenkmälern*, die sich seit
den Zeiten der napoleonischen Kriege in Deutschland durchzusetzen
beginnen. Im Zeichen der allgemeinen Wehrpflicht und dem Aufkommen von „nationalen" Kriegen entsprechen sie dem Wunsch nach
kollektivem Gedächtnis für die gefallenen Soldaten und werden Kri-
stallisationspunkte für ehrende Bräuche, die sich vor allem um den
einstigen „Heldengedenktag" im Monat November ranken, der nach
1945 weniger emphatisch als „Volkstrauertag" bezeichnet wird. In der
Form von Mahnwachen, Paraden, Aufzügen, Fahnenabordnungen,
Ansprachen, Kranzniederlage und Böllerschießen hat sich ein
Brauchtum entwickelt, das die Mitte zu halten bestrebt ist zwischen
Trauerfeier, ruhmreichem Gedächtnis und patriotischem Stolz. Die
starke Orientierung an militärischem Zeremoniell mag ein Indiz dafür
sein, daß religiöse Aspekte des Totengedenkens und der Gebetshilfe
hier sehr schwach entwickelt sind neben den dominierenden profanen
Motiven.[546]

Das latente Verlangen nach einem sichtbaren Totengedächtnis hat
in den letzten Jahren einen Brauch entstehen lassen, der sich weitgehend vor den Augen der Öffentlichkeit vollzogen hat und doch vom
allgemeinen Bewußtsein noch kaum registriert wird: die Errichtung
von *Gedenkzeichen am Ort von tödlichen Verkehrsunfällen*. Derlei
kennt man schon aus vergangenen Jahrhunderten in der Form von
Marterln, Steinsäulen, Kreuzsteinen etc.; im Kapitel über die „geistliche Landschaft" konnte darauf hingewiesen werden. Der junge Ge-

denkbrauch im Angesicht von 10 000 bis 15 000 Verkehrstoten in der alten Bundesrepublik pro Jahr schließt jedoch nur in einem sehr allgemeinen Sinn dort an. Träger sind so gut wie ausschließlich formelle oder informelle Jugendgruppen (nicht jedoch die Verwandtschaft), besonders auch wehrdienstpflichtige Soldaten, welche so die Erinnerung an einen Altersgenossen aufrechterhalten. An der Unfallstelle wird in der Regel ein relativ schlichtes Kreuz errichtet (sehr oft aus zwei Birkenstämmchen, mit oder ohne Namensschild und Fotografie, meist noch geziert mit einer Schale künstlicher oder natürlicher Blumen); dauerhaftere Denkmale aus Eisen oder Stein sind seltener.

Die religiösen Komponenten bei diesen neuen Sinnzeichen in der Landschaft sind trotz der durchgängigen Verwendung des Kreuzes offenbar nicht sehr ausgeprägt. Damit kommt aber ein Grundzug des Totenbrauchtums zum Tragen, der mit zunehmender Nähe an die Jetztzeit immer stärker hervortritt: eine weitgehend innerweltliche Interpretation des menschlichen Lebens, die sowohl verzichten kann auf das kirchliche Angebot der Krankensalbung wie auch auf den einstigen großen Schatz an christlich geprägten Sterbehilfen zur Erleichterung des Hinscheidens und auf das vielteilige System von Gebetshilfen nach dem Tod. Gleichzeitig wird die Konfrontation mit dem Tod innerhalb der engsten Freundschaft und Verwandtschaft in aller Regel erst vollzogen in relativ hohem Alter (oft erst im Erwachsenenalter) und auch hier wieder durch das Sterben im Krankenhaus und die sofortige Überführung in die Aussegnungshäuser weitgehend entpersönlicht. Dies ist hinderlich für eine sinnvolle personale Bewältigung der eigenen Endlichkeit und führt nicht selten zur psychischen Verdrängung dieser elementaren Lebenstatsache.[547]

3.6 Ergebnisse

Die christliche Kirche hat im Laufe ihrer Geschichte für die wichtigsten lebensgeschichtlichen Einschnitte wie Geburt, Eintritt ins Erwachsenenalter, Heirat und Tod zeremonielle Handlungen entwickelt, durch welche den Gläubigen besondere himmlische Gnadengaben angeboten wurden. Dieses Angebot wurde von den Laien in aller Regel kräftig nachgesucht, wenngleich die Reformatoren einige Sakramente in ihrer Heilsqualität herabgestuft haben.

In keinem einzigen Fall jedoch hat sich das Kirchenvolk begnügt mit den offiziellen kultischen Handlungen. Vielmehr wurden diese jeweils erweitert durch einen Kranz von begleitenden brauchtümlichen Maßnahmen; dadurch wurde das Gewicht der Zeremonie hervorgehoben, gleichzeitig aber meist auch sichergestellt, daß nicht nur das betreffende Individuum in Erscheinung trat, sondern auch die größere Gemeinschaft, innerhalb deren sich sein Leben vollzog. Solche Elemente konnten sein: das gemeinsame Mahl (bei Taufe, Erstkommunion, Firmung, Konfirmation, Priesterweihe, Hochzeit, Begräbnis). Die Verpflichtung zu Geschenken (Taufe, Erstkommunion, Firmung, Konfirmation, Hochzeit, Priesterweihe), der gemeinsame Aufzug oder Umzug (Taufe, Erstkommunion, Konfirmation, Hochzeit, Priesterweihe, Begräbnis). Mittel der augenfälligen Hervorhebung des einmaligen Ereignisses und dessen emotionaler zeitlicher Vertiefung konnten sein: die besondere, u. U. symbolhaft gedeutete Kleidung (Taufe, Erstkommunion, Konfirmation, Firmung, Hochzeit) oder das besondere Erinnerungszeichen (Taufe, Erstkommunion, Konfirmation, Hochzeit, Priesterweihe, Begräbnis).

Die bei der allgemeinen Brauchanalyse hervorgehobene Erkenntnis, daß es gar nicht so viele Grundelemente sind, welche zur Habitualisierung menschlichen Handelns bereitliegen, findet hier wieder einmal ihre Bestätigung. Besonders fällt auf, daß die Feier des *Hochzeitsfestes* ausgestrahlt hat auch auf eine Reihe von anderen Sakramenten bzw. den Formen von deren umfassender Begehung: auf die Taufe, die Erstkommunion, die Konfirmation und die Priesterweihe. Dies weist darauf, daß Eheschluß und Hochzeit ein besonderes emotionales Gewicht zugekommen sein muß. Sogar beim Begräbnis konnte noch einmal Bezug auf die Hochzeit genommen werden, etwa in der lange Zeit geübten Praxis, daß die Verstorbenen in die Hochzeitsgewandung zu kleiden seien, daß man einen weiß gestrichenen Sarg verwenden sollte für Unverheiratete und daß dieser von Jungfrauen oder Jünglingen zu tragen sei. Auch die in vielen Landschaften einst üblichen Totenkronen sind aus dem Hochzeitsbrauchtum hervorgegangen.

Die von der Kirche bei der Sakramentenspendung beabsichtigte positive Weitergabe himmlischer Gnaden wurde vom Volk in starkem Ausmaß aufgenommen unter dem eher negativen Aspekt der Abwehr dämonischer Gefährdungen. Dies geht eindeutig hervor aus der Fülle von Bräuchen, die sich an die einzelnen Sakramente anschlossen. Besonders zahlreich waren sie bei den zwei elementaren lebensgeschichtlichen Ereignissen schlechthin, bei *Geburt und Tod*. Bis ins 19. Jahrhundert hinein waren beide Erscheinungen nicht selten zeitlich sehr eng zusammengerückt; die Mehrzahl der Menschen starb unmittelbar nach der Geburt. Und da ist es ganz offenkundig, daß der Bevölkerung das kirchliche Sakramentenangebot nicht ausreichte. Vielmehr hat eine auf physische und spirituelle Hilfe bedachte Phantasie von Menschen, die sich immer wieder in ihrer beschränkten Wirkungs-möglichkeit erlebten, eine kaum überschaubare Fülle von brauchtüm-lichen Handlungen hervorgebracht, mit denen man der allgegenwär-tigen physischen Bedrohung und der geglaubten geistigen Bedrohung Herr werden wollte.

Die existentielle *Angst* vor der Schar der Teufel und ihrer menschli-chen Helfer und das Bedürfnis nach materieller Vergewisserung reli-giöser Hilfe gegen sie haben nicht selten auch eine Art dämonologi-scher Interpretation der Sakramente selbst gefördert. Dies zeigt sich etwa bei der Priesterweihe bzw. Primizfeier und der ungeheueren Wertschätzung von Primizsegen und allen Dingen, die mit dem Primi-zianten oder dem Priester allgemein in Berührung gekommen waren. Letztlich spricht sich auch hier wieder die singuläre Stellung aus, welche dem *Altarsakrament* zukam. An ihm erlebte die christliche Be-völkerung durch die Jahrhunderte hindurch die Möglichkeit einer grundsätzlichen Wesensverwandlung eines irdischen Dings zu einem aus sich selbst heraus wirkmächtigen Heilsinstrument. Es verwundert darum nicht, daß man immer wieder bestrebt war, die konsekrierte Hostie oder Dinge, die ihr glichen, wie die Eulogienbrote oder Gegen-stände aus dem Umfeld, in Heilbräuchen einzusetzen. Dies reicht vom Hineinwerfen von Hostien in ein Schadfeuer bis zur ‚Maulgabe' von Eulogienbroten an das Vieh und zu Sebastians-, Johannis- und an-deren geweihten Weinen. In der traditionellen Plünderung der Birken bei den Altären der Fronleichnamsprozession, besonders des Altares, an welchem das wirkmächtige Johannesevangelium gesungen wird, erlebt die einstige Faszination durch das Altarsakrament heute noch einen schwachen Nachglanz.

Die zentrale Ausrichtung des Alltags auf Sakramentenspendung und kirchliche Zeremonien in deren Umgebung, welche für die abend-ländische Bevölkerung bis in unser Jahrhundert herein eine der ent-scheidenden Lebenstatsachen gewesen ist, kommt auch darin zum Ausdruck, daß man vielfach die hier verwendeten Handlungen in an-deren Sinnzusammenhängen nachgespielt hat. Dies gilt besonders für Taufe, Hochzeit und Begräbnis. *Tauftravestien* kennzeichnen viele In-itiationsbräuche in ganz und gar profanen Zusammmenhängen von der Äquatortaufe bis zu den zahlreichen Gesellentaufen oder der sog. Feuerwasser-Taufe studentischer Verbindungen auch unserer Tage. Desgleichen gab und gibt Eheschluß und Hochzeitspaar das Muster ab für vielerlei Bräuche: Derlei konnte eingebaut werden in die Mai-feiern, in den Abschluß von Ernte- und anderen Arbeiten, in Trachtenumzüge oder in die Fastnachtsfeiern, wo die Kür des Prinzenpaares heute nahezu obligatorisch ist. Die Inszenierung einer Eselshochzeit als Rügebrauch der Eifel hat nicht nur öffentliche, sondern auch volkskundliche Beachtung gefunden.[548] Auch die Begräbnis-Zeremonien fanden und finden in verschiedenen Bräuchen travestierende Nachahmung: beim Begraben von Winter, Fasching, Kirchweih und Junggesellenstand; und sogar zur Artikulierung politischen Protestes wird nicht selten das Begräbnis-Zeremoniell bemüht. Ganz offensichtlich hat sich die christliche Kirche mit den zugrundeliegenden inhaltsträchtigen Zeichen, Gebärden und Handlungen nachdrücklich ins Bewußtsein der Bevölkerung eingeprägt; und diese Zeichen etc. wurden für hilfreich erachtet, auch andere Sinnhorizonte darzustellen.

In der wissenschaftlichen volkskundlichen Beschäftigung mit dem volksfrommen Brauchtum im Umfeld der christlichen Sakramente sind wir immer wieder auf die Hypothese von einem *Fortwirken germanischer Kulte* gestoßen; dies gilt von der Wasserverwendung bei der Taufe bis zum Einsammeln von „Seelenwecken" durch die Bettler am Allerseelentag. Dieses ubiquitäre, in der popularwissenschaftlichen Literatur auch heute noch vielfach angewandte Interpretationsmuster hielt meist der Überprüfung nicht stand. Allenfalls sahen wir unspezifische, in zeitunabhängigen Formen niminosen Erlebnisses gründende Elemente wirksam, welche eines diachronen Zusammenhangs nicht bedürfen. Ansonsten konnten wir wiederholt beobachten, daß Teilbereiche antik-mittelmeerischer Religiosität weiterwirkten, deren Anverwandlung an eine christliche Sicht von Welt und Jenseits nicht immer gelungen zu sein scheint.

Was den Stellenwert der Sakramente im lebensgeschichtlichen Vollzug der Gegenwart angeht, so konnte durchgängig deren Bedeutungsschwund konstatiert werden. Dies gilt vielleicht am wenigsten für Taufe und Erstkommunion/Konfirmation, welche wegen der mit ihnen verbundenen festlichen Attitüden auch noch von Personen häufig nachgefragt werden, welche man im herkömmlichen Sinne nicht mehr als kirchengläubig bezeichnen kann. Dagegen wird die Krankensalbung nur mehr sehr selten gewünscht, und die Klagen über das Desinteresse an kirchlicher Trauung oder über den Mangel an Geistlichen sind notorisch. Der hier sichtbar werdende Säkularisierungsprozeß zieht natürlich auch das gesamte Brauchtum in seinen Sog.

Gelegentlich haben auch innerkirchliche Veränderungsprozesse die Weichen in eine neue Richtung gestellt. So haben die Einführung der

Handkommunion und der gleichzeitig propagierte häufige und frühe Kommunionempfang viel von der numinosen Aura hinweggenommen, welche einst die konsekrierte Hostie umgeben hat und Anlaß gewesen ist für deren Anziehungskraft in einer Reihe von Bräuchen. Auch denke ich, daß die Tatsache, daß etwa ein Drittel der Ehen in der Bundesrepublik zwischen konfessionsverschiedenen Partnern geschlossen wird, nicht ohne Auswirkungen auf das Hochzeitszeremoniell bleiben wird. Gleichzeitig dürften so Kenntnisse über kirchliche und kirchennahe Bräuche in Bevölkerungskreisen verbreitet werden, wo sie bisher nicht geherrscht haben. Dies kann, etwa im Zusammenhang mit dem Islam durchaus neue und ungewohnte Impulse in das brauchdurchwirkte Leben der Zukunft bringen. Der in der Vergangenheit beobachtete beständige Veränderungsprozeß kann also mit guten Gründen auch für die Zukuft erwartet werden.

4. GEISTLICHES SCHAUSPIEL –
WELTLICHE SPIELBRÄUCHE

Kultische Handlungen haben nicht selten eine Vorliebe für symbolische Gebärden, für zeichenhafte verbale und nonverbale Bilder, für Wechselreden und sinnstiftende Handlungen und damit insgesamt für die Grundelemente des Schauspiels. Es ist hinlänglich oft betont worden, daß das europäische Schauspiel in seinen Anfängen in Gestalt der griechischen Tragödie ganz eng an die Kulthandlungen jener Zeit gerückt werden muß. Und auch der Feier der christlichen Sakramente und anderen liturgischen Handlungen haftet nicht selten etwas Spielhaftes im Sinne des zeichenhaften Nachvollzugs einer gemeinten Realität an. Dies gilt nicht nur für den Ritus von Taufe, Firmung und Priesterweihe, für Gründonnerstagsgottesdienste der Domkirchen mit Abendmahl und Fußwaschung, sondern auch für die alltägliche Meßfeier. Auch das christliche Wallfahrten ist als „Handlungsspiel" charakterisiert worden.[549]

Umgekehrt lassen sich auch im profanen Alltag häufig genug Situationen beobachten, die man als kleine Schauspiele bezeichnen kann; so wenn am Vorabend des Nikolaustages eine Bischofsgestalt mit einem wilden Begleiter von den Eltern ins Haus gebeten wird zu Examinierung, Belohnung oder Bestrafung der Kinder; oder wenn am 11. November die Kindergärtnerinnen mit ihren Schützlingen, Lampions schwingend und Lieder singend herumziehen, begleitet von Pferd und Reiter; oder gleicht nicht häufig genug auch der Faschingszug mit seinen diversen Wagen, auf denen brisante Themen der Zeitgeschichte aufs Korn genommen werden, einem Spiel mit stummen Bildern – nicht anders wie mancher Umzug einer Gemeinde, die eine Jubelfeier ihres Bestehens begeht und in solchen Bildern die Jahrhunderte ihrer Existenz Revue passieren läßt?

Erscheinungen wie diese gehören zum verbindlichen Lokalbrauch vieler Ortschaften in ihrem Jahreslauf. Ihre weite Verbreitung in Vergangenheit und Gegenwart ist uns Grund genug, die Zusammenhänge mit dem religiösen Leben etwas grundsätzlicher zu untersuchen. Auch jetzt muß es wieder genügen, die Hauptstränge der Entwicklung herauszuarbeiten und nicht das gesamte Erscheinungsfeld auszubreiten. Daß es außer in Religion und Kult weitere Anstöße zu spielhafter Gestaltung geben wird, etwa im Rechtsvollzug oder im Arbeitsleben, ist von vornherein zu unterstellen; doch werden diese Aspekte bei der vorliegenden Abhandlung wegen ihrer eingeschränkten Fragestellung nicht berücksichtigt.

4.1 Die Anfänge: spielerisch entfaltete Liturgie und Schultheater

Es gibt eine Reihe geistlicher Schauspiele, in denen die Szene enthalten ist, da die beiden Apostel Johannes und Petrus zum Grab Christi eilen, nachdem die Frauen die Nachricht von dessen Auferstehung überbracht haben. Dies wird in der Spielhandlung meist in der Art eines Wettlaufs gelöst; der ältere Petrus stolpert und hinkt hinter dem flinkeren Johannes her und beklagt lauthals sein Podagra, sein Alter oder schimpft über die mangelnde Rücksicht des Jüngeren.

Man kann es heute kaum mehr nachvollziehen, aber Szenen wie diese sind vor nicht allzu langer Zeit Anlaß gewesen, ernsthaft die These von der Herkunft des geistlichen Schauspiels aus der *germanischen Mythologie* zu verfechten.[550] Man bemühte langobardische Reiterspiele, bei denen der letzte bestraft wurde, den Initiationsritus des Beschlagens und den Merseburger Zauberspruch, um den Beweis anzutreten, daß das Hinken aus einem germanischen Kultspiel stammen müsse. Gegenüber solchen gewaltsamen Versuchen der Herleitung der Spielbräuche aus dem religiösen Leben unserer germanischen Vorfahren gilt es heute in der Wissenschaft als sicher, daß die Anfänge des geistlichen Schauspiels in Deutschland in der Liturgie der christlichen Kirche zu suchen sind.[551]

Es war die *Liturgie einiger christlicher Hochfeste*, von denen die Anregung zu einer spielerischen Entfaltung ausgegangen ist. Dies gilt vor allem für die gesamte Karwoche vom Palmsonntag bis zur Auferstehungsfeier des Ostertages, aber auch für Christi Himmelfahrt, Weihnachten und Dreikönig. Die für die Gottesdienste vorgesehenen Texte brauchten nur mit verteilten Rollen vorgelesen oder in kleine Handlungsschritte übersetzt zu werden, und schon haben wir den Kern eines geistlichen Dramas vor uns.[552] Man denke etwa an den Einzug Christi in Jerusalem am Palmsonntag; an die Szenen der Passion, wie sie am Gründonnerstag und Karfreitag verlesen werden; an Grablegung und Auferstehung Christi, die mit einer hölzernen Statue nachvollzogen werden konnten; an den Besuch der Hirten bei der Krippe oder an Aufzug und Anbetung der Weisen aus dem Morgenland.

Solche spielerischen Aufschwellungen der Liturgie beginnen in der westlichen Kirche im 9. Jahrhundert; sie passen sich noch ganz den Leitlinien der Liturgie und dem kirchlichen Rahmen an: Darsteller sind Geistliche oder deren Helfer im liturgischen Dienst, der Symbolgehalt der Handlung dominiert bei weitem die realistischen Elemente; das gleiche gilt für die gesungenen gegenüber den gesprochenen Teilen. Dialogisches entfaltet sich in der Hauptsache als Wechselgesang, die unmittelbare Nähe zur biblischen Aussage wird nirgends verlassen, die Sprache der Handlung ist die Sprache des Gottesdienstes, nämlich Latein.

Damit sind die entscheidenden Anstöße für eine weitere Entwicklung der dramatischen Struktur gegeben, und es war nur noch eine Frage der Zeit, wann durch sie die Enge des Kirchenraumes gesprengt werden würden. Bereits um 1160 wettert der auch sonst sehr kritische Propst des Augustiner-Chorherrenstiftes Reichersberg, Gerhoch von Reichsberg, dagegen, daß man in den Kirchen das Schreien des neugeborenen Jesus hören lasse wie auch die Blutbefehle des Königs Herodes, daß sich Antichrist und Teufelsgestalten hier herumtrieben, daß gemeine Possen, Waffengerassel, Kampf und Streit den Frieden des Gotteshauses entweihten.[553]

Man zog im Verlauf des 13. Jahrhunderts nahezu in der gesamten westlichen Christenheit die Konsequenz und *verlagerte die Spiele an die Außenseiten der Kirchen.* Nun braucht man nicht länger Rücksicht zu nehmen auf den Frieden des Gotteshauses und die Nähe zur Eucharistie: Lautstarke Agitation, derbe Sprache und komische Handlung können sich ungestört entfalten. Die enge Bindung an die Bibel fällt weg, apokryph überlieferte Szenen oder völlig frei erfundene können sich anlagern; an die Stelle der Geistlichen treten nun Laien als Darsteller, und diese bedienen sich natürlich der Landessprache. Schon bald finden sich auch auf den Dörfern und kleineren Pfarreien genügend Spielbegeisterte und nicht nur in den Bischofsstädten und Klosterorten mit ihren zahlreichen Geistlichen: Das geistliche *Volksschauspiel* war geboren.

Die Reformatoren hatten bekanntlich für derlei – teilweise recht drastische – Visualisierung der biblischen Geschichte nichts übrig und haben darum die Entwicklung in den reformierten Territorien gestoppt; in den katholischen jedoch erfuhr sie nachdrückliche Förderung während der Gegenreformationszeit, und auch die nachfolgende Aufklärungsepoche mit ihren zahlreichen Verboten konnte nicht alles auslöschen oder ein Wiederaufleben im 19. Jahrhundert verhindern.[554] In den Passionsspielen zu Erl, Thiersee, Waal, Oberammergau und vielen anderen Orten wird uns auch in der Gegenwart noch ein Rest dieser langen und außerordentlich reichen Spieltradition sichtbar.

Durch die Jahrhunderte hindurch blieb also in dem Bestreben, einzelne Elemente der Heilsgeschichte der Bevölkerung nahezubringen, die dramatische Aufführung als eine Möglichkeit des kulturellen Lebens erfahrbar. Hier konnte man sich Anregungen holen auch für den außerreligiösen Bereich; und dies um so mehr, als die Laien die eigentlichen Träger der Tradition geworden waren. Von Bedeutung konnte insbesondere die Form dieser geistlichen Schauspiele werden; denn nicht alle kannten Szenenfolgen mit einer durchgängigen Handlung, entwickelt in Monologen und Dialogen, sondern genauso beliebt waren stumme Umzüge mit szenischen Darstellungen durch Tableaux oder lebendige Bilder. Sie kennzeichnen u. a. die *Fronleichnams- und Karfreitagsprozessionen.*

Diese entwickelten sich in etwa parallel seit dem 13. Jahrhundert und glichen sich in ihrem äußeren Erscheinungsbild vielfach an.[555] Dazu gehörte die Einbeziehung von Szenen aus der gesamten Bibel, die sich in ihrer Sinnrichtung gegenseitig stützten. Vor allem das Alte Testament wurde so dienstbar gemacht, einer Interpretation der Welt als heilsgeschichtlicher Einheit. Der „Urlaub" (Abschied) Christi von seiner Mutter konnte vorweggenommen werden durch den Abschied des Tobias von der Sara; die Gefangennahme durch die Überbringung des gebundenen Samson an die Philister oder durch Joseph in der Gewalt seiner Brüder; der Tod am Kreuz durch Adam und Eva mit dem Baum der Erkenntnis im Paradies oder durch Moses mit der ehernen Schlange oder durch David und Goliath. Natürlich war es auch jederzeit möglich, durch Hereinnahme von allegorischen Gestalten oder Handlungen die Aussage der Bibeltexte weiterzuführen. So ließ sich die Überwindung des Bösen durch den Opfertod Christi auch verdeutlichen durch die Drachenlegenden um St. Georg oder St. Margaretha; darum werden diese Heiligen mit dem zugehörigen Krokodil-, Lindwurm-Drachen gern bei den Umzügen mitgeführt.

Diese Darstellungsform, die sich bei den großen Prozessionen zu Fronleichnam oder am Karfreitag bewährt hatte, wurde nicht selten auch nachgeahmt bei *Heiligenfesten,* besonders wenn es eine Selig- oder Heiligsprechung zu feiern galt. Man gestaltete prachtvolle Umzüge und machte in ihnen durch gemalte Bilder, plastische Figuren oder durch stumme Szenen die Lebensgeschichte und die Wundertaten des/der Heiligen sichtbar. Selbstverständlich konnten hier wie bei Fronleichnams- und Karfreitagsprozession echte Spielszenen eingestreut werden, indem man den Umzug an einem geeigneten Platz kurz unterbrach.

Religiöse Vereinigungen der Laien wie die Corpus-Christi-Bruder-schaft, aber auch Handwerker-Zünfte übernahmen sehr häufig die Einrichtung solcher Tableaux auf Tragegestellen, auf mitgeführten Wägen oder durch die Ausstattung der benötigten Darsteller. Dies hatte Konsequenzen: Die Laien waren in großem Umfang mit Organisation und Gestaltung solcher Umzüge vertraut; die Fähigkeit zu dramatischer Aktion wurde durch solche kirchliche Anlässe auch auf dem breiten Land gefördert; allenthalben sammelten sich Spielrequisiten an, Kostüme von Königen und Kaisern, von Bischöfen und Päpsten, von Engeln und Teufeln, aber auch von allen möglichen personalisierbaren Lastern und allegorischen Gestalten. Es wurde ein Reservoir an Sachgütern und Fähigkeiten geschaffen, das sich auch in anderen Zusammenhängen nutzen ließ.

Diese von der Kirche aus ihrem Bestreben nach sinnlicher Erfahrbarkeit der Liturgie ausgehenden Impulse zu einem umfassenderen Schauspielbrauchtum wurden noch zusätzlich gestärkt durch das *Theaterwesen der kirchlichen Schulen.* In den mittelalterlichen Dom- und Klosterschulen war die Kenntnis des antiken Theaters lebendig geblieben; in dieser Tradition deckte man sich aber schon sehr bald mit christlichen Inhalten ein. Man spielte „Komedien" vom ›Verlorenen Sohn‹, von ›Judith und Holofernes‹, von ›David und Goliath‹, ›Samuel und Saul‹, der ›Hochzeit von Cana‹ und viele andere. Daneben liebte man es besonders, Heiligenlegenden zu dramatisieren und an den entsprechenden Gedenktagen während des Jahres zur Aufführung zu bringen.[556] Primär ging es dabei um Binnenwirksamkeit innerhalb der Klostergemeinschaften, doch begann man spätestens dann auch größere Kreise der Laienbevölkerung miteinzubeziehen, als sich die protestantischen Schulen bewußt in die mittelalterliche Spieltradition stellten.

Neue Dimensionen erreichte diese Form des geistlichen Schauspiels, als sich die *Jesuiten* darum annahmen. Die Aufführung von „Endskomedien" zum feierlichen Abschluß des Schuljahres im Herbst und zur Auszeichnung besonders erfolgreicher Schüler gehörte überall zu den jährlich wiederkehrenden herausragenden Ereignissen, wo die Jesuiten Gymnasien und andere Schulen unterhielten.[557] Dabei gab es kaum einen Stoff des Alten und Neuen Testaments, der Heiligenbiographien, aber auch der antiken und mittelalterlichen Geschichte, der Sagenwelt und der griechisch-römischen Mythologie, der nicht ausgebeutet worden wäre, soweit er sich der Katechese dienstbar machen ließ; d. h. soweit er etwas beitrug zur Versinnlichung von Tugenden wie Enthaltsamkeit, Eltern- und Kinderliebe, Gehorsam, Demut, Machtverzicht, gottgefälligem Sterben, Achtung vor Autorität usw. Aber auch das Gegenteil setzte man genausogern in Szene, namentlich wenn dabei durch einen Höllen-, Magier- oder Kerkerraum eine schaurige Realistik erzielt werden konnte.

Auch vom geistlichen Schultheater gibt es eine Reihe von Verbindungslinien zum profanen Schauspielwesen. Es wurde schon angedeutet, daß die protestantischen Schulen die Pflege des Theaterwesens von ihren klösterlichen Vorläufern bewußt übernahmen. Damit wurde die Exklusivität der Lateinschulen zurückgelassen und die Tradition des Theaterspielens auch an den sog. deutschen Schulen begründet, eine Entwicklung, welche sich auch im katholischen Bereich durchsetzte. Sie bildet die Grundlage für eine noch durchaus lebendige Praxis in unseren Tagen. Zum anderen hat man mindestens seit dem 16. Jahrhundert durch das Schultheater die allgemeinere Öffentlichkeit gesucht, damit Anstöße zum aktiven Spielen informeller Gruppen geliefert und beigetragen zu einer passiven Lust am Theaterwesen; diese war eine notwendige Voraussetzung für ein günstiges Klima gegenüber anderen Formen des Volksschauspiels.

4.2   Spielbrauchtum im Kirchenraum

Es gehört zu den Wesenseigentümlichkeiten vor allem des katholischen Gottesdienstes bis ins ausgehende 18. Jahrhundert, daß mancherlei liturgienahes Spielbrauchtum erhalten geblieben ist trotz (vielleicht auch wegen) der Ablehnung durch die Reformatoren. Die Verbotswelle der Aufklärungszeit hat zwar das meiste ausgeräumt, doch einiges konnte überleben. Und in den letzten zehn Jahren ließ sich wiederholt das Wiederaufgreifen dieser Tradition beobachten im Zuge einer verstärkten amtskirchlichen Bemühung um Volksnähe. Spielbräuche dieser Art begnügen sich im wesentlichen mit dem Pfarrer, den Ministranten, dem Mesner und Schülern als Akteuren; sie bedürfen keiner großen Sprechtexte, sondern beschränken sich meist auf stumme Darstellung und haben eine Vorliebe für begleitende Lieder.

Auf eine besonders lange Tradition kann die *Errichtung von Hl. Gräbern* zurückblicken. Die depositio, elevatio und adoratio crucis (Niederlegung, Erhebung und Verehrung des Kreuzes) hatte im hohen Mittelalter u. a. den Anstoß zu Karfreitagsprozession und Passionsspiel gegeben, blieb aber als Sonderform noch im kirchlichen Jahreslauf lebendig, als sich jene längst den Marktplatz und die verschiedenen Plätze und Straßen der Städte und Dörfer erobert hatten. War es zunächst üblich gewesen, durch ein bloßes Kreuz und eine Kapsel mit konsekrierten Hostien Grablege und Auferstehung zu verdeutlichen, so schuf man seit dem 14. Jahrhundert eigene Bildtypen: Christus in Totenstarre im Grab liegend (Depositionstypus) und den Auferstandenen mit erhobener Rechten und Siegesfahne.[558] Mit ihnen ließ sich die beabsichtigte dramatische Inszenierung augenfälliger vorführen. Schon im Spätmittelalter bürgerten sich eigene Kulissenbauten ein, die nicht selten ein Seitenschiff oder das Presbyterium ausfüllten, verschiedene – manchmal begehbare – Abteilungen mit Kerker, Geißelung, Dornenkrönung, Verurteilung und Kreuzigung enthielten und dahinter kunstvolle Mechanismen, mit denen sich die jeweilige Christusfigur absenken oder aus dem Grab hervorholen ließ. Man denke an den theatralischen Effekt, wenn die Christusfigur zu den machtvollen Klängen der Orgel aus dem Grabe erstand und die herumstehenden Wächter in den Knien einknickten und übereinanderpurzelten!

In dieser ausgeprägten Form hat das Hl. Grab zwar, soweit ich sehe, die Ernüchterungsphasen von Aufklärung und Liturgiereform nicht überlebt, doch die verwendeten Figuren, die in den Kirchen eigens angelegten Wandnischen, die Kulissenaufbauten und die verpflichtend zur Grabausstattung gehörenden bunten Glaskugeln und Lampions sind vielfach bis auf unsere Zeit gekommen. Und noch in den 50er Jahren unseres Jahrhunderts gehörte es zu dem von Erwachsenen und Kindern gleichermaßen praktizierten Osterritual, die Hl. Gräber in den verschiedenen Kirchen zu besuchen und nachzusehen, welche das schönste besäße. Mit Bezug auf die Liturgiereform haben dann anschließend viele Geistliche diesen Osterbrauch zurückgedrängt, doch seit etwa zehn Jahren kann sein Wiederaufleben beobachtet werden.

Dies gilt auch für eine formal und inhaltlich verwandte Erscheinung, die *szenischen Ölberg-Andachten*. Auch hierzu brauchte man eigene Kulissenaufbauten sowie Figuren oder bewegliche Gliederpuppen für Christus am Ölberg, die schlafenden Jünger und den tröstenden Engel. Seit dem 17. Jahrhundert wurden derlei theatralische Andachten an den Donnerstagen der Fastenzeit vor allem durch die Kapuziner gefördert, welche an vielen Orten eigene Stiftungen anregten, damit durch sie die jährlichen Ausgaben bestritten werden konnten.[559] In den kritischen Augen eines aufgeklärten Geistlichen stellte sich eine solche Ölberg-Aktion 1786 folgendermaßen dar:

„Heute mahle ich Ihnen die Scenen einer geistlichen Komödie aus, die ich in der letzten Fastenwoche mit angesehen habe ... Die heilige Handlung geht in einem Marktflecken vor und heißt: der Oelberg. Zuerst trat ein bärtiger Kapuziner auf und predigte ganz im Tone eines Bruder Gerundio ... Nach der Predigt machte der Schulmeister auf der Bühne den Kristus. Er fiel dreimal auf das Angesicht nieder; da kam nun flugs sein Töchterchen gesprungen – ein tröstender Engel, den Kelch und das Kreuz in der Hand; und sang mit zugedrückten Augen durch die Zähne so was hin, was ich nicht verstehen konnte; worauf er allemal wieder aufstand, und mit vielen Händeringen und abscheulichen Grimassen Knittelverse entgegen trillerte. – Himmel, dacht ich, wenn ich hier Pfarrer wäre."[560]

Auch am *Palmsonntag* wurde die naheliegende Idee, den Evangelientext in spielerischer Form nachzuvollziehen, an vielen Orten verwirklicht: Ein Priester ritt auf einer Eselin durch die Straßen des Ortes, begleitet von den Gläubigen, welche „Hosianna!" schrien.[561] Verwendung von lebenden Tieren ist seit dem 10. Jahrhundert bezeugt; im 14. Jahrhundert ging man mehr und mehr dazu über, einen geschnitzten Palmesel auf Rädern mit daraufsitzender hölzerner, bekleideter Christusfigur bei der Prozession mitzuziehen. Manchmal konnte sich der Mesner etwas Trinkgeld verdienen, wenn er nach dem Gottesdienst mit dem rollenden Esel durch die Straßen zog und dabei die kleinen Kinder eine Strecke aufsitzen ließ. Die Aufklärung hat zwar die dramatisierenden Schwellformen beseitigt, nicht jedoch die Requisiten selbst. Und auf sie wird seit einiger Zeit in manchen katholischen Pfarreien wieder zurückgegriffen. Vor allem um die bei der einstigen Prozession verwendeten Palmzweige hat sich ein reiches rezentes Brauchtum herausgebildet, wie wir noch sehen werden.

Besonders geeignet für theatralische Umsetzung ist auch das Fest *Christi Himmelfahrt*. Sebastian FRANCK schildert am Beginn des 16. Jahrhunderts mit spürbarer Distanz die Gestaltung, welche in den Pfarreien seit dem hohen Mittelalter üblich geworden war und in den katholischen Gebieten auch noch für eine Zeitlang in Übung blieb: „Da zeucht man das erstanden Bild, so dise Zeit auf dem Altar gestanden ist, vor allem Volck zum Gewölb hinein und wirft den Teufel, ein scheutzlich Bild, an sein statt herab; in den schlagen die umbstehenden Knaben mit langen Gärten [Stecken], bis sie ihn umbringen. Darauf wirft man Oblath vom Himmel herab, die bedeuten das Himmelbrot."[562] Oft war der Teufel eine mit Stroh gefüllte Stoffpuppe, welche ins Freie gezerrt und dort verbrannt wurde.

Kleine Geldausgaben für Bekleidung und Zurichtung des Auffahrts-Christus und von assistierenden Engeln finden sich während der frühen Neuzeit nahezu in jeder katholischen Kirchenrechnung. Die gelegentlich sichtbar werdende Sorge um ordentliches Seilwerk erfährt eine hinreichende Begründung, wenn man hört, daß 1433 der Propst des Chorherrenstiftes Bernried von der herabstürzenden Christusfigur erschlagen wurde, weil das Seil gerissen ist.[563] Und die Schwestern in Kloster Niedernburg zu Passau mußten wegen eines ähnlichen Unfalls ein frühes Verbot dieser theatralischen Inszenierung hinnehmen; sie erhielten am 6. 7. 1737 ein Schreiben des zuständigen Fürstbischofs: „Der jüngsthin in eürer Stifts- und Closterkirchen sich anbegebende bedauernswürdige Zufahl, da nemlich eüre Conventualin und gewéste Sacristanin Martina in Veranstaltung und Vorbereitung deren zu Fürstellung der Himmelfahrt Christi erforderlichen Dingen von dem obersten Kirchengewölb unversehens und plötzlich herabgestürzet, veranlasset uns, diesen Gebrauch in eürem Gotteshaus gänzlichen abzustellen, wobey das gemaine antringende Volck mit mehrer Ungebühr und Ausgelassenheit dann gottesgefälliger Andacht und Auferbäulichkeit zu erscheinen pfleget."[564] In den letzten Passagen wird sowohl die offensichtlich große Begeisterung der Laien wie auch die zunehmende Skepsis der geistlichen Obrigkeit sichtbar.

Analoge Vorgänge wie an Christi Himmelfahrt konnte man am *Pfingstfest* beobachten, nur daß jetzt die Stelle der auffahrenden Christus-Gestalt durch den als Taube herabschwebenden Hl. Geist ersetzt wurde. Auch jetzt folgten gerne Oblaten oder kleine Zelteln (Brote) der Figur nach; sie galten für die Feuerzungen, die beim Pfingstwunder einstens erschienen waren.[565]

Eine aufs Ganze vergleichbare Faszination für szenische Umsetzung von liturgischem Geschehen wie die Karwoche entwickelte die *Weihnachtszeit*; auch sie hatte um 1300 zum landessprachlichen Theater außerhalb des Kirchenraums beigetragen. Doch blieben auch hier weiterhin spielerische Elemente innerhalb der Liturgie erhalten. Kindleinwiegen, Niederlegen von Gaben, Reigentänze um eine Christkindfigur auf dem Altar oder im Chorraum sowie Aufzüge und Prozessionen mit lebenden oder starren Figuren gehörten nicht nur in den Frauenklöstern des Spätmittelalters zu den vertrauten Erscheinungen. Vor allem die Franziskaner förderten solche Andachten in Erinnerung an die berühmte Weihnachtsfeier ihres Ordensstifters im Wald von Greccio 1223. Sie wurden womöglich seit dem 16. Jahrhundert noch überboten von dem neugegründeten Orden der Jesuiten. Besonders war es den Jesuiten ein Anliegen, allenthalben die Aufstellung von *Kirchenkrippen* zu initiieren, gleichsam als starr gewordene Theaterszenarien. Von den Ordensniederlassungen aus erreichte die Krippenbewegung schon bald die benachbarten Pfarrkirchen und stimulierte ihrerseits die Lust an liturgischen Spieleinlagen.[566] „Hunderte von kleinen Krippendialogen und weihnachtlichen Hirtenspielen waren noch im 19. Jahrhundert handschriftlich oder als Flugblattdrucke im Volk verbreitet"[567] und gaben Zeugnis von der einstigen Beliebtheit solcher Andachten.

Liturgische Feiern, die man auch als kleine Schauspiele bezeichnen kann, gehörten also bis ins ausgehende 18. Jahrhundert zu den gebräuchlichen kirchlichen Lebensformen zumindest der katholischen Landschaften. Sie kamen aus mit wenigen (meist im Kirchendienst stehenden) Akteuren, sparsamen Dialogen und geringem Aufwand an Requisiten. Dagegen gehörte das Absingen von landessprachlichen Liedern meist fest dazu; ja derlei Andachten sind eine der wichtigsten Quellen für das *geistliche deutsche Lied*, für welches bis zur Reformationszeit innerhalb des eigentlichen Gottesdienstes keine Entfaltungsmöglichkeit bestanden hatte.[568] Die heute noch vielfach üblichen Weihnachtslieder entstammen zu einem erheblichen Teil diesen Kirchenraumspielen. Bereits an ihrer Existenz läßt sich erspüren, daß die einstigen, spielhaft ausgeweiteten liturgischen Feiern nicht auf den Kirchenraum beschränkt geblieben sind; sie haben vielmehr das profane Weihnachtsbrauchtum bis in unsere Tage angeregt. Im Augenblick läßt sich sogar eine gewisse Wirkungsumkehr beobachten: Die in den letzten Jahren innerhalb des katholischen Weihnachtsgottesdienstes vielfach wieder üblich gewordenen Krippenspiele (namentlich in den sog. Kindermetten) greifen bevorzugt auf das alte Liedgut zurück.

4.3 Spielhaftes Brauchtum im Alltag

Insgesamt hat die Entfaltung der liturgischen Spiele eine Fülle von Anregungen für den weltlichen Bereich geliefert. Dies galt vor allem für den weihnachtlichen Festkreis; er enthält mit der Verkündigung an die Hirten, mit Herbergsuche, Geburt Christi und Anbetung der Weisen aus dem Morgenland besonders geeignete Schrifttexte zur spielerischen Umgestaltung. Bereits am Ende des Mittelalters muß es vielfach üblich geworden sein, daß solche kleine Szenen nicht mehr nur innerhalb der Liturgie aufgeführt wurden, sondern daß man sie in die Ortschaften hinaustrug. Hier ließen sie sich unschwer verbinden mit dem seit langem üblichen Anwünschen eines guten neuen Jahres und mit der Bitte um eine kleine Gabe. Als erste Akteure kamen vor allem Schulmeister und Schüler in Frage, die als Hilfspersonal der Priester ja bereits innerhalb der liturgischen Verrichtungen vielfach herangezogen worden waren. Doch sehr schnell haben auch andere Personengruppen die in diesen *Umzugsspielen* liegenden Möglichkeiten des Appells an die christliche Almosenverpflichtung erkannt und sind als kleine Spielschar von Haus zu Haus gezogen. Als symptomatisch für diesen größeren Komplex kann das *Sternsingen* herausgegriffen werden. Es separierte sich als selbständige Erscheinung aus den kirchlichen Festprozessionen und aus den in sie einbezogenen oder auch unabhängig bestehenden Drei-König-Spielen der Klöster im Verlauf des 15. Jahrhunderts. Dieser Zusammenhang mit dem christlichen Kult gilt heute als sicher, wenngleich der Kuriosität halber angeführt werden kann, daß man vor nicht allzulanger Zeit gerade hier eine andere religiöse Komponente hatte entdecken wollen, nämlich wieder eine germanische. Demnach sollten die herumziehenden Spieler hinweisen auf die ruhelos umgehenden Toten der germanischen Mythologie, die um Opfer bitten müssen, und der Stern der Könige sollte nichts anderes sein als das rastlos sich drehende Sonnenrad.[569]

Der bislang bekannt gewordene älteste Beleg für das Sternsingen stammt aus Wien, wo 1460 den Schülern der Kantorei bei St. Stephan geboten wird: „Und die drey kunig sullen ganz ab sein, wann sy von alter her nicht gesen noch gegangen sind."[570] Wenig später aber häufen sich im gesamten deutschen Sprachgebiet die Nachrichten darüber, daß sich kleine Trupps von Spielern um die Weihnachtszeit auf den Weg machten, durch einfache Verkleidung die Hl. Drei Könige vorstellten, einen Sternträger und teilweise den König Herodes in ihre Mitte nahmen, von Haus zu Haus zogen und dort durch Lied, Wechselgesang oder Dialoge an das im Neuen Testament berichtete Geschehen erinnerten sowie den Leuten viel Glück zum neuen Jahr anwünschten.

Die Schüler bekamen schon bald Konkurrenz von allen Seiten: von arbeitslosen Maurern und anderen „Handtwerckspursch", von Schiffern, Tagelöhnern, Kleinhäuslern und Knechten, aber auch von beliebigen Jugendlichen und Kindern. Verbote der weltlichen Obrigkeiten versuchten der Flut zu steuern, vor allem in den reformierten Territorien, welche hier ohnehin nur „papistischen Aberglauben" zu sehen vermochten. Sie haben sich nicht durchgesetzt, das Sternsingen blieb gebräuchlich, sogar in Skandinavien und England.

Auf diesen großen Markt ist bereits recht früh der Buchdruck aufmerksam geworden und hat Flugblätter zur Verfügung gestellt, so etwa das 1566 in Regensburg erschienene: „Drey Geistliche Lobgesang von den Heyligen drey König, das recht new Jar damit anzusingen."[571] Auf diese Weise wurden landschaftliche Besonderheiten eingeebnet und gleichzeitig Traditionen über lange Zeiträume begründet. Die in den Sammlungsaktionen der letzten hundert Jahre ermittelten Texte zeigen dies; sie verweisen aber auch auf die dominierende mündliche Überlieferung und die darin liegenden Möglichkeiten der Variation, Kontamination und Schrumpfung. Im einzelnen Fall konnte sich eine durchformte Spielhandlung halten oder neu bilden, sie konnte aber auch verkümmern zu einem dürren hergeleierten Heischespruch – und allen denkbaren Zwischenstufen.[572] Durch die Übernahme der Neujahrswünsche, durch die Trägerschaft von meist notleidenden Personen und das Ziel der Gabenheische hat sich der Charakter des ursprünglichen Kirchenraum-, Kloster- oder Prozessionsspiels wesentlich verändert. Weniger die Vermittlung von heilsgeschichtlichen Ereignissen stand nun im Mittelpunkt als vielmehr der Appell an das christliche Almosengebot; beides jedoch sind religiöse Funktionsebenen. Im Lauf der Zeit mutierte das Sternsingen immer mehr zum reinen Bettelbrauch und hat als solches bis in unsere Tage weiterbestanden.

Die Trendwende scheint in den 30er Jahren unseres Jahrhunderts in der Schweiz vollzogen worden zu sein, als ‚reputierliche' Gruppen wie Trachtenvereine, Frauen- und Mütterorganisationen, Theater- und Männergesangsvereine und Geistliche das Sternsingen in den Dienst von kirchlichen Anliegen stellten, für welche sie Geld sammeln wollten. Nach 1945 trat hier wie in Deutschland als zentrales Motiv die *Sammlung für die Weltmission* in den Vordergrund.[573] Das „Negerligehen", „Missionssingen" etc. wurde nun weitgehend eine Angelegenheit von katholischen Jugendgruppen (Pfadfinder, Jungwacht, Blauring, Jungschar etc.), besonders im Auftrag des „Päpstlichen Missionswerkes der Kinder in Deutschland". In der Hauptsache sind gegenwärtig in diesem Sinn die Ministranten aktiv, sie zählen in jeder Diözese nach Tausenden, und es haben sich *zentrale Aussendungsfeiern* in den Domkirchen eingebürgert (erstmals 1978 in München), bei welchen die Bischöfe höchstpersönlich in Aktion treten. Ein neuer Akzent ist das Anschreiben von Jahreszahl, drei Kreuzen und den Anfangsbuchstaben der Namen der drei Könige (Kaspar, Melchior, Balthasar) durch diese Sternsinger-Gruppen an die Wohnungs- oder Haustüre, nachdem sie Lied und Gabenbitte vorgetragen haben.[574]

Damit aber wird eine häusliche Tradition aufgegriffen, die sich zumindest in den katholisch gebliebenen Ländern seit dem Mittelalter lebendig erhalten hat: das Anschreiben von drei Kreuzen mit geweihter Kreide an Türen, Fenster und/oder Möbel, meist begleitet von einem Ausräuchern der Zimmer. Auch damit wurde Bezug genommen zu den liturgischen Feiern, welche entsprechend den Gaben der drei Weisen dem Räuchern an Dreikönig ein großes Gewicht einräumten. Verschiedentlich inszenierten einzelne Gruppen (Bräugesellen und Lehrlinge, Schulmeister und Schüler oder die Geistlichen selbst) solche Aufzüge mit Weihrauchfaß und geweihter Kreide lange Zeit auch noch in protestantischen Orten.[575] Ansonsten aber geschah es innerhalb der Familien. Doch wollte man auch hier sehr häufig entsprechend dem leibhaftigen Auftreten der Hl. Drei Könige in den liturgischen Andachten und wohl auch angeregt durch die umherziehenden Sternsinger nicht darauf verzichten, eine Art häusliches Königs-Szenarium zu imitieren.

Wir kennen es heute noch in Resten, vor allem in Frankreich, in der brauchtümlichen Bestimmung des *„Bohnenkönigs“*.[576] Es handelt sich um einen mittlerweile völlig säkulären Brauch: Für den Dreikönigstag kauft man vom Bäcker einen Kuchen, in dem ein Porzellanpüppchen (früher eine Bohne) versteckt ist. Wer es beim Austeilen der Stücke erhält, ist König für diesen Tag. In geselligen Männerrunden bedeutet dies, daß jedermann mitzutrinken hat, wenn der „König“ sein Glas erhebt. Ungleich näher an den liturgischen Bräuchen ist die Art, wie Sebastian FRANCK sie 1534 in seinem Weltbuch für fränkische Dörfer und Städte beschreibt: „An der heiligen drey künig tag bacht ein yeder vatter ein gutten leckkuchen oder letzelten, darnach er vermag und ein haußgesind hat, groß oder kleyn, unnd knidt inn den knetten [Teig] ein pfenning darein, darnach schneidet er den gebachen leckkuchen in vil stuck, gibt yedem auß seinem haußgesind eins. Item Christus, Maria und die heiligen drey Künig haben auch yre stuck da, welche man von yhren wegen umb gottes willen gibt [wohl: an die Armen verschenkt]. Wem nun diß stuck wirt, darinn der pfenning ist, der wirt von allen als ein Künig erkent unnd erhaben unnd drey mal mit jubel in die hohe gehebt, der nimpt allmal ein kreid in sein hand, mocht ein creütz an die düln oder balcken im hauß unnd stuben, welche creütz für vil unglück und gespenst sollen helffen, werden auch in grosser observation gehalten.“[577]

Dieses häusliche Nachspielen des liturgischen Brauches konnte zur regelrechten Bestellung eines ganzen Hofstaates ausgeweitet werden.[578] Wiederum in der Schweiz hat man nach dem Zweiten Weltkrieg eine Braucherneuerung gefunden, welche die religiöse Komponente stärker unterstreicht. Seit 1953 wird vom Schweizer Bäcker- und Konditorenmeister-Verband der *Verkauf von Bohnen- bzw. Dreikönigskuchen* propagiert; der Ertrag fließt wohltätigen Zwecken zu. 1953 konnte man 50000 solcher Kuchen absetzen, 1980 waren es bereits rund eine Million.[579]

Umzugsspiele mit dem Doppelaspekt des Nachspielens und der Erinnerung an die zeitgleiche Liturgie, aber auch der Profitierung vom christlichen Liebesgebot gab es noch eine ganze Reihe. In manchen konnte problemlos das Kirchenraum-Spielchen in die privaten Wohnhäuser oder in die Straßen der Ortschaften verlegt werden, etwa beim *Christkindleinwiegen*, von dessen einstiger Beliebtheit noch zahlreiche volkssprachliche Lieder zeugen. Seinen Ausgang dürfte es von mittelalterlichen Frauenklöstern genommen haben. Sebastian FRANCK schildert den Kirchenbrauch: „Zu weihnnacht begeen sy die kindtheit Christi also: Sy setzen ein weigen [Wiege] auff den altar, darein ein geschnitzt kind geleget, diß wiegen die stattkind ein grosse menge, springen und dantzen umb das kind in einem ring, darzue die alten zuseen und mitsingen mit vil seltzamen liedlin von dem neüwgebornen kindlin, das mich ermanet wie etwa die Corybantes in der höle des bergs Idee bey dem weynenden neüwgebornen Kind und gott Jovi ein freüd und spil gehabt haben, fabuliret wirt."[580]

Die Beschreibung der Brauchhandlung ist hier ebenso aufschlußreich wie der gelehrte Hinweis auf die Analogie zu Ereignissen aus der römischen Mythologie. Durch Volksmusikgruppen hat das Kindleinwiegen in den letzten Jahren eine Neubelebung erfahren; unter diesem Begriff wird an vielen Orten eingeladen zu besinnlichen Andachten mit vielen weihnachtlichen Volksliedern und getragenen Instrumentalweisen, wobei man sich meist damit begnügt, lediglich eine Krippe mit Christkind vor dem Altar aufzustellen (oft das alte Instrumentarium vom Kirchendachboden).

Ein Aufgreifen der alten Idee unter einem neuen Leitgedanken bedeutet das *Christkindsuchen*, das sich nach dem Zweiten Weltkrieg in der Umgebung Wiens eingebürgert hat und seitdem steigender Beliebtheit erfreut: Pfarrer, Ministranten oder katholische Landjugend verbergen eine Christkindfigur in einem kleinen Zelt im Wald; am Christabend zieht man in Prozession hinaus, mit brennenden Kerzen, Lampen, Laternen und Fackeln, singt Lieder und holt die Figur in die Kirche herein.[581]

Wiederbelebt wird seit einigen Jahren auch das vorweihnachtliche *Frauentragen*: das Herumtragen einer Marienfigur (gelegentlich einer

„mater gravida", einer „Muttergottes in der Hoffnung") von Haus zu
Haus mit Spruch oder Lied, wo sie für eine Nacht verbleibt, um dann
weitergereicht zu werden. Symbolisch wird dabei Bezug genommen
auf die *Herbergsuche*, die auch als selbständige Spielhandlung exi-
stierte und gelegentlich noch existiert.[582] Mit oder ohne Hirtenszenen
hatte diese einst eine zentrale Rolle bei den weihnachtlichen Stubenspielen erfüllt.

Bei diesen *Stubenspielen* ging es nicht so sehr darum, daß gleichsam
im Nebenbei eine Geschichte aus dem Neuen Testament zitiert oder
inszeniert wurde, um der dominanten Funktion „Gabenheische" das
richtige Ambiente zu geben, vielmehr trat das biblische Geschehen
stärker in den Vordergrund. Namentlich in den Alpenländern waren
bis in die Mitte unseres Jahrhunderts solche Spiele in Übung, die nicht
selten eine beachtliche Zeit in Anspruch nahmen.[583] Dabei konnte im
Sinne des weit verbreiteten Präfigurations-Denkens eine Parallele hergestellt werden zwischen dem Sündenfall im Paradies und dem Beginn
des Erlösungswerkes durch die Geburt Christi, weshalb man auch von
„Paradeisspielen" spricht.

Es ist eine ansprechende Vermutung, daß das dabei eingesetzte Requisit eines mit Äpfeln behangenen Bäumchens das Muster abgegeben hat für den *Weihnachtsbaum*, der sich nachweislich seit dem
frühen 16. Jahrhundert einzubürgern beginnt. „Die Aufstellung eines
Christbaumes geht auf die mittelalterlichen Paradies- und Geburts-
spiele zurück, in denen nach reformatorischer Praxis ein Bäumchen
getragen wurde, das den typologischen Bezug zu Kreuzesstamm und
Baum der Erkenntnis versinnbildlichte. Auf der einen Seite hingen
daher Äpfel, die infolge des Gleichklanges von malum (= das Böse)
und mallum (= der Apfel) den Sündenfall betrafen, auf der anderen
Seite Leidenswerkzeuge (Dornenkrone, Kreuznägel, Kreuz etc.)
oder, wie noch in Straßburg, Rosen, die nach allegorischer Tradition
die Passion Christi darstellen ... Von daher versteht sich der Christ-
baumschmuck als säkularisiertes Requisit der nachreformatorischen
Weihnachtsspiele."[584]

Wenn diese Deutung richtig ist, dann wäre eines der augenfälligsten
Requisite unseres gegenwärtigen Jahreslaufbrauchtums aus dem einstigen liturgisch-privaten Spielbrauch herzuleiten. Der Christbaum
wiederum wurde Modell für Weihnachtspyramiden und -zepter, deren
Herstellung nicht nur im Erzgebirge die Grundlage für eine weit verbreitete Heimindustrie geworden ist.[585] Exemplarisch lassen sich an
ihm die Biographie eines Brauches, Wandel der Trägerschaft, der
Sinngebung und Funktion studieren: Lange Zeit nur im zünftischen

und bürgerlichen Weihnachtsbrauch üblich (im evangelischen mehr als im katholischen) zunächst mit Äpfeln und Naschwerk besteckt, bevor er im ausgehenden 18. Jahrhundert Lichter aufnahm, konnte er dann im 19. und 20. Jahrhundert allmählich auch in die kleinbürgerlichen und bäuerlichen Wohnstuben eindringen. Eine Zeitlang „als heidnischer Aberglaube von der Kanzel herab eifrig bekämpft",[586] darum von den Nationalsozialisten als Zentrum „germanischer" Mittwinterfeiern außerordentlich hochgeschätzt, hat er sich in der Gegenwart doch völlig den evangelischen und katholischen Kirchenraum erobert.

1912 wurde erstmals in New York eine mit elektrischen Kerzen bestückte Tanne auf einem öffentlichen Platz aufgestellt, was man 1924 in Weimar nachahmte.[587] Seitdem bevölkert der *Lichterbaum* in der Weihnachtszeit nicht nur die öffentlichen Plätze, sondern auch die Vorgärten unserer Siedlungen, die Balkone der Großstädte, die Gräber auf den Friedhöfen, die Lastwägen und Personenautos usw. Er ist das Zentrum von Weihnachtsmärkten. Die Vereine bessern ihre Kassen auf durch „*Christbaum-Versteigerungen*", und kaum ein Betrieb, Verein oder Unternehmen verzichtet auf eine Weihnachtsfeier mit Christbaum. Er ist ein ubiquitäres Brauch-Requisit geworden, das der Weihnachtszeit ganz wesentlich seinen Stempel aufdrückt.

Fast ähnlicher Beliebtheit erfreut sich seit einiger Zeit wiederum die *Weihnachtskrippe*, deren Entstehung ebenfalls in die Umgebung der Kirchenraumspiele zu rücken ist. Nachbauten der Geburtsgrotte von Jerusalem sowie bildliche und plastische Darstellungen der Geburtsszene sind seit der Antike üblich gewesen. Und in der Weihnachtszeit hat man das Geschehen von lebenden Personen in den Gotteshäusern nachspielen lassen, wenngleich man dabei in der Regel nicht so weit gegangen ist wie der hl. Franziskus, der im Walde von Greccio 1223 dazu einen leibhaftigen Ochs und Esel verwendete. Um der Spielhandlung etwas längere Dauer zu geben, hat man dann bereits im ausgehenden Mittelalter in manchen Kirchen in einem Seitenschiff oder in einer Nebenkapelle Szenarien aufgebaut mit geschnitzten (teilweise lebensgroßen) und häufig auch bekleideten Figuren; ein weihnachtlicher Brauch, der seit dem 16. Jahrhundert in patrizischen und adeligen Haushaltungen nachgeahmt wird und schon im 16. Jahrhundert etwa in Neapel zu einer künstlerischen Hochblüte führt.[588]

Endgültig durchgesetzt hat diesen Brauch dann die Gegenreformation; nun gehörten Krippen zu den üblichen Ausstattungen der Gotteshäuser in den katholischen Landschaften. Dies blieb so bis an die

Wende des 18. zum 19. Jahrhundert, als die ‚aufgeklärte‘ Bürokratie und Amtskirche sie von diesem Ort verbannte: „Sinnliche Darstellungen gewisser Religionsbegebenheiten waren nur in einem solchen Zeitraum nützlich oder gar notwendig, in welchem es an geschickten Religionsdienern fehlte, die Unterrichtsanstalten noch sehr selten und ganz mangelhaft waren und das Volk noch auf einer so niedrigen Stufe der Cultur und Aufklärung stand, daß man leichter durch Versinnlichung der Gegenstände als durch mündlichen Unterricht und Belehrung auf den Verstand wirken und dem Gedächtnisse nachhelfen konnte. Da die Einwohner ... seit geraumer Zeit so weit in der religiösen Aufklärung fortgeschritten ... sind, daß es solcher Vehikel zur religiösen Aufklärung und Belehrung nicht mehr bedarf ... so werden die Beamten und Pfarrer angewiesen, die Aufstellung der Krippen in den Kirchen ihrer Amts- und Pfarreybezirke, wo sie bisher noch üblich war, künftig nicht mehr zu gestatten."[589]

Diese zur nämlichen Zeit durch das katholische Europa hindurchgehende Verbotswelle scheint dann der endgültige Anstoß zur Übernahme der Weihnachtskrippen in die Wohnstuben der einfachen Bevölkerung gewesen zu sein. Natürlich konnte man es sich in diesen Kreisen nicht leisten, namhafte Künstler mit der Herstellung von Figuren, Ställen, Grotten oder anderen Aufbauten zu betrauen. Vielmehr wurde der neue Markt mit kleinen Figuren aus Glas, Ton, Pappmaché, Salzteig, gedrechseltem oder geschnitztem Holz und Papier beliefert. Es bildeten sich hausindustrielle Zentren wie in der Provence, in Appenzell, im Erzgebirge, in der Rhön, im Berchtesgadener Land, im Grödner Tal etc., welche die nähere und weitere Umgebung mit ihren Produkten versorgten.[590] Um die letzte Jahrhundertwende erfuhr diese Entwicklung einen neuerlichen Impuls durch die Krippenbaubewegung, die sich sogar in evangelischen Gebieten festsetzen konnte. Seit neuestem werden Krippenbaukurse durch Volkshochschulen und andere Bildungsvereinigungen angeboten, Wettbewerbe und Ausstellungen, sowie internationale Kongresse der „Krippenfreunde aller Länder der Welt" abgehalten. Die weihnachtlichen Märkte bieten eine Fülle von Material, mit dem man die Geschichten von der Verkündigung an die Hirten oder der Geburt im Stall mit starren Figuren „nachspielen" kann.

Wie in der Weihnachtszeit sind auch zu Ostern von den einstigen spielhaften Formen der Liturgie vereinzelt noch Requisiten erhalten geblieben, welche bis zur Gegenwart Ansatzpunkt sein können für regionale Bräuche. Herausgegriffen seien die *Palmbuschen*. Sie gehörten einst zum festen Bestandteil der Palmumzüge und -prozessionen mit Esel (lebendem oder hölzernem auf Rollen), einem Christusdarsteller (meist dem Priester) und der Imitation des Einzugs in Jerusalem. Inbegriffen in das theatralische Zeremoniell war die Weihe der Palmbuschen, wodurch sie zeichenhaft den Sieg Christi über das Böse und damit Hilfe gegen die Anfechtungen des bösen Feindes übertragen bekamen.[591] Die eindrucksvollen Palmprozessionen sind fast überall ein Opfer der Aufklärungszeit geworden. Ihren Platz behaupten konnten jedoch die Palmbuschen.

Hierbei konnten sich in Form und Funktion manche landschaftlichen Besonderheiten ausbilden. So war es im protestantischen Ostfriesland noch in den 20er Jahren unseres Jahrhunderts üblich, daß den Kindern am Palmsonntag früh ein geschmückter Palmbuschen vor das Bett gestellt wurde mit Girlanden von Rosinen, Dörrobst und Plätzchen.[592] Ansonsten war es meist Aufgabe der Kinder selbst, vor allem der Buben, sich um Beschaffung der Palmzweige und deren Ausgestaltung zu kümmern. Nicht selten können wir dabei einen ausgesprochenen Hang zur Hypertrophie beobachten, eine Erscheinung, die als Motor bei zahlreichen Handlungen mit Öffentlichkeitscharakter wirksam ist. Man hat baumartige Gebilde mit bis zu 10 Metern Länge zur Weihe in die Kirche geschleppt, behangen mit bunten Bändern, Brezeln, Süßigkeiten, Äpfeln und ausgeblasenen Eiern. In einzelnen Gegenden Württembergs kennt man heute kronen- oder girlandenartige Gebilde, bei denen die ausgeblasenen Eier dominieren; sie werden an die Stadelwand genagelt oder vor den Häusern und in den Hofeinfahrten aufgestellt und bleiben oft das ganze Jahr über an ihrem Platz. Während der Weihe am Palmsonntag bilden sie wie ihre ganz anders gestalteten Parallelen in Österreich, in der Schweiz etc. „einen blühenden Wald im Kirchenschiff".[593]

Während bei diesen württembergischen Palmbuschen die *ästhetische Funktion* die entscheidende Rolle spielt, trat und tritt andernorts die *apotropäische Wirkung* stärker in den Vordergrund. So etwa wenn in einigen österreichischen Ländern gefordert wird, daß die Buben mit den Palmbuschen nach dem Gottesdienst schleunigst nach Hause laufen müßten, mit diesen die Erde nicht berühren dürften (weil sonst die Weihe verloren ginge) und das Haus dreimal zu umkreisen hätten, um dieses vor Blitz, Krankheit, bösen Geistern etc. zu bewahren.[594] Auch sonst war man geneigt, den Palmbuschen und -zweigen oder auch den einzelnen Palmkätzchen mancherlei Wirkungen zuzutrauen: Das Verschlucken der Kätzchen war gut gegen Halsweh und Fieber; zwischen zwei Brotscheiben dem Vieh gereicht halfen sie beim Kalben, erleichterten das Eingewöhnen oder vertrieben die Krankheit; das Verbrennen der Zweige hielt den Blitz vom Haus fern; das gleiche bewirkten diese Zweige, wenn man sie auf die Felder steckte (das läßt sich in Österreich auch heute noch beobachten); Palmbuschen (oder Teile davon) in der Wiege schützen vor dem bösen Blick, in der Tasche des Bräutigams sichern sie das Eheglück, ins Brautbett genäht garantieren sie Kindersegen und in den Schuhen der Wöchnerin helfen sie gegen Hexen … Gern hat man auch die Palmbuschen benützt, um – in ihnen versteckt – anderen Dingen eine heimliche Weihe zukommen zu lassen: einem Säckchen mit Saatgetreide und Pflänzchen. Viele dieser Sinngebungen haben sich in der Gegenwart verloren, doch ist es weitgehend noch üblich, Zweige vom Palmbuschen hinters Kreuz in den Herrgottswinkel zu stecken; das Herrichten von imposanten Palmbuschen ist dagegen eher im Zunehmen begriffen. In der Schweiz gibt es sogar Prämiierungen für die schönsten Buschen.[595]

In einem anderen Zusammenhang werden wir verwiesen, wenn zu Ostern die Mädchen von den Buben – oder umgekehrt – mit den Palmzweigen geschlagen wurden *(„schmeckostern")*, ähnlich dem „Pfeffern" am Tag der Unschuldigen Kindlein. Dies sollte den Betroffenen Glück bringen, sie das Jahr über vor Schnakenstichen bewahren etc., war aber explizit meist verbunden mit einem Anspruch auf eine kleine Gegengabe: Pfefferkuchen, Marzipan, Eier.[596] Die wissenschaftlichen Spekulationen über Zusammenhänge mit germanischem Baumkult sind natürlich auch hier ins Kraut geschossen, wenngleich es völlig ausgereicht hätte, auf die kirchliche Palmweihe zu verweisen und die zahlreichen Segensbräuche, die sich um die geweihten Palmbuschen ausgebildet haben sowie auf das Heischebrauchtum, das sich nahezu zwingend um das Osterfest ranken mußte nach der langen Fastenzeit.

Die Kombination zwischen kirchlich-liturgischer Anregung und Gabenheische konnte fruchtbar werden auch für eine Reihe anderer Erscheinungen, die in der Gegenwart teilweise spektakuläres Aufsehen erregen. Hierzu gehören die *Riesenumzüge*, die in einer Reihe von Ortschaften Fremdenverkehrsattraktionen ersten Ranges darstellen.[597] Sie finden sich von Spanien bis in die Niederlande und von dort wieder bis nach Österreich und Süditalien. Die Anbindung an christliche Feiertage läßt meist den kirchlichen Hintergrund noch nachklingen, wenngleich ein entscheidendes Motiv der Vorführung der Riesengestalt, deren Tanzen, Schreiten, Verneigen etc. oft darin besteht, bestimmte Personen zu ehren und von ihnen ein Trinkgeld einzustreichen.[598]

Im Einzelfall läßt sich in der Regel ein ursprünglicher Zusammenhang mit der Feier eines kirchlichen Festes, in welches Umzüge mit Figuren, Bildern oder stummen Gruppen einbezogen waren, oder mit kleinen Legendenspielen nachweisen; oft handelte es sich um die Fronleichnamsprozession. Diese bot durch die Entfaltung des Präfigurationsdenkens die Möglichkeit der Hereinnahme von aufsehenerregenden Gestalten: Bestimmte Personen des Alten Testaments, der antiken Mythologie oder auch der Heiligengeschichten konnten gedeutet werden als Hinweis auf Christus, sein Erlösungswerk oder auf die Bedrohung der Welt durch den Teufel. So galt *Samson* als Vorläufer Christi in seinem Sieg über den Löwen oder über die 1000 Philister. Es lag nahe, ihm wegen dieser gewaltigen Taten auch gewaltige körperliche Ausmaße zu geben, wie es u. a. in Tamsweg, Krakaudorf oder Murau in der Steiermark geschieht. Umgekehrt mußte der Riese *Goliath* als Sinnbild des Bösen in der Welt gedeutet werden, dem David als Präfiguration Christi den Garaus machte. Im Zuge der Isolierung dieser Gestalten aus den kirchlichen Umzügen konnten sie sekundär oft Namen und Bedeutung eines lokalen Helden oder einer Riesenfigur aus einer Ortssage annehmen und so überleben.

Solche Zusammenhänge sind es auch, welche der Person des hl. Ritters Georg und dem Drachen einen Platz in der Fronleichnamsprozession bescherten. Um sie konnten sich Legendenspiele anlagern, welche die in der Fronleichnamsprozession zum Ausdruck kommende Erlösungsgewißheit aufgriffen. Die Purifizierung des kirchlichen Lebens in der Aufklärungsepoche hat derlei Spiele und Aufzüge aus ihren religiösen Zusammenhängen gelöst und eine säkulare Drachenspiel-Tradition begründet. Berühmtestes Beispiel ist wohl der *Drachenstich* in Furth im Wald, dessen unmittelbares Herauswachsen aus der Fronleichnamsprozession unzweifelhaft erwiesen ist, wenngleich der heute zugrundeliegende Spieltext in nichts mehr darauf hinweist.[599] Auch die zeitliche Anbindung an den Fronleichnamstag hat man längst aufgegeben und statt dessen die zuschauerträchtige Urlaubszeit Ende Juli/Anfang August gewählt.

Es haben sich also mittlerweile Änderungen auf allen nur denkbaren Ebenen der Brauch-Biologie vollzogen: Es haben die Träger gewechselt, die Zeit, die Inhalte und die Funktion; lediglich *ein* Aspekt des Handlungskernes „Ritter befreit Jungfrau vor einem Drachen" (ohne daß dieser Ritter der hl. Georg wäre), ist geblieben. Diese Ausdünnung des religiösen Gehaltes kann noch weiter fortschreiten, etwa dann, wenn nur mehr das abstrakte Handlungsschema, das einstigen religiösen Aufzügen zugrunde lag, weitergeführt wird. Ich sehe dies gegeben bei den vielen *historischen Umzügen*, die in der Gegenwart anläßlich der Jubiläen von Ortschaften, Institutionen und Korporationen oder Vereinen veranstaltet werden; sie alle kennen die Visualisierung von Ereignissen und Zeitumständen durch Bilder, mitgeführte Aufbauten, durch stumme Szenen und durch (bescheiden) agierende Personengruppen. Dies ist das Ritual, wie es in Fronleichnams- und Karfreitagsprozession oder zur Feier von Heiligsprechungen ausgebildet worden ist. Zwar hatte es auch eine Parallele im Herrschaftszeremoniell, etwa bei Krönungsfeierlichkeiten vergangener Zeiten, doch der Masse der Bevölkerung war es ausschließlich erfahrbar im religiösen Bereich. Daher kommt es, daß sich ein Umzug anläßlich eines Heiligenfestes, wie das Engelmari-Suchen im gleichnamigen Ort des Bayerischen Waldes,[600] strukturell fast nicht unterscheidet von einem Umzug, der zu einem Ortsjubiläum veranstaltet wird.

Diese strukturellen Zusammenhänge sehe ich auch beim beliebten Volksschauspielwesen unserer Zeit, besonders in Süddeutschland und Österreich.[601] Es besteht zu einem erheblichen Teil aus dem sog. *Bauerntheater* und erinnert in dieser Form allenfalls dadurch an den religiösen Bereich, daß schwankhafte Handlungen um Dorfpfarrer oder Verstöße gegen den christlichen Sittenkodex oft Gegenstände der Handlung sind. Auffallenderweise ist es jedoch stärker in katholischen als in evangelischen Landschaften vertreten. Und dies ist tatsächlich begründet in der religiösen Vergangenheit. Bis ins 18. Jahrhundert kannten nämlich die katholischen Territorien ein breites, von den Laien getragenes *geistliches* Schauspielwesen. Dieses wurde ihnen durch kirchliche und staatliche Verbote ausgetrieben. Es läßt sich nun verfolgen, wie vielfach die spielgewohnten und spielwilligen Laiendarsteller auf weltliche Stoffe auswichen, die nicht mehr den Anstoß der vorgesetzten Behörden provozierten.[602] Damit wurde die heute noch andauernde Tradition begründet.

Einen spielbezogenen Schwerpunkt eigener Art im gesamten Jahreslaufbrauchtum stellt die *Fastnachtszeit* dar. Sie kennt eine Reihe von spielhaften Bräuchen wie Fastnachtsgericht (mit oder ohne Hexenverbrennung), Geldbeutelwaschen, Auskehren und Begraben der Fastnacht, die Etablierung von Narrenreichen mit Faschingsprinzen, -prinzessinnen und Hofstaat (Elferrat), den figuren- und szenenreichen Faschingsumzug und schließlich die allgegenwärtige Verkleidung (inkl. der Masken), welche ein Grundmuster jeder Spielgestaltung darstellt. Gemeinhin gilt das ausgelassene Treiben als das glatte Gegenteil einer religiös – zumindest christlich – orientierten Lebensweise; und zur Untermauerung dieser Auffassung kann man auf die vielen entrüsteten Stimmen der Geistlichkeit hinweisen, die nicht müde werden, vor den Verlockungen und der Sündhaftigkeit dieser Zeit zu warnen. Dementsprechend war die ältere volkskundliche Forschung auch davon überzeugt, in den Saturnalien oder Luperkalien der antiken Welt oder in vorchristlich-germanischen Kultformen die Hintergründe der Fastnacht suchen zu müssen.[603] Namentlich die Interpretation der Maskengestalten als Stellvertreter der Totengeister galt lange Zeit als besonders schlüssig.

Entgegen dieser auch heute noch weit verbreiteten Ansicht hat Hans MOSER schon vor einiger Zeit auf die besonderen Fastnachtsfeiern des christlichen Hochmittelalters hingewiesen, mit üppigen Gelagen und anderen Lustbarkeiten wie Kostüm- und Turnierfesten, theatralischen Umzügen (wie dem der Metzger mit einem geschmückten Ochsen) und Aufführungen (wie Minnehöfen).[604] Damit wurde das Augenmerk gelenkt auf die Feier der letzten Tage vor Beginn der 40tägigen Fastenzeit; diese Fastenzeit forderte die christliche Kirche nicht nur von den Katechumenen zur Vorbereitung der Taufe am österlichen Hochfest, sondern auch von den anderen Gläubigen. Damit war ausreichend Grund gelegt für die Entfaltung mancherlei spielhaften Geschehens inklusive des Heischens von Gaben und übermütigem Herumtreiben, u. U. in der Anonymität einer Maske oder einer anderen Verkleidung.

Einen Schritt weiter geht Dietz-Rüdiger MOSER, der in einer Reihe von Veröffentlichungen seit der Mitte der 70er Jahre es wahrscheinlich zu machen sucht, daß die Amtskirche selber gleichsam zum Urheber und „Erfinder" des Fastnachtstreibens geworden sei, weil sie mit der Zweistaatenlehre des Augustinus (irdische und verderbte, verkehrte Welt contra himmlische, reine Welt) das schlüssige Modell für die Begehung des wichtigen Einschnitts zwischen Vorfasten- und Fastenzeit geliefert habe.[605] Diese These hat Widerspruch erfahren.[606] Und mittlerweile liegt auch ein umfassender Versuch zur Modifizierung der Standpunkte vor.[607]

Doch ganz gleich, wie man sich zum Problem der „Einführung" der Fastnacht stellt, es kann keinem Zweifel unterliegen, daß sich die Amtskirche über Jahrhunderte hinweg kritisch, kommentierend, interpretierend und auch nach neuen Wegen suchend mit der Fastnacht auseinandergesetzt hat. Aus ihren Reihen stammt die gültige *Ikonographie der Narrengestalt*, welche zu einer Schlüsselfigur des Faschingstreibens geworden ist.[608] Hier erfolgte die Sinngebung für die Zahl „elf", welche eine so große Rolle spielt bei Eröffnung der „närrischen" Zeit (am 11. 11. 11 Uhr 11) und der Bestellung des Hofstaates, der mit seinem Prinzenpaar tatsächlich das Muster der verkehrten Welt abgibt. Und viele der Maskengestalten folgen der einst vertrauten kirchlichen Laster-Allegorese.

Es dürfte manchen kirchlichen Lehranstalten nicht so sehr schwergefallen sein, für die Faschingszeit in den eigenen Mauern eine Art Narrenreich zuzulassen; hatte man doch aus der eigenen Tradition heraus bereits im hohen Mittelalter zur psychischen Entlastung manche Tage eingeführt, an denen die gewohnte Hierarchie umgekehrt wurde und einmal die Kleinen und Unbedeutenden das Regiment (scheinbar) führen durften. Diese *Knabenbischofsspiele* am Tag der Unschuldigen Kindlein, zu Nikolaus oder einem sonstigen passenden Termin hatten nicht nur ein lange andauerndes klösterliches Spielbrauchtum begründet, sondern bis in unser Jahrhundert hinein in Holland und Flandern das Muster zur Begehung dieses Tages abgegeben.[609] Die Jesuiten verstanden es jedenfalls, die allgemeine Begeisterung für das Faschingstreiben sinnvoll katechetisch in ihrem Sinn zu nutzen, wenn sie die Studenten in ihren Kollegien zum Fastnachtssonntag für einen Umzug *Schlitten* ausrüsten ließen, welche die geheimen oder offenkundigen Schwächen der Welt kritisch ins Visier nahmen.[610] Diese Tradition lag nicht so weit zurück, als daß man sich auf sie nicht besonnen hätte, als im frühen 19. Jahrhundert die ersten städtischen Faschingszüge einsetzten.

Interpretation und Feier der Faschingszeit inklusive verschiedener hier auftretender Gestalten verdanken also der Begehung innerhalb kirchlich orientierter Gruppen und insgesamt der christlichen Allegorese viele Anregungen. Dies gilt vielleicht sogar für das *Faschingsbegraben*, das zunächst aussieht wie die Travestie einer kirchlichen Zeremonie. Es gibt dafür nämlich ein Vorbild in einer Reihe von Klosterkirchen; dort hat man am Beginn des Fastensonntags feierlich das „Alleluja" begraben, wobei ein richtiges Requiem mit Libera gesungen wurde.[611] Eine Querverbindung zum engeren kirchlichen Spielbrauch besteht auch insofern, als vielfach bezeugt ist, daß Masken aus dem kirchlichen Fundus für die Faschingsmummereien ausgeliehen wurden. Umgekehrt aber konnte ein findiger Geistlicher die faschingszeitliche Verkleidungsmode im kirchlichen Sinne nutzen, wenn er – wie in der Schweiz in unserem Jahrhundert wiederholt geschehen – während der Fastnachtstage sog. *Fastnachts-Neger* oder *-Chinesen* von Haus zu Haus laufen und in diesem Kostüm für die Weltmission sammeln ließ.[612] Gerade dieses Beispiel lehrt uns, die Beziehungen zwischen kirchlichem und weltlichem Brauchtum nicht im

Sinne von Einbahnstraßen zu denken, sondern mit gegenseitiger Durchdringung zu rechnen.

Dies gilt auch für den Bereich des besonderen Essens. Durch üppige Gelage und fette Speisen, also insgesamt durch recht weltliches Gehabe, hatte man einst den religiös motivierten Einschnitt im Jahresverlauf akzentuiert und damit eigentlich mehr das Schwergewicht des Erlebens auf die Vorfastenzeit gerichtet. Dies scheint auch vielfach Anstoß für spielhafte Wettkämpfe zwischen der fetten Fastnacht und der spindeldürren Fasten gewesen zu sein, wie sie uns auf manchen Bildquellen entgegentreten.[613] Unsere gebräuchlichen Aschermittwoch-Essen stehen noch in dieser Tradition. Seit den 50er Jahren aber propagiert vor allem die katholische Frauenbewegung echte Familienfasttage. Sie ruft auf zu *Fastenessen, Suppentagen* etc. bei den Gotteshäusern und Pfarrheimen, bei welchen man symbolhaft die einfachen und spärlichen Mahlzeiten in der Dritten Welt nachvollzieht und den Erlös bestimmten Hilfswerken zufließen läßt.[614] Zum nämlichen Zweck werden *Fastenkalender* verkauft, *Fastenbazare* durchgeführt sowie *Pfarrabende mit Theateraufführungen*. Die spielerischen Formen der gegenwärtigen Fastnacht und die spielhaften Vorgänge in der Fastenzeit der Vergangenheit schlagen also immer wieder durch.

Dieser Zusammenhang soll an einem letzten Beispiel verdeutlicht werden, an der gegenwärtigen Feier der Nikolauszeit. Das Auftreten des *Bischofs Nikolaus*, oft mit seinem wilden Begleiter *Krampus, Knecht Rupprecht* etc. in Familien, Volksschulen, Altenheimen, Krankenhäusern, bei Vereinsfeiern und in Kaufhäusern gehört ebenso unverzichtbar zur Vorweihnachtszeit wie der *Weihnachtsmann* selber, den man auch hierzulande Santa Claas nennt; und eine ganze Reihe vor allem alpenländischer Orte ist berühmt für ihre Umzüge, die sich an Termin und Namen oder Attributen des hl. Nikolaus orientieren (Klausentreiben in Oberstdorf; Klausjagen in Küßnacht mit den „Iffelträgern" benannt nach der Infel/Bischofsmütze; Umzug der Chläuse in Wollishofen; Clos-Jagen im Schwarzwald; Buttnmandllaufen in Berchtesgaden mit Nikolo und dem Nikoloweibl; Lichterkläuse in Zürich ...).[615] Diese Gestalten gehören nahezu ebenso selbstverständlich zur Vorweihnachtszeit wie der Christbaum.

Wenn nicht Termin und Attribut (Bischofsgestalt) auf religiöse Zusammenhänge verweisen würden, so könnte man das Geschehen der Nikolauszeit heute für eine durchweg weltliche Angelegenheit halten. In Wirklichkeit hat sich sowohl in bezug auf die Träger wie auch die Inhalte ein Säkularisierungsprozeß vollzogen. In Sebstian FRANCKS Weltbuch von 1534 wird uns die größere Nähe zum sakralen Raum noch greifbar: „An Sanct Niclaus tag wölen die schuler under yn ein Bischoff, zwen Diacon, die sitzen in yhren ornaten mit einer procession in die kirch geleyttet, biß das ampt für ist. Alsdann geet der Niclaus Bischoff mit all seinem hoffgesind zu singen für die heüßer, und das heißt nit gebetlet, sunder dem Bischoff ein steür gesamlet. Etlich Kinder fasten Sanct Niclaus abend so fest, das man sy etwa zu essen nöten muß, darumb das sy vermeynen, die gab, so sy under yhren küssin oder in den schuhen under dem tisch von den ältern darein glegt, finden, sey yn darumb von Sanct Niclaus beschört, das alles sage ich darumb, das wir die Türcken nit allein für Narren halten."[616]

Deutlich wird hier der Bezug auf die sog. *Knabenbischofsspiele*, von denen schon die Rede war. Es sind dies jene Feiern, namentlich der Klosterschulen, an denen die übliche Ordnung für kurze Zeit verkehrt wurde. Und zum anderen wird verwiesen auf die – wiederum in den Klosterschulen des Mittelalters – sehr beliebten *Legendenspiele*, durch welche bestimmte Seiten der Heiligenbiographie ins Bewußtsein gerufen wurden. Beim hl. Nikolaus waren es die zwei Legenden von der Beschenkung der drei Jungfrauen und der Erlösung der drei ermordeten Schüler, welche ihn schon bald nach der Transferierung seiner Gebeine nach Bari im späten 11. Jahrhundert zum beliebtesten Schüler- und Kinderpatron aufsteigen ließen.[617] Hier bot sich der Ansatz dazu, an diesem Tag eine Art spielerisches Examen der Klosterschüler anzuschließen mit Beschenkung für eventuelle Leistungen oder ggf. dem Gegenteil. Über die Lateinschulen in den Städten muß dieser Brauch schon im späten Mittelalter in breitem Ausmaß über die Klostermauern hinausgedrungen und in den deutschen Städten üblich geworden sein. Jedenfalls fanden an ihm – man konnte es der Beschreibung von Seb. FRANCK anmerken – die Reformatoren Anlaß zu kritischem Einschreiten.

Luther selber hat noch bis in die 30er Jahre die Einkehr des hl. Nikolaus in seiner Familie mit Examinierung und Beschenkung der Kinder gepflegt. Später ist er davon abgerückt, weil so zu sehr zweifelhafter Heiligenkult schon in den Kinderjahren ausgesät würde, und ist dafür eingetreten, den Nikolaus durch das Christkind oder den „Herre Christ" zu ersetzen und den ganzen Spielbrauch auf Weihnachten zu ziehen.[618] So haben es sich dann die reformierten Landesherren zur Maxime gemacht und durch eine Flut von Verboten die Nikolausbräuche auszuschalten versucht. In den evangelischen Ländern hat sich der Weihnachtstermin als wichtigster Geschenktag durchgesetzt, inklusive der Gestalt des Weihnachtsmannes, der eine Art Mixtur darstellt zwischen Christkind/Herre Christ/St. Nikolaus und vor allem in den angelsächsischen Ländern zur Leitfigur der Weihnachtszeit geworden ist. In den katholischen Territorien dagegen war vielfach noch in diesem Jahrhundert für die Kinder der Nikolaustag viel entscheidender als Weihnachten. Im Zuge der Amerikanisierung nach dem Zweiten Weltkrieg hat sich das jedoch auch hier geändert.[619]

Die ursächlichen Zusammenhänge zwischen dem Auftreten des Nikolaus, den diversen Examinierungs- und Geschenkebräuchen[620] mit den Legendenspielen der Schüler in den mittelalterlichen Klöstern und Städten wurden in der Forschung nicht in Zweifel gezogen. Solche z. T. in mündlicher Tradition weitergereichten Spiele konnten noch in unserem Jahrhundert vor allem in den Alpenländern aufgezeichnet werden.[621] Der Streit der Gelehrten entzündete sich an der Begleitgestalt, dem *Krampus, Pelzmärtl, Knecht Rupprecht* etc. „Ruprecht = Hruodprecht, der Ruhmprangende, ist sicherlich auch eine Persönlichkeit er altgermanischen Götterlehre. Unter dieser Bezeichnung dürfte sich Wodan, der Sturmgott, vielleicht auch Donar, der Donnergott verbergen.“[622] Demgegenüber verfocht Karl Meisen vehement die Auffassung, diese ungebärdige, finstere Gestalt sei nichts anderes als der „christliche“ Teufel, dem man das Geschäft des Drohens und Strafens übertragen habe, da man damit nicht den heiligen Bischof habe belasten können.[623] Ich neige dieser Auffassung zu,[624] doch gibt es unter Fachkollegen auch Zweifel.[625] Unzweifelhaft aber hat die Begleitgestalt des Hl. Nikolaus im Verlauf der Zeit immer wieder teuflische Züge angenommen; sie bildete eine Wesenseinheit mit entsprechenden Figuren in Paradeis- und Weihnachtsspielen, bei Fastnachtsumzügen und im Schülertheater.

Was beispielhaft an den Bräuchen um Nikolai gezeigt worden ist, ließe sich analog auch demonstrieren an anderen Gestalten, etwa an Martin, Leonhard oder Sebastian. Auch dort haben ältere liturgisch-kirchliche Vollzüge mit Spielcharakter dazu geführt, daß regional oder im gesamten deutschen Sprachgebiet spielhaftes Brauchtum entwikkelt worden ist, das sich weitgehend aus den religiösen Konnotationen gelöst hat.[626]

4.4 Ergebnisse

Die engen Zusammenhänge zwischen dem geistlichen Schauspiel und der christlichen Liturgie sowie dem Theaterwesen der mittelalterlichen Klosterschulen gelten heute als gesichert. Namentlich seit dem hohen Mittelalter haben sich eine Reihe von sinnenhaften Andachten herausgebildet, mit denen die Geistlichkeit katechetisch auf die weitgehend analphabetische Laienschar einwirken wollte. Dabei ging es weniger um die Vermittlung von Sachwissen und theologische Reflexion als vielmehr um die konkrete Anschauung und die Beeinflussung der Sinne zum Aufschluß für religiöses Erleben.

Reformation und Aufklärung haben vieles davon zurückgedrängt oder ganz verschwinden lassen. Die im katholischen Bereich nach wie vor bestehende Fronleichnamsprozession, einst einer der wichtigsten Ansatzpunkte für vielerlei Arten von spielhaften Vorgängen, hat nur in purifizierter Form überlebt. Sie hat u. a. das Muster für die wenigen heute noch bestehenden *Passionsspiele* abgegeben[627]; denn diese beschränken sich in der Regel nicht auf die engere Leidensgeschichte, sondern beziehen im Nachklang einstigen Präfigurationsdenkens auch Aspekte des Alten Testamentes mit ein. Nahezu völlig verschwunden ist die mit der Fronleichnamsprozession verwandte figurenreiche Karfreitagsprozession, bei welcher man auch noch im ausgehenden 18. Jahrhundert Personengruppen beobachten konnte, die schwere Kreuze mitschleppten oder sich bis aufs Blut geißelten. Die „Stumme Prozession in Vilgertshofen" (Landkreis Landsberg am Lech), durchgeführt jeweils am Sonntag nach Mariä Himmelfahrt, ist eines der wenigen noch beobachtbaren Beispiele.

Ausgehend von den liturgischen Andachten hat sich vielfach ein Spielbrauch der Laien entwickelt, in welchem formal noch der alte Kern oft erkennbar ist. Meist trat als entscheidendes Motiv nun die Gabenbitte hinzu. Schon dadurch wurde ein Trend zur Verkürzung der Handlung, zur Reduzierung der beteiligten Personen und zur Vereinfachung der gesprochenen Partien eingeleitet; eine Sternsingergruppe, welche an möglichst vielen Türen vorsprechen will, drängt gleichsam zur Schrumpfung ihres Spieles auf einen knappen Heischespruch.

Manches kirchliche Brauchtum ist jedoch auch in die privaten Haushalte übernommen worden, etwa das *Räuchern an Dreikönig, die Weihnachtskrippen* und die *Palmbuschen*. Dabei konnte sich sehr leicht eine inhaltliche Gewichtsverlagerung auf den apotropäischen Bereich hin vollziehen, was vor allem am Palmbuschenbrauchtum sichtbar wird. Die Mutation des kirchlichen Krippenbrauchtums zu einer privaten Angelegenheit und dessen langes Leben dürfte herzuleiten sein aus den ästhetischen Implikationen, die hier umschlossen sind. Mit Almosenbitte, Heilssicherung und ästhetischer Gestaltung werden uns Elemente greifbar, welche dem kirchlichen Spielbrauch nicht oder nur peripher anhafteten. Es bestätigt sich also zu einem

weiteren Male die Beobachtung, daß Verschiebungen in der Trägerschicht einen Gestaltumbau des Brauchphänomens zur Folge haben.
Dies liegt insbesondere bei jenen Erscheinungen, welche am stärksten auf Wirkung in der Öffentlichkeit orientiert waren und es heute
noch sind, etwa bei den *Riesen-Umzügen*, bei den *Drachenstich-
Spielen* und bei den *Fastnachtszügen*. Hier ist häufig der religiöse Gehalt ausgedünnt bis zur Unsichtbarkeit. So konnten sich Samson und
Goliath – einst unmittelbar auf Christus und sein Erlösungswerk bezo-
gene Gestalten – wandeln zu lokalen Heroen oder Sagengestalten; der
Kampf des Ritters Georg gegen den Drachen konnte ersetzt werden
durch eine Spielhandlung, die in nichts mehr an Religiöses erinnert.
Namentlich die Faschingszüge und das gesamte Faschingstreiben, das
in seiner Form vielfach der christlichen Allegorese verpflichtet ist, das
einst zu einem erheblichen Teil auch in das Leben von kirchlichen
Gruppen integriert war, wenn es nicht gar einem christlichen Welt-
deutungsmodell sein Entstehen verdankt –, dieses Faschingstreiben
vollzieht sich heute denkbar weit weg von kirchlichem Geist. Es hat
vielmehr heute teilweise eine Art kirchlicher Gegenstrategie hervorgerufen durch Propagierung eines vorgezogenen Fastens, begleitet
von Triduen und anderen Andachten.
Ist also in diesem Fall die Entwicklung zur Ausbildung einer (schein-
baren?) Opposition verlaufen, so läßt sich aufs Ganze viel häufiger
eine Art *Rücklauf*, Wiederbelebung und Neubildung aus altem Geiste
heraus beobachten. So wurde das Sternsingen weitgehend adaptiert
von kirchlichen Gruppen und für kirchlich-karitative Zwecke. Der
alte Bettelbrauch, der aus den liturgischen Spielen hervorgewachsen
war, wurde also von der Amtskirche wieder aufgegriffen, nun aber mit
Beibehaltung der Funktion, welche das Laienvolk hinzugefügt hatte.
Solche „Veredelung" der unter den nichtkirchlichen Gruppen üblichen Heische- oder Bettelfunktionen im Sinne der altruistischen
Orientierung am Leid anderer läßt sich wiederholt beobachten, wenn
sich Geistliche oder kirchliche Vereine das alte Brauchtum zu eigen
machen; so etwa beim Bohnenkönig, bei den Umzügen der Fastnachts-Neger, beim Fasten-Essen etc.
Mindestens genauso häufig jedoch geschieht der Rückgriff auf inzwischen außerkirchliches spielhaftes Brauchtum aus den alten Intentionen heraus: Man will ein Stück Anschauung, etwas von sensitiver
Frömmigkeit und – nicht minder wichtig – Mitwirkung der Laienschaft in die Kirche und den Gottesdienst zurückbringen. So hatte es
bereits das II. Vatikanum empfohlen, doch letztlich verdichteten sich
die Anzeichen für diesen Trend in Deutschland erst während der 80er

Jahre. Nun aber gehören *Herbergsuche* oder *Hirtenspiele* in den katholischen Pfarreien nahezu zwingend zumindest zu den Kindermetten; und das *Christkindlwiegen* – allerdings in der Form eines Weihnachtskonzertes – hat sich vielerorts durchgesetzt. Gar nicht so selten geschieht es auch, daß man der *Palmprozession* wieder das einstige Flair zurückgibt, gelgentlich mit Hilfe eines hölzernen Palmesels, der auf dem Kirchenboden überlebt hat. Ähnliche Wiederbelebung erfuhren die Krippenfiguren und die Hl. Gräber.

Die Beziehung zwischen Laien- und Kirchenbrauch kann also durchaus als offenes System beschrieben werden, welches Wirkmöglichkeiten in jeder Richtung eröffnete. Verschiedene Purifizierungswellen aus wohlerwogenen theologischen Absichten haben einstiges liturgienahes Spielbrauchtum lediglich bei der Laienschaft überleben lassen; diese paßte sich jedoch den vorausgehenden Formen an, meist unter Veränderung des äußeren Habitus und mit Hinzufügung einer neuen Zielrichtung. Dadurch eröffnen sich heute für die Amtskirche Möglichkeiten der Traditionspflege, der Vermittlung neuer (etwa karitativer) Ziele im alten Gewand oder der katechetischen Wirkung innerhalb eines stark rationalisierten religiösen Lebens. Eine der auffallendsten Erscheinungen ist die völlige *Integration des Weihnachtsbaumes in den Kultraum*; möglicherweise stammt dieses Brauchattribut tatsächlich aus dem Umfeld einstiger liturgischer Bräuche (Baum der Erkenntnis aus den weihnachtlichen Paradeisspielen). Zum Zeitpunkt seiner Übernahme aber war das Wissen um diese Zusammenhänge längst verlorengegangen, eher die Überzeugung einer nichtchristlichen Herkunft vorherrschend. Hier war es die Lichtsymbolik, die ihn tauglich machte für eine Adaption durch die amtliche Kirche. In anderen Fällen liegen die Affinitäten auf einem anderen Feld des Brauchspektrums. Die Offenheit der einzelnen Phänomene des gesamten Brauchkomplexes ermöglicht immer wieder Veränderung und Anpassung an neue Gegebenheiten und damit eine beständige weiterlebende Brauch-Biographie.

5. BEISPIELHAFTE EINZELELEMENTE IN KULT UND BRAUCH

Bei dem Versuch, Querverbindungen zwischen Religion und Brauchtum herauszufinden, sind wir bisher verschiedene Wege gegangen. In der Regel haben religiöse und kultische Vorgänge den Anstoß zu Beobachtungen des Alltagsgeschehens gegeben, wenn nicht gleich volksfrommes Verhalten im Nahbereich der Liturgie analysiert wurde. Im folgenden nun soll unser Fragen ansetzen bei einzelnen Elementen, deren Verwendung im Kult allgemein bekannt ist, wie dem Brot, dem Wasser und dem Feuer; und es soll primär zunächst untersucht werden, welche Rolle diese Elemente im nichtliturgischen Brauchtum spielen, bevor rückgefragt wird auf eine mögliche Sinngebung aus dem religiösen Bereich. Es darf so erwartet werden, daß uns bestimmte Bereiche des Jahres-, Lebens- und Arbeitsbrauchtums in den Blick kommen, von denen bislang noch keine Rede war.

5.1 Brot

Daß Getreideprodukte seit dem menschheitsgeschichtlichen Einschnitt der ‚neolithischen Revolution' zur wesentlichen Grundlage unserer Ernährung gehören, ist ebenso allgemein bekannt, wie daß die christliche Kirche durch Essensvorschriften (Fast- und Abstinenzgebote) unmittelbar in den Nahrungshaushalt eingegriffen hat. So war einst den Christen geboten, an jedem Mittwoch (zur Erinnerung an den Verrat Christi) und Freitag (zur Erinnerung an den Tod Christi) zu *fasten*, d.h. sich nur einmal sattzuessen. Am Freitag galt zudem die Abstinenz von Fleischspeisen (bei strenger Auslegung zusätzlich von Laktizinien wie Milch und Butter und von Eiern). Dies schlägt heute noch durch, wenn auch in nichtchristlichen Haushalten am Freitag bevorzugt Fisch auf den Tisch kommt und/oder wenn in anderen Familien der Mittwoch und der Freitag diejenigen Tage sind, an denen es *Mehlspeisen* gibt. Der Beginn der großen 40tägigen Fasten vor Ostern oder vor Weihnachten/Dreikönig hat gerade diesen Terminen, nämlich Fastnacht und Martini besondere Essensbräuche beschert: An ihnen wird nicht nur besonders reichlich, sondern auch ausnehmend

„fett" gegessen; die traditionellen *Faschingskrapfen* und die *Martins-gans* bezeugen dies. Durch religiöse Speisevorschriften ist also nicht nur der wöchentliche Speiseplan, sondern auch das Nahrungsverhalten während des ganzen Jahres fühlbar von der Kirche beansprucht worden. Davon freilich ist das *Brot* nicht betroffen. Sein Genuß unterliegt keinen besonderen kirchlichen Geboten oder Verboten. Hinsichtlich seiner herausragenden Stellung im Nahrungshaushalt der europäischen Bevölkerung in Mittelalter und Neuzeit bestehen aber vermutlich übertriebene Vorstellungen. Es scheint, daß bis ins Spätmittelalter hinein, vielfach aber auch noch in der frühen Neuzeit Brot eher selten auf die Tische der mittleren und unteren Bevölkerungsschichten kam; hier gab es im wesentlichen Breie (auf der Grundlage von Getreidekörnern und Hülsenfrüchten), später dann vor allem Kraut und Kartoffeln, mit denen man den gröbsten Hunger stillte. Weiter verbreitet waren allenfalls noch dünne Fladen(-brote). Allgemein durchgesetzt hat sich das schön aufgehende Roggen- und vor allem das Weizenbrot erst seit dem 19. Jahrhundert.[628] Trotzdem treffen wir auf das Brot in sehr vielen Bräuchen, bei denen es nur sekundär auf dessen Funktion als Nahrungsmittel ankam, vornehmlich vielmehr eine darüber hinausweisende Bedeutung im Spiel war.

Quer durch Europa hindurch verbreitet war (teilweise ist) der Brauch, daß man dem in die Stube *eintretenden Gast* ein Stück Brot (oft zusammen mit Salz) anbietet. Die in manchen bayerischen Gegenden übliche Bezeichnung „Hausehr" für diesen Bissen Brot deutet schon an, daß es dabei nicht darum ging, den Hunger zu stillen, sondern eine Geste der Gastfreundschaft zu vollziehen, ja vielleicht sogar eine spezifische Rechtsbeziehung zu begründen, welche den Fremden unter den besonderen Schutz des Hausherren stellte.[629] Die einstige Realhandlung schimmert durch in der nicht ernst gemeinten, stereotypen Floskel, mit der man noch heute vielfach jemandem zum Bleiben auffordert: „Setz dich hin und schneide dir ein Stück Brot herunter!"[630]

Brot spielte vielfach eine wichtige Rolle beim *Bezug eines neuen Hauses*: Als ersten Gegenstand mußte man einen Laib Brot hineintragen, „so brauchte man darin niemals Mangel leiden".[631] Mögliche religiöse Implikationen dieses Brauches werden deutlich, wenn man weiß, daß ansonsten meist das Kruzifix vor allen anderen Dingen in ein neu gebautes Haus geschafft werden mußte. Häufiger als durch den Neubau eines Hauses wird der Aufzug neuer Bewohner im Zusammenhang mit einer *Hochzeit* veranlaßt. Und darum verwundert es auch nicht, daß uns gerade in diesem Umfeld zahlreiche sinnenfällige Brotverwendungen begegnen. Die landschaftlichen Varianten sind äußerst vielfältig: Die Brautmutter überreicht der Braut nach der Trauung beim Eintritt in das Haus einen Laib Brot; die Braut muß beim Mahl zunächst ein Stück Brot essen („Brautbiß"); Braut und Bräutigam müssen als erstes gemeinsam ein Stück Brot essen; der Rest dieses Laibes (Scherzl, Ränftchen) wird aufbewahrt als Heilmittel für später oder als Loszeichen (Schimmelansatz deutet auf früheren Tod eines der Brautleute); die Kranzjungfer zeigt einem Brautburschen an, daß sie ihm gewogen ist, indem sie ihn um ein Stück Brot bittet; beim Abladen des Kammerwagens verteilt der Bräutigam Brot an die Armen; beim Kirchgang steckt man Braut (und Bräutigam) heimlich ein Stückchen Brot in die Tasche, das bringt Segen; die Brautleute erhalten in jeder Familie, die sie zur Hochzeit einladen, ein Stück Brot, das „Glücksbrot", daraus wird die Brotsuppe der Hochzeit zubereitet ...[632]

Das Brot erscheint hier als Medium vielfältiger Sinnbeziehungen: Es lassen sich rechtliche Sachverhalte ausdrücken, Gemeinschaftsbezüge verdeutlichen, Segenswünsche aussprechen und Gefährdungen abwenden. Diese umfassende Verwendbarkeit des Brotes begegnet auch im Zusammenhang mit den *Haustieren*. Zwar gilt es generell als schweres Sakrileg, den Tieren Brot zu fressen zu geben, namentlich es den Schweinen vorzuwerfen; zahlreiche Sagen berichten von den schrecklichen Strafen, welche die Frevler erleiden mußten. Doch aus bestimmten Anlässen durften auch die Haustiere Anteil haben an der Segenskraft des Brotes. So erhielten sie eine sog. „Maulgabe" an hohen kirchlichen Festen wie Weihnachten, Stefani, Neujahr, Dreikönig oder zum 1. Mai. Vor oder nach dem Kalben bekam die Kuh eine Handvoll Brot zur Kräftigung. Wurde sie verkauft, so gab man dem neuen Besitzer ein „Glücksbrot" mit; er, seine Familie und sein Gesinde sowie das Rind sollten davon essen und so das gegenseitige Eingewöhnen erleichtern.[633] Beim Verkauf an den Metzger dagegen unterblieb diese Gabe. Schließlich kannte man vielerorts das „Pflugbrot", den Pferden oder Ochsen verabreicht, bevor man sich an die schwere Umbruchsarbeit machte.[634] Ähnlich machte es der Hirt, welcher beim ersten Austrieb der Gemeindeherde jedem Tier ein Stückchen Brot ins Maul steckte, damit es sich nicht verlief und leichter beim Hirten und der Herde blieb.

Auf das spezifische Umfeld der „*Seelenbrote*" sind wir bereits zu sprechen gekommen. Brote waren *die* übliche Gabe an Arme und Bettler schlechthin, welche diese nicht nur an Allerseelen einsammelten.[635] Vielfach bestand geradezu ein Anrecht jedes Bettlers, zumindest ein Stück Brot geschenkt zu erhalten; und wehe, wenn er diese Gabe verschmähte oder wenn sie ihm nicht gewährt wurde – die Sagen kennen schreckliche Strafen, oft ist von Versteinerungen die Rede. Armenspeisungen mit Brot als Reste mittelalterlicher Seelgerätstiftungen haben sich gelegentlich bis in unser Jahrhundert herein erhalten. Schüler und (Paten-)Kinder konnten die Funktion der Armen übernehmen. Die schon erwähnte innige Beziehung zwischen Armen – Brot – Armen Seelen wird auch greifbar an mancherlei Tabus, welche auf dem Brot ruhten: So ist es „undenkbar gewesen, mit dem Messer in den Brotlaib zu stechen, denn jeder Stich hätte eine Arme Seele treffen können".[636] Außerdem durften Brotkrumen nicht einfach weggekehrt, sondern mußten zugunsten der Armen Seelen im Feuer verbrannt werden.

Doch nicht nur Segenswirkungen gingen vom Brot aus, es war auch gut als Mittel gegen dämonische Gefährdungen: Eine Schnitte Brot unter den Windeln oder in der Wiege hinderte Trud und Hexe am Austausch des ungetauften oder auch getauften Kindes durch einen Wechselbalg. Auch in späteren Jahren konnten sich Kinder durch ein Stück Brot in der Tasche schützen gegen den bösen Blick einer Hexe oder gegen tollwütige Hunde. Mit einer Kugel aus Brotteig konnte man gar eine Hexe erschießen. Ein Schadensfeuer ließ sich bekämpfen, wenn man einen Laib Brot hineinwarf; und einen unauffindbar Ertrunkenen konnte man durch eine ähnliche Maßnahme entdecken – das Brot blieb über dem Versteck stehen. Hier werden Nachklänge zu mittelalterlichen Ordalen (Gottesurteilen) sichtbar; damals hatte man geglaubt, daß sich ein verworrener Rechtsstreit entscheiden ließe, wenn man dem Beklagten einen Bissen trokkenen Brotes zu essen geben würde – der Schuldige würde ihn nicht hinunterbringen. Desgleichen konnte man einen Laib Brot an einer Schnur zum Drehen bringen, und er würde im Stillstand den Verbrecher anzeigen.[637]

Aus all dem geht hervor, daß sich das Brot deutlich abhebt von nahezu sämtlichen anderen Speisen. Ihm kommt eine Achtung zu, die in der Gegenwart noch spürbar ist, bis in die allerjüngste Vergangenheit herein aber fast als „sakral" bezeichnet werden muß. Zeichen dieser besonderen Zuwendung des mitteleuropäischen Menschen zum Brot waren zahlreiche Segenssprüche und -gebärden bei der Zubereitung und dem Verzehr des Brotes. „Mit einem Kreuze wird fast allgemein der angesäuerte Teig gesegnet und geweiht. Auch das erste Brot, das in den Ofen kommt, erhält ein Kreuz eingedrückt; es heißt das ,Kreuz-

brot' und wird zuletzt gegessen. Der Backofen wird vor dem Hinein-
schieben des Brotes dreimal angespuckt, oder es werden drei Kreuze
davor gemacht und ein Segen dazu gesprochen.[638] Dagegen konnte
Fluchen während des Backvorganges das Brot zu Teufelsgestalten ver-
kohlen lassen.[639] Und noch bei den Befragungen zum Atlas der deutschen Volkskunde um 1930 wurde nahezu aus dem gesamten deutschen Sprachgebiet rückgemeldet, daß beim Anschnitt eines neuen
Laibes dieser auf der Unterseite mit Daumen oder Messer (einmal
oder dreimal) bekreuzigt würde, in evangelischen Gebieten ebenso
wie in katholischen. Dabei sprach man: „Im Namen des Vaters . . .“,
seltener „Gott segne dieses Brot und alle die davon essen“ oder „Gott
segne es uns Unsere Liebe Frau!“.[640]

Die grundsätzliche Sonderstellung des Brotes wurde also durch den
privaten Segensspruch und das Kreuzzeichen noch weiter erhöht. Es
verwundert darum auch nicht, daß man sich immer wieder bemüht
hat, eine Wertsteigerung zu erreichen, indem man einzelne Brote in liturgische Vollzüge hineingeschmuggelt hat. So stellte das ›Landtgebott‹ von Herzog Maximilian in Bayern 1611 einen Brauch unter
Strafe, der am Karfreitag geübt wurde: „daß die Leuth . . . ein Brott
auff dem Cruzifix [das zur Verehrung in der Kirche ausgelegt wird]
umbkehren, solches nachher dörren und zu Pulfer zerstossen, daß si es
ein gantz Jahr in den Taig mischen zu dem Ende, daß das Brot nit
grawe [schimmlig werde].“[641] In Kärnten wurde noch in unserem Jahrhundert das „Quatemberbrot“ besonders geschätzt; man nahm es an
den Quatembertagen mit in den Gottesdienst. Seine Wirkung wurde allenfalls noch übertroffen von einem „Dreimessenbrot“, welches die Segenskraft der drei hl. Messen des Weihnachtstages mitbekommen
hatte. „Ein Dreimessenbrot wurde früher im Bauernhaus während des
ganzen Jahres aufbewahrt, weil es Schicksalschläge aller Art von Haus
und Hof und seinen Bewohnern abhalten konnte.“[642]

Die Erklärung solcher Bräuche ist nicht damit geleistet, daß man
auf die Wertsteigerung all jener Dinge hinweist, welche einen Segen
erhalten haben wie Rosenkränze, Medaillen oder die Osterspeisen.
Die Ehrfurcht vor dem Brot zielt auf Prinzipielles; sie wird greifbar
auch ohne direkte oder indirekte Weihe. Mutwillige Vergeudung von
Brot wurde nicht einfach empfunden als töricht wegen Vernichtung
eines wichtigen Nahrungsmittels, sondern geradezu als Sünde; in manchen Sagen bringt sich der Frevler dadurch gar um sein Seelenheil. Die
Rede vom „heiligen täglichen Brot“ in vielen alten Quellen läßt ebenso
sakrale Zusammenhänge anklingen wie die Beziehungskette Bettler –
Brot – Arme Seelen, die Eignung des Brotes als Apotropäum

gegen Hexen, als Mittel der Feuerbannung und seine Stellung im Hochzeitsbrauch.

In der Literatur findet sich darum bis zur Gegenwart die Ableitung der Sonderstellung des Brotes aus uralt-Mythischem.[643] Man denkt an die Nachbildung von Götterbildnissen durch Brot, deren Kraft man sich durch Essen einverleiben konnte sowie an den Ersatz von Opfertieren (oder -menschen) durch entsprechende Gebilde aus geformtem Teig. Dadurch soll der numinose Schauder vor dem Brot begründet worden sein, der uns noch heute anweht. Ignoriert oder zu gering veranschlagt wird durch eine solche Deutung die eminente Bedeutungssteigerung, welche das Brot durch den *christlichen* Kult erfuhr; diese Verbindung kann hinlänglich die Sonderstellung des Brotes in unserem Kulturkreis vor anderen Nahrungsmitteln erklären. Man braucht hierzu weder den Mithraskult noch die alten Azteken zu bemühen. Eher sollte man sich bei den Kultbräuchen der mitteleuropäischen Juden umsehen, bei denen die ungesäuerten Flachbrote eine herausragende Bedeutung hatten.

Ansonsten aber reicht die Verwendung von Brot im christlichen Kult völlig aus, um die besondere „Heiligkeit" des profanen Brotes in den geschilderten Alltagsbräuchen zu erklären. Offenkundig sind die Parallelen zwischen diesen beiden Bereichen: so wie das Brot oder die aus Getreide hergestellte Speise wichtigstes ‚Lebens'-mittel ist, so wird Christus in Gestalt der Hostie im theologischen Sprachgebrauch durchgängig als „Brot des Lebens" bezeichnet. Die im Neuen Testament geschilderte wunderbare Brotvermehrung und die im Herrengebet enthaltene Bitte um das tägliche Brot ließen für den gläubigen Christen die Affinitäten zwischen Brot und Christus immer wieder aufleuchten. Besonders die Analogie zwischem dem konkreten, dem Bettler gereichten Brot, dem „Seelenbrot" für die Armen Seelen, und Christus in Form der Wandlungsgestalten wurde durch die Armenseelentaferln überdeutlich vorgeführt: Dort war es der Kelch mit der darüber schwebenden Hostie, von der den leidenden Seelen im Fegfeuer Hilfe geschah. Doch nicht nur gegen das symbolische Feuer und dessen Pein war die Hostie gut, sondern auch gegen das konkrete, weltliche Schadfeuer, das durch Unachtsamkeit, Vorsatz oder Blitzschlag entstanden war: Eine ins Feuer geworfene Hostie vermochte nach weit verbreitetem Glauben dieses zu stillen; die nämliche Wirkung aber schrieb man auch dem profanen Brot zu.

Die Analogien werden noch deutlicher, wenn man auch die *Eulogien* und *Heiligenbrote*, von denen bereits ausführlich die Rede war (3.2), in die Überlegungen miteinbezieht. Wie diese konnte gewöhn-

liches Brot zu bestimmten heiligen Zeiten an die Tiere verfüttert
werden und diesen Segen bringen; desgleichen entfalteten beide wirksame Hilfe gegen Teufel und Hexen, wenn sie dem Säugling in die Windeln, der Braut in die Schuhe oder in die Tasche gesteckt wurden. Mit
beiden ließen sich Hexen erschießen, wenn sie in der wilden Jagd
daherbrausten. Eine Spur dieser Verbindung zwischen dem Nahrungsmittel Brot und dem kultischen Brot wird ferner sichtbar in der Vorschrift vieler Anstandsbücher unserer Tage, das Brot bei den Mahlzeiten nicht zu schneiden, sondern zu brechen; unüberhörbar sind
hier die Anklänge an das Brechen des Brotes beim Letzten Abendmahl. Verunehrung des Brotes war ebenso schwer sündhaft wie die
Verunehrung von konsekrierten Hostien; in beiden Fällen geschahen
Zeichen und Wunder. Die Sakralisierung des Nahrungsmittels Brot,
sichtbar an mancherlei brauchtümlichen Verwendungen im Alltag der
mitteleuropäischen Bevölkerung bis zur Gegenwart, wird man wohl
unmittelbar aus den Besonderheiten christlicher Kulthandlungen
ableiten dürfen.

Was hier symptomatisch am Beispiel des Brotes gezeigt wurde,
ließe sich auch erweisen an anderen Nahrungsmittel, etwa am Wein[644]
und am Salz.[645] Auch sie haben vielfach im habitualisierten Verhalten
eine Funktion bekommen, die deutlich über den eigentlichen Ge-
brauchswert hinausragte. Auch hier ließe sich unschwer die enge
Verbindung mit kultischen Vollzügen nachweisen.

5.2 Wasser

Noch weniger als beim Brot sind es im Zusammenhang mit dem
Wasser die Qualitäten eines wichtigen Nahrungsmittels, welche man
in den diversen Bräuchen sucht. Meist geht es vielmehr um *Ausgießen, Überschütten* oder *Wegschwemmen*. In Niedersachsen etwa
begegnet um die Jahrhundertwende das Wasser häufig innerhalb des
Hochzeitsbrauchtums. So hat man am Polterabend Wasser in die
Diele oder den Flur gegossen, bis er wie ein See glänzte; schon vorher
war der Kammerwagen mit seiner Begleitmannschaft auf dem Weg
immer wieder unvermutet mit Wasser überschüttet worden. Und
schließlich war es „das erste Geschäft der Braut im neuen Haushalt, in
einem möglichst neuen Kübel Wasser zu holen. Hierbei darf nichts ver-
schüttet werden, sonst gibt es Unglück im Hause oder Tränen. An-
derwärts soll dieser Brauch gegen Feuersgefahr oder Heimweh
schützen."[646] Wenn es auf den Brautschleier regnet, d. h. auf dem Weg

zur Trauung, so gilt das vielfach als glücksbringend, genausogut wie
Mai-Regen schön macht (reine Haut, hübsches Gesicht). Oft muß die
Braut beim Eintritt in das neue Heim als erstes ein Glas Wasser
trinken, über ein Gefäß mit Wasser schreiten oder ein solches mit dem
Fuß umstoßen.[647]

Die hier beobachtbare Sonderverwendung von Wasser bei diesem
Übergangsritus, dem Zeremoniell zum Beginn eines neuen Lebensab-
schnittes, findet sich in vielen analogen Zusammenhängen. So hatte in
Berlin und Umgebung eine neue Magd als erstes einen Kübel Wasser
in die Wohnung zu tragen, um ihre Eingewöhnung zu erleichtern. Aus
dem nämlichen Grund überschüttete man Schweine und anderes
Vieh, das neu gekauft worden war, beim Eintritt in den neuen Stall mit
einem Glas Wasser, desgleichen das Jungvieh beim ersten Anspannen.

Umgekehrt konnte Ausgießen von Wasser das Ende eines Zeitabschnittes markieren: Fast über ganz Deutschland hinweg kannte man
den Brauch, beim Abtransport einer Leiche einen Eimer Wasser hin-
terherzugießen; oft war es das Wasser vom Waschen der Leiche. Dadurch sollten eine Rückkehr des Toten oder das „Nachsterben" eines
Angehörigen verhindert werden. Mit der nämlichen Absicht handelte
man beim Wegschaffen eines verendeten Tieres aus dem Stall. Trennung verdeutlicht schließlich auch das Ausgießen eines Glases Wasser,
wenn ein Familienmitglied das Haus verläßt, um in eine neue Stellung
zu gehen oder für Dauer in die Ferne zu ziehen. In Baden sollte in
solchen Fällen der Betroffene selber handeln, ein Glas Wasser aus
dem Brunnen schöpfen und dieses beim Überschreiten des nächsten
Gewässers dreimal rückwärts über den Kopf ausgießen.

Besonders ausgeprägt sind Bräuche, bei denen Wasser eingesetzt
wird, im Frühling. Wo Sommer- und Winterspiele oder das sog. *Todaustragen* üblich sind, entledigt man sich des Winterpopanz besonders
gern dadurch, daß man ihn ins Wasser wirft.[648] Ebenso kann man sich
der „Fastnacht" entledigen.[649] Weitverbreitet war das Herumziehen
oder Herumführen von verkleideten *Laubgestalten* zu Georgi, zum
1. Mai, Christi Himmelfahrt oder Pfingsten (Grüner Georg, Pfingst-
quak, -lümmel, -butz, -mockel, Pfingstl, Wasservogel etc.); meist gehörte es zum Zeremoniell, daß diese Gestalt auf seinem Umzug, bei
welchem gesungen, Verse vorgetragen und Gaben gesammelt werden
konnten, reichlich mit Wasser begossen und/oder anschließend in
einen Bach oder Teich geworfen wurde. Im vorderen und hinteren
Bayerischen Wald kennt man heute noch das *Wasservogelsingen* zur
Pfingstzeit; informelle oder formelle Gruppen wie Stammtischbrüder
oder die Feuerwehr praktizieren es zur Aufbesserung ihrer Kassen.

Sie ziehen von Haus zu Haus, singen traditionelle oder ad hoc gebildete Vierzeiler, empfangen Geld und Naturalien und werden von allen Seiten mit Wasser überschüttet.[650]

Ähnliches berichtet P. SARTORI für den Beginn unseres Jahrhunderts: „In der Grafschaft Mark erbitten sich die Kinder, die den 1. Mai ins Haus bringen, mit einem Spruch einen Wasserguß, in Cornwall begießen die Knaben am Maitag auf der Straße jeden Begegnenden mit Wasser, der nicht ein Stück ‚Mai‘ sichtbar an seiner Kleidung oder an seinem Hut trägt."[651] Im westlichen Böhmen widerfuhr Ähnliches dem Hirten; er begann am 1. Mai mit dem Viehaustrieb. „Bei der Rückkehr erhält er von jeder Hausfrau ein Glas Branntwein und wird dann mit Wasser aus einem Melkgefäß begossen, nachmittags mit einem Schubkarren von den Bäuerinnen zum Teich gefahren und ins Wasser geworfen. Bei dieser Gelegenheit werden auch alle diejenigen mit Wasser begossen, welche gewöhnlich Gras mähen gehen. Andernorts wird der letzte Hütjunge, der zum Sammelplatz kommt, mit Wasser überschüttet, ‚damit er nicht bei der Herde einschlafe‘."[652]

Besondere Hochschätzung und zeremonielle Verwendung fand vielfach das Brunnenwasser oder auch der Tau in der *Osternacht*: „Den in der Osternacht gefallenen Tau fängt man in leinenen Tüchern auf und wäscht sich damit, und schon die Hand, die das betaute Gras bestrichen hat, wird heilkräftig. Manche wälzen sich auch vor Sonnenaufgang nackt im Tau der Wiesen ... Mädchen schöpfen zwischen 12 und 1 Uhr schweigend das Osterwasser. Man trinkt davon und wäscht sich damit. Es hält sich das ganze Jahr frisch, macht das Gesicht schön und glänzend, schützt vor Krankheiten, namentlich Augenleiden, und ist zu vielen Dingen gut. An manchen Orten treibt man in der Osternacht die Pferde in die Schwemme, damit sie gesund und munter bleiben. Auch begießt und tränkt man das Vieh im Stalle mit Osterwasser ... Beim Osterwasserholen begießt man sich mitunter gegenseitig oder wirft sich gar ins Wasser. In Osterode im Harz wird, wo Mädchen im Hause sind, von den Burschen nach dem Osterfeuer oft die Hausflur so voll Wasser getragen, daß sie glänzt wie ein See."[653]

Dies mag an Beispielen genügen. Sie weisen hinsichtlich der Verwendung von Wasser in so unterschiedliche Zusammenhänge, daß die Interpretation in eine einzige Richtung von vornherein zweifelhaft sein muß. „Man nimmt gewöhnlich an, daß alle diese Bräuche ursprünglich als Regenzauber gemeint waren"[654], so konnte P. GEIGER 1936 die gültige wissenschaftliche Meinung seiner Zeit zusammenfassen. Die Vermutung auf einen solchen Sinnhorizont muß im regenreichen Mitteleuropa aber in jedem Fall schwächer sein als in ariden

Ländern wie denjenigen rund um das Mittelmeer herum. Deswegen jedoch wird man nicht bezweifeln, daß die Menschen zu allen Zeiten eine besondere elementare Beziehung zum Wasser hatten und aus dieser Gestimmtheit heraus empfänglich gewesen sind für das Erlebnis bestimmter Bedeutungen. „Nächst dem Feuer ist das vom Menschen am meisten verehrte und zugleich gefürchtete Element das Wasser, verehrt deshalb, weil ohne Wasser Leben schlechterdings unmöglich ist, und gefürchtet, weil aller Fleiß des Bauern durch Regen- und Überschwemmungskatastrophen zunichte gemacht werden kann ... Die Erfahrung des Ertrinkens verleiht auch stehenden Gewässern den Schauer des Gefährlichen und Unheimlichen."[655] Solche Empfindungen mochten oder mögen im Spiel sein, wenn man die Gestalt des Winters, des Faschings, die böse Hexe des Fastnachtsgerichts etc. ins Wasser wirft und ertränkt. Und im Austrinken eines Glases Wasser innerhalb eines Initiationsbrauches mag der ausdrückliche oder intuitive Gedanke an die unersetzliche Lebensqualität des Wassers mitschwingen.

Daneben sollte jedoch nicht verkannt werden, daß sich Wasserguß und Sturz ins Wasser auch direkt anbieten als ideale Möglichkeiten des *Hänselns* und *Neckens*; sie erlauben eine spielerische Provokation von Aktionspartnern und eröffnen Möglichkeiten von (Schaden-)Freude, ohne den Unterlegenen dauerhaften Schaden zuzufügen. Außerdem bieten das Weggießen, Ausschütten, Überschütten, Abwaschen usw. eine ganze Palette symbolhafter Deutungen. Sie können alle genützt werden in brauchtümlichen Handlungen. Dabei sind kollektive oder individuelle Abweichungen und Neuinterpretationen möglich, so etwa, wenn die Sorge vor dem Verschütten beim Holen des ersten Eimers Wasser damit begründet wird, daß dies einen *tränen*reichen Aufenthalt nach sich ziehe.

Die Verwendungsmöglichkeiten des Wassers bieten also von sich aus – unabhängig von jeder Art eines Kultes oder einer religiösen Sinngebung – vielfältige Ansätze für Sinnbefrachtung und Bedeutungssteigerung einer Handlung. Die Analyse eines Brauches wird oft innerhalb dieser Sinnebene bleiben können. Darüber hinaus aber wird man auch mit in Rechnung zu stellen haben, daß das Wasser innerhalb des *christlichen Kultes* eine herausragende Rolle spielt, so daß es zu allen Zeiten möglich war, von hier Anregungen für profane Verwendungen zu beziehen. Die Überlappung der Horizonte wird etwa sichtbar, wenn in den gleichen oder verwandten Zusammenhängen statt einfachem Quellwasser *Weihwasser* verwendet wird. Dies gilt vielfach immer dann, wenn mit einem symbolhaften Hintersinn Wasser auf

Vieh appliziert wird. So kannte man nahezu im gesamten deutschsprachigen Gebiet das Besprengen des Viehs beim ersten Austrieb auf die Weide mit Wasser *oder* Weihwasser durch den Hirten. Damit sollte dieses nicht nur gesegnet werden gegen die bösartigen Nachstellungen von Dämonen, Teufeln und Hexen, sondern es sollte auch erreicht werden, daß es beisammen blieb, sich nicht verlief oder irgendwo abstürzte.[656] Auch bei der Einstellung eines gekauften Stücks Vieh im neuen Stall oder bei dessen endgültigem Auszug war vielfach Weihwasser gefragt.

Überhaupt war in dem christlich durchwirkten Alltag der Vergangenheit das Weihwasser ein universales Hilfsmittel, das nahezu in eine jede Handlung einbezogen werden konnte. Die starke Nachfrage von seiten der Gläubigen ließ schon seit dem 4. Jahrhundert eigene Ordines zur Wasserweihe aufkommen, in denen der mögliche Umfang der Verwendung teilweise ausdrücklich angesprochen war: „Verleihe diesem Wasser die Kraft der Heilung, daß jedes Fieber und jeder Dämon und jede Krankheit durch den Trunk und die Salbung vertrieben werde und daß der Gebrauch dieses Wassers Mittel der Heilung und der Gesundheit sei im Namen deines eingeborenen Sohnes Jesus Christus, durch welchen dir Ehre und Herrschaft gebührt im Hl. Geiste in alle Ewigkeit."[657] Es wurde üblich, mit solchem geweihten Wasser während der Sonntagsgottesdienste die Anwesenden zu besprengen, es aber auch reichlich zu gebrauchen bei den Prozessionen um die Kirche, auf dem Friedhof, für die Gräber. „Nicht ohne Schuld des Klerus bildete sich in manchen Kreisen die Meinung aus, daß dem Weihwasser eine Art von magischer Kraft innewohne, die sich selbst ohne die Mitwirkung oder sogar gegen den Willen des Gebrauchenden auswirke ... Man brauchte das Weihwasser bei Krankheiten äußerlich und innerlich, gab es dem Vieh zum Tranke und zum Schutz gegen die Wölfe; man besprengte die Sämereien, Pflanzen und Kräuter zur Sicherung gegen den Wurm. Mit Hilfe von Weihwasser suchte man Zaubermittel zu erlangen und Diebe zu fangen."[658] Seit dem Spätmittelalter bis ins 19. Jahrhundert gibt es eine eigene spekulative theologische Literatur über die Wirkungen des Weihwassers, z. B. für die Armen Seelen im Fegfeuer und über die Tilgung von läßlichen Sünden.[659]

Für das beginnende 16. Jahrhundert bezeichnet es eine Biberacher Chronik als guten Brauch, „daß jedermann Weihwasser im Hause habe, gewohnlich im Weihkesselin ober der Stubentüre; wann eins sich niederlegte oder am Morgen aufstand, griff es in das Kesselin, bestrich sich mit Andacht, sich zu bewahren vor dem Gespinst [der Versuchung] des bösen Geistes".[660] Hieraus entwickelte sich nach dem Aufkommen der Armenseelentaferln im 18. Jahrhundert die zusätzliche Anwendung zugunsten der verstorbenen Angehörigen und reihte sich damit ein in die bis zur Gegenwart übliche Versprengung von Weihwasser bei Beerdigungen oder auf den Gräbern, wobei man in Zeiten der Sekundärbestattung jahrhundertelang die Gebeine der Toten gleichsam in Reichweite für Weihwassergaben hatte. Weihwasser stand einst in jeder nur denkbaren Lebenssituation zur Verfügung: für gerade Geborene so gut wie für Sterbende und Tote, beim Beginn und Ende einer Arbeit, beim Eintritt in ein Haus und bei dessen Verlassen. Man besprengte damit die gebärende Frau, den fertiggestellten Rohbau, das neu zu beziehende Haus, die kalbende Kuh, das schwärmende Bienenvolk, die Milch vor dem Ausbuttern, das Brautbett, die Bäume im Garten, den Backofen und das Brot vor dem Einschießen. Die Sonderpatronate einzelner Heiliger ließen noch besondere Weihwässer aufkommen, die dann auf engerem Feld eine zusätzliche Wirkkraft entwickeln sollten, so das Blasius-, Peters-, Stefans-, Antons-, Anna-, Ulrichs-, Johannes-, Alberti-, Ignatius-, Gundbrechts-, Pirmins- und Valentinswasser.[661] Diese ubiquitäre Anwendung des Weihwassers durch die Laien korrespondiert mit dem engeren Zeremoniell der Amtskirche, die auf Weihwasser ebenfalls nicht verzichten kann, weder bei der Spendung der Sakramente noch bei den zahllosen Segnungen.

Das Weihwasser und Heiligenwasser wurde in der Wertschätzung noch überboten vom *Taufwasser*, für welches sich ebenfalls schon früh eigene Weiheformulare ausgebildet haben, nachdem man zunächst gleich den gesamten Jordan geweiht und in ihm durch Untertauchen der Katechumenen den Taufakt vollzogen hatte.[662] „Nicht bloß die Reinigung der Seele von den Sünden schrieb man dem Taufwasser zu, sondern auch wunderbare Wirkungen für die leibliche Gesundheit und eine geheimnisvolle Kraft gegen Beschwörungen und Zauberei."[663] Während des Mittelalters hatte es sich darum zeitweilig eingebürgert, an bestimmten hohen Festtagen während des Jahres etwas vom Taufwasser über die Menge der Gläubigen bei den Gottesdiensten zu streuen; dies wurde aber bald entschieden bekämpft, weil es zu oft mißverstanden wurde als eine Art Wiedertaufe mit Vergebung der Sünden. Doch der allgemeine Ansturm auf das Taufwasser für den häuslichen Gebrauch blieb so groß, daß wiederholt von den kirchlichen Obrigkeiten angeordnet wurde, die Taufbrunnen zu versperren. Die Singularität des Taufwassers wurde in der westlichen Kirche über den primären Verwendungszweck hinaus noch dadurch betont, daß es nur zweimal im Jahr geweiht wurde, nämlich an Ostern und Pfingsten, während in der östlichen Kirche die Weihe bei jedem einzelnen Taufakt üblich ist. Das Bewußtsein, daß es bevorzugte Tauftage gibt, nämlich Epiphanie (mit Erinnerung an die Taufe Christi im Jordan), Ostern und Pfingsten, hat sich auch dann noch lange gehalten, als die Taufe unmittelbar nach der Geburt eingebürgert worden war (seit dem 11. Jahrhundert). Man wird an solche Zusammenhänge denken müssen, wenn man profane Wasserbräuche besonders in der Oster- und Pfingstzeit beobachtet. Desgleichen werden wir auf einen religiösen Hintergrund verwiesen, wenn vielfach besonders an Johanni die Reinigung und der Schmuck der Brunnen angesetzt und festlich begangen oder dem *Johannisbad* eine besondere Wirkung zuerkannt wurde[664]; hatte doch Johannes den Jesus von Nazareth im Jordan getauft und dabei seine Göttlichkeit geoffenbart.

Diese Taufe Christi im Jordan führte in der theologischen Spekulation zur Annahme einer grundsätzlichen *Heiligung der Natur der Gewässer* auf dieser Erde. So hatte es bereits der Hl. Chrysosthomus (344/354–407) formuliert, und so wurde es mehr oder weniger weitergetragen durch Thomas von Aquin (1225–1274) und Bonaventura (1332–1389).[665] Zumindest die katholische Kirche blieb dieser Tradition verhaftet, wenngleich Luther heftig dagegen polemisierte. Auf dieser geistigen und durch die allgemeine Verbreitung des Weihwassers internalisierten emotionalen Grundlage konnte sich m. E. eine besondere Affinität zum *Wasser als Heilmittel* herausbilden. Es tritt uns besonders sichtbar entgegen seit der Etablierung von Gnadenstätten in Mitteleuropa. Die Wallfahrtsorte mit wundertätigen Quellen und Wässern sind Legion. Wir konnten bereits feststellen, daß man teilweise zur Veranschaulichung der wunderbaren Qualitäten das Wasser gefaßt und mit Röhren durch das Gnadenbild oder eine Kopie hindurchgeleitet hat (vgl. 2.2.2 und 2.2.4). Bis zur Gegenwart spielt im Heilbrauch der Katholiken Wasser von den großen Gnadenstätten (z. B. Altötting, Lourdes, Fatima) eine eminente Rolle. Hier verschleifen sich das Wissen um die physikalischen und mineralogischen Qualitäten bestimmter Quellen, balneologische Wasseranwendung und religiös-kultische Sinnfüllung zu einer kaum mehr entflechtbaren Einheit.[666]

Die schon von Hippokrates geschätzten Wasserkuren konnten immer wieder mit Hinweis auf natürliche und übernatürliche Wirkungen neu belebt werden bis hin zum sudetendeutschen Bauern Vinzenz PRIESNITZ (1799–1851) und dem schwäbischen Pfarrer Sebastian KNEIPP (1821–1897). Es ist kaum vorstellbar, daß die vielfältigen kulti-

schen und außerkultischen Verwendungen von Weihwasser und Heil-
wässern die mitteleuropäische Grundeinstellung zu diesem Element
nicht entscheidend beeinflußt haben und im Hintergrund für mögliche
Funktionen des Wassers bei den verschiedenen Bräuchen gedient
haben. So möchte ich auch annehmen, daß die starke Konzentration
von „Wasser"-Bräuchen zu Ostern und Pfingsten mitgeprägt worden
ist durch das kultische Zeremoniell dieser Zeit: durch die Weihe von
Taufwasser, die Spendung der Taufe, durch das „Ausgießen" des Hl.
Geistes; wurde doch in vielen Kirchen während des Mittelalters zu
Pfingsten beim Verlesen der Ezechiel-Stelle: „Ich will reines Wasser
über euch gießen, daß ihr rein werdet!" von der Kirchendecke herab
Wasser auf die Gläubigen gesprengt.[667]

Die Querverbindungen zwischen kultischem und profanem Brauch
sind nicht in jedem Einzelfall strikt nachzuweisen, doch muß die
gleichmäßige Wertsteigerung des Wassers im christlichen Kult ein günstiges Umfeld für symbolhaften Wassergebrauch im Alltag abgegeben
haben. Zeichenhafte, medizinische, religiöse und magische Verwendung des Wassers sind oft nicht mehr auseinanderzuhalten. Wenn man
vielfach überzeugt war, daß in bestimmten heilerfüllten Augenblicken
des Kirchenjahres (während des Wandlungsläutens zu Ostern, Weihnachten, Dreikönig etc.) das natürliche Quellwasser zu Wein verwandelt würde, so wird jedoch die gedankliche Rückbindung an Christi erstes öffentliches Wunder bei der Hochzeit zu Kanaa offenkundig.
Eventuell bestehende Zusammenhänge zwischem dem christlichen
Verständnis des Wassers und vorchristlichen Religionen dagegen
mußten angesichts der dominanten Stellung der christlichen Kirche in
Mitteleuropa bedeutungslos werden.

Ich widerstehe der Versuchung, eine parallele Darstellung beim
konträren Element, dem *Feuer*, anzufügen.[668] Dessen Einbeziehung
im Volksbrauch, sei es als offenes Feuer oder als Kerzenlicht, ist ähnlich vielfältig wie die Integration des Wassers. Die natürlichen Eigen-
schaften des Feuers zur *Reinigung*, zur *Vernichtung*, zum *Wärmen* und
zum *Leuchten* haben offenbar in allen Phasen der Menschheitsgeschichte angeregt zu einer zeichenhaften Verwendung dieses Elementes im kultischen und profanen Handeln. Selbstverständlich hat
die christliche Kirche ältere jüdische und antike Sinngebungen aufgenommen und sie während des Mittelalters und der Neuzeit an die mitteleuropäische Bevölkerung weitervermittelt. Auf dieser Grundlage
ist ein reichhaltiges Brauchtum gewachsen, bei welchem der Einsatz
von Feuer und Licht oszillieren kann zwischen Festfreude und magischer Anwendung. *Geknickte Kerze* und *Lebenslicht, Lichterschwem-*

men und *Luzienbraut, Notfeuer* und *Funkensonntag* deuten die Palette
möglicher Integration ins Jahres-, Arbeits- und Lebenslaufbrauchtum
lediglich an. Die durchgängige aktive Licht- und Feuerverwendung
der christlichen Kirche und die theologische Rede von deren zeichen-
hafter Bedeutung bilden auch in diesem Fall die Folie vor der immer
wieder neu erfolgenden Umsetzung solchen Denkens und Handelns
in den Alltagsbrauch. Gegenüber dieser massiven Repräsentanz der
Feuer- und Lichtverwendung durch die christliche Kirche muß der
Bezug zu vorchristlichen Sinngebungen (Sonnenkult, Fruchtbarkeits-
zeremonien), der in der volkskundlichen Literatur teilweise auch in al-
lerjüngster Zeit noch bemüht wird, als sekundär oder vernachläs-
sigbar bezeichnet werden.

SCHLUSSÜBERLEGUNGEN

„Das Doppelgebiet von Volksglaube und Volksbrauch ist das Kernstück der gesamten Volkskultur, das Hauptstück daher auch jeglicher
Volkskunde. Alle Gebiete der Volkskultur sind in irgendeiner Form
immer von Glaube und Brauch bestimmt und durchwirkt, von der
Siedlung und vom Hauswesen angefangen bis zur Redensart und zum
Kinderspiel gibt es kein Teilgebiet traditioneller Überlieferung, in herkömmlichen Formen verlaufenden Volkslebens, das nicht davon zumindest mitbestimmt wäre."[669] Wir haben im Rückblick auf unsere
Darstellung keinen Grund, diese Aussage von Leopold SCHMIDT in
Zweifel zu ziehen. Bis in die allerjüngste Vergangenheit herein erfolgte für die mitteleuropäische Bevölkerung die entscheidende Sinngebung für menschliches Leben, Existenz, Zusammenhalt und Entwicklung der Welt sowie für die Bewegungen des Menschen in ihr
durch *religiöse Systeme*. Hier wurden die Prinzipien des ethischen
Handelns und die Ziele persönlicher Entwicklung formuliert.

Bräuche, habitualisiertes Verhalten, Institutionalisierung von So-
zialkontakten schließlich sind eine Notwendigkeit des menschlichen
Zusammenlebens mit einem hohen Grad von Entlastungsleistung.
Ohne sie würde zwischenmenschliche Begegnung schwer bere-
chenbar und unsicher und würde einen enormen Aufwand für die Vermeidung von Mißverständnissen erfordern. Alle Zeiten, Regionen
und Sozialgruppen haben darum eine Fülle von Bräuchen ausgebildet. Es versteht sich nun von selber, daß zwischen der zentralen
Sinngebungsinstanz (Religion) und der entscheidenden Form der Ver-
haltensregulierung (Brauch) intensive Querverbindungen bestehen
müssen. Sie aufzuspüren war wesentliches Motiv vorliegender Monographie. Dabei ging es nicht nur um die Art und Häufigkeit dieser Beziehungen, sondern auch um deren Struktur und Bewegungsrichtung.

Für den analytischen Zugriff erschien es sinnvoll, jede der beiden
Bezugsgrößen in Komplexe geringerer Reichweite und Geltung zu
zerlegen. Religion begegnet der europäischen Bevölkerung in Vergangenheit und Gegenwart in unterschiedlicher Gestalt. Viele Einzelzüge
antiken Kultes, religiöser Überzeugungen und Formen der Weltbegeg-
nung wurden etwa ins Christentum eingeschmolzen und in dieser Gestalt tradiert; ich habe dafür plädiert, in diesen Fällen nicht von einer

Fortdauer antiker Mysterien etc. zu sprechen, sondern auf das christliche Selbstverständnis Bezug zu nehmen. Vielfach ist jedoch die Anverwandlung nicht oder nicht vollständig erfolgt. Vor allem durch die Existenz und Pflege der antiken Literatur konnte es immer wieder einen Rückgriff auf diese Geisteswelt geben, ohne daß man ein kontinuierliches Fortdauern im Alltagshandeln voraussetzen müßte. Verschiedene Wellen der Adaption haben darum antike Elemente weiterwirken lassen ohne Integration ins Christentum oder zumindest in einem gewissen Spannungsverhältnis zu ihm. Formen des Heil- und Amulettbrauches fallen darunter, aber auch Horoskopglaube und Tagwählerei.

Für eine Tradierung vorchristlicher antiker Frömmigkeitsformen hat teilweise die christliche Kirche selber gesorgt durch die Abfassung und Überlieferung von Sündenregistern, Beichtspiegeln etc. in den Jahrhunderten der endgültigen Etablierung des Staatschristentums. So wurde eine Art Rücklaufphänomen erzeugt, namentlich wenn diese Literaturgattungen den Predigten und katechetischen Schriften christlicher Seelsorger zur Orientierung dienten. Aufgrund quellenkundlicher Mißverständnisse wurden in der volkskundlichen Literatur häufig Tatbestände der antik-mittelmeerischen Welt in Anspruch genommen für den *vorchristlich-germanischen* Bereich. Dies führte über lange Zeit hinweg, einsetzend im wesentlichen mit der konfessionellen Polemik der Reformationszeit und dann in der akademischen Kulturgeschichtsschreibung etabliert durch die Brüder GRIMM, zur Annahme eines massiven Fortlebens germanischer mythologischer Überzeugungen und kultischer Vollzüge in Brauch, Spiel, Erzählsystem und Rechtsüberzeugung der einfachen Bevölkerungsschichten noch des 19. und 20. Jahrhunderts.

Ich sehe die Voraussetzungen für solche gewaltigen Traditionsströme eher als unwahrscheinlich an (mangelnde Schriftlichkeit, Neigung zu synkretistischen Übernahmen bei den germanischen Religionen und andererseits massive, bestens organisierte Verchristlichung seit vielen Jahrhunderten), doch nichtsdestoweniger hat mittlerweile das akademische Schriftgut der letzten zweihundert Jahre einen eigenen positiven Rücklauf erzeugt: Die Brauchtumsträger haben nicht selten die Fiktion, in einer seit der germanischen Völkerwanderung existierenden Traditionskette zu stehen, internalisiert zu neuem Selbstverständnis. Dieses kann zusammenfließen mit sektenhaft aufsprießendem *Naturglauben* unserer Tage, der u.a. in der neuen Frauenbewegung ebenfalls auf vorchristliche Kultstätten und Rituale zurückzugreifen sucht. So entsteht etwa im Umkreis des

Brauchtums zum 1. Mai ein kaum mehr auffächerbarer Beziehungs-
wirrwarr.

Doch auch in der Vergangenheit standen in aller Regel neben dem
Christentum, das sich seit dem 16. Jahrhundert in unterschiedlichen
konfessionellen Lagern präsentiert, mit diversen *Sekten*, dem *jüdischen
Glauben* und besonderen Praktiken der *Zigeuner* Orientierungsalter-
nativen zur Verfügung, welche Anregungen für das Alltagsbrauchtum
liefern konnten. Diese Einflüsse dürfen in manchen Bereichen für
gewiß gelten, etwa soweit die „jüdische" Kabbala dabei im Spiel war,
in der Regel aber sind sie noch nicht zum Gegenstand der wissenschaftlichen Forschung gemacht worden. So bleiben Aussagen über
Zusammenhänge im Bereich von Lebenslauffeiern (Erstkommunion,
Konfirmation) und apotropäischen Praktiken (etwa zur Sicherung von
Neugeborenen oder zur Bekämpfung von Feuer) noch weitgehend
spekulativ.

Die fraglos stärkste religiöse Kraft zur Alltagsregulierung in den
letzten eineinhalb Jahrtausenden und vielfach die einzig wirksame ist
die *christliche Kirche* gewesen. Mit ihrer vielgliedrigen hierarchischen
Schichtung und Institutionalisierung auf allen denkbaren Hand-
lungsebenen, aufgrund der hohen gesellschaftlichen Wertschätzung
und starken Verschränkung mit politischen und administrativen Ge-
walten konnte sie zahllose Aktionen zentraler Dirigierung in Gang
setzen. Sie hat darum mit ihren kultischen Handlungen, mit ihrer Bild-
sprache und ihrem System bedeutungsvoller Zeichen und Gebärden
vielen alltäglichen Handlungsabläufen oder auch festlichen Feiern
Modell und Rahmen gegeben. Doch war das Laienvolk nicht einfach
bildsames Wachs in den Händen von Geistlichkeit und amtskirchlichen Würdenträgern. Wiederholt ließen sich Vorgänge beobachten,
bei denen die entscheidenden Anregungen gleichsam von unten
kamen und die offizielle Kirche eher widerstrebend in eine neue Entwicklung hineingezogen wurde, so bei der Bilderverehrung, dem Wallfahrtswesen und im liturgischen Spielbrauch, aber auch bei der Etablierung der Konfirmation in der evangelischen Kirche.

Die Regel scheint jedoch die umgekehrte Einflußrichtung gewesen
zu sein. Dies zeigt sich namentlich im Umkreis der *Sakramente*,
welche den Kristallisationskern bildeten für zahlreiche Bräuche, in
denen sich Aspekte des bedeutungsvollen religiösen Geschehens ab-
bilden. Doch auch noch in der travestierenden Umkehrung lieferte
der kirchliche Ritus nicht selten das Handlungsgerüst für profanes
Tun.

Die eminente Bedeutung der Kirche als Ideenlieferant für alles brauchtümliche Geschehen liegt m.E. darin begründet, daß sie auf allen denkbaren Ebenen des Brauchkomplexes entscheidend in Erscheinung trat. Sie führte nicht selten zu einer Gliederung der Gesellschaft in *Aktionsgruppen* (Bruderschaften, Vereine, Jugendverbände, Schülergruppen), welche zu ihrem Selbstverständnis und zur Abgrenzung nach außen in besonderer Weise eines habitualisierten Verhaltens bedürfen. Außerdem entwickelte sie beständig in ihrem Kult und in der theologischen Lehre ein System bedeutungsschweren, über sich selbst hinaus weisenden Handelns und Redens, mit einer Vielzahl von *zeichenhaften Gebärden, Handlungen und Elementen*, durch welche jeweils ein im Hintergrund stehender Sinn gemeint war. Dies ist aber ein konstitutives Kennzeichen des Brauches, das „erhöhende Tun und Handeln" (J. DÜNNINGER). Die Kirche präsentierte beständig ein Arsenal von ausdrucksstarken Gebärden (Anrühren, Umwandeln, Besprengen, Räuchern), Zeichen (Kreuz, Sonne und Mond, Attribute der Heiligen) und Zahlen (bes. die Dreizahl und deren Vielfache) oder erforderte spezielle Verhaltensweisen (Nüchternheit, Fasten), die uns dann auch wieder im liturgienahen oder profanen Tun begegnen. Zudem vollzogen sich die kultischen Handlungen in aller Regel in der Öffentlichkeit, und ebenso wurde die theologische Rede über Schule, Christenlehre, Predigt und volkstümliches Schrifttum in die gesamte Bevölkerung hineingetragen.

Neben der Kirche sehe ich keine Instanz, die in ähnlich wirkungsvoller Weise bei der Produktion von symbolhaften Formen mitgewirkt hätte. Allenfalls wäre noch die Kunst gefragt gewesen als eine Form der symbolhaften menschlichen Daseinsbewältigung, doch diese stand ihrerseits während der Vergangenheit weitgehend in kirchlichen Diensten. Es ist darum mehr als begreiflich, daß bei außerordentlich vielen Brauchelementen Analogien zu kultischen Formen und Zeichen zu beobachten sind. Dies heißt jedoch nicht, daß den Akteuren in jedem Fall die Querverbindungen bewußt gewesen sind und daß sie auf religiöse Sinnfüllung abzielten. Es ist immer damit zu rechnen, daß sich Verschiebungen der Selbstinterpretation und der Funktion vollzogen. Wo dabei ein zunächst intensiverer religiöser Gehalt ausgedünnt wurde, sollte man m.E. nicht von Brauchverfall, „Brauch ohne Glaube" (L. SCHMIDT) oder Korrumpierung sprechen, sondern lieber auf die zu vermutende dauernd neue Sinnstiftung sehen, die sich immanent vollzieht. Denn „sinnleeren" Brauch gibt es wohl nicht.

Wesenselement des Brauches ist es schließlich, daß er nicht völlig in die Beliebigkeit des einzelnen Individuums gestellt ist, sondern daß Faktum und Form seiner Durchführung von der „Sitte" (F. TÖNNIES) gefordert werden. Auch dadurch kommt gleichsam automatisch Religion ins Spiel; ist ihr zentrales Anliegen doch auch die Versittlichung des Menschen, die Erziehung des einzelnen auf Unterordnung unter die Erfordernisse von Gruppen und die Ermunterung zur sozialen Aktion. Unter den Funktionen des Brauches finden wir darum häufig religiöse Anliegen, mögen diese auch gleichzeitig eingebunden sein in Rechtsvollzüge oder in Formen der festlichen Überhöhung des Alltags. Grundsätzlich ging es der christlichen Kirche um die Erfassung des *ganzen* Menschen; sie hat ihn darum angeleitet, sowohl *Raum* und *Zeit* als gottgeschaffen zu akzeptieren, sie als Erfahrungshorizont göttlichen Heiles zu erleben und darum auch durch religiöse Zeichen sichtbar zu machen. Bräuche als raum- und zeitgebundene Erscheinungen sind also sehr leicht in die Nähe solcher religiöser Zeit – oder Raum-Markierungen gekommen und konnten von deren Sinngebung überlagert oder beeinflußt werden. So mußten etwa Frühlingsbräuche fast zwingend in den Sog des Oster- oder Pfingstfestes mit deren heilsgeschichtlicher Aussage und kultischer Zeichenfülle geraten, auch wenn ihre primäre Absicht „nur" die Akzentuierung von rechtlichen (Ablieferung von Eiern an Zinsterminen) oder wirtschaftlichen (Beginn der Weide) Vorgängen gewesen sind.

Unter all den vielen wichtigen theologischen Aussagen zur Welt, zum Menschen und zum Jenseits haben vor allem zwei außerordentlich anregend auf den Laienbrauch eingewirkt, der *Dämonenglaube* und die *Fegfeuerlehre*. In Analogie zu der ohnehin gewaltigen Fülle kirchlicher Segnungen entwickelten die Gläubigen eine geradezu hypertrophe Anzahl von individuellen und kollektiven Gebärden, Handlungen und Dingverwendungen, um körperliche Unversehrtheit, psychisches Wohlergehen und seelischen Frieden vor den Anfechtungen der bösen Geister und deren Helfer in Gestalt von Hexen und anderen teufelsverfallenen Menschen zu sichern. Hier sprechen sich sowohl die gleichmäßige Gefährdung des menschlichen Lebens durch Krankheit, Not, Krieg und Bosheit aus wie die Internalisierung der christlichen Lehre von der Existenz des Menschen in einer Welt jenseits des Sündenfalls, welche heilsbedürftig ist.

Gleichzeitig finden wir allerdings auch die Überzeugung von der Möglichkeit, ja der Gewißheit des Heiles, wie sie gerade aus den Totenbräuchen spricht, namentlich wenn es dabei um Hilfen zur Abkürzung jenseitiger Qualen ging. Durch die gedankliche Affinität zwischen leidender Seele und notleidendem Menschen, die sich in der hochmittelalterlichen Kirche ausgebildet und in der katholischen Tradition erhalten hat, wurden viele Vorgänge im täglichen Leben oder im jahreszeitlichen Ablauf in die Qualität von Bräuchen hineingehoben. Erst in der jüngsten Vergangenheit ist dieses Junktim durch Modifizierung der kirchlichen Lehre und durch den Funktionswandel von gesellschaftlicher Armut aufgebrochen worden.

Insgesamt erweist sich das alltägliche und festtägliche Handeln der europäischen Bevölkerung nachhaltig geprägt durch den Willen zur *sinnenhaften Gebärde*. Soweit dabei religiöse Funktionen im Spiel sind, bedeutet dies nicht selten Materialisierung von geistigen Prozessen. In der Literatur wird dies meist interpretiert als ein Hang zur magischen Weltsicht und Lebensbewältigung: Durch das Wissen über geheime Mechanismen und Zusammenhänge sollen jenseitige Kräfte in den Dienst des Menschen gezwungen werden. Daß es diese Geisteshaltung gegeben hat und noch gibt, möchte ich nicht in Zweifel ziehen, wohl aber habe ich Vorbehalte gegen ihre umfassende Geltung, auch in den Kreisen der unteren und mittleren Bevölkerungsschichten. Zum einen erachte ich die *Fähigkeit zum symbolhaften Verständnis* einer konkreten Aktion als unabhängig von Bildungsgrad, Wissensstand und gesellschaftlicher Position, zum anderen gehe ich davon aus, daß Zeiten, welche stärker von christlichem Geist geprägt waren als die unsere, auch stärker durchdrungen waren von dem in der Kirche praktizierten vielfältigen symbolischen Handeln und Reden. So geht es etwa nicht an, den Votivbrauch innerhalb des Wallfahrtswesens nach dem Muster des „do ut des" (Ich gebe, damit du gibst!) zu interpretieren, wie es vielfach geschieht. Die Vertiefung in die Quellen lehrt, daß *Anheimstellung* als kirchlich gewünschte Geisteshaltung in der Vergangenheit ebenso möglich und wahrscheinlich gewesen ist wie in der Gegenwart.

Das *Problem der rechten Interpretation* ergibt sich zu einem erheblichen Teil wegen der spezifischen Forschungsgeschichte, in der wir stehen. Das Schwergewicht bei den Erhebungen in der Vergangenheit lag auf den beobachtbaren äußeren Phänomenen; Einstellungen, Attitüden, Haltungen wurden oft nicht registriert. Die Forscher fühlten sich legitimiert, aus dem Erscheinungsbild zuverlässig rückschließen zu können auf die inneren Antriebskräfte, u. U. sogar dann, wenn anderslautende evidente Selbstaussagen dem widersprachen. Vielfach werden wir im Nachhinein die bestehenden Defizite nicht mehr beseitigen können, wohl aber scheint Zurückhaltung angebracht, wenn Aussagen zu den Motiven menschlichen Handelns gemacht werden. Die vorliegende Darstellung hat sich darum in diesem Punkt eine Selbstbeschränkung auferlegt und sich stärker an den beobachtbaren Elementen von Religion und Brauch orientiert als an den Funktionen.

Das Ausmaß religiöser Sinngebung im Brauchtumshandeln der Laien wurde darum meist nicht ausgelotet, auch wenn formale Querverbindungen evident zu sein schienen. Auf letztere kam es vornehmlich an. Ein kundig gemachter Blick in die Gegenwart und allerjüngste Vergangenheit lehrt, daß solche Querverbindungen Legion sind, auch wenn sich das Bewußtsein dafür in einer säkularen Gesellschaft verflüchtigt.

ANMERKUNGEN

1 G. Koch, Bäuerliche Seele (1935) 207.
2 Zu verweisen ist vor allem auf die Arbeiten von Günter Wiegelmann; ders., Theoretische Konzepte (1972); ders., Reliktgebiet (1972); ders./Zender/Heilfurth, Volkskunde (1977) 44 ff.
3 So bei R. Muchembled, Kultur des Volkes (1982); desgleichen C. Ginzburg, Benendanti (1980). Vgl. zu diesen Thesen zusammenfassend G. Schormann, Hexenprozesse (1981).
4 O. Böcher, Dämonenfurcht (1970); A. Franz, Benediktionen (1909).
5 Dinzelbacher/Bauer, Volksreligion (1990). Umfragen von Meinungsforschungs-Instituten in den letzten Jahren erbrachten sehr hohe Prozentränge aller Schichten der deutschen Bevölkerung mit einem Glauben an die Wirksamkeit magischer Praktiken, sowohl zur Schädigung wie zur Heilung von Personen.
6 Zitiert nach P. Segl, Volksfrömmigkeit (1990) 165 f. Vgl. auch K. Schreiner, Bibelmagie (1990) und P. Segl, Ketzer in Österreich (1984).
7 G. Schormann, Hexenprozesse (1981).
8 Interessant sind hier vor allem die Habaner: F. Kalesny, Bestrebungen (1988); ders., Habánia slovensku (1981).
9 C. Ginzburg, Der Käse (1979); vgl. auch seine Monographie über die Benendanti (1980).
10 E. Le Roy Ladurie, Montaillou (1983).
11 S. Göttsch, Wiedertäufer (1984); dies., Religiöse Fluchten (1987).
12 R. Weiß, Protestantische Volkskultur (1964); E. Roth, Wallfahrten zu evangelischen Landkirchen (1990); T. Hauschild, Protestantische Pilger (1986).
13 Rud. Weiß, Bistum Passau (1979).
14 Zu einem Schlüsselerlebnis wurde für mich vor wenigen Jahren die Begegnung mit einem niederbayerischen Spenglermeister, der einen Betrieb von etwa zwei Dutzend Mitarbeitern leitet und sich als glühender Osirisverehrer zu erkennen gab, der nicht nur mit seiner Familie altägyptische Rituale feiert, sondern auch beständig eine Osiris-Statuette um den Hals trägt. Unsere Begegnung erfolgte anläßlich einer feucht-fröhlichen Nachfeier einer katholischen Taufe, bei welcher der Spenglermeister zur Taufgemeinde gehörte.
15 O. Bockhorn, Volksfrömmigkeit (1990); P. Assion, Der soziale Gehalt (1982/83); L. Zinke, Religionen am Rande (1977).
16 L. Schmidt, Volksglaube (1966) 275.
17 E. Rudolph, Gesundbeter (1977).

[18] G. Graichen, Die neuen Hexen (1986); C. Honegger, Die Hexen der Neuzeit (1986).

[19] G. Becker, Zeit der Verzweiflung (1980).

[20] C. Honegger, Listen der Ohnmacht (1981).

[21] An ihnen dürfen in manchen Landschaften traditionellerweise ungestraft bestimmte Formen des Schabernacks (Aushängen von Gartentoren, Verstecken von Arbeitsgeräten etc.) vor allem von der unverheirateten männlichen Jugend verübt werden.

[22] Ch. Daxelmüller, Deutschsprachige Volkskunde (1987).

[23] U. Jeggle, Judendörfer (1969); W. Cahnman, Kleinstadtjude (1974); A. Heilbrunn, Hessische Juden (1979) 1–13; vgl. auch die anderen Beiträge der ›Hessischen Blätter für Volks- und Kulturforschung‹ (1979), die alle unter dem Leitthema „Judaica hassiaca" stehen. E. Labsch-Benz, Die jüdische Gemeinde Nonnenweier (1981); M. Schmidt, Jüdische Hausierer (1987); K. Guth (Hrsg.), Jüdische Landgemeinden (1988); Ch. Daxelmüller, Jüdische Kultur (1988). Beispiele für die Demonstration jüdischer Kulturelemente in der Öffentlichkeit bringt Ch. Daxelmüller, Volkskultur und nationales Bewußtsein (1989).

[24] E. Labsch-Benz, Nonnenweier (1981) 105.

[25] H. Freudenthal, Das Feuer (1931) 446.

[26] Ebd. Um 1930 muß das in Deutschland noch üblich gewesen sein.

[27] Darüber wird Siegfried Wittmer (Regensburg) ausführlich im Bd. 131 (1991) der Verhandlungen des historischen Vereins für Oberpfalz und Regensburg berichten; ich danke für die vorzeitige Einsichtnahme in das Manuskript.

[28] T. u. M. Metzger, Jüdisches Leben (1983). Siehe der Stein schreit aus der Mauer (1988).

[29] H. Freudenthal, Das Feuer (1931) 12 ff.

[30] E. Knuchel, Die Umwandlung (1919) 79: Es werden zahlreiche Beispiele aus allen möglichen deutschen Landschaften angeführt, auch aus den Sprachinseln, bei denen es um Abwehr von Ungeziefer, Förderung des Wachstums, besonders des Flachses, und um Abwehr von Krankheiten (etwa der Pest) geht. Karl-S. Kramer bringt ein Beispiel für Holstein 1638: Ein Dorfbewohner von Siek hatte einen fremden jungen Mann überredet, „daß er bei nächtlicher Zeit mit ihme als einem Brautkinde nackend mit einem Erbkesselhaken sein Haus wie mit einem Pflug umbzogen, daß ihme die Pestilentz nichts thuen solte" (K.-S. Kramer, Hausforschung [1988] 233).

[31] E. F. Knuchel, Die Umwandlung (1990) tut dies.

[32] O. Böcher, Dämonen (1970) 244 ff.

[33] Irsigler/Lassotta, Bettler und Gaukler (1984) 168 ff.

[34] Aus intimen eigenen Kenntnissen berichtet P. Derlon von diesen Seiten des Zigeunertums: Ders., Unter Hexern (1982).

[35] Reichspolizeiordnung von 1530 in: Sammlung der Reichsabschiede (1747) 344.

[36] C. Küther, Räuber und Gauner (1976) 25.

[37] Aufgrund eigener Quellenkenntnisse im südbayerischen Raum kann ich hierin Irsigler/Lassotta, Bettler (wie Anm. 33) 168 nur zustimmen.

[38] Der Fürstlichen Bayerischen Landßordnung (1598) 62; dieser Passus findet sich wörtlich dann auch in den Landesordnungen von 1658 und 1689.

[39] Aus anderen zeitgenössischen Quellen wissen wir, daß dies bedeutete, das Zeichen eines Galgens auf den Rücken gebrannt zu erhalten.

[40] Staatsarchiv Amberg, Amtsrechnungen Wetterfeld 1739, Amt Wetterfeld R 109.

[41] F. X. Schönwerth, Aus der Oberpfalz (1857, 1858 und 1859) hier Bd. 3, 160 ff.; H. Freudenthal, Das Feuer (1931) 446.

[42] Staatsarchiv Amberg, Neuburger Abgabe 1911, Nr. 8, Malefizakt von 1568.

[43] F. X. Schönwerth, Aus der Oberpfalz (III 1859) 160 ff.

[44] W. Starkie, Auf Zigeunerspuren (1957) 305 ff.

[45] H. Arnold, Fahrendes Volk (1980) 157.

[46] D. Harmening, Superstitio (1979).

[47] F. X. Schönwerth, (wie Anm. 41).

[48] A. Dopsch, Wirtschaftliche und soziale Grundlagen (1918 und 1920). Ein Teil der Kontinuitätsdiskussion ist zusammengefaßt bei P. E. Hübinger (Hrsg.), Kulturbuch (1968); P. E. Hübinger (Hrsg.), Zur Frage der Periodengrenze (1969).

[49] H. Bausinger, Zur Algebra der Kontinuität (1969).

[50] E. Topitsch, Volksglaube (1990) hier S. 12. Ähnlich J.-C. Schmitt, Der Mediävist und die Volkskultur (1990); Schmitt weist auch hin auf die Bedeutung der häretischen Bewegungen und des Judentums für die Orientierung der Christenheit im Mittelalter.

[51] E. Derendinger, Die Beziehungen (1985) 65 ff.

[52] P. Berger, Religiöses Brauchtum (1966).

[53] F. Wiesenhöfer, Weihwasser (1933).

[54] O. Böcher, Dämonenfurcht (1970) 278.

[55] Unter den Volkskundlern hat sich vor allem Wolfgang Brückner mit diesem Fragenkreis beschäftigt: Ders., Erneuerung als selektive Tradition (1978); ders., Erzählende Kurzprosa (1983); ders., Kontinuitätsfragen (1969); ders., Sagenbildung (1961); ders., Volkserzählung und Reformation (1974).

[56] J. Seznec, Antike Götter (1990) 14 ff.

[57] H. Bausinger, Zur Algebra der Kontinuität (1969).

[58] K. Möseneder, Entrée solennelle (1983); ders., Feste in Regensburg (1986).

[59] Soldan/Heppe, Hexenprozesse (1880).

[60] K.-S. Kramer, Das Scheibenbuch (1989).

[61] D. Harmening, Superstitio (1979) 121 ff.

[62] Wie in der Einleitung erwähnt; vgl. D. Harmening, ebd. 81 ff.

[63] J. Seznec, Antike Götter (1990) 37 ff.

[64] J.-N. Biraben, Les hommes et la Peste (1975/6) / R. Sies, Pariser Pestgutachten (1977); A. Friese, Pestordnung (1956).

⁶⁵ E. Derendinger, Die Beziehungen (1985) 112.

⁶⁶ Ebd. 187ff.

⁶⁷ Beispiele bei D. Harmening, Superstitio (1979) und K. Baumann, Aberglaube (1989).

⁶⁸ K. Baumann, Aberglaube (1989) I, 378.

⁶⁹ Auf die Verbindung mit antikem Wissen und Glauben gehen ausführlich ein: Hansmann/Kriss-Rettenbeck, Amulett und Talisman (1977).

⁷⁰ J. Grimm, Deutsche Mythologie (1835) 16.

⁷¹ Ebd. 18.

⁷² W. Mannhardt, Wald- und Feldkulte (1875); Versuch einer neuen Interpretation des Materials durch I. Weber-Kellermann, Erntebrauch (1965).

⁷³ W. Liungman, Traditionswanderungen (1937/38); die nämliche Grundtendenz findet sich auch bei F. Pfister, Deutsches Volkstum (1936).

⁷⁴ Über die Affinitäten zwischen Volkskunde und Nationalsozialismus beginnt allmählich das wissenschaftliche Nachdenken; vgl. H. Gerndt, Volkskunde und Nationalsozialismus (1987); E. Harvolk, Eichenzweig und Hakenkreuz (1990).

⁷⁵ A. Kriegelstein, Brauchtum (1965) 11–15.

⁷⁶ In dieser Hinsicht zeichnet sich besonders aus das Werk von G. Buschan, Das deutsche Volk (1922).

⁷⁷ So wurde es gelegentlich auch betont in den Statements, welche durch einen Vortrag von C. Ginzburg in Tübingen ausgelöst worden sind; C. Ginzburg, Freud, der Wolfsmann und die Werwölfe (1986).

⁷⁸ H. Moser, Gedanken zur heutigen Volkskunde (1954).

⁷⁹ H. Bausinger, Zur Algebra (1969); daneben ders., Volkskunde (1979) bes. 74ff. Eine Reihe dieser Aspekte wurde von Helge Gerndt aufgegriffen und grundsätzlich durchdacht; H. Gerndt, Kultur als Forschungsfeld (1986) bes. 168ff.

⁸⁰ D. Harmening, Aberglaubenskritik (1990) 245. Das weitgehend topische Vorgehen der spätantiken Bußliteratur weist D. Harmening nach in seinem großen Werk: Superstitio (1979). Seine Schülerin K. Baumann kann den Nachweis für ein analoges Vorgehen des Spätmittelalters erbringen, als man daran ging, Beichtspiegel u. ä. in der Landessprache abzufassen; nicht selten hat man dabei auf jahrhundertealte lateinische Vorlagen zurückgegriffen und diese ausgeschrieben. Auf das Problem wörtlicher Übernahmen und damit auf die Beeinträchtigung des Quellenwertes bestimmter Belege für die volkskundliche Forschung sind vereinzelt schon früher Forscher aufmerksam geworden, z. B. J. Staber, Die Predigt (1960); M.-L. Alterauge, Feuer und Wasser (1944) 291. Durch diese neuen Erkenntnisse wird bedauerlicherweise ein Werk in seinem dokumentarischen Wert etwas eingeschränkt, das – 1936 erschienen – sehr mutig gegen die zeittypische Germanentümelei zu Felde zog, aber ausgerechnet in den Bußbüchern zuverlässige Quellen zu erkennen glaubte: P. Geiger, Deutsches Volkstum (1936) 45.

⁸¹ J. Staber, Die Predigt (1960) 126.

⁸² Z. B. K. Ranke, Orale und literale Kontinuität (1969).

[83] Ein gutes Beispiel bietet K. Graf, Gmündner Chroniken (1984).

[84] Entscheidend wurden vor allem Arbeiten des französischen Literatur-wissenschaftlers R. Barthes, z. B. Mythen des Alltags (1989).

[85] B. Deneke, Sage und Geschichte (1988) 79; noch grundsätzlicher geht auf das Problem ein W. Seidenspinner, Mythen von historischen Sagen (1988).

[86] Wie R. Wolfram vermutet: Das Radmähen (1947).

[87] K. Weinhold, Brauch und Glaube (1937)

[88] So H. Ebertshäuser, Das baierische Leben (1980) 40 (mit Verweis auf Max Höfler). Im Unterschied zu dieser vergröbernden Gleichsetzung vergleiche man die differenzierende Abhandlung von G. Thomann, Weibliche Heilige (1986).

[89] So noch in dem außerordentlich verdienstvollen Werk von R. Kriss, Volkskunde der altbayerischen Gnadenstätten (1953, 1955 und 1956).

[90] A. van Gennep, Les rites de passage (1909).

[91] Unter den deutschen Volkskundlern hat vor allem P. Sartori die Ideen des A. van Gennep aufgegriffen, freilich ohne sich deswegen völlig von der älteren Germanen-Hypothese zu lösen; P. Sartori, Sitte und Brauch (1910, 1911 und 1914.

[92] A. Eskeröd, Arets äring (1947); S. Svensson, Einführung (1973). Im Zusammenhang mit den Thesen von W. Mannhardt werden diese kritischen Neuansätze diskutiert von I. Weber-Kellermann, Erntebrauch (1965).

[93] G. Graber, Alte Gebräuche (1911).

[94] D.-R. Moser, Fastnacht (1986).

[95] Hartmut Wolff konnte zeigen, daß in Mösien und Thrakien bereits nach kurzer Zeit der Anwesenheit einer römischen Besatzung von den einheimischen Kulten offenbar kaum etwas übriggeblieben ist, obwohl die Anzahl der römischen Soldaten in keinem nennenswerten Verhältnis zur Gesamtbevölkerung stand und diesen es keineswegs darauf ankam, aktiv zu missionieren oder die vorgefundenen einheimischen Kulte zu unterdrücken; H. Wolff, Moesia inferior (1990).

[96] K. Reindel, Bayern im Mittelalter (1970) 49–70.

[97] W. Hartinger, Epochen (1985); dort auch weiterführende Literatur.

[98] Der Begriff stammt von Adolf Bastian, und der Gelehrtenstreit in dessen Umfeld wird ausführlich referiert von I. Weber-Kellerman, Deutsche Volkskunde (1969) 36 ff. Noch zu Beginn unseres Jahrhunderts gab es Fachvertreter, die diesen Forschungsansatz sehr stark gewichteten; vgl. vor allem H. Naumann, Grundzüge der deutschen Volkskunde (1929). Gegenwärtig tendiert vor allem die kulturanthropologische Forschungsrichtung um I.-M. Greverus zu solchen generelleren Fragen; vgl. etwa I.-M. Greverus, Kultur und Alltagswelt (1978).

[99] Wiegelmann/Zender/Heilfurth, Volkskunde (1977) 75 ff.

[100] J. Gelis, Die Geburt (1989) 45 ff.

[101] C. Liebers, Neolithische Megalithgräber (1986) 57 ff. Gerade an dieser Arbeit wird die Problematik der historischen Zuverlässigkeit der mündlichen Überlieferung verdeutlicht.

[102] Die Volkskunde verdankt auf diesem Feld die entscheidenden Einsichten L. Kriss-Rettenbeck, der in seinen Arbeiten die wesentliche Kritik gegenüber der älteren Forschung begründet hat, daß nahezu alles volkstümliche religiöse Verhalten von einer magischen Grundeinstellung gekennzeichnet sei. L. Kriss-Rettenbeck, Bilder und Zeichen (1971); ders., Ex Voto (1972).

[103] L. Petzold, Magie und Religion (1978) und darin vor allem die Beiträge von L. Levy-Bruhl 1–26, K. Zeilinger 135–145, R. Kriss 385–403 sowie die Einleitung des Hrsg.

[104] O. Böcher, Dämonenfurcht (1970) 40.

[105] Wie H. Freudenthal meint: Das Feuer (1931) 369.

[106] L. Petzold, Magie (1990) 467. Auch Martin Scharfe hält es für eine falsche Opposition, wenn Frömmigkeitshaltungen von Volk und Elite miteinander konfrontiert werden; vielmehr kann man oft durchgängige Grundeinstellungen beobachten, etwa bei der Verarbeitung von religiösen Bildbotschaften. M. Scharfe, Evangel. Andachtsbilder (1968) 4 f.

[107] G. Koch, Bäuerliche Seele (1935) 82.

[108] H. Bausinger, Volkskultur (1961) bes. 54–93.

[109] K. Baumann, Aberglaube (1989) I, 274 ff.

[110] D. Harmening, Superstitio (1979) 318.

[111] K. Baumann deutet dies an: „Es finden mit der volkssprachlichen Popularisation von Glaubenswissen Eindeutschungsprozesse statt, die nicht nur der Vermittlung von Glaubenswahrheiten dienten, sondern auch der Vermittlung von Wissen über Superstitionen" (wie Anm. 67, I 491).

[112] So geschehen im sog. ›Canon episcopi‹, einer Anweisung an die Bischöfe aus dem 9. Jahrhundert; D. Unverhau, Volksglaube (1990).

[113] Beobachtungen bei K.-S. Kramer, Beschreibung des Volklebens (1989).

[114] So H. Moser, Städtische Fastnacht (1967).

[115] Dieses Beispiel für die schwierige Trennung von Glauben und Aberglauben wird angeführt von Hermann Bausinger in der Einleitung zu der Sammelschrift: Zauberei und Frömmigkeit (1966).

[116] E. Knuchel, Umwandlung (1919) 81.

[117] Wie Anm. 115, S. 9.

[118] R. Wolfram, Prinzipien (1972) 6.

[119] R. Beitl, Der Kinderbaum (1942) Vorwort VII.

[120] F. Tönnies, Die Sitte (1909) 7 ff.

[121] J. Dünninger, Brauchtum (1979) 2574. Ähnlich R. Weiß, Volkskunde der Schweiz (1946) 155 ff. Desgl. K. Ilg, Gegenwartsaufgaben (1956).

[122] P. Sartori, Sitte (1910, 1911, 1914), hier I, 1.

[123] P. Geiger, Deutsches Volkstum (1936) 3 ff.

[124] P. Sartori, Sitte (I 1910) 11.

[125] So bei L. Schmidt, Volksglaube (1966).

[126] J. Dünninger, Brauchtum (1979) 2575.

[127] H. Gerndt, So feiern die Bayern (1978).

[128] P. Sartori, Sitte (I 1910) 7 f.

[129] P. Geiger, Deutsches Volkstum (1936) 7.

[130] F. Tönnies, Die Sitte (1909) I, 25.

[131] P. Geiger (wie Anm. 123) 45.

[132] P. Sartori, Sitte (I 1910) 15.

[133] J. Dünninger, Brauchtum (1979) 2571; diese Sätze widersprechen teilweise den anderen Ausführungen Dünningers im nämlichen Artikel. Es läge auf der Hand, hier in die Diskussion über die „Echtheit" und „Legitimität" von Brauchtum einzutreten, Begriffe, die von Dünninger verwendet werden. Im späteren wissenschaftlichen Diskurs hat sich die Kontroverse darüber vor allem an der Erscheinung des „Folklorismus" entzündet, also an der Ausübung von Bräuchen zu Schauzwecken und/oder mit kommerziellen Nebenabsichten, allenfalls auch zur reinen Traditionspflege. Kontroverse Positionen werden bezogen von Hans Moser und Hermann Bausinger. H. Moser, Vom Folklorismus in unserer Zeit (1962); ders., Der Folklorismus als Forschungsproblem (1964); H. Bausinger, Zur Kritik der Folklorismuskritik, (1966). Nur darauf hinweisen möchte ich, daß diese Frage vor allem innerhalb der Volksmusikpflege heftig diskutiert wird.

[134] P. Sartori, Sitte (I 1910) 15.

[135] H. und E. Schwedt, Schwäb. Bräuche (1984) 11.

[136] P. Geiger, Deutsches Volkstum (1936) 33.

[137] So H. Bausinger, Zur Algebra (1969) 22: „Die Orientierung am Detail ist auch deshalb ein fragwürdiges Verfahren, weil sich die Requisiten im allgemeinen leicht verschieben und Requisiterstarrung meist das Charakteristikum einer späten, ja auslaufenden Entwicklung ist."

[138] Ein Raster zur Ermittlung des Stellenwertes eines Einzelbrauches versucht G. Wiegelmann zu entwerfen; G. Wiegelmann, Probleme einer kulturräumlichen Gliederung (1964). Bezugspunkte können demnach sein Dominanz, Häufigkeit, Konstanz und Gemeinschaftsstellung.

[139] A. Gehlen, Urmensch und Spätkultur (1977) 43.

[140] P. Berger und Th. Luckmann, Die gesellschaftliche Konstruktion der Wirklichkeit (1982): „Alles menschliche Tun ist dem Gesetz der Gewöhnung unterworfen. Jede Handlung, die man häufig wiederholt, verfestigt sich zu einem Modell, welches unter Einsparung von Kraft reproduziert werden kann und dabei vom Handelnden als Modell aufgefaßt wird. Habitualisierung in diesem Sinn bedeutet, daß die betreffende Handlung auch in Zukunft ebenso und mit eben der Einsparung von Kraft ausgeführt werden kann" (S. 56). Ähnlich schon F. Tönnies, Die Sitte (1909) 93.

[141] M. Scharfe, Zur historischen Stabilität von Religion (1989) 95.

[142] P. Geiger, Deutsches Volkstum (1936) 50.

[143] R. Haller, Armenseelentaferl (1980).

[144] E. Schieder, Das Haberfeldtreiben (1983); dort ist auch die ältere Literatur verarbeitet.

[145] L. Kriss-Rettenbeck, Bilder und Zeichen (1971) 33ff.

[146] H. Bausinger, Zur Algebra (1969) 17ff. schlägt als weiteren Faktor noch die Betrachtung des „Raumes" vor; ich möchte dagegen den räumlichen Aspekt unter die phänomenologischen Elemente einordnen. Er ist bei einer

Wesensanalyse nicht so herausragend wie bei der Untersuchung von Kontinuitäten, um die es H. Basinger geht.

[147] E. Gutscher, Kasten (1977). Hier wird die Beteiligung des Priesters seit etwa 1947 beobachtet.

[148] E. Krausen, Religiöses Brauchtum (1960).

[149] H. Rauchenecker, Lebendiges Brauchtum (1985) 109.

[150] Gute Schilderung bei E. Gutscher, Kasten (wie Anm. 147).

[151] F. Markmiller, Fest- und Feiergestaltung (1987) 109 ff.

[152] M. Zender, Jahresfeuer (1980).

[153] M. Mollat, Die Armen im Mittelalter (1984); Sachße/Tennstedt, Bettler, Gauner (1983).

[154] Die unterschiedlichen Aspekte des Stiftungswesens bis zu dessen nachdrücklicher Veränderung in der Reformationszeit werden behandelt in: Materielle Kultur (1990).

[155] J. Dünninger, Brauchtum (1979) 2589 folgt hier den Ergebnissen der älteren Forschung, so R. Weiß, Volkskunde der Schweiz (1946) 160 ff. oder P. Geiger, Deutsches Volkstum (1936) 62 ff. Ich selber habe im folgenden eine etwas andere Aufteilung vorgenommen als J. Dünninger, doch halte ich dies nicht für wesentlich. Es sind verschiedene Möglichkeiten einer Hierarchisierung möglich; die von J. Dünninger praktizierte Differenzierung zwischen Grundelementen, Brauchformen und Gestaltungsprinzipien ist eine der denkbaren Möglichkeiten.

[156] R. Weiß, Volkskunde der Schweiz (1946) 160.

[157] K.-H. Bieritz, Das Kirchenjahr (1987) 37 ff.

[158] A. Adam, Das Kirchenjahr (1979) 28 ff.

[159] Ebd. S. 49.

[160] H. Rauchenecker, Brauchtum (1985) 93.

[161] Beliebig herausgegriffene Beispiele hierfür: Hager/Heyn, Drudenhax und Allelujawasser (1988); G. Motyka, Alte Oberpfälzer Bräuche (1983); P. Hugger, Zürich und seine Feste (1986).

[162] Die Beispiele stammen aus: G. Kapfhammer, Brauchtum in den Alpenländern (1977).

[163] Am Beispiel der Feier des 1. Mai hat H. Moser dargelegt, daß gerade auch der städtisch-handwerklichen Bevölkerung eine eminente Bedeutung zukam bei der Feier solcher Einschnitte innerhalb des Naturjahres; H. Moser, Maibaum (1985).

[164] A. Adam, Kirchenjahr (1979) 42.

[165] J. Küster, Heiligenfeste (1988) 60.

[166] H. Kaletsch, Tag und Jahr (1970).

[167] O. Böcher, Dämonenfurcht (1970) 73 ff. und 311 ff. Grundlage dürfte das Gefühl der Bedrohung sein, das viele Menschen in der Nacht überkommt. Letztlich hat aber die Nacht vor allem wegen der Traumerlebnisse einen ambivalenten Charakter; sie kann die Zeit der dämonischen Kommunikation sein, aber auch Zeit der Theophanie durch die Traumoffenbarung.

[168] R. Grube-Verhoeven, Die Verwendung von Büchern (1966) 36.

[169] K.-S. Kramer, Grundriß (1974).

[170] K. Bedal, Hausforschung (1978).

[171] R. Haller, Totenbretter (1990).

[172] So auch noch R. Kriss, Gnadenstätten (wie Anm. 89).

[173] Auf mögliche Zusammenhänge mit neuen Frömmigkeitsstilen über Reformorden verweist G. Schreiber, Heilige Wasser (1935).

[174] O. Böcher, Dämonenfurcht (1970) 311.

[175] E. Knuchel, Die Umwandlung (1919) 81 bringt Beispiele für Flursegnungen; für die Verwendung der Erde von Gnadenstätten gibt es zahllose Belege in der Wallfahrtsliteratur.

[176] G. Schroubek, Wallfahrt (1968).

[177] R. Stumpfl, Kultspiele (1936).

[178] H. Bausinger, Volkspoesie (1980), 238 ff.

[179] R. Bergmann, Passionsspiele (1971); R. Steinbach, Die deutschen Oster- und Passionsspiele (1970).

[180] W. Hartinger, Geistliches Schauspiel (1989); ders., „... nichts anders als eine zertrunkene Bierandacht ..." (1990).

[181] J. Gelis, Die Geburt (1989) 262.

[182] R. Reichhardt, Geburt (1913) 41.

[183] F. X. Schönwerth, Aus der Opferpfalz (I 1857) 366.

[184] H. Siuts, Heilkräuter (1990).

[185] I. Hampp, Sigilla Salomonis (1966).

[186] F. von der Leyen, Alte Zaubersprüche (1958).

[187] O. von Reinsberg-Döringsfeld, Festkalender (1862) 189; R. Haller macht bekannt, daß sich noch 1761 ein ehemaliger Kleinuhrmacher bei staatlichen Dienststellen anheischig machen konnte, mit einem ähnlich geheimnisvoll zu erwerbenden „Erdspiegel" die Erzgänge im Erdinneren sichtbar zu machen. R. Haller, Vergessener Bergbau (1975).

[188] Vgl. hierzu und zum folgenden die ausführlichen Artikel im ›Lexikon für Theologie und Kirche‹ sowie im ›Lexikon der Christlichen Ikonographie‹ und im ›Handwörterbuch des Deutschen Aberglaubens‹.

[189] A. an Gennep, Rites de Passage (1909).

[190] Kriss-Rettenbeck/Hansmann, Amulett (1977).

[191] G. Graber, Alte Gebräuche (1911).

[192] G. Kapfhammer, Schäfflertanz (1975).

[193] F. Grieshofer, Bader Jagerl und Gertraud (1982).

[194] H. Moser, Maibaum (1985).

[195] G. Motyka, Oberpfälzer Bräuche (1983) 57.

[196] W. Mannhardt, Wald- und Feldkulte (1875).

[197] Symptomatisch könnte der Umritt der Roßbuben von Burgbernheim sein, den K.-S. Kramer ausführlich beschrieben hat: K.-S. Kramer, Volksleben im Fürstentum Ansbach (1961) 111 ff. Zahlreiche Beispiele bringen auch die beiden anderen großen Frankenbücher: K.-S. Kramer, Bauern und Bürger (1957); ders., Volksleben im Hochstift Bamberg (1967).

[198] K.-S. Kramer, Volksleben in Holstein (1987) 194 ff.

[199] J. Dünninger, Brauchtum (1979) 1592 f.

[200] K.-S. Kramer, Unterhaltungen (1969).

[201] G. Lutz, Sitte, Recht und Brauch (1960).

[202] W. Mannhardt, Wald- und Feldkulte (1875) und im Anschluß an ihn auch viele spätere Forscher.

[203] L. Kriss-Rettenbeck, Bilder und Zeichen (1971) 33.

[204] A. Franz, Benediktionen (1909).

[205] Hierzu vor allem J. Dünninger, Brauchtum (1979).

[206] E. Knuchel, Die Umwandlung (1919) 12 ff.; hier wird grundsätzlich vom Weiterwirken alter Kulte ausgegangen.

[207] K.-S. Kramer, Richtfest (1961); ders., Bauhandwerkerbräuche (1958).

[208] So im Anschluß an Jensen noch J. Dünninger, Brauchtum (1979) 2599.

[209] J. Huizinga, Homo ludens (1939).

[210] L. Kretzenbacher, Ringreiten (1966).

[211] HDA V 914 (Perkmann).

[212] Die Zwitterstellung des Glaubens an die gewitterbannende Kraft der Kirchenglocken, auch im protestantischen Bereich, erörtert: H.-D. Kittsteiner, Das Gewissen im Gewitter (1987).

[213] E. Schieder, Haberfeldtreiben (1983); P. Burke, Helden (1981).

[214] M. Busch, Deutscher Volksglaube (1877) 2.

[215] Hierzu insgesamt H. Jedin, Handbuch der Kirchengeschichte, vor allem die Bände II, 1 und 2 sowie III, 1 (1985).

[216] A. Franz, Benediktionen (1909) I, 5 ff.

[217] D. Harmening, Superstitio (1979); K. Baumann, Aberglaube (1989).

[218] Im folgenden beziehe ich mich im wesentlichen auf E. Kohler, Martin Luther (1959) 21.

[219] Zitat nach E. Kohler, ebd. 46.

[220] Ebd. S. 159.

[221] R. Weiß, Zur Problematik (1964).

[222] E. Zeeden, Gegenreformation (1967) 43.

[223] Zitat nach L. Mackensen, Volkskundliche Texte (1938) 66.

[224] R. Weiß, Zur Problematik (1964) 37 ff.

[225] H. Jedin, Handbuch (wie Anm. 215), Bd. IV: Reformation, katholische Reform und Gegenreformation, und Bd. V: Die Kirche im Zeitalter des Absolutismus und der Aufklärung; B. Hubensteiner, Vom Geist des Barock (1967).

[226] F. Zoepfl, Das unbekannte Leiden (1937); E. Grabner, Wort- und Bildzeugnisse (1990).

[227] R. Weiß, Zur Problematik (1964).

[228] Systematische Vergleichsstudien zur evangelischen und katholischen Frömmigkeit kenne ich nicht; darum möchte ich mit einer endgültigen Zustimmung zu den Thesen von R. Weiß eher noch zögern; grundsätzlich wurden jedoch positive Belege für die von R. Weiß beschriebene evangelische Volksfrömmigkeit auch von anderen Volkskundlern beigebracht, etwa vo K.-S. Kramer in seinen Frankenbüchern (wie Anm. 197) oder von M. Scharfe, Evangelische Andachtsbilder (1968).

[229] R. Weiß, Zur Problematik (1964) 34.

[230] E. Kimminich, Religiöse Volksbräuche (1989).

[231] E. Weis, Der aufgeklärte Absolutismus (1979) 31–46; ders., Montgelas (I 1978).

[232] So auch A. Brittinger, Die bayerische Verwaltung (1938).

[233] Der Einfachheit halber verweise ich auf zwei eigene Aufsätze, wo sich die entsprechenden Quellen und die Literaturnachweise finden: W. Hartinger, Kirchliche Frühaufklärung (1985); ders., „... nichts anders ..." (1990).

[234] Die wenigen gegenwärtigen Beispiele sind nur ein äußerst bescheidener Abglanz einstiger Fülle.

[235] M. Spindler, Der Ruf des barocken Bayern (1955); H. Hörger, Kirche, Dorfreligion (1978 und 1983).

[236] G. Schwaiger, Sailer und seine Zeit (1982).

[237] W. Schieder, Volksreligiosität (1986); hier vor allem die Beiträge von W. Blessing, Reform S. 97–122 und G. Korff, Kulturkampf S. 137–151; ders., Heiligenverehrung und soziale Frage (1973); ders., Politischer „Heiligenkult" (1975).

[238] R. Reichhardt, Geburt (1913), zitiert im Vorwort.

[239] Zitat nach H. Kirchhoff, Christi Himmelfahrt (1986) 9.

[240] A. Stonner, Die deutsche Volksseele (1935) 9f. Diese Sammlung verdankt ihre Entstehung ebenso der genannten Anregung wie die detaillierte Sammlungsanweisung von J. B. Lehner, Zur kirchlichen Volkskunde (1932). In Regensburg wurde in diesem Zusammenhang erst die hauptamtliche Stelle eines Diözesanarchivars geschaffen und mit eben diesem J. B. Lehner besetzt; er legte in den folgenden Jahren eine außerordentlich umfangreiche handschriftliche Dokumentation zum kirchlichen Brauchtum im weitesten Sinne an. Das Material liegt weitgehend unausgewertet im Bischöflichen Zentralarchiv Regensburg.

[241] L. Schmidt, Volksglaube (1966) 296ff.

[242] Beides zitiert nach H. Rauchenecker, Brauchtum (1985) 11f.

[243] W. Heim, Wandel der Volksfrömmigkeit (1979).

[244] Ebd., I. Baumer, Das Frömmigkeitsbild (1979).

[245] P. Dinzelbacher, Zur Erforschung (1990); E. Schulz, Erneuertes Miteinander (1990).

[246] H.-J. Gamm, Der braune Kult (1962). Erhellend ist u. a. auch die Thing-Spiel-Bewegung mit ihren neuen Sakralräumen, wie sie flächendeckend über das ganze Reich hin gebaut werden sollten; H. Eichberg, Massenspiele (1977).

[247] H. Rauchenecker, Brauchtum (1985) 83. Wie in einem sozialistischen Land der gesamte Komplex der jahreszeitlichen und lebensgeschichtlichen Feiern und Bräuche einer neuen Formung und Sinngebung aufgrund staatlicher Planung unterworfen werden konnte (inkl. Handbüchern für den Dienstgebrauch) zeigen K. und J. Roth, The system of socialist holidays (1990).

[248] K.-S. Kramer, Archivalische Quellenforschung (1959).

[249] H. Jedin, Handbuch (wie Anm. 225), Bd. I: K. Baus, Von der Urgemeinde zur frühchristlichen Großkirche.

[250] Ebd. S. 325.

[251] H. Jedin, Handbuch (wie Anm. 225), Bd. III, 1: Die mittelalterliche Kirche (F. Kempf u. a.) 32.

[252] Ebd. ausführliche Darstellung 31–196.

[253] In der heftigen volkskundlichen Kontroverse um das Wesen von Wallfahrt war dies einer der Streitpunkte. Abschließend zum seinerzeitigen Diskurs s. W. Brückner, Zur Phänomenologie (1970).

[254] Wie Anm. 251, 51.

[255] Hierzu vor allem auch L. Kriss-Rettenbeck, Bilder und Zeichen (1971).

[256] H. Dünninger, Wahres Abbild (1984).

[257] L. Kriss-Rettenbeck, Bilder und Zeichen (1971) 50 ff.

[258] H. Dünninger, Wahres Abbild (1984) 281.

[259] W. Pötzl, Bild und Reliquie (1986).

[260] H. Dünninger, Zur Frage der Hostiensepulcren (1986).

[261] H. Belting, Das Bild und sein Publikum (1981). Gut beobachten läßt sich die „Verwestlichung" eines festliegenden Ikonentyps am Beispiel des später „Mariahilf" genannten Bildes von Lukas Cranach; vgl. W. Hartinger, Mariahilf ob Passau (1985) 12 ff.

[262] Dieser Begriff stellt eine Zuweisung aus der Sicht der Gegenwart dar; H. Dünninger weist mit Recht darauf hin, daß der Begriff erstmals bei Luther belegt ist; H. Dünninger, Ablaßbilder (1985).

[263] G. Korff und M. Scharfe, Bilder fürs christliche Haus (1976) 6.

[264] L. Kretzenbacher, Das verletzte Kultbild (1977); W. Hartinger, Die Wallfahrt Neukirchen bei Heilig Blut (1971); ders., Neukirchen bei Heilig Blut (1984). Aufgrund der besonderen religionsgeschichtlichen Ereignisse in den ehemaligen deutschen Ostgebieten sind bis in die Zeit nach dem Zweiten Weltkrieg hinein Vorfälle nach dem Muster „verletztes Kultbild" beobachtbar gewesen.

[265] B. Decker, Die spätgotische Plastik (1985).

[266] M. Scharfe, Evangel. Andachtsbilder (1968) 3.

[267] Ebd. S. 181 ff.; M. Scharfe, Doktor Luther (1984).

[268] G. Korff, Politischer „Heiligenkult" (1975).

[269] W. Brückner, Populäre Druckgraphik (1975).

[270] T. Gebhard, Landleben in Bayern (1986); ders., Der Bauernhof in Bayern (1975).

[271] Die Literatur zu diesem Thema ist Legion; ich nenne darum nur das letzte mir zugängliche Werk, in dem seinerseits wieder die wichtigste Literatur verzeichnet ist: W. Brückner/W. Schneider, Hinterglasbilder (1990).

[272] R. Haller, Herrgotten und Heilige (1982).

[273] S. Seidl, Bäuerliche Volkskunst (1982); W. Endres, Silberglas (1983).

[274] L. Veit, Volksfrommes Brauchtum (1936) 173.

[275] R. Haller, Armenseelentaferl (1980).

[276] W. Brückner, Erbarmet Euch meiner (1982).

[277] N.-A. Bringeus, Bilderkunde (1982).

[278] W. Brückner, Elfenreigen (1974); ders., Die Bilderfabrik (1973).

[279] Dieses Bildthema spielte auch im evangelischen Bereich eine große Rolle; N.-A. Bringeus, die „Geistliche Hausmagd" (1985); A. Spamer, Der Bilderbogen von der „Geistlichen Hausmagd" (1970); W. Brückner, Neues zur „Geistlichen Hausmagd" (1981).

[280] So in einer Flurbeschreibung aus dem Jahr 1593; Staatsarchiv Amberg, Bezirksamt Parsberg, Nr. 1681. Zum folgenden vgl. K.-S. Kramer, Grundriß (1974) 28ff.; G. Möhler, Der Baumgartner Wasservogelritt (1983).

[281] N. Kyll, Tod, Grab, Begräbnisplatz (1972) 113.

[282] W. Hartinger, Flurdenkmäler (1989).

[283] R. Haller, Wetterglaube (1974).

[284] E. Schmidt, Einführung in die deutsche Strafrechtspflege (1965); R. Schmeissner, Steinkreuze (1977). Seit 1933 erscheint eine eigene Zeitschrift ›Das Steinkreuz‹ mit Beiträgen über alle europäischen Länder.

[285] R. Schmeissner, Steinkreuze (1977) 97.

[286] H. Stolla, Das Phänomen der „Roten Kreuze" (1977) 76–90.

[287] J. Dünninger und B. Schemmel, Bildstöcke in Franken (1980); R. Worschech, Bildstöcke (1981); G. Meyer und K. Freckmann, Wegekreuze und Bildstöcke (1977); O. Menghin, Hausschmuck (1911).

[288] B. Hubensteiner, Vom Geist des Barock (1967); W. Hartinger, Marien-, Wenzel- und Nepomuk-Wallfahrten (1979).

[289] E. Thomann, Schleifschalensteine (1981).

[290] Der von Günther Kapfhammer geprägte Begriff trifft das Gemeinte sehr gut; ders., Geistliche Landschaft (1989).

[291] K. Schreiner, Volkstümliche Bibelmagie (1990).

[292] D. Harmening, Superstitio (1979) 247.

[293] Es läßt sich hier pauschal verweisen auf die gesamte brauchkundliche Literatur, besonders auf L. Kriss-Rettenbeck, Bilder und Zeichen (1971) sowie L. Hansmann/L. Kriss-Rettenbeck, Amulett (1977); L. Schmidt, Gestaltheiligkeit (1952). Eine Fülle von Beispielen bringen auch die verschiedenen „Kreuz"-Artikel des HDA.

[294] A. Jobst, Kirchliche Sitte (1938) 50ff.

[295] H. Marzell, Passionsblumen (1960).

[296] H. O. Münsterer, Amulettkreuze (1983); ders., Das Pest-Tau (1954).

[297] W. Hartinger und W. Helm, Die laidige Sucht der Pestilentz (1986) 132ff.; E. Matthes, Pesttaler (1962).

[298] H. O. Münsterer, Amulettkreuze (1983) 69.

[299] H. O. Münsterer, ebd. 69–94 hat diesen Zusammenhang der „spanischen Kreuze" wahrscheinlich gemacht im Unterschied zu einer anderen Erklärung, die eine Verbindung herstellen möchte mit dem Theatiner-Pater Avellin, der 1609 beim Lesen der Messe in Neapel vom Schlag gerührt wurde.

[300] O. Moser, Die Türinschrift (1972).

[301] Die beste einschlägige Darstellung ist nach wie vor trotz gelegentlicher

Anleihen in der damaligen volkskundlichen Mythologen-Schule: A. Franz, Benediktionen (1909).

[302] Hierzu gibt es eine kaum überschaubare Literatur, vor allem wenn man bedenkt, daß fast jeder Autor, der über Brauchtum oder über Volksglauben (Aberglauben) gearbeitet hat, auf diese Formel zu sprechen kommt. Ich beziehe mich im folgenden auf H. O. Münsterer, Amulettkreuze (1983); L. Kriss-Rettenbeck, Bilder und Zeichen (1971); Hansmann/Kriss-Rettenbeck, Amulett (1977); D. Harmening, Zur Morphologie magischer Inschriften (1978).

[303] HDA, Bd. 9, Sp. 791.

[304] H. Maue und L. Veit, Münzen in Brauch und Aberglauben (1982) 75 f. und 180; H. O. Münsterer, Marienmünzen (1960).

[305] Hansmann/Kriss-Rettenbeck, Amulett (1977) 189.

[306] Ebd. S. 11.

[307] H. Posch, Was ist Hildegard-Medizin? (1983).

[308] HDA, Bd. 7, Sp. 459–463; E. Wohlhaupter, Die Kerze im Recht (1940).

[309] R. Temesvary, Volksbräuche (1900) 21.

[310] H. Dünninger, Deponia pia (1978).

[311] Ausnahmen sind vor allem Prälat G. Schreiber und die Kirchenhistoriker J. Staber, R. Bauerreiss und B. Kötting; G. Schreiber, Gemeinschaften des Mittelalters (1948); ders., Wallfahrt und Volkstum (1934); J. Staber, Volksfrömmigkeit (1955); ders., Religionsgeschichtliche Bemerkungen (1973); R. Bauerreis, Sepulcrum Domini (1936); B. Kötting, Peregrinatio religiosa (1950).

[312] W. Brückner, Walldürn (1958); ders., Zur Phänomenologie (1970).

[313] H. Dünninger, Processio peregrinationis (1961 und 1962); ders., Was ist Wallfahrt? (1963).

[314] L. Schmidt, Wallfahrtsforschung (1964).

[315] R. Kriss, Zur Begriffsbestimmung (1963). Kriss bezieht sich dabei auf sein epochemachendes Werk: Volkskunde der altbayerischen Gnadenstätten (1953, 1955 und 1956).

[316] K.-S. Kramer, Typologie (1960).

[317] M. Zender, Gestalt und Wandel (1970).

[318] Ich werde mich im folgenden im wesentlichen beziehen auf die vorstehend genannte Literatur, ohne dies jeweils im einzelnen zu kennzeichnen (außer bei Anführung direkter oder indirekter Zitate), und auf einige eigene Arbeiten, bes.: W. Hartinger, Die Wallfahrt Neukirchen bei Heilig Blut (1970); ders., Mariahilf ob Passau (1985).

[319] Eine vorzügliche Zusammenfassung verschiedener Aspekte des Wallfahrtswesens stellt der Begleitband dar, der 1984 aus Anlaß einer gleichnamigen Ausstellung zum Deutschen Katholikentag in München erschienen ist: L. Kriss-Rettenbeck und G. Möhler, Wallfahrt kennt keine Grenzen (1984); zum Thema der Pilgerschaft vgl. hier vor allem die Beiträge von Lenz und Ruth Kriss-Rettenbeck und Ivan Illich sowie von Edmond-René Labande, Iso Baumer, Pierre Boglioni, Pierre André Sigal, Roland Williamson und Jean Richard.

320 J. Küster, Heiligenfeste im Brauch (1988) 12 ff.

321 W. Pötzl, Santa-Casa-Kult (1984).

322 L. Ernst, Die Anfänge des Heiligenkults (1904); M. Warnke, Bau und Überbau (1976).

323 A. Mitterwieser, Fronleichnamsprozession (1949).

324 Selbstverständlich konnte es nahtlose Übergänge geben zwischen der den Bildern zugesprochenen Mirakulosität und den Ablässen, welche wirklich – oft aber nur vermeintlich – mit ihnen verbunden waren; s. hierzu H. Dünninger, Ablaßbilder (1985).

325 S. Beissel, Wallfahrten zu U. L. Frau (1913).

326 Bezeichnend ist ein Vorgang wie der von 1629 in der Oberpfalz, wo Herzog Maximilian sich um die Rekatholisierung dieses Landesteils, der zunächst lutherisch und dann kalvinistisch geworden war, bemüht und über seine Ämter folgende Weisung an die Beamten hinausgehen läßt: „Wür lassen uns berichten, daß an etlichen Orthen, da hiebevor alters und ehe dann die Religion geendert worden, sonderbahr andächtige Kirchen und Wallfahrten gewesen. Jezunder, nachdem der wahre Gottesdienst und unser allein seeligmachende Religion intraducirt, daß yeweilen daselbsten und wol etwa ander Ohrten Wunderwerckh beschehn. Weil dann zu Ausbreitung der Lehre Gottes nicht wenig daran gelegen, daß dergleichen ybernatürliche Wirkung und Zaichen in die Weithe bekant und derwegen in stehter guter Gedechtnus gehalten werde, ist dies unser zuverlessiger Befehlch, wofern du in deinem Amts-Gezirckh etwas dergleichen vermerckhest, daß du es alsobalden hierhero mit allen Umbständen wißlich machest und dirs den rechten Grundt nach aller Möglichkeit zuerkundigen angelegen sein lassest. Amberg den 29. Oct. 1629" (Staatsarchiv Amberg, Geistliche Sachen, Nr. 613).

327 A. Kraus, Maximilian der Erste (1990).

328 Dies wird besonders deutlich in der gleich zu schildernden Phase der Verbote und Einschränkungen, wo von den Ordinariaten zunächst einmal genaue Aufstellungen pro Pfarrei verlangt werden und die berichtspflichtigen Pfarrer alles undifferenziert über einen Leisten scheren.

329 W. Hartinger, Zur Geschichte des Wallfahrtswesens (1989); ders., Kirchliche und staatliche Wallfahrtsverbote in Altbayern, in: FS für D. Albrecht (erscheint demnächst).

330 A. Brittinger, Die bayerische Verwaltung (1938); E. Kimminich, Volksbräuche (1989).

331 W. Brückner, Lourdes und Literatur (1984).

332 J. Braun, Der christliche Altar (1924); J. Sauer, Symbolik (1924).

333 P. Morsbach, Der Dom zu Regensburg (1989); W. Pötzl, Bild und Reliquie (1986).

334 B. Decker, Die spätgotische Plastik (1985).

335 H. Dünninger, Gnad und Ablaß (1987).

336 W. Hartinger, Neukirchen (wie Anm. 318) 173.

337 Pilgerführer von 1986, zit. bei H. Dünninger, Gnad und Ablaß (2087) 140.

338 Ebd.

339 In Neukirchen b. Hl. Blut (vgl. anm. 318) geschah dies 1717. Ähnlich verfuhr man auch mit den sog. „ganzen Leibern", jenen sog. Katakombenheiligen, deren schaurige Präsentierung als Knochengerippe in katholischen Kloster- und Adelskirchen heute nicht selten anderskonfessionelle Gläubige irritiert. Die Glasschreine waren durch gemalte Tafeln verhüllt und wurden nur zu seltenen Festzeiten abgenommen; vgl. H.-J. Ackermann, Translationen (1981); W. Pötzl, Katakombenheilige (1981).

340 U. Mayerhofer, Prozessionsfiguren (1985); N. Gussone, Zur Krönung von Bildern (1987); ders., Die Krönung von Bildern im Mittelalter (1990).

341 W. Hartinger, Neukirchen (wie Anm. 318) 174.

342 G. Schroubek, Das Wallfahrts- und Prozessionslied (1973); C. A. Spaemann, Wallfahrtslieder (1984); W. Hartinger, Ain schöner Catholischer Rueff (1972–75); ders., Marianische Wallfahrtslieder (1983).

343 W. Hartinger, Das Lied von den zehn Geboten (1986).

344 Gute Zusammenfassung der älteren Literatur im HDA, Bd. 6, Sp. 823–915. So deutet durchgehend auch R. Kriss, Volkskunde (wie Anm. 315) Bd. III, 243 ff.

345 Besonders häufig findet sich dies bei Zauberhandlungen gegen die Pest; vgl. das archivalisch belegte Beispiel bei K.-S. Kramer, Hausforschung (wie Anm. 30).

346 W. Hartinger, Neukirchen (wie Anm. 318) 197.

347 K. Möseneder, Fenestella (1980).

348 Vgl. zum folgenden vor allem die Literatur wie bei den Anm. 312–319; außerdem: L. Schmidt, Volksglaube (1966); R. Kriss, Eisenopfer (1957).

349 L. Kriss-Rettenbeck, Ex Voto (1972); E. Harvolk, Votivtafeln (1979).

350 O. Wiebel-Fanderl, Die Wallfahrt Altötting (1982).

351 F. Markmiller, Der Fundkomplex Tonvotive (1985).

352 R. Kriss, Zum Problem der religiösen Magie (1990). So auch aufgegriffen in: M. Scharfe, Wallfahrt–Tradition und Mode (1985).

353 Vor allem L. Kriss-Rettenbeck, Bilder und Zeichen (1971); W. Brückner, Überlegungen zur Magietheorie (1990); ders., Bildnis und Brauch (1966).

354 L. Schmidt, Volksglaube (1966) 11 ff.

355 G. Schreiber, Heilige Wasser (1935).

356 Beispiele bei R. Kriss, Volkskunde (1953–1958); W. Hartinger, Neukirchen (wie Anm. 318) 96 ff.; ders., Mariahilf (wie Anm. 318) 58 ff.

357 M.-L. Alterauge, Feuer und Wasser (1944) 220 ff. mit Beispielen etwa für Rabas in Lothringen.

358 Beispiele bei L. Kriss-Rettenbeck, Bilder und Zeichen (1971).

359 W. Hartinger, Neukirchen (wie Anm. 318) 168 f.

360 Berühmt sind die schwarzen Wetterkerzen aus Altötting; s. R. Bauer, Altötting (1970).

361 In Neukirchen bei Hl. Blut entstand, ausgelöst durch den Bedarf am Gnadenort, zunächst in Heimarbeit, mittlerweile durch industrielle Ferti-

gung, eine Produktionsstätte, welche die gesamte Welt beliefert; W. Hartinger, Neukirchen (wie Anm. 318).

362 Die entscheidende Literatur zu diesem Kapitel: H. Holzapfel, Dominikus und der Rosenkranz (1903); J. Hau, Der Rosenkranz (1938); W. Kirfel, Der Rosenkranz (1949); G. Ritz, Zur Frage der Entstehung (1951); ders., Die christliche Gebetszählschnur (1955); Frömmigkeit im Spätmittelalter und ihr Weiterleben (1975); W. Hartinger, Rosenkranz (1983).

363 St. Beissel, Geschichte der Verehrung Marias in Deutschland während des Mittelalters (1909); St. Beissel, Geschichte der Verehrung Marias in Deutschland im 16. und 17. Jahrhundert (1910).

364 M. Mitterauer, Nur diskret ein Kreuzzeichen (1990).

365 W. Hartinger, Rosenkranz (1983) 1.

366 Auch Gagat oder Aggstein genannt; es handelt sich um eine Art Pechkohle, die man leicht drechseln, durchbohren und polieren konnte.

367 W. Klein, Gmünder Goldschmiedehandwerk (1920).

368 Hansmann/Kriss-Rettenbeck, Amulett (1977).

369 A. Franz, Benediktionen (1909).

370 Dabei handelt es sich noch häufig um einfachere Formen, nicht um die „Staats-Rosenkränze“, mit denen man am Sonntag in die Kirche zog. Vgl. W. Hartinger, ... denen Gott genad! (1979).

371 Papst Gregor XIII. hat in Erinnerung an den Sieg der christlichen Flotte bei Lepanto (7. Okt. 1571) über die Türken den 1. Sonntag im Oktober zu einem speziellen Rosenkranzfest erklärt, das 1671 auf die gesamte Kirche ausgedehnt worden ist. Und Papst Leo XIII. hat schließlich 1883 den gesamten Monat Oktober zum „Rosenkranz-Monat“ bestimmt.

372 Die nach wie vor gültige Interpretation dieses Komplexes findet sich bei L. Kriss-Rettenbeck, Bilder und Zeichen (1971).

373 A. E. Imhof, Die Lebenszeit (1988).

374 Auch im folgenden: W. Hartinger, ... denen Gott genad! (1979) 23 ff.

375 So schrieben es die kalvinistischen Visitatoren 1579 in die Instruktionen für die Pfarrgeistlichkeit; Staatsarchiv Amberg, Oberpfälzer Religions- und Reformationswesen, Nr. 49.

376 Verordnung vom Jahr 1805; G. Döllinger, Sammlung (1822).

377 A. E. Imhof, Die verlorenen Welten (1984); H. Schauerte, Volkskundliches zur Taufe (1956/57).

378 M. Maierbrugger, Bauernbrauch (1974) 11; J. Gelis, Geburt (1989) 295 ff.; R. Müllerheim, Die Wochenstube in der Kunst (1904) 156 ff.; R. Reichhardt, Geburt (1913) 6 ff.; R. Beitl, Kinderbaum (1942) 140 ff.; R. Grube-Verhoeven, Die Verwendung von Büchern (1966) 35 ff.

379 Bezoare oder Gamskugeln sind Konkretionen aus den Gedärmen verschiedener Säugetiere, z. B. der Bezoar-Ziege.

380 So oder ähnlich kann das auch noch heute beobachtet werden.

381 Soldan/Heppe, Hexenprozesse (1880).

382 F. von Zglinicky, Geburt (1983) 353.

383 F. Lüers, Sitte und Brauch (1926) 105 ff.; R. Staudt, Patenbrauch (1958);

F. Hager und H. Heyn, Liab, leb und stirb (1976) 111 ff.; A. Binna, Geburt und Taufe (1947).

[384] M. Scharfe, Andachtsbilder (1968) 230. Der älteste handgeschriebene deutsche Patenbrief datiert aus dem Jahr 1593 und stammt aus dem Elsaß. Den Höhepunkt erlebte dieser Brauch zwischen 1750 und 1850 in der Rheinpfalz, im Elsaß und in der Schweiz; vgl. W. Kleinschmidt, Handgemalte pfälzische Patenbriefe (1983).

[385] E. Burgstaller, Jahresbrauchtum (1948); ders., Das Allerseelenbrot (1970).

[386] Ein Beispiel aus einem Dorf bei Wien: „Der Taufbrief ist nach wie vor üblich. Er besteht aus einem festen kleinen Etui aus Karton, in welchem sich ein Schutzengelbild, ein Jesuskind, ein Wickelkind und dergl., ein gedrucktes Glückwunschgedicht, eine Seite mit den Geburtsdaten des Täuflings und dem Namen des Paten und ein kleines Kuvert mit Geld befinden ... Im allgemeinen wird von allen gängigen Münzen ein Stück hineingelegt ... Statt des Schutzengelbildes kann auch ein wächsernes Figürchen, umgeben von Silberfiligran und ähnlichem vorgesehen sein" (E. Gutscher, Kasten [1977] 25).

[387] Hager/Heyn, Liab, leb und stirb (1976) 113 ff.

[388] Sehr anschauliche Beispiele bringt K.-S. Kramer, Volksleben in Holstein (1987) 243–251; ders., Volksleben im Fürstentum Ansbach (1961) 223–230.

[389] Hager/Heyn, Liab, leb und stirb (1976) 111; F. Lüers, Sitte und Brauch (1926) 24.

[390] So auch noch in der jüngsten Zeit in ziemlich unreflektierter Weise unter Bezug auf die alte und Ignorierung der jungen volkskundlichen Literatur bei Inge Carius, Gebildbrot (1982). Wesentlich differenzierter argumentiert F. Mößinger, Seltene Gebildbrote (1954).

[391] So bei R. Beitl, mit Bezug auf Max Höfler: R. Beitl, Kinderbaum (1942) 152.

[392] F. Lüers, Sitte und Brauch (1926) 18.

[393] W. Dürig, Geburtstag und Namenstag (1954) 45 ff.

[394] Ebd. S. 69.

[395] J. Gelis, Geburt (1989) 313 ff.

[396] Vgl. hierzu vor allem W. Dürig, Geburtstag (1954); J. Küster, Heiligenfeste (1988); H. Rauchenecker, Brauchtum (1985) und R. Reichhardt, Geburt (1913).

[397] Bezüglich der Ausnahmen etwa bei den Siebenbürger Sachsen oder auch in Oberschlesien vgl. F. Böhm, Geburtstag und Namenstag (1938). Mit dem Problem der Modernisierungsthese in diesem Zusammenhang beschäftigt sich M.-L. Hopf-Droste, Der Geburtstag (1979).

[398] H. Rauchenecker, Brauchtum (1985) 22.

[399] R. Staudt, Patenbrauch (1958) 66 ff.

[400] H. Lenhart, Feste und Feiern (1950) 105.

[401] R. Wissell, Des alten Handwerks Recht (1929).

[402] H. Lenhart, Feste und Feiern (1950) 57.

[403] K.-S. Kramer, Altmünchner Handwerk (1958) 118.

[404] H. Lenhart, Feste und Feiern (1950) 58.

[405] A. Dieck, Die Buchdruckerbräuche (1966).

[406] So ist es noch heute vielfach in der Oberpfalz üblich. Für das folgende vgl. L. Schmidt, Volksglauben (1966) 117.

[407] F. Schötz, Das Wasservogelsingen (1983); G. Möhler, Der Baumgartner Wasservogelumritt (1983).

[408] H. Rauchenecker, Brauchtum (1985) 84.

[409] G. Grober-Glück, Der erste Kirchgang (1977). Eine innerkirchlich schon früh (mindestens seit Gregor dem Großen um 600) nachweisbare Opposition gegen die „Reinigung" der Wöchnerin konnte sich ebensowenig durchsetzen wie Luthers Hochschätzung des „heiligen Ehestandes", die ihn die „Aussegnung" nur als „ärgerlichen Mißbrauch" und „papistischen Aberglauben" einstufen ließ. Schon am Ende des 16. Jahrhunderts hatte der unterschwellige theologische Antisexualismus den alten Brauch auch in den evangelischen Gebieten wieder etabliert. G. Grober-Glück vermutet neben der Angst vor Dämonen und Hexen im Umfeld der Sexualität auch den Wunsch nach einem formellen Abschluß der „Schonzeit" für die Wöchnerin. Vgl. hierzu auch A. Franz, Benediktionen (1909) II, 229 ff.

[410] Y. Verdier, Drei Frauen (1982).

[411] W. Maurer, Geschichte von Firmung (1959); M. Josuttis, Abendmahl (1980).

[412] A. Franz, Benediktionen (1909) II, 236.

[413] P. Browe, Kommunionriten (1932).

[414] P. Browe, Die eucharistischen Wunder (1938); A. Mitterwieser, Fronleichnamsprozession (1949); B. Möckershoff, St. Salvator in Mainburg (1986).

[415] P. Browe, Die Eucharistie als Zaubermittel (1930); J. Heuser, Heilig-Blut (1948).

[416] A. Döring, St. Salvator in Bettbrunn (1979).

[417] HDA IV, Sp. 412–422.

[418] W. Behringer, Hexenverfolgung (1987).

[419] A. Franz, Benediktionen (1909) II, 121.

[420] P. Sartori, Sitte (1914) III, 219 ff.

[421] A. Franz, Benediktionen (1909) I, 229 ff.

[422] H. Kirchhoff, Christi Himmelfahrt bis St. Martin (1986) 18 ff.

[423] Zit. nach L. Mackensen, Vkdl. Texte (1938) 64.

[424] N. Curti, Volksbrauch (1947) 39; W. Heim, Volksbrauch (1983).

[425] P. Neu, Jakobusbrot und Martinswein (1977).

[426] A. Franz, Benediktionen (1909) I, 271 ff.

[427] W. Heim, Volksbrauch (1983) 59.

[428] Ebd. 55 ff.

[429] K. Dröge, Sprüche zur Konfirmation (1985) 70 ff.

[430] N. Kyll, Erstkommunion (1976).

[431] L. Veit, Volksfrommes Brauchtum (1936) 32.

[432] K. Dröge (wie Anm. 429) 70ff.; N. Kyll, Erstkommunion (1976); H. Rauchenecker, Brauchtum (1985) 32 ff.

[433] Ch. Pieske, Wandschmuck (1976) und (1977).

[434] M. Laros, zit. bei H. Schauerte, Volkskundliches zum Sakrament der Firmung (1953).

[435] Hierzu und zum folgenden: F. Markmiller, Firmandenken (1983); Ch. Burckhardt-Seebass, Erinnerungsgraphik zur Firmung (1981).

[436] H. Schauerte (wie Anm. 434) bezweifelt die Analogie zum ritterlichen Schlag bei der Schwertleite und denkt eher an einen Ersatz des zunächst üblichen Friedenskusses, der aus Gründen der Dezenz bei den vielfach erwachsenen weiblichen Firm-„Kindern" nicht mehr geboten sein mochte; ebd. 430.

[437] K.-A. Wirth, Firmungsmedaillen (1981).

[438] Zum folgenden: K. Dröge, Sprüche zur Konfirmation (1985) 17 ff.; Ch. Burckhardt-Seebass, Konfirmation (1975); W. Maurer, Geschichte von Firmung und Konfirmation (1959).

[439] A. Jobst, Kirchliche Sitte (1938) 31.

[440] I. Buck, Brauchtum im Jahreslauf (1981).

[441] M. Scharfe, Andachtsbilder (1968) 230ff.

[442] K. Dröge, Sprüche zur Konfirmation (1985) 16.

[443] Ch. Burckhardt-Seebass, Konfirmation (1975) 35.

[444] K. Dröge, Sprüche zur Konfirmation (1985) 27.

[445] Ebd. 13.

[446] Der Begriff wurde geprägt von K.-S. Kramer, Kleine Beiträge zur Dingbedeutsamkeit (1990).

[447] Wie Anm. 439.

[448] A. Lehmann, Erzählstruktur und Lebenslauf (1983).

[449] Bo Hallberg, Die Jugendweihe (1979).

[450] Ebd. 144. Die Fassung des Gelöbnisses von 1955 lautete: „Liebe junge Freunde! Seid Ihr bereit, alle Eure Kräfte für ein glückliches Leben der werktätigen Menschen und für den Fortschritt in Wirtschaft, Wissenschaft und Kunst einzusetzen? Ja, das geloben wir. Seid Ihr bereit, alle Eure Kräfte für ein einheitliches, friedliebendes, demokratisches und unabhängiges Deutschland einzusetzen? Ja, das geloben wir. Seid Ihr bereit, im Geiste der Völkerfreundschaft zu leben und alle Eure Kräfte einzusetzen, um gemeinsam mit allen friedliebenden Menschen den Frieden bis aufs äußerste zu verteidigen und zu sichern? Ja, das geloben wir. Wir haben Euer Gelöbnis vernommen. Ihr habt Euch ein hohes Ziel gesetzt. Wir, die Gemeinschaft aller Werktätigen, versprechen Euch dabei Förderung, Schutz und Hilfe. Mit vereinten Kräften – vorwärts!"

[451] H.-J. Gamm, Der braune Kult (1962); K. Vondung, Magie und Manipulation (1971).

[452] B. Deneke, Hochzeit (1971) 90ff.

[453] Ebd. 10.

[454] Der Fürstl. Durchlaucht Hertzog Maximilians in Bayern etc. unsers

gnädigsten Landtsfürsten und Herrens Landtgebott wider die Aberglauben, Zauberey, Hexerey und andere sträffliche Teufelskünsten, München 1612, 11 v.

[455] N. Curti, Volksbrauch (1947) 5.

[456] O. Reinsberg-Döringsfeld, Festkalender (1862) 517.

[457] „Bekannt ist dies als das ‚Däumeln' der Pietisten. So hat etwa Friederike Hahn, die Gattin des pietistischen Pfarrers, mit Hilfe der Bibel über die Werbung ihres Mannes entschieden. Nach heißem Gebet um die Erkenntnis des Willens Gottes hatte sie ihr Neues Testament aufgeschlagen und die Stelle gefunden: ‚Wer verlässet Vater, Mutter...'" (R. Grube-Verhoeven, Die Verwendung von Büchern [1966] 38).

[458] K. Schreiner, Volkstüml. Bibelmagie (1990).

[459] Die Praktiken selbst werden mehr oder weniger in allen einschlägigen Brauchtumssammlungen geschildert bzw. kompiliert. Zur Genese und Struktur des Liebeszaubers vgl. den kompetenten Artikel im HDA, Bd. V, Sp. 1279–1297 (Kummer).

[460] Hansmann/Kriss-Rettenbeck, Amulett (1977).

[461] W. Schäfer, Agnes Bernauer und ihre Zeit (1987).

[462] G. Buschan, Das deutsche Volk (1922) 153.

[463] B. M. Lersch, Geschichte der Balneologie (1863) 165.

[464] E. Samter, Geburt, Hochzeit und Tod (1911) 58 ff.

[465] D. Dünninger, Wegsperre und Lösung (1967).

[466] Stellvertretend für die nicht überschaubare Anzahl von Belegen sei verwiesen auf F. X. Schönwerth, Aus der Oberpfalz (1857) I, 50 ff. Solche Vorsichtsmaßnahmen konnten bereits beim Transport des Kammerwagens getroffen werden: „Obenauff und vor allem als Paradestück in die Augen fällt das zweyschläfrige Bett in rothweißem Überzuge zierlich aufgerichtet, von Federn voll und schwer, gespannt wie eine Trommel. In den Zipfeln unten ist ein Amulett eingenäht von heiligen Kräutern, Körnern, fünf Kreuzchen, damit die Hexe ins Bett nichts zaubern könne; es wird auch zuerst vom Priester eingeweiht mit der benedictio thalami" (ebd. 67). Vgl. auch J. Hofmann, Deutsche Volkstrachten (1932) 248 ff.

[467] A. Franz, Benediktionen (1909) I, 178.

[468] B. Deneke, Hochzeit (1971) 130.

[469] O. Beck, Erntedank in Otterswang (1984) 12.

[470] W. Heim, Volksbrauch (1983) 43.

[471] F. Lüers, Sitte und Brauch (1926) 44.

[472] F. X. Schönwerth, Aus der Oberpfalz (1857) I, 74.

[473] K.-S. Kramer, Bauhandwerkerbräuche (1958) 95.

[474] P. Sartori, Sitte (1910) I, 91.

[475] HDA Bd. IV, Sp. 148–174.

[476] J. Gelis, Die Geburt (1989) 50.

[477] Wie insgesamt zu diesem Zusammenhang B. Deneke, Hochzeit (1971) 71 ff.

[478] Ebd. 93.

[479] E. Fehrle, der entsprechend den Maximen des Dritten Reiches von

einer Herleitung deutschen Brauchtums aus christlichen Wurzeln nichts wissen wollte, verwendet viel Mühe darauf nachzuweisen, daß die Hochzeitskrone eine originäre germanische Angelegenheit gewesen sei. Wichtiger Beleg ist für ihn die um 590 bezeugte goldverzierte Kopfbinde einer – offensichtlich – fürstlichen Braut. Zu diesem Zeitpunkt gab es diesseits der Alpen noch keine Marienfiguren mit einer Krone. „Also kann die deutsche Brautkrone nicht kirchlichen Ursprungs sein" (E. Fehrle, Deutsche Hochzeitsbräuche [1937] 52).

[480] V. Baur, Kleiderordnungen (1975).

[481] So Berthold von Regensburg im 13. Jahrhundert; zit. nach B. Deneke, Hochzeit (1971) 187. Hier ff. auch Belege zum anschließenden Manuskript-Text.

[482] M. Bringemeier, Mode und Tracht (1985) 187.

[483] S. Göttsch, Stapelholmer Volkskultur (1981) 99 ff.

[484] N. Gussone, Die Krönung (1990) 170.

[485] Die in der Literatur vielfach weitergegebene Behauptung, „gefallene" Paare hätten im Strohkranz zur Trauung erscheinen müssen, konnte von H. Moser aus den Quellen zurückgewiesen werden; ders., Jungfernkranz und Strohkranz (1976). Auch im evangelischen Gebiet kannte man um 1930 noch Differenzierungen: „Schon im Aufgebot wird ein Unterschied zwischen ehrlichen und gefallenen Paaren gemacht, einmal dadurch, daß diese im allgemeinen nur einmal, jene aber zwei- bis dreimal aufgeboten werden ... Nur die nicht gefallene Braut darf das Symbol der Jungfernschaft, den Myrtenkranz tragen" und entsprechend der Bräutigam ein Myrtensträußchen und/oder seidene Bänder am linken Brustrevers sowie blaue Schleife oder Band am Arm. „Außerdem hat er öfter noch einen Kranz am Knopfloch oder um den Hut, der in der Kirche abgenommen und aufs Haupt gesetzt wird. Dem gefallenen Paar werden diese Vergünstigungen nicht zuteil, es brennen die Lichter auf dem Altar nicht ... es fehlt der Teppich vor dem Altar ... An Stelle des Myrtenkranzes trägt die Braut eine Haube, einen Schleier oder bloßes Haar" (A. Jobst, Kirchl. Sitte [1938] 36).

[486] W. Kleinschmidt, Zur Innovation des weißen Brautkleides (1977); M. Bringemeier, Mode und Tracht (1985).

[487] Allerdings konnte F. Kolb zeigen, daß bei Hofübergaben und Vermächtnissen die Ausstattung der Braut mit einer festlichen Kleidung eine erhebliche Rolle spielen konnte; F. Kolb, Heirat und Ehe (1955).

[488] O. Böcher, Dämonenfurcht (1970) 124 ff.; Hager/Heyn, Liab (wie Anm. 383); H. Hörger, Dorfreligion (1989) II, 116 ff.

[489] L. Röhrich, Adam und Eva (1968).

[490] H. Rauchenecker, Brauchtum (1985) 44.

[491] Ebd. 42.

[492] J. Meier, Muttertag (1936/37); E. Strübin, Muttertag in der Schweiz (1955); L. Weiser-Aall, Der Muttertag und Vatertag (1955); W. Heim, Volksbrauch (1983) 100; H. Rauchenecker, Brauchtum (1985) 208.

[493] Es handelt sich dabei um eine Übung, welche sich seit dem Zweiten

Weltkrieg von Niederösterreich ausgehend (wieder) nach Westen und Norden auszubreiten beginnt. Die Freunde des Brautpaares setzen unmittelbar nach der Hochzeit einen „Baum", d. h. in der Regel eine lange Stange, an der sich Baby-Attribute befinden (Kinderwagen, Storch, Wäsche) und eine Tafel mit einem Spruch; dieser erläutert, daß man in Jahresfrist die Geburt eines Kindes erwartet (Stammhalter), sonst sei zu diesem Termin ein Hektoliter Freibier fällig. A. Mößmer, Gefeiert wird auf jeden Fall (1989).

494 Hierzu und zum folgenden: HDA Bd. VII, Sp. 331–335; G. Ritz, Primiz (1968);O. Wiebel-Fanderl, Die Primiz (1984).

495 Gefäß oder Flasche.

496 Zit. nach HDA Bd. VII, Sp. 331.

497 A. Franz, Benediktionen (1909) II, 206.

498 E. Richter, Die „andächtige Beraubung" (1960) 82–104.

499 M. Scharfe, Doktor Luther (wie Anm. 267).

500 E. Richter, Beraubung (wie Anm. 498).

501 R. Reichhardt, Geburt (1913) 125.

502 W. Hartinger, denen Gott genad! (1979) 34 ff.

503 Bischöfliches Zentralarchiv Regensburg, Visitation des Jahres 1559.

504 Ebd., Fach 42, Visitation des Jahres 1656.

505 R. Haller, Aus alten Kästen (1980) 95.

506 W. Endres, Silberglas (1983) 102–105.

507 P. Berger, Religiöses Brauchtum (1966) 63.

508 Hierzu und im folgenden, soweit nicht auf andere Literatur verwiesen wird, vgl. W. Hartinger, denen Gott genad! (1979).

509 O. Wiebel-Fanderl, Altötting (1982) 58 ff.

510 L. Schmidt, Volksglaube (1966) 52.

511 P. Berger, Rel. Brauchtum (1966) 27.

512 Vielfach glaubte man aus besonderen Vorfällen am Sterbebett auf die künftige Erlösung oder Verdammung der betreffenden Seele schließen zu können; J. Staber, Die letzten Tage (1972).

513 M. Zender, Die Grabbeigaben (1959); Atlas der Deutschen Volkskunde, N. F. Erläuterungsband hrsg. von M. Zender (1959).

514 Münzen in Brauch und Aberglauben (1982) 95–104.

515 So vermutet es aufgrund von Überlegungen zur zeitlichen und regionalen Verbreitung des Nachzehrerglaubens Thomas Schürmann, Nachzehrerglauben in Mitteleuropa, Marburg 1990, 139. Er rechnet mit einer Revitalisierung von slawischen Glaubenselementen aufgrund der Pesterfahrungen des Spätmittelalters und der Frühen Neuzeit.

516 F. X. Schönwerth, Aus der Oberpfalz (1857) I, 245.

517 Th. Schürmann, Nachzehrerglauben (1990).

518 Ebd.; R. Grube-Verhoeven, Die Verwendung von Büchern (1966) 26.

519 Die üblichen Brauchtumsbeschreibungen enthalten eine Fülle von Beispielen, s. u. a. P. Sartori,Sitte (1910) I 120 ff.

520 A. Jobst, Kirchl. Sitte (1938) 47.

521 W. Hartinger, ... denen Gott genad! (1979) 147.

[522] R. Wissell, Des alten Handwerks Recht (1929).

[523] Materielle Kultur und religiöse Stiftung (1990).

[524] Ebd.

[525] W. Hartinger, ... denen Gott genad! (1979) 134 ff.

[526] O. Reinsberg-Döringsfeld, Festkalender (1862) 398–400.

[527] H. Moser, Zur Geschichte der Klöpfelnachtbräuche (1951).

[528] Zit. nach P. E. Rattelmüller, Baierisches Brauchtum (1985) 27.

[529] E. Bauer, Die Armenseelen- und Fegfeuer-Vorstellungen (1960).

[530] W. Hartinger, ... denen Gott genad! (1979) 134 ff. Im österreichischen Weinviertel läßt sich seit etwa 100 Jahren eine Variation dieser „Allerheiligenstriezel" beobachten; die Burschen stecken striezelförmige Gebilde aus Stroh bestimmten Mädchen aufs Dach, ans Fenster etc. Bis vor kurzem geschah dies zur Rüge von unerwünschtem Verhalten, heute wird es fast durchweg als Auszeichnung verstanden; vgl. H. Fielhauer, Allerheiligenstriezel aus Stroh (1991).

[531] G. Fischer, Volk und Geschichte (1962) 301.

[532] P. E. Rattelmüller, Brauchtum (1985) 287; E. Burgstaller, Allerseelenbrot (1970).

[533] K. Meuli, Bettelumzüge im Totenkultus (1927); E. Fehrle, Deutsche Feste und Volksbräuche (1927) 13. Etwas abgeschwächt findet sich diese Deutung auch noch in: E. Fehrle, Feste und Volksbräuche (1955) 26.

[534] P. Geiger, Deutsches Volkstum (1936) 66.

[535] L. Kretzenbacher, Legendenbilder (1980); O. Wiebel-Fanderl, Der Fegfeuer- und Armenseelenkult (1984).

[536] H. Freudenthal, Das Feuer (1931) 466 ff.; F. Hula, Die Totenleuchten (1948).

[537] Dies tut L. Schmidt, Volksglaube (1966) 53.

[538] Vgl. hierzu verschiedene Artikel in: S. Metken, die letzte Reise (1984); außerdem W. Hartinger, ... denen Gott genad! (1979) 93 ff.

[539] F. Hula, Mittelalterliche Kultmale (1970).

[540] N. Curti, Volksbrauch (1947); H. Wolf, Bemalte Totenschädel (1977).

[541] L. Hansmann/L. Kriss-Rettenbeck, Amulett (1966).

[542] W. Hartinger, Schmiedeeiserne Grabkreuze (1982).

[543] J. Huber, Vom Brauchtum der Totenbretter (1956) 59.

[544] Hierzu habe ich ausführlich in zwei Aufsätzen Stellung genommen; dort findet sich auch die ältere Literatur: W. Hartinger, Das Totenbrett (1982); ders., Totenbretter (1990). Reichhaltiges beschreibendes Material bringen: H. Fähnrich, Totenbretter (1988) und R. Haller, Totenbretter (1990).

[545] P. E. Rattelmüller, Pompe funèbre (1974).

[546] S. Metken, Die letzte Reise (1984).

[547] A. Hahn, Einstellungen zum Tod (1968).

[548] G. Lutz, Sitte, Recht und Brauch (1960); G. Lutz, Sitte und Infamie (1954).

[549] I. Baumer, Wallfahrt als Handlungsspiel (1977).

[550] R. Stumpfl, Kultspiele der Germanen (1936) 327 ff. Sehr viel modi-

fizierter als Stumpfl rechnet R. Warning mit indirekten Einflüssen der germanischen Tradition auf unser Schauspielwesen: R. Warning, Funktion und Struktur (1974).

[551] H. Bausinger, Volkspoesie (1980) 238 ff.

[552] Für das folgende: H. Kindermann, Theatergeschichte Europas (1957); R. Steinbach, Die deutschen Oster- und Passionsspiele (1970); R. Bergmann, Studien zur Entstehung und Geschichte der deutschen Passionsspiele (1972).

[553] K. Rehberger, Die Gründung des Stiftes Reichersberg (1984); K. Schiffmann, Drama und Theater (1905).

[554] W. Hartinger, „... nichts anders als ..." (1990).

[555] O. Sengpiel, Die Bedeutung der Prozessionen (1932); A. Mitterwieser, Passionsspiele (1930); ders., Fronleichnamsprozession (1949).

[556] H. Kindermann, Theatergeschichte (1957 ff.) I und II.

[557] Die Spieltexte wurden meist nur handschriftlich abgefaßt und gingen darum verloren. Auf der Grundlage der gedruckten Periochen (Zusammenfassungen der Handlung in der Art eines Programmheftes) läßt sich das Jesuitentheater aber gut rekonstruieren; umfangreiche Sammlung bei E. M. Szarota, Das Jesuitendrama (1979–1983); G. Scherl, Das barocke Jesuitentheater (1970); K. Beitl, Volksschausspiel (1982).

[558] Heilige Gräber in Tirol (1987); H. Menardi, Die Heiligen Gräber in Tirol (1990); L. Schmidt, Das deutsche Volksschauspiel (1962); H. Pfeiffer, Klosterneuburger Osterfeier (1908); W. Sieber, Liturgisches „Drama" (1979).

[559] E. Harvolk, Szenische Ölbergandachten (1976/77) (Nachtrag 1983/84).

[560] Ebd. zit. 73.

[561] R. Haller, Unser Herr am Palmbtag (1982).

[562] Zit. nach A. Mitterwieser, Ein bayerischer Himmelfahrtsbrauch (1936) 214.

[563] Ebd. 213.

[564] Zit. nach W. Hartinger, Geistliches Schauspiel (1989) 114.

[565] A. Brittinger, Die bayerische Verwaltung (1938).

[566] R. Berliner, Die Weihnachtskrippe (1955); A. Karasek-Langer, Der oberösterreichische Jesuit Martin Gottseer (1967).

[567] F. Fuhrich, Theatergeschichte Oberösterreichs (1968) 169.

[568] J. Janota, Studien zu Funktion und Typus (1969); D.-R. Moser, Verkündigung durch Volksgesang (1981).

[569] So Karl Meuli; vgl. zu ihm L. Schmidt, Volksschauspiel (1962) und R. Stumpfl, Das Fortleben germanischer Kultspiele (1937).

[570] E. Wieser, Das Sternsingen in Österreich (1966) 54. Insgesamt zu diesem Komplex: H. Moser, Zur Geschichte des Sternsingens (1985); D.-R. Moser, Liedimmanenz und Brauchgeschichte (1971–1973); H. Siuts, Deutschdänisch-schwedische Beziehungen bei den Ansingeliedern (1983); E. Burgstaller, Lebendiges Jahresbrauchtum (1948).

[571] Zit. bei H. Moser, Zur Geschichte des Sternsingens (1985) 60.

[572] A. Hartmann/H. Abele, Volksschauspiele (1880); A. Hruschka/W. Toi-

scher, Deutsche Volkslieder (1891); L. Kretzenbacher, Lebendiges Volks-schauspiel (1951); W. Mayer, Das „Christkindl-Ei'singa" (1971).

[573] W. Heim, Volksbrauch (1983).

[574] H. Moser, Zur Geschichte des Sternsingens (1985) 92.

[575] O. Reinsberg-Döringsfeld, Festkalender (1862) 14; A. Kriegelstein, Brauchtum (1965) 65. Auf die große Bedeutung des Räucherns, nicht nur während der berühmten Rauh- oder Rauchnächte zwischen Weihnachten und Dreikönig, sondern auch zu vielen anderen Zeiten und Anlässen während des Jahres verweist A. Franz, Benediktionen (1909) I, 421 ff.

[576] S. Metken, „Es ist etwas Hartes . . ." (1982).

[577] Zit. nach L. Mackensen, Vkdl. Texte (1938) 52.

[578] P. Sartori, Sitte (III 1914) 75.

[579] W. Heim, Volksbrauch (1983) 50.

[580] L. Mackensen, Vkdl. Texte (1938) 52.

[581] E. Gutscher, Kasten (1977).

[582] W. Mayer, Das „Christkindl-Ei'singa" (1971).

[583] L. Kretzenbacher, Lebendiges Volksschauspiel (1951); ders., Heimat im Volksbarock (1961); ders., Krippenspiel und Hirtengesang (1958).

[584] J. Küster, Heiligenfeste im Brauch (1988) 136. Die frühen Belege zur Geschichte des Weihnachtsbaumes sind zusammengestellt bei I. Weber-Kellermann, Das Weihnachtsfest (1987). Vgl. hierzu auch E. Harvolk, Die weihnachtlichen Paradeisspiele (1980).

[585] M. Bachmann, Holzspielzeug (1984); U. Korn-Mehnert, Quempassingen (1973).

[586] G. Koch, die bäuerliche Seele (1935) 83.

[587] W. Heim, Volksbrauch (1983) 10.

[588] R. Berliner, Die Weihnachtskrippe (1955); H. Moser, Volksschauspiel (1938).

[589] So der Wortlaut aus dem churbayerischen Verordnungsblatt vom 4. 11. 1803; zit. nach A. Kriegelstein, Brauchtum (1965) 44 f.

[590] M. Bachmann, Holzspielzeug (1984); ders., Berchtesgadener Volkskunst (1985); B. Deneke, Die Entdeckung der Volkskunst (1964); R. Haller, Volkstümliche Schnitzerei (1981).

[591] A. Franz, Benediktionen (1909) I, 481 ff.

[592] I. Buck, Brauchtum im Jahreslauf (1981) 13.

[593] A. Bischoff-Luithlen, Von Amtsstuben (1979) 192.

[594] M. Maierbrugger, Bauernbrauch (1974) 42 ff.; E. Burgstaller, Lebendiges Jahresbrauchtum (1948) 80 ff.

[595] W. Heim, Volksbrauch (1983) 75.

[596] O. Reinsberg-Döringsfeld, Festkalender (1862) 162 ff.; V. Schmelzeisen, Schmackostern (1973).

[597] K. Beitl, Die Umgangsriesen (1961).

[598] G. Kapfhammer, Brauchtum in den Alpenländern (1977).

[599] H. Moser, Der Drachenkampf (1934); H. Wolf, Der Drachenstich in Furth im Wald (1981); W. Baumann, Der Drache aus Böhmen (1986).

[600] G. Kapfhammer, St. Englmar (1967).

[601] Generell hierzu H. Bausinger, Volkspoesie (1980).

[602] W. Hartinger, „... nichts anders" (1990).

[603] Der ältere Forschungsstand wird referiert und kritisch gewürdigt bei L. Schmidt, Volksglaube (1906) 120 ff.

[604] H. Moser, Städtische Fastnacht (1967).

[605] Eine außerordentlich materialreiche Zusammenfassung der vorausgehenden Veröffentlichungen und eine etwas zurückhaltendere Formulierung mancher Thesen stellt das Werk dar: D.-R. Moser, Fastnacht (1986).

[606] H. Moser, Kritisches zu neuen Hypothesen (1982). In den weiteren Bänden dieses Jahrbuchs sowie in den Bayerischen Blättern für Volkskunde ist diese Kontroverse weitergeführt worden von unterschiedlichen Autoren.

[607] W. Mezger, Narrenidee und Fastnachtsbrauch (1991).

[608] W. Mezger, Narren (1984).

[609] G. Buschan, Das deutsche Volk (1922) 45; H. Moser, Archivalisches zu Jahreslaufbräuchen (1955).

[610] D.-R. Moser, Maskeraden auf Schlitten (1988).

[611] N. Graß, Der Kampf gegen Fastnachtsveranstaltungen (1956/57).

[612] W. Heim, Volksbrauch (1983) 53.

[613] R.-M. und R. Hagen, Meisterwerke (1984); J. Küster vermutet auch Zusammenhänge zwischen den weit verbreiteten und vielfach bis in unsere Zeit herein bezeugten Spielen des „Todaustragens" oder des „Kampfes zwischen Winter und Sommer" mit der Liturgie der Fastenzeit; vgl. J. Küster, Heiligenfeste (1988) 57.

[614] H.-M. Wolf, Zur Wiener „Volksfrömmigkeit" (1990). Für das Gegenteil, das besonders üppige Essen zu Fastnacht, vgl. u. a. J. Balys, Fastnachtsbräuche (1948). Das im 16. Jahrhundert übliche Durcheinander von Gelagen und spielhaftem Geschehen beschreibt Sebastian Franck in seinem Weltbuch: „Auff disen tag der äscherigen mittwoch leyten sy die fasten ein mit grosser mummerei, halten bancket und verkleyden sich in ein sunder manier. Etlich klagen und suchen die faßnacht mit fackeln und latern bey hellem tag, schreien kläglich, wa die faßnacht hinkummen sey. Etlich tragen ein hering an einer stangen und sagen: nimmer wirst, hering! mit vil seltzamer abenteür, faßnacht spil, gesang und reimen ... und treiben der fantasei onzälich vil" (Zitat nach L. Mackensen, Volkskundliche Texte [1938] 61).

[615] G. Kapfhammer, Brauchtum (1977); H. u. E. Schwedt, Schwäbische Bräuche (1984); P. Hugger, Zürich und seine Feste (1986).

[616] Zitat nach L. Mackensen, Volkskundliche Texte (1938) 56.

[617] K. Meisen, Nikolauskult (1931).

[618] E. Kohler, Martin Luther (1959) 65 ff. Ansonsten findet sich das umfangreichste Material bei K. Meisen, Nikolauskult (1931).

[619] Im einzelnen konnte sich natürlich auch einmal eine gegenläufige Entwicklung durchsetzen wie in den kalvinistischen Enklaven am Südufer des Wallsees, wo die angestammte weltliche Geschenkebringer-Gestalt am Tho-

masstag verdrängt wird durch den „katholischen" Nikolaus: R. Trüb, Der Klaus-Termin (1948).

[620] In einer Reihe von Landschaften haben etwa die Kinder, um am Nikolausabend nicht ganz hilflos dazustehen, in den vorausgehenden Wochen sog. Klausenhölzer geführt – einfache Stäbe, in welche die Eltern Kerben schnitzten für jede besondere Leistung: R. Beitl, Mittwinterbrauch (1954); K. Beitl, Das Klausenholz (1969).

[621] R. Wolfram, Südtiroler Volksschauspiele (1987).

[622] G. Buschan (Hrsg.), Das deutsche Volk (1922) 20.

[623] Wie Anm. 617; ferner: K. Meisen, Die Sagen vom wütenden Heer (1935).

[624] So auch J. Küster, Heiligenfeste (1988) 134 ff.

[625] Etwa bei M. Zender in dem Vorwort zur Neuauflage von Meisens Werk (wie Anm. 617), Düsseldorf 1981 sowie bei H. u. E. Schwedt, Schwäbische Bräuche (1984) 21.

[626] L. Schmidt, Die burgenl. Sebastianispiele (1951).

[627] J. Küster, Die Einführung des Fronleichnamsfestes (1989).

[628] G. Wiegelmann, Alltags- und Festspeisen (1967); H.-J. Teuteberg und G. Wiegelmann, Unsere tägliche Kost (1986); R. Sandgruber, Die Anfänge der Konsumgesellschaft (1982); R. Tannahill, Kulturgeschichte des Essens (1979); I. Bitsch, Essen und Trinken (1987).

[629] P. E. Rattelmüller, Baier. Brauchtum (1985) 267.

[630] So ist es im Bayerischen noch vielfach üblich.

[631] M. Maierbrugger, Bauernbrauch (1974) 140.

[632] Auf die Bedeutung des Brotes wird nahezu in jeder Brauchtumsdarstellung eingegangen; vgl. auch HDA I, Sp. 1583–1659; A. Sieghardt, Oberpfälzische Brotsagen (1916).

[633] Eine ähnliche Funktion erfüllte das „Heimwehbrot", das Rekruten mit in die Kaserne nahmen, um davon immer wieder ein wenig wegzuknabbern und so das Heimweh zu vertreiben; R. Wolfram, Prinzipien (1972) 23 ff.

[634] Neben den üblichen Monographien zum Brauchtum s. auch H. Wolf-Beranek, Weide und Weidebrauch (1973).

[635] Vgl. die Literatur der Anm. 525, 527, 529, 532 und 533 sowie: O. Wiebel-Fanderl, „Seit Kunstdünger . . ." (1990).

[636] P. E. Rattelmüller, Brauchtum (1985) 267.

[637] A. Franz, Benediktionen (1909) II, 358.

[638] P. Sartori, Sitte (I 1910) 33.

[639] M. Maierbrugger, Bauernbrauch (1974) 139.

[640] G. Grober-Glück, Zur Heiligkeit des tägl. Brotes (1990).

[641] Hier 25.

[642] M. Maierbrugger, Bauernbrauch (1974) 138.

[643] So noch 1982 I. Carius mit Einbeziehung der Arbeiten vor allem von Otto Höfler und Jacob Grimm; I. Carius, Gebildbrot (1982). Wesentlich differenzierter zu dem nämlichen Thema F. Mößinger, Seltene Gebildbrote (1954).

[644] G. Schreiber, Deutsche Weingeschichte (1980); A. Franz, Benediktionen (1909) I 280 ff.

[645] J.-F. Bergier, Die Geschichte vom Salz (1982); O. Böcher, Dämonenfurcht (1970) 237 ff.

[646] R. Reichhardt, Geburt (1913) 74.

[647] HDA Bd. IX Sp. 107–200; hier auch die Belege für die meisten der folgenden Beispiele.

[648] F. Sieber, Deutsch-westslawische Beziehungen (1968).

[649] E. Harvolk, Geldbeutelwaschen (1980/81).

[650] F. Schötz, Das Wasservogelsingen (1983).

[651] P. Sartori, Sitte (III 1914) 182.

[652] O. Reinsberg-Döringsfeld, Fest-Kalender (1862) 218.

[653] P. Sartori, Sitte (III 1914) 155.

[654] P. Geiger, Deutsches Volkstum (1936) 80.

[655] O. Böcher, Dämonenfurcht (1970) 51.

[656] H. Wolf-Beranek, Weide und Weidebrauch (1973); P. E. Rattelmüller, Baier. Brauchtum (1985); P. Geiger, Deutsches Volkstum (1936).

[657] A. Franz, Benediktionen (1909) I, 70.

[658] Ebd. 108.

[659] Gaume läßt es in einer Monographie, die 1866 in deutscher Übersetzung erschien (Original französisch 1865 mit Imprimatur des Bischofs von Versailles), offen, ob das Weihwasser ex opere operantis oder ex opere operato wirke; Gaume, Das Weihwasser (1866). Vgl. auch H. Pfannenschmid, Das Weihwasser (1869).

[660] Zit. nach L. Veit, Volksfrommes Brauchtum (1936) 177.

[661] A. Franz, Benediktionen (1909) I, 106 ff. Für die vielfältigen Anwendungen des Weihwassers im Alltag erübrigt sich die Anführung von Literatur.

[662] F. Wiesenhöfer, Weihwasser (1933) 2 ff.

[663] A. Franz, Benediktionen (1909) I, 53.

[664] P. Sartori, Sitte (III 1914) 222 ff.

[665] A. Franz, Benediktionen (1909) I, 25 ff.

[666] H. Böhme (Hrsg.), Kulturgeschichte des Wassers (1988); E. Grabner, Wasser in der Volksmedizin (1990).

[667] L. Veit, Volksfrommes Brauchtum (1936) 104.

[668] Pauschal sei verwiesen auf einige zentrale Arbeiten: H. Freudenthal, Das Feuer (1931); M. Zender, Jahresfeuer (1980); L. Kretzenbacher, Santa Lucia (1959); H. Malmede, Die Lichtsymbolik (1986); L. Schmidt, Lebendiges Licht (1960); R. Weiß, Nebelheilen, Teufelheilen, Notfeuerbereitung (1948); H. Kuhn, Die Bedeutung des Feuers (1938).

[669] L. Schmidt, Volksglaube (1966) 5.

LITERATUR

Ackermann, Hans-Jakob: Translationen heiliger Leiber als barockes Phänomen, in: Jahrbuch für Volkskunde 4 (1981) 101–111.

Adam, Adolf: Das Kirchenjahr mitfeiern. Seine Geschichte und seine Bedeutung nach der Liturgieerneuerung, Freiburg i. Br. 1979.

Alterauge, Marie-Louise: Feuer und Wasser im Lothringer Glauben und
Brauch, phil. Diss. masch. Heidelberg 1944.

Arnold, Hermann: Fahrendes Volk. Randgruppen des Zigeunervolkes, Neu-
stadt an der Weinstraße 1980.

Assion, Peter: Der soziale Gehalt aktueller Frömmigkeitsformen. Zur religiösen Volkskunde der Gegenwart, in: Hessische Blätter für Volks- und Kulturforschung 14/15 (1982/83) 5–17.

Atlas der Deutschen Volkskunde, N. F. Erläuterungsband hrsg. von Matthias
Zender, Marburg 1959.

Bachmann, Manfred: Berchtesgadener Volkskunst. Geschichte–Tradition–
Gegenwart, Rosenheim 1985.

–: Holzspielzeug aus dem Erzgebirge, Dresden 1984.

Balys, Jonas: Fastnachtsbräuche in Litauen, in: Schweizerisches Archiv für
Volkskunde 45 (1948) 40–69.

Barthes, Roland: Mythen des Alltags, 13. Aufl., Frankfurt a. M. 1989.

Bauer, Erich: Die Armenseelen- und Fegfeuer-Vorstellungen der altdeutschen
Mystik, phil. Diss. masch. Würzburg 1960.

Bauer, Robert: Die bayerische Wallfahrt Altötting, München 1970.

Bauerreis, Romuald: Sepulcrum Domini. Studien zur Entstehung der christlichen Wallfahrt auf deutschem Boden, München 1936.

Baumann, Karin: Aberglaube für Laien. Zur Programmatik und Überlieferung spätmittelalterlicher Superstitionskritik, 2 Bde., Würzburg 1989.

Baumann, Winfried: Der Drache aus Böhmen. Von der Geschichte zum Fest-
spiel in Furth im Wald, Regensburg 1986.

Baumer, Iso: Das Frömmigkeitsbild der Traditionalisten, in: Jacob Baumgartner (Hrsg.), Wiederentdeckung der Volksreligiosität, Regensburg 1979,
53–81.

–: Wallfahrt als Handlungsspiel. Ein Beitrag zum Verständnis religiösen Handelns, Bern 1977.

Baur, Veronika: Kleiderordnungen in Bayern vom 14. bis zum 19. Jahrhundert, München 1975.

Bausinger, Hermann: Formen der „Volkspoesie", 2. Aufl., Berlin 1980.

– (Hrsg.): Zauberei und Frömmigkeit, Tübingen 1966.

–: Volkskultur in der technischen Welt, Stuttgart 1961.

Bausinger, Hermann: Volkskunde. Von der Altertumsforschung zur Kultur-analyse, Tübingen 1979.

–: Zur Algebra der Kontinuität, in: Kontinuität? Geschichtlichkeit und Dauer als volkskundliches Problem. Festschrift für Hans Moser, hrsg. von Hermann Bausinger und Wolfgang Brückner, Berlin 1969, 9–30.

–: Zur Kritik der Folklorismuskritik, in: Populus revisus. Beiträge zur Erforschung der Gegenwart, Tübingen 1966, 61–75.

Beck, Otto: Erntedank in Otterswang. Oberschwäbische Volksfrömmigkeit und Volkskunst, Sigmaringen 1984.

Bedal, Konrad: Historische Hausforschung. Eine Einführung in die Arbeitsweise, Begriffe und Literatur, Münster 1978.

Behringer, Wolfgang: Hexenverfolgung in Bayern. Volksmagie, Glaubenseifer und Staatsräson in der Frühen Neuzeit, München 1987.

Beissel, Stephan: Geschichte der Verehrung Marias in Deutschland im 16. und 17. Jahrhundert, Freiburg i. Br. 1910.

–: Geschichte der Verehrung Marias in Deutschland während des Mittelalters, Freiburg i. Br. 1909.

–: Wallfahrten zu Unserer Lieben Frau in Legende und Geschichte, Freiburg i. Br. 1913.

Beitl, Klaus: Das Klausenholz. Eine Untersuchung der Gebetszählhölzer im vorweihnachtlichen Kinderbrauch, in: Rheinisches Jahrbuch für Volkskunde 20 (1969) 7–92.

–: Die Umgangsriesen. Volkskundliche Monographie einer europäischen Maskengestalt, mit besonderer Berücksichtigung der «Fête de Gayant» zu Douai in Nordfrankreich, Wien 1961.

–: Volksschauspiel im Burgenland, Wien 1982.

Beitl, Richard: Der Kinderbaum. Brauchtum und Glauben um Mutter und Kind, Berlin 1942.

–: Mittwinterbrauch im Montafon, in: Kultur und Volk. Beiträge zur Volkskunde aus Österreich, Bayern und der Schweiz. Festschrift für Gustav Gugitz zum 80. Geburtstag, hrsg. von Leopold Schmidt, Wien 1954, 53–62.

Belting, Hans: Bild und Kult. Eine Geschichte des Bildes vor dem Zeitalter der Kunst, München 1990.

–: Das Bild und sein Publikum im Mittelalter. Form und Funktion früher Bildtafeln der Passion, Berlin 1981.

Berger, Peter L., und Thomas Luckmann: Die gesellschaftliche Konstruktion der Wirklichkeit. Eine Theorie der Wissenssoziologie, Frankfurt a. M. 1982.

Berger, Placidus: Religiöses Brauchtum im Umkreis der Sterbeliteratur in Deutschland, Münster 1966.

Bergmann, Rolf: Studien zur Entstehung und Geschichte der deutschen Passionsspiele des 13. und 14. Jahrhunderts, Münster 1971.

Berliner, Rudolf: Die Weihnachtskrippe, München 1955.

Bieritz, Karl-Heinrich: Das Kirchenjahr. Feste, Gedenk- und Feiertage in Geschichte und Gegenwart, München 1987.

Binna, Albert: Geburt und Taufe im oberösterreichischen Brauchtum, in:

Anton Dörrer und Leopold Schmidt (Hrsg.), Volkskundliches aus Österreich und Südtirol. Hermann Wopfner zum 70. Geburtstag, Wien 1947, 30–40.

Biraben, Jean-Noel: Les hommes et la Peste en France et dans les pays européens et méditerranées, 2 Bde., Mouton 1975 und 1976.

Bischoff-Luithlen, Angelika: Von Amtsstuben, Backhäusern und Jahrmärkten. Ein Lese- und Nachschlagebuch zum Dorfalltag im alten Württemberg und Baden, Stuttgart 1979.

Blessing, Werner K.: Reform, Restauration, Rezession. Kirchenreligion und Volksfrömmigkeit zwischen Aufklärung und Industrialisierung, in: Wolfgang Schieder (Hrsg.), Volksreligiosität in der modernen Sozialgeschichte, Göttingen 1986, 97–122.

Böcher, Otto: Dämonenfurcht und Dämonenabwehr. Ein Beitrag zur Vorgeschichte der christlichen Taufe, Stuttgart 1970.

Böck, Robert: Mörtelplastiken im nordwestlichen Oberbayern, in: Ders., Volksfrömmigkeit und Brauch. Studien zum Volksleben in Altbayern hrsg. und eingeleitet von Karl-S. Kramer, München 1990, 205–249.

Bockhorn, Olaf: Volksfrömmigkeit – Sekten – Neue Religionen. Empirische Ansätze zur Erforschung „neuer Frömmigkeit" in Österreich, in: Volksfrömmigkeit, hrsg. von Helmut Eberhart, Edith Hörander und Burkhard Pöttler, Wien 1990, 351–165.

Böhm, Fritz: Geburtstag und Namenstag im Volksbrauch, Berlin 1938.

Böhme, Hartmut (Hrsg.): Kulturgeschichte des Wassers, Franfurt a. M. 1988.

Braun, Joseph: Der christliche Altar, 2 Bde., München 1924.

Bringemeier, Martha: Mode und Tracht. Beiträge zur geistesgeschichtlichen und volkundlichen Kleidungsforschung, Münster 1985.

Bringeus, Nils-Arvid: Die „Geistliche Hausmagd" im Protestantismus, in: Jahrbuch für Volkskunde 8 (1985) 121–142.

–: Volkstümliche Bilderkunde, München 1982 (schwedische Ausgabe 1981).

Brittinger, Anita: Die bayerische Verwaltung und das volksfromme Brauchtum im Zeitalter der Aufklärung, phil. Diss. München 1938.

Browe, Peter: Die Eucharistie als Zaubermittel im Mittelalter, in: Archiv für Kulturgeschichte 20 (1930) 134–154.

–: Die eucharistischen Wunder des Mittelalters, Breslau 1938.

–: Kommunionriten früherer Zeiten, in: Theologie und Glaube 24 (1932) 592–607.

Brückner, Wolfgang, und Wolfgang Schneider: Hinterglasbilder. Aus den Sammlungen der Diözese Würzburg, Würzburg 1990.

Brückner, Wolfgang: „Erbarmet Euch meiner mit einem Vaterunser." Zählgeräte als optische Gebetsaufforderung, in: Volkskunst (1982) 221–228.

–: Bildnis und Brauch. Studien zur Bildfunktion der Effigies, Berlin 1966.

–: Die Bilderfabrik. Dokumentation zur Kunst- und Sozialgeschichte der industriellen Wandschmuckherstellung zwischen 1845 und 1973 am Beispiel eines Großunternehmens, Frankfurt a. M. 1973.

–: Die Verehrung des Heiligen Blutes in Walldürn. Volkskundlich-soziologi-

sche Untersuchung zum Strukturwandel barocken Wallfahrtens, Aschaffen-
burg 1958.

Brückner, Wolfgang: Elfenreigen, Hochzeitstraum. Die Öldruckfabrikation
1880–1940, Köln 1974.

–: Erneuerung als selektive Tradition. Kontinuitätsfragen im 16. und 17. Jahrhundert aus dem Bereich der konfessionellen Kultur, in: Wolfgang Harms
(Hrsg.), Der Übergang zur Neuzeit und die Wirkung von Tradition, Göttingen 1978, 55–78.

–: Erzählende Kurzprosa des geistlichen Barock. Aufriß eines Forschungspro-
jektes am Beispiel der Marienliteratur des 16. bis 18. Jahrhunderts, in:
Österreichische Zeitschrift für Volkskunde 86 (1983) 101–148.

– (Hrsg.): Volkserzählung und Reformation. Ein Handbuch zur Tradierung
von Erzählstoffen und Erzählliteratur im Protestantismus, Berlin 1974.

–: Kontinuitätsfragen und Kulturbegriff, in: Kontinuität? Geschichtlichkeit
und Dauer als volkskundliches Problem. Festschrift für Hans Moser, hrsg.
von Hermann Bausinger und Wolfgang Brückner, Berlin 1969, 31–46.

–: Lourdes und Literatur – Oder die Faszination des Massenkultes, in: Lenz
Kriss-Rettenbeck und Gerda Möhler, Wallfahrt kennt keine Grenzen, München 1984, 429–442.

–: Neues zur „Geistlichen Hausmagd" in: Volkskunst 4 (1981) 71–78.

–: Populäre Druckgraphik Europas. Deutschland. Vom 15. bis zum 20. Jahrhundert, München 1975.

–: Sagenbildung und Tradition. Ein methodisches Beispiel, in: Zeitschrift für
Volkskunde 57 (1961) 26–74.

–: Überlegungen zur Magietheorie. Vom Zauber mit Bildern, in: Leander
Petzold (Hrsg.), Magie und Religion. Beiträge zu einer Theorie der Magie,
Darmstadt 1978, 404–419

–: Zur Phänomenologie und Nomenklatur des Wallfahrtswesens und seiner
Erforschung. Wörter und Sachen in systematisch-semantischem Zusammenhang, in: Volkskultur und Geschichte. Festgabe für Josef Dünninger
zum 65. Geburtstag, Berlin 1970, 384–424.

Buck, Ingrid: Brauchtum im Jahreslauf, Aurich 1981.

Burckhardt-Seebass, Christine: Erinnerungsgraphik zur Firmung, in: Jahrbuch für Volkskunde 4 (1981) 31–59.

–: Konfirmation in Stadt und Landschaft Basel. Volkskundliche Studie zur
Geschichte eines kirchlichen Festes, Basel 1975.

Burgstaller, Ernst: Das Allerseelenbrot, Linz 1970.

–: Lebendiges Jahresbrauchtum in Oberösterreich, Salzburg 1948.

Burke, Peter: Helden, Schurken und Narren. Europäische Volkskultur in der
frühen Neuzeit, Stuttgart 1981 (engl. Ausg. 1978).

Busch, Moritz: Deutscher Volksglaube, Leipzig 1877.

Buschan, Georg (Hrsg.): Das deutsche Volk in Sitte und Brauch, Leipzig
1922.

Cahnman, Werner J.: Der Dorf- und Kleinstadtjude als Typus, in: Zeitschrift
für Volkskunde 70 (1974) 169–193.

Carius, Inge: Gebildbrot – Brauchtum im Jahres- und Lebenslauf, Königstein im Taunus 1982.

Curti, Notker: Volksbrauch und Volksfrömmigkeit im katholischen Kirchenjahr, Basel 1947.

Daxelmüller, Christoph: Die deutschsprachige Volkskunde und die Juden. Zur Geschichte und den Folgen einer kulturellen Ausklammerung, in: Zeitschrift für Volkskunde 83 (1987) 1–20.

–: Folklore vor dem Staatsanwalt. Anmerkungen zu antijüdischen Stereotypen und ihren Opfern, in: Stereotypvorstellungen im Alltagsleben. Festschrift für Georg Schroubek, hrsg. von Helge Gerndt, München 1988, 20–32.

–: Jüdische Kultur in Franken, Würzburg 1988.

–: Volkskultur und nationales Bewußtsein. Jüdische Volkskunde und ihr Einfluß auf die Gesellschaft, in: Jahrbuch für Volkskunde 12 (1989) 133–146.

Decker, Bernhard: Die spätgotische Plastik als Kultbild, in: Jahrbuch für Volkskunde 8 (1985) 92–106.

Deneke, Bernward: Die Entdeckung der Volkskunst für das Kunstgewerbe, in: Zeitschrift für Volkskunde 60 (1964) 168–201.

–: Hochzeit, München 1971.

–: Sage und Geschichte im 19. Jahrhundert, in: Jahrbuch für Volkskunde 11 (1988) 67–82.

Der Fürstlichen Bayerischen Landßordnung weitere Erclerung sambt etlicher newer daran gehengten und zu Anstellung guter löblicher Pollicey dienstlichen Satzungen auffgerichtet im Jar 1598, München 1598.

Derendinger, Erika: Die Beziehungen der Menschen zum Übernatürlichen in bernischen Kalendern des 16.–20. Jahrhunderts, Stuttgart 1985.

Derlon, Pierre: Unter Hexern und Zauberern. Die okkulten Traditionen der Zigeuner, 3. Aufl., Basel 1982 (franz. Ausg. 1975).

Dieck, Alfred: Die Buchdruckerbräuche des Postulierens und Gautschens, in: Zeitschrift für Volkskunde 52 (1966) 265–268.

Dinzelbacher, Peter, und Dieter R. Bauer (Hrsg.): Volksreligion im hohen und späten Mittelalter, Paderborn 1990.

Dinzelbacher, Peter: Zur Erforschung der Geschichte der Volksreligion, in: Peter Dinzelbacher und Dieter R. Bauer (Hrsg.), Volksreligion im hohen und späten Mittelalter, Paderborn 1990, 9–27.

Döllinger, Georg: Sammlung aller baierischen Verordnungen in Religions- und Kirchensachen, München 1822.

Dopsch, Adolf: Wirtschaftliche und soziale Grundlagen der europäischen Kulturentwicklung aus der Zeit von Cäsar bis auf Karl den Großen, 2 Bde., Wien 1918 und 1920.

Döring, Alois: St. Salvator in Bettbrunn. Historisch-volkskundliche Untersuchungen zur eucharistischen Wallfahrt, in: Beiträge zur Geschichte des Bistums Regensburg 13 (1979) 35–234.

Dröge, Kurt: Sprüche zur Konfirmation – Bilder zur Erstkommunion, Detmold 1985.

Dünninger, Dieter: Wegsperre und Lösung. Formen und Motive eines dörflichen Hochzeitsbrauches. Ein Beitrag zur rechtlich-volkskundlichen Brauchtumsforschung, Berlin 1967.

Dünninger, Hans: Ablaßbilder. Zur Klärung des Begriffs ‚Gnadenbild‘ und ‚Gnadenstätte‘, in: Jahrbuch für Volkskunde 8 (1985) 51–91.

–: Deponia pia, in: Jahrbuch für Volkskunde 1 (1978) 238–240.

–: Gnad und Ablaß – Glück und Segen. Das Verhüllen und Enthüllen heiliger Bilder, in: Jahrbuch für Volkskunde 10 (1987) 135–150.

–: Processio peregrinationis. Volkskundliche Untersuchungen zu einer Geschichte des Wallfahrtswesens im Gebiet der heutigen Diözese Würzburg, in: Würzburger Diözesangeschichtsblätter 23 (1961) und 24 (1962).

–: Wahres Abbild. Bildwallfahrt und Gnadenbildkopie, in: Lenz Kriss-Rettenbeck und Gerda Möhler (Hrsg.), Wallfahrt kennt keine Grenzen, München 1984, 274–283.

–: Was ist Wallfahrt? Erneute Aufforderung zur Diskussion um eine Begriffsbestimmung, in: Zeitschrift für Volkskunde 59 (1963) 221–232.

–: Zur Frage der Hostiensepulcren und Reliquienrekondierungen in Bildwerken, in: Jahrbuch für Volkskunde 9 (1986) 72–84.

Dünninger, Josef, und Bernhard Schemmel: Bildstöcke in Franken, Konstanz 1980.

Dünninger, Josef: Brauchtum, in: Deutsche Philologie im Aufriß, hrsg. von Wolfgang Stammler, Bd. III, 2. Aufl., Berlin 1979, Sp. 2571–2640.

Dürig, Walter: Geburtstag und Namenstag, München 1954.

Ebertshäuser, Heidi-Caroline (Hrsg.): Das Baierische Leben. Sitten und Gebräuche, München 1980.

Eichberg, Henning, u. a.: Massenspiele. NS-Thingspiel, Arbeiterweihespiel und olympisches Zeremoniell, Stuttgart 1977.

Endres, Werner: Silberglas–Bauernsilber. Formen, Technik und Geschichte, München 1983.

Ernst, Lucius: Die Anfänge des Heiligenkults in der christlichen Kirche, Tübingen 1904 (Reprint Frankfurt a. M. 1966).

Eskeröd, Albert: Arets äring, Stockholm 1947.

Fähnrich, Harald: Totenbretter in der nördlichen Oberpfalz, Beidl 1988.

Fehrle, Eugen: Deutsche Feste und Volksbräuche, 3. Aufl., Leipzig 1927.

–: Deutsche Hochzeitsbräuche, Jena 1937.

–: Feste und Volksbräuche im Jahreslauf europäischer Völker, Kassel 1955.

Fielhauer, Helmut: Allerheiligenstriezel aus Stroh. Ein Burschenbrauch im Weinviertel, Niederösterreich, in: Martin Scharfe (Hrsg.), Brauchforschung, Darmstadt 1990, 418–429.

Fischer, Georg: Volk und Geschichte, Kulmbach 1962.

Franz, Adolph: Die kirchlichen Benediktionen im Mittelalter, 2 Bde., Freiburg i. Br. 1909 (Reprint Graz 1960).

Freudenthal, Herbert: Das Feuer im deutschen Glauben und Brauch, Berlin 1931.

Friese, Alfred: Eine unbekannte Pestordnung für Stadt und Grafschaft Wertheim am Main, in: Sudhoffs Archiv für Geschichte der Medizin und der Naturwissenschaften 40 (1956) 167–170.

Fuhrich, Fritz: Theatergeschichte Oberösterreichs im 18. Jahrhundert, Wien 1968.

Gamm, Hans-Jochen: Der braune Kult. Das Dritte Reich und seine Ersatzreligion. Ein Beitrag zur politischen Bildung, Hamburg 1962.

Gaume (Vorname wird nicht genannt): Das Weihwasser im 19. Jahrhundert, Regensburg 1966.

Gebhard, Torsten: Der Bauernhof in Bayern, München 1975.

–: Landleben in Bayern in der guten alten Zeit. Altbayern, Franken, Schwaben, München 1986.

Gehlen, Anrold: Urmensch und Spätkultur. Philosophische Ergebnisse und Aussagen, 4. Aufl., Frankfurt a. M. 1977.

Geiger, Paul: Deutsches Volkstum in Sitte und Brauch, Berlin 1936.

Gelis, Jacques: Die Geburt. Volksglaube, Rituale und Praktiken von 1500 bis 1900, München 1989.

Gennep, Arnold van: Les rites de passage. Etudes systematiques des rites de la porte et du seuil, de L'hospitalité, de l'adoption, Paris 1909 (Reprint New York 1969).

Gerndt, Helge (Hrsg.): So feiern die Bayern. Bilder, Texte und Untersuchungen zum öffentlichen Festwesen der Gegenwart, München 1978.

– (Hrsg.): Volkskunde und Nationalsozialismus, Referate und Diskussionen einer Tagung, München 1987.

–: Kultur als Forschungsfeld. Über volkskundliches Denken und Arbeiten, 2. Aufl., München 1986.

Ginzburg, Carlo: Der Käse und die Würmer. Die Welt eines Müllers um 1600, Frankfurt a. M. 1979.

–: Die Benendanti. Feldkulte und Hexenwesen im 16. und 17. Jahrhundert, Frankfurt a. M. 1980.

–: Freud, der Wolfsmann und die Werwölfe, in: Zeitschrift für Volkskunde 82 (1986) 189–199; ebd. auch die Diskussion S. 200–226, vgl. bes. den Beitrag von Utz Jeggle.

Göttsch, Silke: Stapelholmer Volkskultur. Aufschlüsse aus historischen Quellen, Neumünster 1981.

–: „für einen Holländer gescholten . . .“ Wiedertäufer in Eiderstedt im 17. Jahrhundert, in: Kieler Blätter für Volkskunde 16 (1984) 5–29..

–: Religiöse Fluchten – soziale Utopien. Separatisten in Nordfriesland, in: Historische Methode und regionale Kultur. Karl-S. Kramer zum 70. Geburtstag. hrsg. von Konrad Köstlin, Berlin 1987, 87–104.

Graber, Georg: Alte Gebräuche bei der Flachsernte in Kärnten und ihr religionsgeschichtlicher Hintergrund, in: Zeitschrift für österreichische Volkskunde 17 (1911) 185–216.

Grabner, Elfriede: Wasser in der Volksmedizin, in: Wasser. Ein Versuch, hrsg. von Gerhard M. Dienes und Franz Leitgeb, Graz 1990, 237–241.

–: Wort- und Bildzeugnisse der Verehrung des „Geheimen Leidens Christi“, in: Volksfrömmigkeit, hrsg. von Helmut Eberhart, Edith Hörander und Burckhard Pöttler, Wien 1990, 127–136.

Graf, Klaus: Gmündner Chroniken im 16. Jahrhundert. Texte und Untersuchungen zur Geschichtsschreibung der Reichstadt Schwäbisch Gmünd, Schwäbisch Gmünd 1984.

Graichen, Gisela: Die neuen Hexen. Gespräche mit Hexen, Hamburg 1986.

Graß, Nikolaus: Der Kampf gegen Fastnachtsveranstaltungen in der Fastenzeit, in: Zeitschrift für Volkskunde 53 (1956/57) 204–237.

Greverus, Ina-Maria: Kultur und Alltagswelt. Eine Einführung in Fragen der Kulturanthropologie, München 1978.

Grieshofer, Franz J.: „Bader Jagerl und Gertraud". Zwei Alt-Ischler Maskengestalten, in: Kulturelles Erbe und Aneignung. Festschrift für Richard Wolfram zum 80. Geburtstag, hrsg. von Olaf Bockhorn und Helmut P. Fielhauer, Wien 1982, 131–142.

Grimm, Jacob: Deutsche Mythologie, Leipzig 1835 (Ausgabe Leipzig 1942).

Grober-Glück, Gerda: Der erste Kirchgang der Wöchnerin um 1930. Ein „Kirchenbrauch" in Verbreitung und Wandel. Nach den Sammlungen des Atlas der deutschen Volkskunde, in: Rheinisch-westfälische Zeitschrift für Volkskunde 23 (1977) 22–86.

–: Zur Heiligkeit des täglichen Brotes in den bäuerlichen Familien Österreichs um 1930. Nach Materialien des Atlas der deutschen Volkskunde, in: Volksfrömmigkeit, hrsg. von Helmut Eberhart, Edith Hörander und Burkhart Pöttler, Wien 1990, 285–300.

Grube-Verhoeven, Regine: Die Verwendung von Büchern christlich-religiösen Inhalts zu magischen Zwecken, in: Zauberei und Frömmigkeit, Tübingen 1966, 11–57.

Gussone, Nikolaus: Die Krönung von Bildern im Mittelalter, in: Jahrbuch für Volkskunde 13 (1990) 150–176.

–: Zur Krönung von Bildern – Heutige Praxis und neuzeitlicher Ritus, in: Jahrbuch für Volkskunde 10 (1987) 151–164.

Guth, Klaus (Hrsg.): Jüdische Landgemeinden in Oberfranken (1800–1942). Ein historisch-topographisches Handbuch, Bamberg 1988.

Gutscher, Eduard: Kasten. Brauchtum im Jahreslauf, Brauchtum im Lebenslauf, Wien 1977 (als Typoskript vervielfältigt).

Hagen, Rose-Marie, und Rainer: Meisterwerke europäischer Kunst als Dokumente ihrer Zeit erklärt, Köln 1984.

Hager, Franziska, und Hans Heyn: Liab, leb und stirb. Volksbrauch ums Heiraten, Kindlwiegen und die Ewige Ruh, Rosenheim 1976.

Hager, Franziska, und Hans Heyn: Drudenhax und Allelujawasser. Volksbrauch im Jahreslauf, 3. Aufl., Rosenheim 1988.

Hahn, Alois: Einstellungen zum Tod und ihre soziale Bedingtheit. Eine soziologische Untersuchung, Stuttgart 1968.

Hallberg, Bo: Die Jugendweihe. Zur deutschen Jugendweihtradition, 2. Aufl., Göttingen 1979.

Haller, Reinhard: „Unser Herr am Palmbtag samt einem Roth Tiechenen

Mäntel". Palmeseln und Palmeselbrauch im Bayerischen Wald, in: Der Bayerwald 74 (1982) 11–26.

–: Armenseelentaferl. Hinterglasbilder aus Bayern, Österreich und Böhmen, Grafenau 1980.

–: Aus alten Kästen und Truhen. Liebesgaben und Hochzeitsgeschenke, München 1980.

–: Herrgotten und Heilige. Volkstümliche Schnitzkunst in der Oberpfalz, Regensburg 1982.

–: Totenbretter. Brauchdenkmäler in Niederbayern und der Oberpfalz. Neue Funde zu einem alten Thema, Grafenau 1990.

–: Vergessener Bergbau am Rachel. Von Vicaren, Kleinuhrmachern, Hexenmeistern und anderen Glücksuchern, in: Der Bayerwald 1975 (134–139).

–: Volkstümliche Schnitzerei. Profane Kleinplastiken aus Holz, München 1981.

–: Wetterglaube und Wetterbrauch im mittleren Bayerischen Wald, in: Der Bayerwald 66 (1974) 153–159.

Hampp, Irmgard: Sigilla Salomonis. Eine Zauberrolle aus dem 17. Jahrhundert, in: Zauberei und Frömmigkeit, Tübingen 1966, 101–125.

Hansmann, Lieselotte, und Lenz Kriss-Rettenbeck: Amulett und Talisman. Erscheinungsformen und Geschichte, München 1977.

Harmening, Dieter: Spätmittelalterliche Aberglaubenskritik in Dekalog- und Beichtliteratur, in: Peter Dinzelbacher und Dieter R. Bauer (Hrsg.), Volksreligion im hohen und späten Mittelalter, Paderborn 1990, 243–251.

–: Superstitio. Überlieferungs- und theoriegeschichtliche Untersuchungen zur kirchlich-theologischen Aberglaubensliteratur des Mittelalters, Berlin 1979.

–: Zur Morphologie magischer Inschriften. Der Donauwörther Zauberring und Formkriterien für seine Interpretation, in: Jahrbuch für Volkskunde 1 (1978) 67–80.

Hartinger, Walter, und Winfried Helm: „Die laidige Sucht der Pestilentz". Kleine Kulturgeschichte der Pest in Europa, Passau 1986.

Hartinger, Walter: „... nichts anders als eine zertrunkene Bierandacht ..." Das Verbot der geistlichen Schauspiele im Bistum Passau, in: Volkskultur – Geschichte – Region. Festschrift für Wolfgang Brückner zum 60. Geburtstag, hrsg. von Dieter Harmening und Erich Wimmer, Würzburg 1990, 395–419.

–: ... denen Gott genad! Totenbrauchtum und Armen-Seelen-Glaube in der Oberpfalz, Regensburg 1979.

–: Ain schöner Catholischer Rueff. Zur Genese eines barocken Wallfahrtsliedes, in: Bayerisches Jahrbuch für Volkskunde 1972–75, 195–210.

–: Das Lied von den zehn Geboten, in: Ostbairische Grenzmarken 28 (1986) 103–119.

–: Das Totenbrett. Überlegungen zu Nomenklatur und Genese eines Brauchs, in: Jahrbuch für Volkskunde 6 (1982) 126–148.

–: Die Wallfahrt Neukirchen bei Heilig Blut. Volkskundliche Untersuchung einer Gnadenstätte an der bayerisch-böhmischen Grenze, in: Beiträge zur Geschichte des Bistums Regensburg 5 (1971) 23–240.

Hartinger, Walter: Epochen der deutschen Volkskultur, in: Ethnologia Europaea 15 (1985) 53–92.

–: Flurdenkmäler im Wandel der Zeit, in: Forschungen zur historischen Volkskultur. Festschrift für Torsten Gebhard zum 80. Geburtstag, hrsg. von Ingolf Bauer, Edgar Harvolk und Wolfgang A. Mayer, München 1989, 215–230.

–: Geistliches Schauspiel im Bistum Passau, in: Ostbairische Grenzmarken 31 (1989) 110–140.

–: Kirchliche Frühaufklärung in Ostbayern. Maßnahmen gegen Wallfahrten und geistliche Spiele in den Bistümern Passau und Regensburg am Beginn des 18. Jahrhunderts, in: Ostbairische Grenzmarken 27 (1985) 142–157.

–: Kirchliche und staatliche Wallfahrtsverbote in Altbayern, in: Festschrift für Dieter Albrecht zum 65. Geburtstag (erscheint demnächst).

–: Mariahilf ob Passau. Volskundliche Untersuchung der Passauer Wallfahrt und der Mariahilfverehrung im deutschsprachigen Raum, Passau 1985.

–: Marianische Wallfahrtslieder aus Neukirchen b. Hl. Blut, in: Ostbairische Grenzmarken 25 (1983) 60–70.

–: Marien-, Wenzel- und Nepomuk-Wallfahrten in Böhmen, in: Jahrbuch für ostdeutsche Volkskunde 22 (1979) 27–42.

–: Neukirchen bei Heilig Blut. Von der geflüchteten Madonna zur Flüchtlingsmadonna, in: Lenz Kriss-Rettenbeck und Gerda Möhler (Hrsg.), Wallfahrt kennt keine Grenzen, München 1984, 407–417.

–: Rosenkranz und Gebetszählgerät (Ausstellungsbegleitheft), Passau 1983.

–: Schmiedeeiserne Grabkreuze – Renaissance einer alten Friedhofkultur?, in: Volkskunst 5 (1982) 5–12.

–: Totenbretter im Bayerischen Wald und Böhmerwald. Überlegungen zu ihrer Entstehung und Funktion, in: Ostbairische Grenzmarken 32 (1990) 123–138.

–: Zur Geschichte des Wallfahrtswesens im Bistum Regensburg, in: 1250 Jahre Kunst und Kultur im Bistum Regensburg. Berichte und Forschungen, München 1989, 229–234.

Hartmann, August, und Hyacinth Abele: Volksschauspiele in Bayern und Österreich-Ungarn, Leipzig 1880 (Reprint Wiesbaden 1972).

Harvolk, Edgar: Die weihnachtlichen Paradeisspiele in Bayern, in: Schönere Heimat 69 (1980) 353–356.

–: Eichenzweig und Hakenkreuz. Die Deutsche Akademie in München (1924–1962) und ihre volkskundliche Sektion, München 1990.

–: Geldbeutelwaschen. Überlegungen zu einem wiederentdeckten Finalbrauch am Aschermittwoch, in: Bayerisches Jahrbuch für Volkskunde 1980/81, 149–158.

–: Szenische Ölbergandachten in Altbayern, in: Bayerisches Jahrbuch für Volkskunde 1976/77, 69–87; ebd. Nachtrag 1983/84, 181–182.

–: Votivtafeln. Bildzeugnisse von Hilfsbedürftigkeit und Gottvertrauen, München 1979.

Hau, Johann: Der Rosenkranz in Vergangenheit und Gegenwart, Trier 1938.

Hauschild, Thomas: Protestantische Pilger und katholische Körperschaften. Süditalienethnographie zwischen Imagination und Realität, in: Zeitschrift für Volkskunde 82 (1986) 19–43.

Heilbrunn, Alfred: Leben und Gestalten der hessischen Juden. Ein Rückblick, in: Hessische Blätter für Volks- und Kulturforschung 9 (1979) 1–13.

Heilige Gräber in Tirol. Ein Osterbrauch in Kulturgeschichte und Liturgie, Innsbruck 1987.

Heim, Walter: Volksbrauch im Kirchenjahr heute, Basel 1983.

–: Wandel der Volksfrömmigkeit seit dem II. Vatikanum, in: Jakob Baumgartner (Hrsg.), Wiederentdeckung der Volksreligiosität, Regensburg 1979, 37–52.

Heuser, Johannes: „Heilig-Blut" in Kult und Brauchtum des deutschen Kulturraumes. Ein Beitrag zur religiösen Volkskunde, phil. Diss. masch. Bonn 1948.

Hofmann, Josef: Deutsche Volkstrachten und Volksbräuche in West- und Südböhmen, 2. Aufl., Karlsbad 1932.

Holzapfel, Heribert: Dominikus und der Rosenkranz, München 1903.

Hopf-Droste, Marie-Luise: Der Geburtstag. Ein Beitrag zur Entstehung eines modernen Festes, in: Zeitschrift für Volkskunde 75 (1979) 229–237.

Hörger, Hermann: Kirche, Dorfreligion und bäuerliche Gesellschaft, 2 Bde., München 1978 und 1983.

Hruschka, Alois, und Wendelin Toischer: Deutsche Volkslieder aus Böhmen, Prag 1891.

Hubensteiner, Benno: Vom Geist des Barock. Kultur und Frömmigkeit im alten Bayern, München 1967.

Huber, Josef: Vom Brauchtum der Totenbretter, o. O. 1956.

Hübinger, Paul Egon (Hrsg.): Kulturbruch oder Kulturkontinuität von der Antike zum Mittelalter, Darmstadt 1968.

– (Hrsg.): Zur Frage der Periodengrenze zwischen Altertum und Mittelalter, Darmstadt 1969.

Hugger, Paul (Hrsg.): Zürich und seine Feste, Zürich 1986.

Huizinga, Jan: Homo ludens. Versuch einer Bestimmung des Spielelements der Kultur, Amsterdam 1939.

Hula, Franz: Die Totenleuchten und Bildstöcke Österreichs. Ein Einblick in ihren Ursprung, ihr Wesen und ihre stilistische Entwicklung, Wien 1948.

–: Mittelalterliche Kultmale. Die Totenleuchten Europas, Karner, Schalensteine und Friedhofsoculus, Wien 1970.

Ilg, Karl: Die Gegenwartsaufgaben von Sitte und Brauch, in: Tiroler Heimat 20 (1956) 123–131.

Imhof, Arthur E.: Die verlorenen Welten. Alltagsbewältigung durch unsere Vorfahren – und weshalb wir uns heute so schwer damit tun, München 1984.

–: Die Lebenszeit. Vom aufgeschobenen Tod und von der Kunst des Lebens, München 1988.

Irsigler, Franz, und Arnold Lassotta: Bettler und Gaukler, Dirnen und Henker. Randgruppen und Außenseiter in Köln 1300–1600, Köln 1984.

Janota, Johannes: Studien zu Funktion und Typus des deutschen geistlichen Liedes im Mittelalter, München 1969.

Jedin, Hubert (Hrsg.): Handbuch der Kirchengeschichte, 7 Bde., Sonderausgabe, Freiburg i. Br. 1985.

Jeggle, Utz: Judendörfer in Württemberg, Tübingen 1969.

Jobst, Albrecht: Kirchliche Sitte, Leipzig 1938.

Josuttis, Manfred: Abendmahl und Kulturwissenschaften, in: Manfred Josuttis und Martin G. Marcel (Hrsg.), Das heilige Essen. Kulturwissenschaftliche Beiträge zum Verständnis des Abendmahles, Berlin 1980, 11–27.

Kalesny, Frantisek: Bestrebungen zur Veredelung der slowakischen Fayencen in Modra/CSSR im 19. und 20. Jahrhundert, in: Ostbairische Grenzmarken 30 (1988) 117–122.

–: Habánica slovensku, Tatran 1981.

Kaletsch, Hans: Tag und Jahr. Die Geschichte unseres Kalenders, Zürich 1970.

Kapfhammer, Günter: St. Englmar. Eine volkskundliche Ortsmonographie, Landshut 1967.

–: Der Münchner Schäfflertanz, in: Bayerisches Jahrbuch für Volkskunde 1975, 7–47.

–: Geistliche Landschaft. Regionale Marginalien zu einem internationalen Phänomen, in: Forschungen zur historischen Volkskunde. Festschrift für Torsten Gebhard zum 80. Geburtstag, hrsg. von Ingolf Bauer, Edgar Harvolk und Wolfgang A. Mayer, München 1989, 231–236.

– (Hrsg.): Brauchtum in den Alpenländern. Ein lexikalischer Führer durch den Jahreslauf, München 1977.

Karasek-Langer, Alfred: Der oberösterreichische Jesuit Martin Gottseer (1648–1713) als Krippenbauer in Sachsen, Ungarn und Schweden, in: Oberösterreichische Heimatblätter 21 (1967) 42–57.

Kimminich, Eva: Religiöse Volksbräuche im Räderwerk der Obrigkeit. Ein Beitrag zur Auswirkung aufklärerischer Reformprogramme im Oberrhein und in Vorarlberg, Frankfurt a. M. 1989.

Kindermann, Heinz: Theatergeschichte Europas, Salzburg 1957 ff.

Kirchhoff, Hermann: Christi Himmelfahrt bis Sankt Martin im christlichen Brauchtum, München 1986.

Kirfel, Willibald: Der Rosenkranz, Ursprung und Ausbreitung, Walldorf 1949.

Kittsteiner, Heinz-Dieter: Das Gewissen im Gewitter, in: Jahrbuch für Volkskunde 10 (1987) 7–26.

Klein, Walter: Geschichte des Gmünder Goldschmiedehandwerks, Stuttgart 1920.

Kleinschmidt, Wolfgang: Handgemalte pfälzische Patenbriefe, in: Volkskunst 6 (1983) 199–205.

–: Zur Innovation des weißen Brautkleides in kleinen sozialen Systemen, in: Rheinisch-westfälische Zeitschrift für Volkskunde 23 (1977) 87–100.

Knuchel, Eduard Fritz: Die Umwandlung in Kult, Magie und Brauchtum, Basel 1919.

Koch, Georg: Die bäuerliche Seele. Eine Einführung in die religiöse Volkskunde, Berlin 1935.

Kohler, Erika: Martin Luther und der Festbrauch, Köln 1959.

Kolb, Franz: Heirat und Ehe in der Wipptaler Bauernfamilie. Nach Gerichtsbüchern des 16. Jahrhunderts, in: Tiroler Heimat 19 (1955) 105–134.

Korff, Gottfried, und Martin Scharfe: Bilder fürs christliche Haus, Tübingen 1976.

Korff, Gottfried: Heiligenverehrung und soziale Frage. Zur Ideologisierung der populären Frömmigkeit im späten 19. Jahrhundert, in: Günter Wiegelmann (Hrsg.), Kultureller Wandel im 19. Jahrhundert, Göttingen 1973, 102–111.

–: Kulturkampf und Frömmigkeit, in: Wolfgang Schieder (Hrsg.), Volksreligiosität in der modernen Sozialgeschichte, Göttingen 1986, 137–151.

–: Politischer „Heiligenkult" im 19. und 20. Jahrhundert, in: Zeitschrift für Volkskunde 71 (1975) 202–220.

Korn-Mehnert, Ursula: Quempassingen und Weihnachtszepter in dem schlesischen Dorf Probsthain, in: Jahrbuch für ostdeutsche Volkskunde 16 (1973) 137–154.

Kötting, Bernhard: Peregrinatio religiosa. Wallfahrten in der Antike und das Pilgerwesen in der alten Kirche, Regensburg 1950.

Kramer, Karl-S.: Altmünchner Handwerk. Bräuche, Lebensformen, Wanderwege, in: Bayerisches Jahrbuch für Volkskunde 1958, 111–138.

–: Archivalische Quellenforschung, in: Zeitschrift für Volkskunde 55 (1959) 91–98.

–: Bauern und Bürger im nachmittelalterlichen Unterfranken. Eine Volkskunde aufgrund archivalischer Quellen, Würzburg 1957 (Reprint Würzburg 1984).

–: Bauhandwerkerbräuche in Mainfranken, insbesondere der Niederfall, in: Georg Fischer (Hrsg.), Fränkisches Handwerk, Kulmbach 1958, 83–106.

–: Beschreibung des Volklebens – Zur Entwicklung der „Münchener Schule", München 1989.

–: Bezeichnungen und Formen des Richtfestes in Franken, in: Bayerisches Jahrbuch für Volkskunde 1961, 90–107.

–: Das Scheibenbuch der Herzogs Johann Casimir von Sachsen-Coburg. Adelig-bürgerliche Bilderwelt auf Schießscheiben im frühen Barock. Mit einem kunsthistorischen Beitrag von Joachim Kruse, Coburg 1989.

–: Ein paar Worte zur Hausforschung, in: Forschungsfeld Museum. Arnold Lühning zum 65. Geburtstag (= Kieler Blätter für Volkskunde 20 [1988] 227–238).

–: Grundriß einer rechtlichen Volkskunde, Göttingen 1974.

–: Kleine Beiträge zur Dingbedeutsamkeit: Zeichenhaftigkeit von Gegenständen nach Bildquellen des 15.–17. Jahrhunderts, in: Nordelbingen. Beiträge zur Kunst- und Kulturgeschichte 59 (1990) 151–166.

Kramer, Karl-S.: Typologie und Entwicklung nachmittelalterlicher Nahwall-
fahrten, in: Rheinisches Jahrbuch für Volkskunde 1960, 195–211.

–: Unterhaltungen brauchtümlichen Charakters in Süder-Dithmarschen zwischen 1760 und 1860, in: Kieler Blätter für Volkskunde 1 (1969) 26–86.

–: Volksleben im Fürstentum Ansbach und seinen Nachbargebieten (1500–
1800). Eine Volkskunde aufgrund archivalischer Quellen, Würzburg 1961.

–: Volksleben im Hochstift Bamberg und im Fürstentum Coburg. Eine Volkskunde aufgrund archivalischer Quellen, Würzburg 1967.

–: Volksleben in Holstein (1550–1800). Eine Volkskunde aufgrund archivalischer Quellen, Kiel 1987.

Kraus, Andreas: Maximilian der Erste. Bayerns Großer Kurfürst, Graz 1990.

Krausen, Edgar: Neues und wiedererstandenes religiöses Brauchtum in Altbayern, in: Bayerisches Jahrbuch für Volkskunde 1960, 39–47.

Kretzenbacher, Leopold: Das verletzte Kultbild. Voraussetzungen, Zeitschich-
ten und Aussagewandel eines abendländischen Legendentypus, München
1977.

–: Heimat im Volksbarock. Kulturhistorische Wanderungen in den Südost-
alpenländern, Klagenfurt 1961.

–: Krippenspiel und Hirtengesang, in: Volkstümliche Weihnachtskrippen aus
Europa, Bern 1958, 6–12.

–: Lebendiges Volksschauspiel in Steiermark, Wien 1951.

–: Legendenbilder aus dem Feuerjenseits. Zum Motiv des „Losbetens" zwischen Kirchenlehre und erzählendem Volksglauben, Wien 1980.

–: Ringreiten, Rolandspiel und Kufenstechen. Sportliches Reiterbrauchtum
von heute als Erbe aus abendländischer Kulturgeschichte, Klagenfurt
1966.

–: Santa Lucia und die Lutzelfrau. Volksglaube und Hochreligion im Span-
nungsfeld Mittel- und Südosteuropas, München 1959.

Kriegelstein, Alfred (Hrsg.): Jahreslauf. Brauchtum in Mittelfranken, München 1965.

Kriss, Rudolf: Eisenopfer. Das Eisenopfer in Brauchtum und Geschichte,
München 1957.

–: Volkskunde der altbayerischen Gnadenstätten, 3 Bde., München 1953,
1955 und 1956.

–: Zum Problem der religiösen Magie, in: Leander Petzold (Hrsg.), Magie
und Religion. Beiträge zu einer Theorie der Magie, Darmstadt 1978, 390–
403.

–: Zur Begriffsbestimmung des Ausdruckes „Wallfahrt", in: Österreichische
Zeitschrift für Volkskunde 66 (1963) 101–107.

Kriss-Rettenbeck, Lenz, und Gerda Möhler: Wallfahrt kennt keine Grenzen,
München 1984.

Kriss-Rettenbeck, Lenz: Bilder und Zeichen religiösen Volksglaubens,
2. Aufl., München 1971.

–: Ex Voto. Zeichen, Bild und Abbild im christlichen Votivbrauchtum, Zürich
1972.

Kuhn, Hubert: Die Bedeutung des Feuers für die menschliche Existenz im religiösen Leben der Völker, phil. Diss. Bonn 1938.

Kunst und Frömmigkeit im Spätmittelalter und ihr Weiterleben. Katalog zur Ausstellung: 500 Jahre Rosenkranz, Köln 1975.

Küster, Jürgen: Die Einführung des Fronleichnamsfestes. Untersuchungen zur alten österlichen Perikopenordnung und der mittelalterlichen Allegorese, in: Jahrbuch für Volkskunde 12 (1989) 147–180.

–: Heiligenfeste im Brauch. Von Dreikönig bis St. Stephan, Freiburg i. Br. 1988.

Küther, Carsten: Räuber und Gauner in Deutschland. Das organisierte Bandenwesen im 18. und frühen 19. Jahrhundert, Göttingen 1976.

Kyll, Nikolaus: Tod, Grab, Begräbnisplatz, Totenfeier. Zur Geschichte ihres Brauchtums im Trierer Land und in Luxemburg unter besonderer Berücksichtigung des Visitationsbuches des Regino von Prüm (gest. 915), Bonn 1972.

–: Zur Geschichte der Erstkommunion im Trierer Raum, in: Kurtrierisches Jahrbuch 16 (1976) 5–23.

Labsch-Benz, Elfie: Die jüdische Gemeinde Nonnenweier. Jüdisches Leben und Brauchtum in einer badischen Landgemeinde zu Beginn des 20. Jahrhunderts, 2. Aufl. Freiburg i. Br. 1981.

Landgebott: Der Fürstl. Durchlaucht Hertzog Maximilians in Bayern etc. unsers gnädigsten Landtsfürsten und Herrens Landtgebott wider die Aberglauben, Zauberey, Hexerey und andere sträffliche Teufelskünsten, München 1612.

Le Roy Ladurie, Emmanuel: Montaillou. Ein Dorf vor dem Inquisitor 1294–1324, Frankfurt a. M. 1983 (franz. Ausgabe 1975).

Lehmann, Albrecht: Erzählstruktur und Lebenslauf. Autobiographische Untersuchungen, Frankfurt a. M. 1983.

Lehner, Johann Baptist: Zur kirchlichen Volkskunde, besonders des Bistums Regensburg, Regensburg 1932.

Lenhart, Heinz: Feste und Feiern des Frankfurter Handwerks. Ein Beitrag zur Brauchtums- und Zunftgeschichte, in: Archiv für Frankfurter Geschichte und Kunst, 5. Folge, 1. Band, 2. Heft (1950) 1–120.

Lersch, B. M.: Geschichte der Balneologie, Hydraposie und Pegologie oder des Gebrauches von Wasser zu religiösen, diätetischen und medicinischen Zwecken, Würzburg 1863.

Leyen, Friedrich von der: Alte Zaubersprüche und Segen in der Münchner Staatsbibliothek, in: Bayerisches Jahrbuch für Volkskunde 1958., 103–104.

Liebers, Claudia: Neolithische Megalithgräber in Volksglauben und Volksleben. Untersuchungen historischer Quellen zur Volksüberlieferung, zum Denkmalschutz und zur Fremdenverkehrswerbung, Frankfurt a. M. 1986.

Liungman, Waldemar: Traditionswanderungen Euphrat–Rhein. Studien zur Geschichte der Volksbräuche, 2 Bde., Helsinki 1937/38.

Lüers, Friedrich: Sitte und Brauch im Menschenleben, München 1926.

Lutz, Gerhard: Sitte und Infamie. Untersuchungen zur rechtlichen Volkskunde am Phänomen des Verrufs, phil. Diss. masch. Würzburg 1954.

–: Sitte, Recht und Brauch. Zur Eselshochzeit von Hütten in der Eifel, in:
Zeitschrift für Volkskunde 56 (1960) 74–88.

Mackensen, Ludwig (Hrsg.): Volkskundliche Texte aus dem 15. und 16. Jahrhundert, Dresden 1938.

Maierbrugger, Matthias: Bauernbrauch im Kärntner Nockgebiet, Klagenfurt
1974.

Malmede, Hans: Die Lichtsymbolik im Neuen Testament, Wiesbaden 1986.

Mannhardt, Wilhelm: Wald- und Feldkulte, 2 Bde., 1875 (Reprint Darmstadt
1963).

Markmiller, Fritz: Fest- und Feiergestaltung während der NS-Zeit. Im Spiegel
der Lokalpresse Dingolfing 1933–1937, Dingolfing 1987 (= Der Storchenturm 21/22).

–: Firmandenken aus niederbayerischen Sammlungen, in: Volkskunst 6 (1983)
206–214.

– (Hrsg.): Der Fundkomplex Tonvotive von St. Theobald in Geisenhausen.
Eine interdisziplinäre Untersuchung, Dingolfing 1985 (= Der Storchenturm 39).

Marzell, Heinrich: Passionsblumen, in: Bayerisches Jahrbuch für Volkskunde
1960, 159–162.

Materielle Kultur und religiöse Stiftung im Spätmittelalter, Wien 1990.

Matthes, Erich: Pesttaler und Pestmedaillen aus erzgebirgischen Bergstädten
(1525–1550), in: Der Anschnitt 14 (1962) 13–17.

Maue, Hermann, und Ludwig Veit: Münzen in Brauch und Aberglauben.
Schmuck und Dekor, Votiv und Amulett, politische und religiöse Selbstdarstellung, Mainz 1982.

Maurer, Wilhelm: Geschichte von Firmung und Konfirmation bis zum Ausgang der lutherischen Orthodoxie, in: Kurt Frör (Hrsg.), Confirmatio.
Forschungen zur Geschichte und Praxis der Konfirmation, München 1959,
9–38.

Mayer, Wolfgang: Das „Christkindl-Ei'singa" in Spiegelhütte. Ein heute noch
lebendiges Christkindlspiel aus dem Bayerischen Wald, in: Schönere
Heimat 60 (1971) 108–116.

Mayerhofer, Ursula: Bekleidete Prozessionsfiguren in Tirol. Ein Beitrag zur
Kultfunktion von Bildern, in: Jahrbuch für Volkskunde 8 (1985) 107–120.

Meier, John: Muttertag, in: Zeitschrift für Volkskunde 46 (1936/37) 100–
112.

Meisen, Karl: Die Sagen vom wütenden Heer und wilden Jäger, Münster in
Westfalen 1935.

–: Nikolauskult und Nikolausbrauch im Abendland, Düsseldorf 1931.

Menardi, Herlinde: Die Heiligen Gräber in Tirol und ihr Wiedererstehen in
den achtziger Jahren, in: Volksfrömmigkeit, Wien 1990, 159–166.

Menghin, Oswald: Hausschmuck, Kreuze und Bildstöcke im Mittelgebirge
von Tisens (Südtirol), in: Zeitschrift für Volkskunde 17 (1911) 8–36.

Metken, Sigrid: „Es ist etwas Hartes, bohnengroß, ein winziges Porzellanpüppchen …" König für einen Tag: ein französischer Brauch an Epiphanie, in: Volkskunst 5 (1982) 250–257.

– (Hrsg.): Die letzte Reise. Sterben, Tod und Trauersitten in Oberbayern, München 1984.

Metzger, Thérèse, und Mendel: Jüdisches Leben im Mittelalter nach illuminierten hebräischen Handschriften vom 13. bis 16. Jahrhundert, Fribourg 1983 (franz. Ausgabe 1982).

Meuli, Karl, und Robert Stumpfl: Das Fortleben germanischer Kultspiele im Volksbrauch. Das Dreikönigs- und Sternsingen in: Zeitschrift für Deutschkunde 1937, 252–266.

Meuli, Karl: Bettelumzüge im Totenkultus, Opferritual und Volksbrauch, in: Schweizerisches Archiv für Volkskunde 28 (1927) 1–38.

Meyer, Georg Jakob, und Klaus Freckmann: Wegekreuze und Bildstöcke in der Eifel, an der Mosel und im Hunsrück, in: Rheinisch-westfälische Zeitschrift für Volkskunde 23 (1977) 226–278.

Mezger, Werner, u. a.: Narren, Schellen und Marotten. Elf Beiträge zur Narrenidee, Remscheid 1984.

Mezger, Werner: Narrenidee und Fastnachtsbrauch. Studien zum Fortleben des Mittelalters in der europäischen Festkultur, Konstanz 1991.

Mitterauer, Michael: „Nur diskret ein Kreuzzeichen". Zu Formen des individuellen und gemeinschaftlichen Gebets in den Familien, in: Andreas Heller u. a. (Hrsg.), Religion und Alltag. Interdisziplinäre Beiträge zu einer Sozialgeschichte des Katholizismus in lebensgeschichtlichen Aufzeichnungen, Wien 1990, 154–204.

Mitterwieser, Alois: Ein bayerischer Himmelfahrtsbrauch, in: Volk und Volkstum 1 (1936) 212–216.

–: Geschichte der Fronleichnamsprozession in Bayern, 2. Aufl. durchgesehen und ergänzt von Torsten Gebhard, München 1949.

–: Passionsspiele und Karfreitagsprozessionen, in: Literarische Beilage zum Klerusblatt 6 (1930) 281–287.

Möckershoff, Barbara: St. Salvator in Mainburg, in: Volkskultur und Heimat. Festschrift für Josef Dünninger zum 80. Geburtstag, hrsg. Dieter Harmening und Erich Wimmer, Würzburg 1986, 377–388.

Möhler, Gerda: Der Baumgartner Wasservogelritt in Niederbayern. Ein Aktenbeleg aus dem 18. Jahrhundert zu Rechtsbrauch und Pfingstbegehung, in: Dona ethnologica monacensia. Leopold Kretzenbacher zum 70. Geburtstag, hrsg. von Helge Gerndt, u. a., München 1983, 19–31.

Mollat, Michel: Die Armen im Mittelalter, München 1984.

Morsbach, Peter (Hrsg.): Der Dom zu Regensburg. Ausgrabung, Restaurierung, Forschung, München 1989.

Möseneder, Karl: Fenestella, in: Reallexikon zur Kunstgeschichte, Bd. VII, München 1980, Sp. 1126–1255.

– (Hrsg.): Feste in Regensburg von der Reformation bis in die Gegenwart, Regensburg 1986.

Möseneder, Karl: Zeremoniell und monumentale Poesie. Die ›Entrée solennelle‹ Ludwigs XIV. 1660 in Paris, Berlin 1983.

Moser, Dietz-Rüdiger: Fastnacht–Fasching–Karneval. Das Fest der „Verkehrten Welt", Graz 1986.

–: Liedimmanenz und Brauchgeschichte. Beiträge zur Frühgeschichte des
Sternsingens, in: Veröffentlichungen zur Volkskunde in Baden-Württem-
berg 1971–1973, 105–133.

–: Maskeraden auf Schlitten. Studentische Faschings-Schlittenfahrten im Zeitalter der Aufklärung, München 1988.

–: Verkündigung durch Volksgesang. Studien zur Liedpropaganda und -kate-
chese in der Gegenreformation, Berlin 1981.

Moser, Hans: Archivalisches zu Jahreslaufbräuchen der Oberpfalz, in: Bayerisches Jahrbuch für Volkskunde 1955, 157–175.

–: Der Drachenkampf in Umzügen und Spielen, in: Bayerischer Heimatschutz 1934, 45–59.

–: Der Folklorismus als Forschungsproblem der Volkskunde, in: Hessische
Blätter für Volkskunde 55 (1964) 9–17.

–: Gedanken zur heutigen Volkskunde. Ihre Situation, ihre Problematik, ihre
Aufgaben, in: Bayerisches Jahrbuch für Volkskunde 1954, 208–234.

–: Jungfernkranz und Strohkranz, in: Das Recht der kleinen Leute. Beiträge
zur rechtlichen Volkskunde. Festschrift für Karl-S. Kramer zum 60. Geburtstag, hrsg. von Konrad Köstlin und Kai D. Sievers, Berlin 1976, 140–161.

–: Kritisches zu neuen Hypothesen der Fastnachtsforschung, in: Jahrbuch für
Volkskunde 5 (1982) 9–50.

–: Maibaum und Maienbrauch. Beiträge und Erörterungen zur Brauchforschung, in: Bayerisches Jahrbuch für Volkskunde 1961, 115–159 (Wiederabdruck mit Ergänzungen in: Hans Moser, Volksbräuche im geschichtlichen
Wandel. Ergebnisse aus fünfzig Jahren Quellenforschung, München 1985,
199–268).

–: Städtische Fastnacht des Mittelalters, in: Masken zwischen Spiel und Ernst,
Tübingen 1967, 135–202.

–: Volksbräuche in geschichtlichem Wandel, München 1985.

–: Volksschauspiel, in: Deutsches Volkstum in Volksschauspiel und Volkstanz,
Berlin 1938, 3–126.

–: Vom Folklorismus in unserer Zeit, in: Zeitschrift für Volkskunde 58 (1962)
177–209.

–: Zur Geschichte der Klöpfelnachtbräuche, ihrer Formen und ihrer Deutungen, in: Bayerisches Jahrbuch für Volkskunde 1951, 121–140.

–: Zur Geschichte des Sternsingens, in: Bayerischer Heimatschutz 31 (1935)
19–31 (erweiterter Wiederabdruck in: Hans Moser, Volksbräuche im
geschichtlichen Wandel, München 1985, 58–97).

Moser, Oskar: Die Türinschrift von Unterbergen. Ein sog. „Zachariassegen"
gegen die Pest, in: Kärntner Landsmannschaft 1972, 2–4.

Mößinger, Friedrich: Seltene Gebildbrote, in: Hessische Blätter für Volkskunde 45 (1954) 34–62.

Mößmer, Anton: „Gefeiert wird auf jeden Fall". Beobachtungen über Wanderung von Bräuchen, dargestellt am Beispiel des „Hochzeitsbaumes", in: Der Storchenturm 24 (1989) 135–161.

Motyka, Gustl: Alte Oberpfälzer Bräuche. Vergessenes, Vergangenes, Lebendiges, Regensburg 1983.

Muchembled, Robert: Kultur des Volkes – Kultur der Eliten. Die Geschichte einer erfolgreichen Verdrängung, Stuttgart 1982.

Müllerheim, Robert: Die Wochenstube in der Kunst, Stuttgart 1904.

Münsterer, Hanns Otto: Amulettkreuze und Kreuzamulette. Studien zur religiösen Volkskunde, hrsg. von Manfred und Hildegard Brauneck, Regensburg 1983, 28–46.

–: Das Pest-Tau, ein Trinitätssymbol, in: Deutsche Gaue 46 (1954) 86–94.

–: Marienmünzen im Volksbrauch, in: Bayerisches Jahrbuch für Volkskunde 1960, 70–72.

Münzen in Brauch und Aberglauben. Schmuck und Dekor, Votiv und Amulett, politische und religiöse Selbstdarstellung, Mainz 1982.

Naumann, Hans: Grundzüge der deutschen Volkskunde, 2. Aufl., Leizig 1929.

Neu, Peter: Jakobusbrot und Martinswein. Ein Beitrag zu den Formen der frühneuzeitlichen Jakobusverehrung in der Stadt Trier, in: Rheinisch-westfälische Zeitschrift für Volkskunde 23 (1977) 211–225.

Petzold, Leander (Hrsg.): Magie und Religion. Beiträge zu einer Theorie der Magie, Darmstadt 1978.

–: Magie und Religion, in: Peter Dinzelbacher und Dieter R. Bauer (Hrsg.), Volksreligion im hohen und späten Mittelalter, Paderborn 1990, 467–485.

Pfannenschmidt, Heino: Das Weihwasser im heidnischen und christlichen Cultus unter besonderer Berücksichtigung des germanischen Altertums. Ein Beitrag zur vergleichenden Religionswissenschaft, Hannover 1869.

Pfeiffer, Hermann: Klosterneuburger Osterfeier und Osterspiel, in: Jahrbuch des Stiftes Klosterneuburg 11 (1908) 1–56.

Pfister, Friedrich: Deutsches Volkstum in Glauben und Aberglauben, Berlin 1936.

Pieske, Christa: Wandschmuck des 19. und 20. Jahrhunderts. Andenken an Kommunion und Konfirmation, in: Rheinisch-westfälische Zeitschrift für Volkskunde 22 (1976) 181–220 und 23 (1977) 160–210.

Posch, Helmut: Was ist Hildegard-Medizin?, St. Georgen 1983.

Pötzl, Walter: Bild und Reliquie im hohen Mittelalter, in: Jahrbuch für Volkskunde 9 (1986) 56–71.

–: Katakombenheilige als „Attribute" von Gnadenbildern, in: Jahrbuch für Volkskunde 4 (1981) 168–184.

–: Santa-Casa-Kult in Loreto und in Bayern, in: Lenz Kriss-Rettenbeck und Gerda Möhler, Wallfahrt kennt keine Grenzen, München 1984, 368–382.

Ranke, Kurt: Orale und literale Kontinuität, in: Kontinuität? Geschichtlichkeit und Dauer als volkskundliches Problem. Festschrift für Hans Moser, hrsg. von Hermann Bausinger und Wolfgang Brückner, Berlin 1969, 102–116.

Rattelmüller, Paul Ernst: Baierisches Brauchtum im Jahreslauf. Von Nikolo bis Kathrein, München 1985.

–: Pompe funèbre im alten Bayern und seiner Landeshauptstadt München, München 1974.

Rauchenecker, Herbert: Lebendiges Brauchtum. Kirchliche Bräuche in der Gemeinde, München 1985.

Rehberger, Karl: Die Gründung des Stiftes Reichersberg und Probst Gerhoch, in: 900 Jahre Stift Reichersberg. Augustiner Chorherren zwischen Passau und Salzburg, Linz 1984, 81–91.

Reichhardt, Rudolf: Geburt, Hochzeit und Tod im deutschen Volksbrauch und Volksglauben, Jena 1913.

Reindel, Kurt: Bayern im Mittelalter, München 1970.

Reinsberg-Döringsfeld, O. Frh. von: Festkalender aus Böhmen, Prag 1862.

Richter, Erwin: Die „andächtige Beraubung" geistlicher Toter als volkskundliches Phänomen, in: Bayerisches Jahrbuch für Volkskunde 1960, 82–104.

Ritz, Gislind: Die christliche Gebetszählschnur. Ihre Geschichte, ihre Entstehung, ihre Funktion, phil. Diss. masch. München 1955.

–: Primiz in Geschichte und Gegenwart, in: Klerusblatt 48 (1968) 228–230.

–: Zur Frage der Entstehung des Rosenkranzes, in: Deutsche Gaue 43 (1951) 89–92.

Röhrich, Lutz: Adam und Eva. Das erste Menschenpaar in Volkskunst und Volksdichtung, Stuttgart 1968.

Roth, Elisabeth: Wallfahrten zu evangelischen Landkirchen in Franken, in: Volkskultur in Franken. Bd. I: Kult und Kunst, hrsg. von Klaus Guth, Bamberg 1990, 250–275.

Roth, Klaus und Juliana: The system of socialist holidays and rituals in Bulgaria, in: Ethnologia Europaea 20 (1990) 107–120.

Rudolph, Ebermut: Die geheimnisvollen Ärzte. Von Gesundbetern und Spruchheilern, Freiburg i. Br. 1977.

Sachße, Christoph, und Florian Tennstedt (Hrsg.): Bettler, Gauner und Proleten. Armut und Armenfürsorge in der deutschen Geschichte, Reinbek bei Hamburg 1983.

Sammlung der Reichsabschiede, hrsg. von Johann Jakob Schmauss und Heinrich Christian von Senckenberg, Bd. 1, Frankfurt a. M. 1747 (Nachdruck Osnabrück 1967).

Samter, Ernst: Geburt, Hochzeit und Tod. Beiträge zur vergleichenden Volkskunde, Leipzig 1911.

Sandgruber, Roman: Die Anfänge der Konsumgesellschaft. Konsumgüterverbrauch, Lebensstandard und Alltagskultur in Österreich im 18. und 19. Jahrhundert, München 1982.

Sartori, Paul: Sitte und Brauch, 3 Bde., Leipzig 1910, 1911 und 1914.

Sauer, Joseph: Symbolik des Kirchengebäudes und seiner Ausstattung in der Auffassung des Mittelalters, 2. Aufl., Freiburg i. Br. 1924 (Reprint Münster 1964).

Schäfer, Werner: Agnes Bernauer und ihre Zeit, München 1987.

Scharfe, Martin: Doktor Luther: Heiliger oder Held? Zur Kulturgeschichte der Luther-„Verehrung". Eine Nachlese zum Luther-Jahr 1983, in: Zeitschrift für Volkskunde 80 (1984) 40–57.

–: Evangelische Andachtsbilder. Studien zu Intention und Frömmigkeit, vornehmlich des schwäbischen Raumes, Stuttgart 1968.

– u. a. (Hrsg.): Wallfahrt – Tradition und Mode. Empirische Untersuchungen zur Aktualität von Volksfrömmigkeit, Tübingen 1985.

–: Zur historischen Stabilität von Religion. Anmerkungen zur „Religionsgefahr in Elms", in: Urbilder und Geschichte. C. G. Jungs Archetypenlehre und die Kulturwissenschaften, hrsg. von Christine Burckhardt-Seebass, Basel 1989, 89–99.

Schauerte, Heinrich: Volkskundliches zum Sakrament der Firmung, in: Theologie und Glaube 43 (1953) 425–434.

–: Volkskundliches zur Taufe, in: Zeitschrift für Volkskunde 53 (1956/57) 76–90.

Scherl, Gabriele: Das barocke Jesuitentheater in Bayern, in: Der Zwiebelturm 25 (1970) 116–124.

Schieder, Elmar: Das Haberfeldtreiben. Ursprung, Wesen, Deutung, München 1983.

Schiffmann, Konrad: Drama und Theater in Österreich ob der Enns, Linz 1905.

Schmeissner, Rainer: Steinkreuze in der Oberpfalz. Ein volkskundlich-rechtskundlich-topographischer Beitrag zur Flurdenkmalforschung in Bayern, Regensburg 1977.

Schmelzeisen, Volker: Schmackostern. Wort, Brauch und Volksglaube, in: Jahrbuch für ostdeutsche Volkskunde 16 (1973) 104–136.

Schmidt, Eberhard: Einführung in die deutsche Strafrechtspflege, 3. Aufl., Göttingen 1965.

Schmidt, Leopold: Das Deutsche Volksschauspiel. Ein Handbuch, Berlin 1962.

–: Die burgenländischen Sebastianispiele im Rahmen der barocken Sebastiansverehrung und der Volksschauspiele vom heiligen Sebastian, Eisenstadt 1951.

–: Gestaltheiligkeit im bäuerlichen Arbeitsmythos. Studien zu den Ernteschnittgeräten und ihrer Stellung im europäischen Volksglauben und Volksbrauch, Wien 1952.

–: Lebendiges Licht im Volksbrauch und Volksglauben Mitteleuropas, in: Studium Generale 13 (1960) 606–628.

–: Volksglaube und Volksbrauch. Gestalten, Gebilde, Gebärden, Berlin 1966.

–: Wallfahrtsforschung und Volkskunde, in: Religiöse Volkskunde. Fünf Vorträge zur Eröffnung der Sammlung für religiöse Volkskunde im Bayerischen Nationalmuseum in München, München 1964, 47–67.

Schmidt, Michael: Handel und Wandel. Über jüdische Hausierer und die Verbreitung der Taschenuhr im frühen 19. Jahrhundert, in: Zeitschrift für Volkskunde 83 (1987) 229–250.

Schmidt, Michael: Ritualmordbeschuldigung und exemplarisches Wissen, in: Stereotypvorstellungen im Alltagsleben. Festschrift für Georg Schroubek, hrsg. von Helge Gerndt, München 1988, 44–56.

Schmitt, Jean Claude: Der Mediävist und die Volkskultur, in: Volksfrömmigkeit, hrsg. von Helmut Eberhart, Edith Hörander und Burkhard Pöttler, Wien 1990, 29–55.

Schönwerth, Franz Xaver: Aus der Oberpfalz. Sitten und Sagen, 3. Bde., Augsburg 1857, 1858 und 1859.

Schormann, Gerhard: Hexenprozesse in Deutschland, Göttingen 1981.

Schötz, Franz: Das Wasservogelsingen im Unteren Bayerischen Wald. Eine Untersuchung zur Bedeutung der Singsituation für die Gestaltung und Variierung von Brauchliedern, München 1983 (als Typoskript veröffentlicht).

Schreiber, Georg: Deutsche Weingeschichte. Der Wein in Volksleben, Kult und Wirtschaft, Köln 1980 (posthum hrsg. von Gabriel Simon und Nikolaus Graß).

–: Gemeinschaften des Mittelalters. Recht und Verfassung, Kult und Frömmigkeit, Regensburg 1948.

–: Heilige Wasser in Segnungen und Volksbrauch, in: Zeitschrift für Volkskunde 6 (1935) 198–210.

– (Hrsg.): Wallfahrt und Volkstum in Geschichte und Leben, Düsseldorf 1934.

Schreiner, Klaus: Volkstümliche Bibelmagie und volkssprachliche Bibellektüre, in: Peter Dinzelbacher und Dieter R. Bauer (Hrsg.), Volksreligion im hohen und späten Mittelalter, Paderborn 1990, 329–373.

Schroubek, Georg R.: Wallfahrt und Heimatverlust. Ein Beitrag zur religiösen Volkskunde der Gegenwart, Marburg 1968.

–: Das Wallfahrts- und Prozessionslied, in: Handbuch des Volksliedes, hrsg. von Rolf Brednich u. a., Bd. 1, München 1973, 445–462.

–: Zur Kriminalgeschichte der Blutbeschuldigung. „Ritualmord"-Opfer und Justizmordopfer, in: Monatsschrift für Kriminologie und Strafrecht 65 (1982) 2–17.

Schulz, Ehrenfried: Erneuertes Miteinander von Theologie und Volksreligiosität? Pastoraltheologische Überlegungen, in: Theologie und Glaube 33 (1990) 307–314.

Schürmann, Thomas: Nachzehrerglauben in Mitteleuropa, Marburg 1990.

Schwaiger, Georg: Johann Michael Sailer und seine Zeit, München 1982.

Schwedt, Herbert und Elke: Schwäbische Bräuche, Stuttgart 1984.

Segl, Peter: Ketzer in Österreich. Untersuchungen über Häresie und Inquisition im Herzogtum Österreich im 13. und beginnenden 14. Jahrhundert, Paderborn 1984.

–: Spätmittelalterliche Volksfrömmigkeit im Spiegel von Antiketzertraktaten und Inquisitionsakten des 13. und 14. Jahrhunderts, in: Peter Dinzelbacher und Dieter R. Bauer (Hrsg.), Volksreligion im hohen und späten Mittelalter, Paderborn 1990, 163–176.

Seidenspinner, Wolfgang: Mythen von historischen Sagen. Materialien und Notizen zum Problemfeld zwischen Sage, Archäologie und Geschichte, in: Jahrbuch für Volkskunde 11 (1988) 83–104.

Seidl, Siegfried: Bäuerliche Volkskunst zwischen Isar und Bayerischem Wald, München 1982.

Sengpiel, Oskar: Die Bedeutung der Prozessionen für das geistliche Spiel des Mittelalters in Deutschland, Breslau 1932 (Reprint Hildesheim 1967).

Seznec, Jean: Das Fortleben der antiken Götter. Die mythologische Tradition im Humanismus und in der Kunst der Renaissance, München 1990.

Sieber, Friedrich: Deutsch-westslawische Beziehungen in Frühlingsbräuchen. Todaustragen und Umgang mit dem „Sommer", Berlin 1968.

Sieber, Wolfgang: Liturgisches „Drama" in Regensburg. Anmerkungen zu Osterfeier und Osterspiel vom 10. bis 17. Jahrhundert, in: Studien zur Musikgeschichte der Stadt Regensburg 1 (1979) 215–249.

Sieghardt, August: Oberpfälzische Brotsagen und -sitten, in: Die Oberpfalz 10 (1916) 15–17 und 58–60.

Siehe der Stein schreit aus der Mauer. Geschichte und Kultur der Juden in Bayern (Ausstellungs-Katalog), hrsg. von Bernward Deneke, Nürnberg 1988.

Sies, Rudolf: Das ›Pariser Pestgutachten‹ von 1348 in altfranzösischer Fassung, Würzburg 1977.

Siuts, Hinrich: Deutsch-dänisch-schwedische Beziehungen bei den Ansingeliedern zu den Kalenderfesten, in: Kieler Blätter für Volkskunde 15 (1983) 81–102.

–: Heilkräuter, in: Annette Menke (Hrsg.), Kräuter oder Pillen. Einblicke in die Geschichte der Naturheilkunde, Dülmen 1990, 6–21.

Soldan, Wilhelm, und Heinrich Heppe u. a.: Geschichte der Hexenprozesse, 2 Bde., Stuttgart 1880.

Spaemann, Cordelia: Wallfahrtslieder, in: Lenz Kriss-Rettenbeck und Gerda Möhler, Wallfahrt kennt keine Grenzen, München 1984, 181–192.

Spamer, Adolf: Der Bilderbogen von der „Geistlichen Hausmagd". Ein Beitrag zur Geschichte des religiösen Bilderbogens und der Erbauungsliteratur im populären Verlagswesen Mitteleuropas, Göttingen 1970.

Spindler, Max: Der Ruf des barocken Bayern, in: Historisches Jahrbuch 74 (1955) 319–341.

Staber, Josef: Die letzten Tage des hl. Wolfgang in der Darstellung Arnolds von St. Emmeram, in: Beiträge zur Geschichte des Bistums Regensburg 6 (1972) 89–94.

–: Die Predigt des Tegernseer Priors Augustin Holzapfel als Quelle für das spätmittelalterliche Volksleben Altbayerns, in: Bayerisches Jahrbuch für Volkskunde 1960, 125–135.

–: Religionsgeschichtliche Bemerkungen zum Ursprung der Marienwallfahrten im Bistum Regensburg, in: Beiträge zur Geschichte des Bistums Regensburg 7 (1973) 41–62.

Staber, Josef: Volksfrömmigkeit und Wallfahrtswesen des Spätmittelalters im Bistum Freising, München 1955.

Starkie, Walter: Auf Zigeunerspuren. Von Magie und Musik, Spiel und Kult der Zigeuner in Geschichte und Gegenwart, München 1957.

Staudt, Reinhold: Studien zum Patenbrauch in Hessen, Frankfurt a. M. 1958.

Steinbach, Rolf: Die deutschen Oster- und Passionsspiele des Mittelalters. Versuch einer Darstellung und Wesensbestimmung nebst einer Bibliographie zum deutschen geistlichen Spiel des Mittelalters, Köln 1970.

Stolla, Hubert: Das Phänomen der „Roten Kreuze", in: Blätter für Heimatkunde des historischen Vereins für Steiermark 1977, 76–90.

Stonner, Alfred: Die deutsche Volksseele im christlichen deutschen Volksbrauch, München 1935.

Strauß, Herbert A.: Abwehr von Stereotypen und Diskriminierungen: Dilemmas der jüdischen Selbstverteidigung, in: Stereotypvorstellungen im Alltagsleben. Festschrift für Georg Schroubek, hrsg. von Helge Gerndt, München 1988, 33–43.

Strübin, Eduard: Muttertag in der Schweiz, in: Schweizerisches Archiv für Volkskunde 51 (1955) 95–121.

Stumpfl, Robert: Kultspiele der Germanen als Ursprung des mittelalterlichen Dramas, Berlin 1936.

Svensson, Sigfrid: Einführung in die Europäische Ethnologie, Meisenheim/Glan 1973.

Szarota, Elida Maria: Das Jesuitendrama im deutschen Sprachgebiet, 6 Bde., München 1979–1983.

Tannahill, Reay: Kulturgeschichte des Essens von der letzten Eiszeit bis heute, München 1979.

Temesvary, Rudolf: Volksbräuche und Aberglauben in der Geburtshilfe und der Pflege des Neugeborenen in Ungarn, Leipzig 1900.

Teuteberg, Hans J., und Günter Wiegelmann: Unsere tägliche Kost. Geschichte und regionale Prägung, 2. Aufl., Münster 1986.

Thomann, Ernst: Schleifschalensteine aus Nabburg und Umgebung, in: Beiträge zur Flur- und Kleindenkmalforschung in der Oberpfalz 4 (1981) 40–45.

Thomann, Günther: Weibliche Heilige und Schicksalsgöttinnen. Zum vorchristlichen Ursprung des Drei-Jungfrauen-Kultes, insbesondere der drei „Bethen", in: Volkskultur und Heimat. Festschrift für Josef Dünninger zum 80. Geburtstag, hrsg. von Dieter Harmening und Erich Wimmer, Würzburg 1986, 389–409.

Tönnies, Ferdinand: Die Sitte, Frankfurt a. M. 1909 (Nachdruck 1970).

Topitsch, Ernst: Volksglaube und Hochreligion, in: Volksfrömmigkeit, hrsg. von Helmut Eberhart, Edith Hörander und Burkhard Pöttler, Wien 1990, 11–20.

Trüb, Rudolf: Der Klaus-Termin in Wessen (Kt. St. Gallen) und Umgebung, in: Schweizerisches Archiv für Volkskunde 45 (1948) 145–159.

Unverhau, Dagmar: Volksglaube und Aberglaube als glaubensmäßig nicht sanktionierte Magie auf dem Hintergrund des dämonologischen Hexenbegriffs der Verfolgungszeit, in: Peter Dinzelbacher und Dieter R. Bauer (Hrsg.), Volksreligion im hohen und späten Mittelalter, Paderborn 1990, 375–396.

Veit, Ludwig Andreas: Volksfrommes Brauchtum im deutschen Mittelalter. Ein Durchblick, Freiburg i. Br. 1936.

Verdier, Yvonne: Drei Frauen. Das Leben auf dem Dorf, Stuttgart 1982.

Vondung, Klaus: Magie und Manipulation. Ideologischer Kult und politische Religion des Nationalsozialismus, Göttingen 1971.

Warning, Rainer: Funktion und Struktur. Die Ambivalenz des geistlichen Spiels, München 1974.

Warnke, Martin: Bau und Überbau. Soziologie der mittelalterlichen Architektur nach den Schriftquellen, Frankfurt a. M. 1976.

Weber-Kellerman, Ingeborg: Deutsche Volkskunde zwischen Germanistik und Sozialwissenschaft, Stuttgart 1969.

–: Das Weihnachtsfest. Eine Kultur- und Sozialgeschichte der Weihnachtszeit, 2. Aufl., München 1987.

–: Erntebrauch in der ländlichen Arbeitswelt des 19. Jahrhunderts auf Grund der Mannhardtbefragung in Deutschland vor 1865, Marburg 1965.

Weigert, Josef: Das Dorf entlang. Ein Buch vom deutschen Bauerntum, Freiburg i. Br. 1915.

Weinhold, Karl: Brauch und Glaube, Gießen 1937, hrsg. von Carl Petzfeld. [Es handelt sich um eine Sammlung kleinerer Schriften, die durchweg am Ende des 19. Jahrhunderts erstmals erschienen sind.]

Weis, Eberhard: Der aufgeklärte Absolutismus in den mittleren und kleineren deutschen Staaten, in: Zeitschrift für Bayerische Landesgeschichte 42 (1979) 31–46.

–: Montgelas. Bd. I: 1759–1799. Zwischen Revolution und Reform, München 1978.

Weiser-Aall, Lily: Der Muttertag und Vatertag in Norwegen, in: Schweizerisches Archiv für Volkskunde 51 (1955) 203–213.

Weiß, Richard: Nebelheilen, Teufelheilen, Notfeuerbereitung und Wetterzauber als Hirtenbrauch, in: Schweizerisches Archiv für Volkskunde 45 (1948) 225–261.

–: Volkskunde der Schweiz. Ein Grundriß, Erlenbach 1946, 2. unveränderte Aufl. 1978.

–: Zum Problem einer protestantischen Volkskultur, in: Religiöse Volkskunde. Fünf Vorträge zur Eröffnung der Sammlung für religiöse Volkskunde im Bayerischen Nationalmuseum in München, München 1964, 27–45.

Weiß, Rudolf: Das Bistum Passau unter Kardinal Joseph Dominikus von Lamberg (1723–1761). Zugleich ein Beitrag zur Geschichte des Kryptoprotestantismus in Oberösterreich, St. Ottilien 1979.

Wiebel-Fanderl, Oliva: „Seit Kunstdünger und sämtliche Spritzmittel eingeführt wurden ...“ Zur religiösen und politischen Funktionalisierung des

Erntedankfestes, in: Andreas Heller u. a. (Hrsg.), Religion und Alltag. Interdisziplinäre Beiträge zu einer Sozialgeschichte des Katholizismus in lebensgeschichtlichen Aufzeichnungen, Wien 1990, 205–216.

–: Der Fegfeuer- und Armenseelenkult, in: Die letzte Reise. Sterben, Tod und Trauersitten in Oberbayern, hrsg. von Sigrid Metken, München 1984, 234–257.

–: Die Primiz, das Fest der Lebenswende, in: Ostbaierische Grenzmarken 26 (1984) 145–162.

–: Die Wallfahrt Altötting. Kultformen und Wallfahrtsleben im 19. Jahrhundert, Passau 1982.

Wiegelmann, Günter: Alltags- und Festspeisen. Wandel und gegenwärtige Stellung, Marburg 1967.

–: Matthias Zender und Gerhard Heilfurth, Volkskunde. Eine Einführung, Berlin 1977.

–: Probleme einer kulturräumlichen Gliederung, in: 4. Arbeitstagung über Fragen des Atlas der deutschen Volkskunde, Bonn 1964, 33–37.

–: Reliktgebiet und Kulturfixierung. Zu einigen Begriffen und Modellen der schwedischen Ethnologie und deutschen Volkskunde, in: Festschrift Matthias Zender. Studien zu Volkskultur, Sprache und Landesgeschichte, hrsg. von Edith Ennen und Günter Wiegelmann, 2 Bde., Bonn 1972, Bd. I, 59–71.

–: Theoretische Konzepte der europäischen Ethnologie, in: Zeitschrift für Volkskunde 68 (1972) 196–212.

Wiesenhöfer, Franz: Das Weihwasser in der Frühzeit des Christentums und bei den klassischen Völkern des Altertums. Eine religions- und liturgiegeschichtliche Untersuchung, Münster 1933.

Wieser, Elisabeth: Das Sternsingen in Österreich, phil. Diss. masch. Wien 1966.

Wirth, Karl-August: Firmungsmedaillen, in: Jahrbuch für Volkskunde 4 (1981) 60–100.

Wissell, Rudolf: Des alten Handwerks Recht und Gewohnheit, 2 Bde., Berlin 1929.

Wohlhaupter, Eugen: Die Kerze im Recht, Leizig 1940.

Wolf, Helga-Maria: Zur Wiener „Volksfrömmigkeit" in den achtziger Jahren, in: Volksfrömmigkeit, hrsg. von Helmut Eberhart, Edith Hörander und Burkhard Pöttler, Wien 1990, 167–189.

Wolf, Herbert: Bemalte Totenschädel und unbemalte Skelettreste in Beinhäusern und Seelenkapellen des Bayerischen und Oberpfälzer Waldes, in: 75 Jahre anthropologische Staatssammlung München, München 1977, 175–202.

–: Der Drachenstich in Furth im Wald. Ein Volksschauspiel im Wandel der Geschichte, in: Schönere Heimat 70 (1981) 114–130.

Wolff, Hartmut unter Mitarbeit von Velizac Velkov: Moesia inferior und Thrakien, in: Wolfram Fischer u. a. (Hrsg.), Handbuch der europäischen Wirtschafts- und Sozialgeschichte, Bd. 1, Stuttgart 1990, 600–630.

Wolfram, Richard: Das Radmähen, ein unscheinbarer Volksbrauch und eine Fülle von Fragen, in: Schweizerisches Archiv für Volkskunde 44 (1947) 270–278.

–: Prinzipien und Probleme der Brauchtumsforchung, Wien 1972.

–: Südtiroler Volksschauspiele und Spielbräuche, Wien 1987.

Worschech, Reinhard: Bildstöcke. Wahrzeichen der Landschaft, Rosenheim 1981.

Zeeden, Ernst Walter: Das Zeitalter der Gegenreformation, Freiburg i. Br. 1967.

Zender, Matthias: Die Grabbeigaben im heutigen deutschen Volksbrauch, in: Zeitschrift für Volkskunde 55 (1959) 32–51.

–: Die Termine der Jahresfeuer in Europa. Erläuterungen zur Verbreitungskarte. Göttingen 1980.

–: Gestalt und Wandel von Heiligenverehrung und Wallfahrt an Main und Rhein, in: Volkskultur und Geschichte. Festgabe für Josef Dünninger zum 65. Geburtstag, Berlin 1970, 425–439.

Zglinicky, Friedrich von: Geburt. Eine Kulturgeschichte in Bildern, Braunschweig 1983.

Zinke, Ludger (Hrsg.): Religionen am Rande der Gesellschaft. Jugend im Sog neuer Heilsversprechungen, München 1977.

Zoepfl, Friedrich: Das unbekannte Leiden Christi in der Frömmigkeit und Kunst des Volkes, in: Volk und Volkstum. Jahrbuch für Volkskunde 2 (1937) 317–336.

REGISTER

Nicht aufgenommen wurden sehr häufig vorkommende Begriffe wie Aberglaube, Brauch, Christentum, Frömmigkeit, Glaube, Kirche, Religion, Religiosität, Sakrament, Volksbrauch und Volksglaube.